———— 山东文化世家研究书系 ————

主　编

王志民

副主编

丁　鼎　王钧林　石　玲

王洲明　刘爱敏

教育部人文社会科学重点研究基地

山东师范大学齐鲁文化研究中心『十二五』规划重大项目

中共山东省委宣传部重点资助项目

中国孔子基金会资助项目

山东文化世家研究书系

王志民 主编

清代德州田氏家族文化研究

黄金元 著

中华书局

图书在版编目(CIP)数据

清代德州田氏家族文化研究/黄金元著.—北京:中华
书局,2013.12
　(山东文化世家研究书系/王志民主编)
　ISBN 978 - 7 - 101 - 09434 - 3

　Ⅰ.清…　Ⅱ.黄…　Ⅲ.家族 - 文化研究 - 德州市 -
清代　Ⅳ.K820.9

中国版本图书馆 CIP 数据核字(2013)第 130741 号

书　　　名	清代德州田氏家族文化研究
著　　　者	黄金元
丛 书 名	山东文化世家研究书系
主　　编	王志民
责任编辑	于　欣
出版发行	中华书局
	(北京市丰台区太平桥西里 38 号　100073)
	http://www.zhbc.com.cn
	E - mail:zhbc@zhbc.com.cn
印　　刷	北京市白帆印务有限公司
版　　次	2013 年 12 月北京第 1 版
	2013 年 12 月北京第 1 次印刷
规　　格	开本/710 × 1000 毫米　1/16
	印张 26　插页 4　字数 373 千字
印　　数	1 - 1500 册
国际书号	ISBN 978 - 7 - 101 - 09434 - 3
定　　价	130.00 元

田雯画像
出自《蒙斋年谱》

田雯画像
出自蔡冠洛著《清代七百名人传》

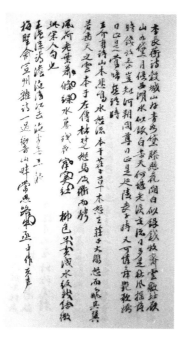
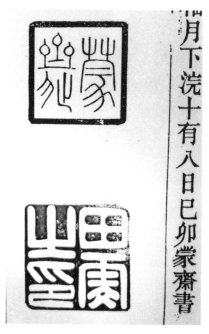

田雯手迹
出自山东省博物馆藏稿本《古欢堂笔记》

田雯钤印
出自国家图书馆藏田雯《幼学编》自序

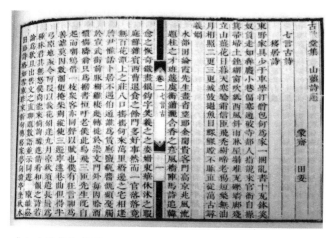

《古欢堂集》书页
《山东文献集成》影印山东省图书馆藏清康熙间德州田氏刻本

田雯母亲张氏墓志铭，墓盖篆书：皇清诰封太恭人田母张太君墓志铭
现收藏于德州苏禄王御园

田雯之妻马氏墓盖（残），上有篆书
"蒙斋之妻封夫人马氏墓铭"字样
现存于德州经济开发区抬头寺乡沟里村

位于古运河畔的田雯纪念馆内景

总　序

王志民

　　《山东文化世家研究书系》(28种)(以下简称《书系》),从2010年初正式启动,历经四个年头,终于面世。这在中国家族文化研究和齐鲁文化研究上都是一项较大的学术工程,其学术价值和影响自待学术界与广大读者的评析,我在这里仅就编纂《书系》的一点粗浅认识和工作过程,作一简述,以期得到读者更多的理解。

一

　　中国历史上是一个宗法制农业社会,建立在血缘、婚姻基础上的家族是社会构成的基本细胞,也是立国之本。《尚书·尧典》载:"克明俊德,以亲九族。九族既睦,平章百姓。百姓昭明,协和万邦。"说明大约从上古以来,家族就是政权存在的基础和支柱。

　　商周时期,世卿世禄的贵族世家既是政治主体,也是文化上的垄断者。春秋战国时期,世卿世禄制瓦解,出现了百亩之田、五口之家的核心家庭制,但秦汉以后,世家大族逐渐形成。汉代以经学作为晋身入仕的条件,而经学传授又多限于家学私门,"累世经学"与"累世公卿"融二为一,形成了文化家族世代相因的局面,文化世家既是国家政治的中坚,也是文化传承的主体。

　　魏晋时期,实行"九品中正制"选人用人,"中正"的评定内容,本身就有"家世"、"行状"、"人品"三项,选人要考察家族几代人的文化背景。人才的选举与士族家族制结合在了一起,这就为文化世家的发展提供了制度上的保障,保持了文化世家在政治上的特权和地位的延续,"故家大族,虽无世袭之名,而有世袭之实"①。

隋唐至清代实行科举考试选人用人制度。其破除了自魏晋以来"上品无寒门,下品无世族"的门阀世族文化垄断,为庶族士子开启了晋身仕途之门,这是一个以科举文化传承为主导的时期。在这个漫长的科举时代,新的文化世家的出现往往要经历由文化之兴到科举之荣,再到仕宦之显的发展奋斗过程。而仕宦之家的优越条件,家学、家风的传承影响,往往使世官、世科、世学有机结合在一起,形成科举文化世家。这在明清时期尤为明显。这种家族文化具有传承性和地域性:一个文化世家,在儒家伦理纲常主导下,以科仕为追求,历经数代发展,往往形成具有自身家族特色的家规、家训、家风。这既是一个家族内部的精神连线和传家珍宝,传递着先辈对后代的寄望和父祖对子孙的诚勉,也成为中国传统知识分子"修身、齐家、治国、平天下"人生价值观培育的重要先天环境和成长土壤。历史上诸多卓有成就的文化名人往往出身于数代显赫的文化世家,这是重要的文化基因。与此相应的是,一个科甲连第、人才辈出的文化世家,又往往成为一个县、州或更大区域内的文化地标,其显赫门第以及通过仕宦、联姻、交游、著述、教育等形成的文化传播力深深影响着一个地域的文化发展,提升了区域整体文化形象。正像陈寅恪先生所说:"盖自汉代学校制度废弛,博士传授之风气止息以后,学术中心移于家族,而家族复限于地域,故魏、晋、南北朝之学术宗教皆与家族、地域两点不可分离。"②陈先生在这里说的是六朝的事,但对隋唐科举制以后的情况而言,也颇中肯綮。可见,中华文明的发展传承,家族文化是一个重要载体。在中国幅员广大、地理环境复杂的文化背景下,要深入探求中国传统文化,不可不探求家族文化,亦不可不深入探求地域文化和家族文化的关系,这是我们组织撰写《山东文化世家研究书系》的重要学术动因之一。

---

① 钱穆:《国史大纲》,生活·读书·新知三联书店,1955年,第298页。
② 陈寅恪:《隋唐制度渊源略论稿·礼仪篇》,中华书局,1963年,第17页。

山东文化世家和省外其他文化世家有共同性。以农立家,以学兴家,以仕发家,是历朝历代文化世家的共性。农业社会决定了任何文化世家都必须以农业为基础,必须养成耕读家风。在士、农、工、商四民中,士往往来源于农,由农家子弟经由读书治学转变而来,这在隋唐实行科举制度以后尤其如此。以工立家,以商立家,固然有之,然而,工商以学兴家,以仕发家,由此而成为文化世家者,却微乎其微,几乎不见。文化世家本质属性在于学,无学不成其文化世家。耕读传家,诗书继世,是一切文化世家的共同特征。唯有令其子弟刻苦读书,勤奋治学,通过经世致用而建功立业,光大门第,才能推动一个家族迅速崛起。充满书香的门第,虽然崛起于乡野小农之间,却未必有足够的力量推动家族的发展更上一层楼,这就要求其子弟必须走上"学而优则仕"的道路,以从政谋取高官厚禄,为整个家族的高贵和后续发展提供强有力的支持。可见,农—学—仕,既是文化世家形成与发展的三个必要阶段,也是文化世家建设与构成的三个必要因素,三者缺一不可,而学居于核心地位。

在中华民族文化发展的进程中,齐鲁文化有着特殊地位和贡献。在中华文明的起源时期,这里发现了最早的新石器时代大汶口文化陶器上的文字和龙山文化时期的城市群以及金属器等,展示出山东是中华文明最早的发源地之一。而在被当代学者称为中华文明"轴心时代"的春秋战国时期,山东地区是中华文明的"重心"所在。傅斯年先生说:"自春秋至王莽时,最上层的文化只有一个重心,这一个重心便是齐鲁。"(《夷夏东西说》)秦汉以后,中国的文化重心或移居中原,或西入关中,或南迁江浙,齐鲁的文化地位时沉时浮,但作为孔孟的故乡和儒家文化的发源地,两千年来,齐鲁文化始终以"圣地"特有的文化影响力为民族文化的传承、儒家思想的传播以及中华民族精神家园的建设作出了其他地域文化难以替代的特殊贡献。齐鲁文化的这种丰厚底蕴和特殊历史贡献,使山东文化世家具有一种特殊的历史承担、文化面貌和家族文化内涵。总览《书系》,从齐鲁文化与中华文明关系的角度粗浅概析,至少有以下几个方面值得在这里赘述:

其一,山东文化世家的发展轨迹,反映了齐鲁文化在中华文明发展中历史地位的消长变迁。从历史纵向看，两千年来山东文化世家的发展，呈现出马鞍型"两峰一谷"的特点：汉魏六朝为一高峰，明清为一高峰，两峰之间的隋唐宋金元时期为平谷。这一变迁，反映出齐鲁文化在中华文明发展中的沧桑之旅。两汉时期文化以经学为主体，经学大师多为齐鲁之人，累世经学之家在齐鲁之地大量出现，这为魏晋之后，形成山东文化的高峰期奠定了厚实的基础。《书系》入选的28个文化世家中，六朝时期为7家，大多形成于魏晋之齐鲁，兴盛于随迁之江南，而且都是对当时的政治、经济、学术、文化产生重大影响的显赫家族，如琅邪王氏、兰陵萧氏等。唐宋时期，政治文化重心西移，域内文化世家总体零落式微，自隋至元，本《书系》入选者仅4家。明清时期是山东科举文化世家发展的又一个高峰，这与该时期山东文化的复兴繁荣不无关系。一是明、清两朝大力提倡"尊孔崇儒"。孔孟圣裔封官加爵，登峰造极；孔孟圣迹重修扩建，前所未有，山东的"圣地"气象空前显现。二是明清时代定都北京，山东地理位置优越。以山东为枢纽的大运河成为南北交通大动脉，促进了山东经济的发达，同时也推动了文化的繁荣昌盛。三是山东作为孔孟故乡，自古有崇文重教传统。明、清两朝，特重科举，士人晋身入仕，科考几乎为唯一之途。明代即有所谓"中外文武皆由科举而进，非科举者毋得为官"（《明会典》）的规定，在此背景下，山东域内涌现出众多科举文化世家。科甲连第、人才辈出家族各地多有；一家数代名宦，父子、兄弟文名并显者亦大有人在。一时硕学大儒，诗人名家，多出山东。到清初时，形成"本朝诗人，山左为盛"的局面。山东应为考察明清时代中国科举文化世家最有代表性、典型性的地区之一。这次选入《书系》的文化世家，明清时期有16家之多，占了多半，而且在编纂过程中我们发现，尽管经多方研讨论证，这次仍有较多明清时代显赫的文化家族没有入选，甚感遗憾。

其二，山东文化世家在儒家文化传承及中华民族文化交流融合中作出过特殊贡献。第一，以孔府为代表的圣裔家族是中国文化世家中特殊的文化资源。在两千余年的历史长河中，圣裔家族经沧桑变迁，流散各地，但他们大多发扬了圣裔家族文化传统，将血脉延续与文脉传承相结合，以尊先敬祖与传承儒家文化为己任,对以儒学为主干的中华民族文化传统的形成,对历代政治、文化的发展产生了其他家族无法比拟的巨大文化影响力。

第二,山东文化世家的迁徙对儒家文化传播及各地文化的交流融合,乃至中华文化重心的转移,都产生过重大影响。历史上山东文化世家曾有过几次较大规模的迁徙:一是汉代大量山东经学世家迁居关中,助推汉代儒学、经学的西渐和关中文化中心的形成。限于资料缺乏等原因,本《书系》虽然没有入选迁居关中的山东世族,但从《汉书》中记载的以田氏为代表的齐鲁大族对关中文化的巨大影响中可见一斑。二是两晋时期齐鲁世族的南迁促进了南北文化交流。元嘉之后,大批山东世家大族随西晋政权迁往江浙,本《书系》中选入的琅邪王氏、兰陵萧氏、东海徐氏、鲁郡颜氏等都是这方面的代表。他们大多"本乎邹鲁……世以儒雅为业",大力推展儒学,积极融入并影响当地文化,成为数代名宦的世家大族,萧氏甚至成为南朝齐梁时代的皇族,对南北文化的融合及江南地区文化的提升发展,产生了巨大的影响。三是北宋末年,大批孔、孟、颜、曾等圣裔家族随宋室迁都临安而南迁江浙,不仅形成儒学史上著名的孔氏"南宗",而且在江南办教育,授儒学,为宋明理学的繁盛和文化重心的南移作出了贡献。

其三,山东文化世家主导了山东乡邦文化的特色——"礼义之邦"的形成。山东是儒学发源地,自古号称"礼义之邦"。读经崇儒,尤重礼义的区域文化特色代代传承,千年不衰。由于汉代以后儒学独尊地位的确立和孔孟故乡"圣地"文化的不断提升和突显,以及金元以后齐鲁之地又逐步成为山东的统一行政区划,"礼义之邦"即成为山东地域共有的文化特质。而这种区域文化共性在山东文化世家中从不同角度显现出来。从本《书系》所选文化世家文化精神的主体看,这些不同时代、经历各异的家族,崇德、重教、尊老、尚义等"礼义之邦"的文化特色,既展现在圣裔之家,也反映在自汉至清历代文化世家的家风、家规、家训之中。不仅世居山东之地的文化世家,而且由山东外迁江南等地的文化世家,数代之后依然以传承故乡之风、弘扬礼义为家族文化的追求。明清时期,从山西、云南等地迁入山东之地的流民后代,最终发展为科举文化世家者,也从多个方面展现出"礼义之邦"的文化特色。

其四,山东文化世家揭示出众多杰出人物成才与地域家族文化的关系。如果说,家庭是人才成长的第一环境,那么,文化世家则是时代人才的摇篮。历史上山东许多文化世家,杰出人才丛生辈出,曾影响了整个时代的政治文化发展,这种情况尤以六朝时期为显:泰山羊氏,羊祜、羊祉等"二十四史"有传记的即有34人,另有2人曾为皇后;王粲、王弼等彪炳史册的文学、思想大家皆出高平王氏;诸葛亮实出身于山东琅邪阳都(今沂南县)望族,成年后离乡;琅邪王氏既是西晋南迁后司马氏政权的主要政治支柱,号称"王马共天下",也是王戎、王羲之、王肃、王褒、王融等文化名人的共有家族;兰陵萧氏自称为齐鲁"素族"出身,但南迁后,发展为人才辈出的显赫世家,齐、梁时代,荣登"两朝天子"的宝座。这在六朝时期由北南迁世族中,颇为少见。山东文化世家,大多注重家训的传承,而家训受儒家思想的影响,多将立德、立言、勤政、清廉等德才要求作为主旨,这对人才价值观念的养成影响甚大,山东历史上众多的文化名人中,政治上多出忠直清廉之士,文化上多出经学、文学大家,与此关系颇大。这次入选的明清时期各个文化世家,传世文献著述颇丰,都是这方面的反映。例如:明代临朐"冯氏五先生"都以文名著称;新城王氏家族共出30余名进士,不仅仕宦显赫,而且多有著述传世,王渔洋则为清初"诗坛领袖",而且为官特重"清"、"慎"、"勤"。其他如诸城刘统勋、刘墉父子,清代彪炳文学史册的"南施北宋"之宋琬,以及田雯、赵执信、曹贞吉等,都展示出了山东文化世家特有的文化影响和传承力。

二

在《书系》即将出版之时,我们很有必要回顾一下较为曲折的编纂过程。

在项目酝酿策划之初,我们就一直力图将《书系》做成一套有统一组织、有学术方向、有研究规划、有明确要求的学术创新工程。我们主要做了以下两个方面的工作。

（一）制定编纂原则

其一，学术目标。试图通过《书系》的撰写，深入探求中国优秀文化传统在文化世家层面的传承轨迹，挖掘优秀的家学、家风、家训等家族优秀历史文化资源，为当代新型家庭文化建设提供借鉴；通过探讨齐鲁文化在各个时代文化世家中的文化特点、面貌、发展趋势及文化贡献，深化对各历史时期齐鲁文化的研究；通过探求齐鲁历史文化名人的成长与家族文化培育的关系，为新时期人才培养与家庭教育的关系提供历史的范例。

其二，选目标准。通过反复酝酿论证，我们提出入选的文化世家应为山东历史上在政治、社会、思想学术、文学、艺术等方面有代表性的文化家族；家族中应有在中国文化史上产生重大影响的代表人物；家族发展的兴盛时期，曾对时代社会和文化产生过重大影响；应是家族兴旺，功名显赫，人才辈出，延时较长之家族；文献丰富，资料可考，便于研究。

其三，内容设计。我们提出以下五个方面设计内容，作为拟定纲目、撰写内容的参考：一是家族发展源流。强调考察渊源脉络，探究发展演变，述其流风余韵，辨析兴衰之由。二是家族盛世研析。包括兴盛之因的探求，家族内部管理结构、婚姻关系、家庭伦理、生活方式等，亦包括对家族与时代政治、区域社会、社会交游、社会文化的关系影响等的研究。三是代表人物研究。包括成长、成才与家族文化，成就业绩与家族兴衰，著述文献与文化活动，时代贡献与社会地位等。四是家学家风研究。包括形成、特点、传承、影响及重点个案分析等。五是附录部分。包括家族大事年表、支系图表、文献书目、参考文献书目等。

其四，撰写要求。主要强调四点：一是突出学术性。强调研究深度，注重观点创新，严守学术规范，力求成为该课题学术领域的最新代表性成果。二是强调资料性。做到全面搜集，系统梳理，征引翔实，论必有据。强调注重旧家谱、旧方志、考古新发现及他人著述中新材料的发现、辨析和运用。三是显示乡土性。强调写出地方特色、家族个性、乡邦气象、社会风情。要求从齐鲁文化发展史的角度来考察探讨文化世家，从文化世家角度来透析齐鲁文化。四是关注可读性。强调用平实的学术语言写作，史论结合，文笔流畅,避免文白夹杂,资料堆砌。

(二) 抓好编纂过程

《书系》完成大致经历了三个阶段。

其一,策划启动。早在 2005 年,我在主持完成《齐鲁历史文化丛书》(100 种)之后,旋即着手策划编纂《山东文化世家研究书系》30 种。2006 年秋天,起草了规划方案。后专门多次召开专家论证会广泛征求意见,2007 年春天,规划方案在蒙山召开的齐鲁文化研究基地第六届学术委员会会议上通过,并被列入齐鲁文化研究基地"十一五"规划标志性成果项目,但由于所需资金数额巨大,暂时搁置。2009 年春天,山东省华夏文化促进会恢复成立。在会长、省委原副书记王修智的支持下,该项目作为促进会与齐鲁文化研究基地合作的首项学术工程正式启动,并在当年 12 月底前完成了所有前期准备和选聘作者的工作。2010 年 2 月 1 日,召开了第一次作者签约暨《书系》编纂研讨会议,对整个编纂工作进行了部署,为圆满完成编纂任务打下了良好基础。

其二,提纲研讨。我们将各卷纲目的设计、研讨、确立作为落实编纂主旨的关键环节抓紧抓好,将启动后的六个月作为搜寻基本资料、掌握研究动态、确定编纂提纲的阶段。重点采取了以下措施:一是实行主编、副主编分工与作者联络、研讨、沟通制度。二是多次召开主编、副主编会议,就每位作者提交的编纂提纲(章、节、目)进行预审,逐一充分研讨、审查,提出修改意见。共性问题,则提出统一修改原则,指导修改。三是根据提纲编纂情况,于 2010 年 5 月 21 日至 23 日召开了全体作者编纂提纲研讨会。采取逐个汇报、深入交流、相互审议、共同研讨方式,就提纲拟定中把握特点、突出重点、强调创新、提炼观点等问题达成共识,并在会后作者充分修改的基础上,又先后两次召开纲目审定会议,与作者反复沟通,最后逐一确立。

其三,撰稿统稿。从 2010 年 6 月至 2012 年 8 月为主要撰稿和统稿时间。在此期间,我们定期召开主编会议,及时交流情况,解决有关问题。在保持与作者密切联系的情况下,采取了以下具体措施:一是召开样稿研审会议。就每卷提交的一章样稿中发现的布局谋篇、行文表述、资料引用、政治把握等方面存在的 18 条共性问题和各卷个别问题进行了汇总研究,提出了修改意见。选取优秀样稿,印发每位作者参考,取得了很好的效果。二是适时召开作者会议,总结交流撰稿情况。2011 年 4 月 28 日至 30 日,在济南珍珠泉宾馆召开了全体作者参加的编纂中期研讨分析会。就写作进度不平衡、资料搜集单薄、如何辩证看待历史人物以及严守学术规范等问题,充分研讨,达成共识。提出各卷总体质量把握要求:资料要丰,论述要精,线索要清,行文要通。三是在大多数作者完成后,主编、副主编分工审稿与集中通审相结合。先由分管副主编审查提出意见,经作者修改后,由编委会集中统审稿件。其间先后五次召开主编会议,及时沟通解决书稿中存在的问题。2012 年 8 月上旬,在东营市召开统审书稿会议,邀请中华书局冯宝志副总编参会指导,并共同研究,就 22 部已交书稿中存在的体例、规模、图片、内容、附录、引文、宗教、学术争议等问题提出 8 条修改意见。

在 2012 年 9 月至 2013 年 6 月分批送中华书局审稿期间,我们协同中华书局采取了具体编纂规范问题由书局编辑与作者直接联系修改,学术问题和其他重要问题须经由主编会议研究审定修改的原则。其间,先后三次会同中华书局共同研究书稿修改和出版问题,三次召集部分作者研究书稿修改,千方百计保证书稿质量和编纂出版任务的顺利完成。

数易寒暑,在各位作者的辛勤付出和同仁、编辑的共同努力下,《书系》得以顺利出版。此时此刻,作为主持这项编纂工程的主编,我虽有如释重负之感,但仍有一种绵长的遗憾留在心底:由于我个人学术水平和学术领导能力的限制,该《书系》还存在诸多不足,原来制定的学术目标并没有完全实现;由于个别作者原因,清河崔氏、日照丁氏两个家族的研究没有如期完成,致使出版拖期,原设计 30 种而只出版了 28 种;由于作者学养、功力的参差不齐,审稿、统稿时间的仓促,有些稿件存在这样那样的问题,为此,还请学界同仁和广大读者批评指正。

当该《书系》即将出版面世之际,我回顾曲折的编纂过程,内心充满了感激、感动之情:

如果没有省委原副书记、山东省华夏文化促进会原会长王修智同志的鼓励支持,联手启动该《书系》工程很可能被推迟实施或者只是一种让人遗憾的愿景。然而,很痛惜,在《书系》启动不久,王修智同志因病去世,《书系》的编纂因此经历了诸多波折。

如果没有原省长姜大明同志和省委常委、宣传部长孙守刚同志的亲自关心支持,该《书系》就不可能现在顺利出版。

如果没有各位作者四年来的刻苦努力和精诚合作,该《书系》的编纂出版还会遇到更多困难!

我们应该向上述领导和同志们表示诚挚感谢!

衷心感谢中国孔子基金会及其理事长王大千先生的鼎力支持!感谢山东省华夏文化促进会的关注和支持!

当然,我们还应该衷心感谢我的同仁——各位副主编:山东师范大学齐鲁文化研究中心的丁鼎教授、王钧林教授、石玲教授、刘爱敏副教授和山东大学的王洲明教授。四年多来,他们与我夙兴夜寐,竭诚合作,共同努力,才保证了《书系》编纂工作的顺利进行。感谢中华书局副总编冯宝志先生和余佐赞等编辑以及齐鲁文化研究中心同仁们的支持与辛勤努力!感谢山东大学我的老师袁世硕先生、董治安先生和山东师范大学安作璋先生在酝酿策划之初对我的具体指导!感谢我的博士生刘宝春做了大量资料搜集工作!在这里我还要特别感谢省外学者田汉云教授、张其凤教授、谭洁教授、何成博士,他们积极热情地承担相应课题,并以严谨的治学态度,拿出了高质量的成果!感谢孔子研究院原副院长孔祥林研究员,在原作者承担撰稿任务两年后却突然告知无力承担的情况下,毅然接受重担,并以严谨、扎实的治学态度顺利完成了《孔府文化研究》这一最重要的书稿。感谢在该《书系》编纂、出版过程中作出贡献的所有人,例如,各文化世家的故乡及后裔们的大力支持和热情帮助。任何一项学术工程的完成都是众多相识不相识的人从多个方面支持的结果,在完成本《书系》的编纂、出版过程中,我们比任何时候都更深地体会到了这一点!

2012 年 12 月初稿
2013 年 10 月定稿

目录

导　言

　　山东大地,钟灵毓秀,是中华文明的渊薮,诞生了光辉灿烂的齐鲁文化。在经历了先秦两汉的辉煌之后,明清时期,齐鲁大地经济繁荣,科第蝉联,人文飚起,形成了以文化世家聚集为标志的又一次发展高潮。在众多的世家望族中,德州田氏崛起于鲁西北"方山卫水"①间,不以仕宦显赫而著称,却因诗书继世的文化成就闻名宇内,是山东文化世家星海中熠熠闪烁的一颗明星。

一

　　早在上世纪中叶,陈寅恪先生即在其《金明馆丛稿初编·崔浩与寇谦之》中指出,东汉以后"地方大族盛门乃为学术文化之所寄托。""学术文化与大族盛门常不可分离。"②这种分散到各地的名都大邑、地方大族盛门的文化"寄托"现象,明清时期更为集中。尤其是清代,作为中国传统文化的集大成时代,其家族学术的特征更为明显。

　　明清时期的运河名城、商贸重镇德州,迎来了经济文化的繁荣,其标志之一就是诞生了卢氏、谢氏、张氏、田氏、赵氏、封氏、金氏、萧氏等众多名门望族。其中的德州田氏世家,历明清两朝,以科举起家,虽有一门六进士的辉煌,却更以诗歌为代表的家族文化享誉海内。尤其是在清代前中期的康

---

① 方山,清代德州城东十里的小土山。卫水,指大运河德州段,时称卫河;"方山卫水"经常出现在田氏作品中,用以代指家乡德州。

② 陈寅恪:《金明馆丛稿初编》,上海古籍出版社,1980年,第329页。

熙、雍正、乾隆三朝,家族成员中的田雯、田霡、田同之等,以诗歌为代表所取得文学创作成就,这种家学的代际递传,既成就了其家族的显著文化特征,又使自身成为山东乃至国内著名的文化家族。

"乃知文雅才,亦须爵位崇。"①在中国古代文学史上,文名往往需要借助官位显扬,而德州田氏家族的特殊就在于不以仕宦荣显著称,家族中只有田雯位居侍郎,但家族诗学文化实甲山左,声满宇内;一般而言,家族成员间的文学创作、主张会呈现出某种相似性,田雯诗才宏富,作诗讲奇丽,形成了与王士禛神韵诗风迥异的诗美追求,但田霡以素淡的诗歌成为山左诗坛神韵诗派的重要组成,田同之承继家学底蕴,作诗出入王田之间,极力维护神韵诗学,成为清中期山左神韵诗歌的旗手。田雯、田霡、田同之诗歌的不同风貌及其原因,拥有康熙朝诗坛显赫地位的田雯,在后世文学史中却湮没无闻,田氏家族崛起于清康熙中后期,衰落于乾隆前期,德州田氏崛起、又迅疾衰败的原因,面对家族的发展颓势,世家子弟的心路历程等等,这一切都值得我们深入探究。以德州田氏为个案的山东文化世家研究,无疑具有别样的典型意义。

二

作为文化世家,德州田氏鼎盛时期的代表人物田雯、田需、田霡、田同之皆有著述,遗存文献相当丰富。在清代康熙、乾隆年间家族就刊刻有《德州田氏丛书》,尤其是田雯、田同之祖孙两人更是有大量著作遗世。田雯早年位列"金台十子",晚年诗学影响几与"一代正宗"王士禛双峰对峙,其多种著述被选入《四库全书》,王鸣盛的《饴山文集序》、张鹏展的《国朝山左诗续钞序》,皆将田雯列为与宋琬、王士禛、赵执信齐名的清初山左四家之一。田同之师承家学,推崇杜甫,同时又是山左诗坛王士禛神韵诗学最为坚定的鼓扬者,其与沈德潜论诗,影响巨大而深远,成为清代康乾之际山左诗学思想嬗变的代表。田雯母亲张氏,是明清之际山左诗坛中女性诗人的翘楚,其雅正的诗歌追求代表了清代山东女性诗歌的基本特点。但长期以

---

① 田同之:《杂兴》八首其一,《砚思集》卷一,《德州田氏丛书》,清康熙乾隆间刻本。

来,学术界对德州田氏的关注远远不够,没有给予足够的重视。自上世纪
九十代年至今的二十余年间,关于德州田氏家族成员的研究,学术界陆陆
续续以学术(学位)论文、文献整理、专著、文学史等形式呈现,因数量不多,
现将主要成果逐条列举如下:

学术论文主要有蒋寅《读田雯诗论札记》(《南阳师范学院学报》,
2011 年第 7 期),黄金元《清代山左诗坛德州田氏诗群行略及生卒年证
补》(《古籍整理研究学刊》2010 年第 1 期)、《王士禛与田雯交游考论》
(《山东大学学报》,2009 年第 2 期)、《清初山左诗人田雯及其诗歌创
作》(《东岳论丛》,2004 年第 5 期)、《试论田雯的生活诗》(《德州学院
学报》,2006 年第 6 期)、《试论田雯的山水田园诗》(《德州学院学报》,
2004 年第 3 期)、《试论田雯的诗学观》(《德州学院学报》,2004 年第 1
期)、《田雯行年简谱》(《德州学院学报》,2003 年第 3 期),石玲《清代
初前期山左诗学思想概略》(《文学遗产》,2007 年第 2 期)、《田同之诗
论与康乾之际山左诗学思想的嬗变》(《山东师范大学学报》,2006 年
第 5 期),孙彦杰《论田同之词学思想》(《德州学院学报》,2009 年第 5
期)、《西圃词苑晚香馨——评田同之的＜晚香词＞》(《德州学院学
报》,2008 年第 5 期),贺同裳《田同之的游历写景诗》(《德州学院学
报》,2009 年第 3 期),李颖鑫《浅析古欢堂诗歌中的神仙信仰》(《厦门
教育学院学报》,2008 年第 4 期),梁秀慧《田雯的宋诗派理论》(《德州
学院学报》,2008 年第 5 期),程渷《田雯部分作品被植为王念孙》(《文
献》,2007 年第 1 期),马大勇《世情已烂熟,吾辈总艰难——论田雯的
"疏离"心迹》(《徐州师范大学学报》,2004 年第 5 期),李康化《田同之
西圃词说考信》(《文献》,2002 年第 2 期),刘保今《田雯诗简论》(《德
州学院学报》,2002 年第 1 期),田雯和《山姜诗选》(《德州学院学报》,
1994 年第 1 期),祁建春《王渔洋神韵诗的鼓扬者——田同之诗学观简
析》(《德州学院学报》,2001 年第 1 期),李景华《清初诗坛和诗人田
雯》(《首都师范大学学报》,1994 年第 2 期),朱兴泉《清代著名政治家
文学家田雯》(《山东档案》,1994 年第 4 期),张兴幡《才雄笔大兼擅唐
宋——试论田雯的诗歌理论及创作》(《苏州科技学院学报》,1991 年第

1期），李世英《论田雯崇尚奇丽的诗学主张和创作风格》（《天津商学院学报》，1994年第2期），蒋星煜《田雯与＜桃花扇＞及其它》（《上海师范大学学报》，1990年第4期）等。

相关学位论文，博士论文主要有黄金元《明清之际济南府望族与诗歌研究》（山东师范大学，2010年）、宫泉久《清初山左诗歌研究》（山东师范大学，2008年）、马大勇《清初金台诗群研究》（苏州大学，2001年）；硕士学位论文有张银娜《田雯研究》（兰州大学，2007年中国古代文学硕士学位论文）、黄金元《田雯诗歌研究》（山东大学，2004年中国古代文学硕士学位论文）等。

相关学术著作，有黄金元《田雯研究》（线装书局，2012年版）、张明福的《德州明清仕宦家族》（线装书局，2012年版）、黄金元《明清之际济南府望族与诗歌研究》（人民出版社，2011年版）、宫泉久《清初山左诗歌研究》（中国社会科学出版社，2009年版）和马大勇《清初庙堂诗歌集群研究》（吉林人民出版社，2007年版）等。

古籍整理方面，山东大学出版社自2007年始，分四辑、共1375种、200册陆续影印出版的山东先贤遗著的大型丛书《山东文献集成》，已将德州田氏成员的多数作品影印出版，给读者提供了一定便利。2002年刘聿鑫整理有《冯惟敏、冯溥、李之芳、田雯、张笃庆、郝懿行、王懿荣年谱》（山东大学出版社，2002年版），20世纪90年代曹鼎、刘保今、杨炳辉选注了《田雯诗选》（首都师范大学出版社，1996年版），罗书勤等点校《黔书·续黔书·黔记·黔语》（贵州出版社，1992年版）。

相关学术编著，王兆鹏《词学史料学》（中华书局，2004年版）和朱崇才《词话史》（中华书局，2006年版）有专段文字介绍田同之的《西圃词说》；张健《清代诗学研究》（北京大学出版社，1999年版）有关于田同之诗学的相关论述；龚兆吉《历代词论新编》（北京师范大学出版社，1984年版）收录和征引了《西圃词说》18条；严迪昌《清词史》（江苏古籍出版社，1990年版）征引了《西圃词说》的论述四次；黄天骥的《诗词创作发凡》（广东人民出版社，2003年版）多次提到田同之的词学见解。

在地方文学史著作中，李伯齐编著的《山东分体文学史·诗歌卷》（齐鲁书社,2005 年版)、《山东文学史论》(齐鲁书社,2003 年版),乔力等主编的《山东文学通史》(山东人民出版社,2003 年版)对德州田氏诗群有简单介绍。

　　从上述情况可以看出,德州田氏的相关性研究主要集中在田雯、田同之的文学成就方面,以 2000 年为界,可以分为前后两个阶段。第一个阶段为起步阶段,学术成果少,田雯研究方面的成果主要是以田雯身世、生平及文学主张的介绍为主。蒋星煜先生的论文《田雯与＜桃花扇＞及其它》,可以看做是这个时期最高水平之作,他以当代著名戏剧研究家的敏锐洞察力,揭示出田雯对《桃花扇》创作、传播的作用影响,旁及田雯的观剧诗,就田雯对清代戏剧贡献研究而言,其学术的高度至今无人超越。曹鼎、刘保今、杨炳辉三位先生的古籍整理成果《田雯诗选》无疑为后人的研究奠定了基础,导夫先路。进入新世纪后,伴随着清代文学尤其是诗歌研究的不断深入,田雯研究日渐繁荣,田同之研究开始为学者关注。一批高校的教授、博士、硕士加入到德州田氏的研究队伍中来,极大地提升了研究队伍的整体水平,他们或将田雯研究作为自己的学位论文选题,或在整体研究中将田雯、田同之置于重要位置,研究角度、研究方法不断翻新,带来了丰硕的研究成果。蒋寅先生的论文《读田雯诗论札记》,将田雯诗论置于清初诗学的大背景下进行考察,肯定了田雯在康熙诗坛的重要地位和其诗论的重要价值,勾勒了田雯诗学思想的潜变历程,认为田雯诗名湮没的主要原因是田雯没有提出自己独立的诗学思想。马大勇先生《世情已烂熟,我辈总艰难——论田雯的“疏离”心迹》一文,则是从关注清代金台诗人心路历程的独特角度,捕捉到了田雯冷峭诗风的深层因由——田雯心怀一般盛世显宦难以拥有的“疏离”心态,并指出早年仕宦生涯中的坎坷不遇与现实生活中的民生艰难,是造成其独特心理的根本原因,视角独到,发人深省。石玲教授先后发表《清代初前期山左诗学思想概略》、《田同之诗论与康乾之际山左诗学思想的嬗变》两篇论文,视角广阔,以第一手资料、第一次对田同之诗学思想的典型意义,做了深入分析,目光敏锐,见解深刻,反响强烈;孙彦杰教授的两篇关于田同之词学思想与创作的论文,注重原始文献和文本解读,具有原创意义。

总体来看,目前学界的关注与研究,基本停留在德州田氏个体成员的层面,多数成果水准处于梳理史料、述多论少的低浅层面,作为研究基础的文献整理工作才刚刚开始,田氏家族成员的全集和主要别集尚未刊行。笔者十年来一直从事田雯的研究工作,从田雯行略、诗歌创作、诗学思想再到田氏家族的基础性研究,虽取得了一定成绩,但对德州田氏家族的整体性研究也仅仅是一个开端。

三

本书定位为对德州田氏世家的整体性研究。

钱穆先生在《中国文化史导论》云:"家族是中国文化的一个最主要的柱石,我们几乎可以说,中国文化,全部都从家族观念上筑起,先有家族观念乃有人道观念,先有人道观念乃有其他的一切。"①家族学研究的意义不容置疑,家族学正成为学术界研究的热点,本书首先应归于家族学研究范畴。按照惯例,家族学研究一般属于史学研究,并往往与地域研究相结合。我们知道,世家、望族,历史上还有世族、右族、名族、著姓、巨姓、巨族、盛族、甲族、鼎族、著族、大族、旧族、华望等称谓。② 按照清人的理解,世家、望族或"世其官"、或"世其科"、或"世其学"③,事实上,很多世家望族往往是三位一体的大族,或某一方面的成绩更为凸显,总之,代有显宦、科甲相联、家学渊源往往是其主要特征。如此,诸如研究其家世渊源与发展,归纳其门风特征,总结其兴衰原由,考察其婚姻、交游,探寻其家族发展与地域文化的互动关系,概括其家学特征与成就,就成为家族学研究的基本内容与思路,在具体研究方法方面,搜集、阅读原始文献,使用统计学的方法,归纳提炼观点,甚至田野考察,恐怕是最为常用的研究方法,无疑也是耗费精神之处。

同时,德州田氏家族是以文学、特别是诗歌文化著称的世家望族。在家族研究的同时彰显其世家文化特点,是本书区别于一般世家研究之所

---

① 钱穆:《中国文化史导论》,商务印书馆,1994年,第51页。
② 江庆柏:《明清苏南望族文化研究》,南京师范大学出版社,1999年,第4—12页。
③ 吴江、薛凤昌:《吴江叶氏诗录序》。

在。近些年来,将地域、家族、文学三者结合起来进行研究的方法方兴未艾,并出现了一大批优秀成果。① 这些成果的取得都标志着地域、家族与文学相互交叉融合的研究门径已经渐趋成熟,"文学家族学研究正在逐步形成学术气候"。② 笔者将适时借鉴地域学、家族学与文学相融合的方法,力求研究方法的创新。

　　当下,由于学术界长期对德州田氏的忽略,关于德州田氏世家的整体性研究成果稀少,致使许多研究工作毫无因循、无所依傍,这也成就了本书的开创之功。由于德州田氏家族成员功名仕宦不够显达,可以使用的正史资料较少,再加笔者水平和视野所限,有的研究难免浅尝辄止甚至偶有错讹,在此敬请方家指正。

---

① 在地域与文学结合方面,有胡阿祥的魏晋本土文学地理的研究,戴伟华的地域文化与唐代诗歌发展关系的研究,李浩的唐代三大地域文学士族的研究等。在家族与文学关系研究方面,严迪昌的文化世族与吴中文苑研究,刘跃进的门阀士族与永明文学研究,张剑的宋代家族与文学研究,曹虹的阳湖文派研究,江庆柏的明清江南望族文化研究,凌郁之的苏州文化世家与清代文学研究,朱丽霞的清代松江府望族与文学研究等。
② 罗时进:《关于文学家族学建构的思考》,《江淮论坛》2009 年第 3 期。

第一章　德州田氏的崛起与发展

德州田氏是明清时期运河沿岸鲁北重镇德州的世家望族。德州田氏随明初永乐年间的移民大潮,自河北真定府枣强县迁来德州,至清朝末年,时间跨度约五百年,其发展过程大致可以分为明代的迁移发展期(一世至六世)、清代前中期的昌盛期(七世至九世)、清中期后的没落期(九世以后)三个阶段。德州田氏经历了从最初的民户农耕到以儒传家、诗书继世的家族文化转变,特别是科甲相连,孕育了六位进士,形成了以诗学为主的家族文化,可谓山东地域上名震一时、闻名海内的书香门第、文化世家。

第一节　德州田氏的生存背景

德州田氏的崛起与德州地域文化的演进发展有着密切的关联,明清两代是德州地域文化最为昌隆的时期,经济文化的昌隆造就了地域人文之盛,明清时期德州地域诗学成就呈蔚为大观之势,德州田氏的家学既是其重要组成部分,也是地域文化滋养的结果。

一、九河春色
——明清德州经济的发展与昌隆

德州,位于山东、河北两省交界处,尧舜时期为兖州之域,夏为有鬲氏之国,属龙山文化区域,这里有上古时代后羿射日、大禹治水的传说,禹疏九河①，德州就位于传说中的九河的主要流域。秦设鬲县，隋设广川、长河县，五代改长河为将陵，元改将陵为陵州，明洪武七年（1374）徙州治于现址，遂名德州。明清时期隶属山东省济南府。

德州虽居华北平原的千里沃野，但却因处于南北交通的咽喉要地，历来为兵家必争之地，长期以来的兵燹战乱导致德州地域人烟稀少。秦汉时期社会动乱、军阀混战，西晋和南北朝时期游牧民族入主中原，隋唐时期农民起义策源于此，安史之乱叛军攻略南下。清乾隆《德州志》记载：

> 宋时大河全在州境，沿河不立村庄。元时河南徙，始渐置庐舍……

宋代黄河流经德州，出于治黄和安全的考虑，黄河两岸不立村庄。德州长期为金所统治，金、元两朝对北方地区实施民族掠夺和野蛮统治。元代因为黄河改道南迁，才逐渐有了人烟，但人口稀少，元统治者只好降陵州（德州）为将陵县。

明建文元年（1399），朱棣发动争夺皇位的"靖难之役"，在战争初期，德州作为南北交通要冲成为重要的战场。先是大将军李景隆率军50万驻至德州，筑"十二连城"以为军营，在与燕兵的交战中，景隆大败，德州为燕兵攻陷，次年，德州为山东参政铁铉收复，铁铉升兵部尚书暂理大将军军务，督军德州。在这场长达近四年的战争中，德州因其战略咽喉地位，成为兵家必争之地，受害最重，明成祖朱棣夺得皇位后，卜诏供给德州等被兵之地农器，并免徭役3年，以恢复社会生产。

明初德州的发展，与朝廷的卫所军制密切相关。明代对军队的管理实行卫、所建制。把数府划分为一个防区设卫，下设千户所和百户所，一般5 600人称卫，1 120人称千户所，112人称百户所。因为德州交通地理位置的重要，统治者于明初在德州设守御千户所。洪武九年（1376）设德州正

---

① 禹疏九河见于《尔雅·释水》，文中指出徒骇、太史、马颊、覆釜、胡苏、简、絜、钩盘等九河的名字。经过数千年自然、历史变迁，如今九河故道已经湮没或被其他河流所取代。

卫,分中、左、右、前、后、中左6个所,约6 720人,明初的德州只是一个鲁西北的军事重镇,城内几无州民,"事无大小指挥镇抚治之,州牧不与焉"①。

为开垦土地,恢复经济,明代统治者在全国实行屯田制度,《明史·食货志》:"屯田之制:曰军屯,曰民屯。""而军屯则领之卫所。边地,三分守城,七分屯种。……每军受田五十亩为一分……"明代屯田制分为军屯、民屯两种,军屯是将为开创大明王朝建功立业的军队派到抛荒严重的地域,一方面驻防,一方面垦种耕地;民屯是招募流民、移民,官府供给耕牛、粮种,收获官民各半。尽管实行了一系列安民、抚民的休养生息政策,但至明洪武二十四年(1391)时,德州实有居民仅4 830户,28 899人②,而且多数为屯田而迁来的军户。朱棣夺得皇权定都北京后,大运河沟通南北的重要性凸显,为进一步加强漕运,永乐五年(1407)在德州正卫以外,统治者又建立了德州左卫,分左卫左、右、前、后、中和中左6个所,约6 720人,守城卫所的官兵人数翻了一番,达到了近15 000人。为解决战争过后鲁北、鲁西地域人口稀少影响经济的问题,朝廷从山西、河北,胶东登、莱二州等地迁来大量移民,德州人口迅速增长,逐渐形成了州卫同城的特色。

明清德州区域经济的繁荣,一方面表现为农业生产力水平显著提高,如小麦、豆类种植为主的二年三熟制或豆麦间作制度确立,农业种植在耕作、施肥、管理等方面日趋精细化,棉花、花生、果树、蔬菜等经济作物广泛种植。更为重要的原因是,德州由运河、陆路和运河区域城乡集市、庙会共同织就的一张大的连接内外的市场网络的形成,促进了商贸经济的繁荣。③

明成祖朱棣迁都北京后,德州成为"神京门户",在大运河重要码头的基础上,北京通往九省的御路经过德州,永乐五年德州城西设置递运所,以备陆运,所以又有了"九达天衢"的美誉,德州遂成为南北水陆交通的要冲。

尤其是京杭大运河,它纵贯德州全境,流经所属的夏津、武城、平原、德城等4个县区,全长141公里。明清两朝,自明成祖迁都北京以后,统治者每年都要从江南运输大量的粮食和其他物资以供京畿,大运河担负

---

① 《(乾隆)德州志》卷一,《中国地方志集成》,凤凰出版社,2004年。
② 《(乾隆)德州志》卷一,《中国地方志集成》。
③ 参见田贵宝、田丰:《德州运河文化》,线装书局,2010年,第172—179页。

了繁重的运输任务,真正成为了南北物资运输、文化交流的大动脉,促进了南北方物资的大流动,推动了运河沿岸经济的大发展,山东运河地区的德州、临清、东昌、济宁等城市,也成为全国工商业发展最兴旺的城市,德州依靠其南通江淮,北达幽燕的得天独厚的区位优势,成为京杭大运河漕运要港和驿道的中继枢纽,德州迎来了它历史上最为辉煌的一页。明代李攀龙在其《赠李明府暂诣广川奉送景王之国》诗中,描摹德州运河两岸胜景,诗云"千乘旌旗分羽卫,九河春色护楼船",艺术地再现了德州运河区域的繁荣,至明永乐年间,德州已成为全国33个著名的工商城市之一,《(乾隆)德州志》卷四载:

> (明)永乐九年(1411)移州治于卫城内,招集四方商旅,分城而治。南关为民市,为大市;小西关为军市,为小市。马市角南为马市,北为羊市,东为米市,又东为柴市,西为锅市,又西为绸缎市。中心角迤北为旧线市,南门外迤西为新线市,盖四方商旅之至者众矣。

德州城内集市活跃,商贾云集,清代乾隆年间,德州城内外已有街巷六十余条,市九,商号四百余家,手工业作坊二百余家,出现了百货聚处、商贾往来、南通北衢、不分昼夜的繁荣景象。更有大量的文人墨客或进京赶考,或宦海沉浮,北上南下,途经德州,清代康熙、乾隆屡次南巡,几次驻跸德州,形成了特有的"驿路文化"现象。

经济的昌盛,带动了德州城市建设。田雯晚年著有考证家乡风物历史的《长河志籍考》。据其记载,康熙年间,德州就有董子读书台、董子祠、颜鲁公祠、曹都督墓、高植碑、剑冢、陈公堤、行宫、矩亭、杜亭、程氏南园、程氏北园,又有先师庙、乡贤祠、名宦祠、十八坊、永庆寺、高真观、江东神庙、武安王庙、北极庙、铁佛寺、台头寺、河神庙、慈氏寺、龙泉寺、十二连城、雁塔、广川楼、醇儒书院、方山、东壁楼、瓜隐园、止园、苏禄国东王墓等一大批人文景观,可见当时文物之繁盛。

名胜古迹,标志着一个地方或国家古今文明程度、政治状况、文化发展程度及经济繁荣程度,它是历史文化最生动形象的载体,田雯在其诗歌中,多次写到对家乡德州历史文化的感悟与自豪：

> 神头小店白杨风，千里徒河一水通。
> 昨过董生下帷处，今朝长揖滑稽雄。（《谒东方祠五首》其五）
>
> 亭是卢公吟杜地，家邻董子读书台。（《老秀才述怀》)①

诗中的"徒河"，即流经德州、注入渤海的徒骇河，是传说中的禹疏九河之一；"董生下帷处"，是指董仲舒读书的地方，即董子读书台，故址在今德州市旧运河畔繁露台。下帷，放下室内悬挂的帷幕，引申为闭门读书；"滑稽雄"是指汉代东方朔，因其以诙谐滑稽著名，故称。"亭是卢公吟杜处"，亭指"杜亭"，"卢公"是指清初德州籍诗人卢世㴶，酷爱杜诗，于尊水园庭院之中建杜亭，自封为杜亭亭长，后尊水园为田氏所有。

二、人文飚起
——明清德州诗学之盛

山东是中国最具有深厚历史文化底蕴的地域之一。早在公元前 11 世纪的西周王朝建立伊始，便分封了齐、鲁两个大的诸侯国，"泰山之阳则鲁，其阴则齐。齐带山海，膏壤千里，宜桑麻，人民多文彩布帛鱼盐。……而邹、鲁滨洙、泗，犹有周公遗风，俗好儒，备于礼"②。千百年来，淳朴、智慧的齐鲁儿女创造了光辉灿烂的历史文化，形成了博大深厚的齐鲁文化，其以孔孟思想为核心的儒家思想甚至影响到中国几千年封建社会的官方思想。就文学而言，从先秦《诗》中的《齐风》、《曹风》、《鲁颂》的吟唱，到《论语》、《孟子》、《左传》、《国语》、《晏子春秋》等文学元典的诞生，特别是宋代以后，随着封建王朝政治、文化经济中心的东移，齐鲁文化、山东文化大放异彩，宋代有王禹偁、李清照、辛弃疾等文坛巨匠；元代有高文秀、康进之一大

---

① 田雯:《古欢堂诗集》,《德州田氏丛书》。
② 《史记》卷一百二十九，中华书局，1959 年，第 3265—3266 页。

批杂剧家最早在东平府出现,并享誉全国,推动了杂剧的发展。

明清时期,山东尤其是以济南府所辖和运河两岸区域,人杰地灵,英才辈出,文化繁荣,就文学而言,《水浒传》《金瓶梅词话》两部优秀的长篇小说也都是以山东西部古运河两岸为背景写成。明代中后期至清初,长达四百余年的时间内,山东诗歌都是整个诗坛的重镇,甚至一度成为翘楚。明代诗歌的复古运动,"前后七子"上下相承且总居中枢位置,历城人边贡侧身于"前七子",列"弘正四杰"之一;待此复古潮流中衰时,"后七子"起而振之,"续前七子之炎者",风行南北,天下翕然从之,声势更浩大,临清人谢榛时居盟长,历城人李攀龙更为冠首,均系影响全国的大手笔,王士禛《古夫于亭杂录》卷三:

> 吾乡风雅,明季最盛。如益都王遵坦太平、长山刘孔和节之,尤非寻常所及。……他如益都王若之湘客,诸城丁耀亢野鹤、丘石常海石,掖县赵士喆伯濬、士亮丹泽,莱阳姜埰如农、弟垓如须、宋玫文玉、弟琬玉叔、董樵樵谷,淄川高珩葱佩,益都孙廷铨道相,赵进美韫退,章丘张光启元明,新城徐夜东痴辈,皆自成家……①

所举诸人,都是出生于明季而活跃在清初诗坛上的著名诗人。清初的赵执信在《谈龙录》中也说:

> 本朝诗人,山左为盛。先清止公与莱阳宋观察荔裳琬同时,继之者新城王考功西樵士禄及其弟司寇,而安邱曹礼部丼六贞吉、诸城李翰林渔村澄中、曲阜颜吏部修来光敏、德州谢刑部方山重辉、田侍郎、冯舍人后先并起。②

赵执信更明确地指出,"本朝"(即清初的顺治、康熙时期),山左诗人最盛。而这其中,德州就有三家,赵执信云:"渔洋公方为诗坛盟主,前所推行者十

---

① 王士禛:《古夫于亭杂录》卷三,中华书局,1988 年,第 77 页。
② 赵执信:《谈龙录》,人民文学出版社,1981 年,第 14 页。

子,而山左居四;四之中德州居其二,则田山姜侍郎,谢方山郎中也。"他们是早年王士禛标举"金台十子"中的田雯、谢重辉,以及赵执信敬佩的冯廷櫆,皆闻名于清代。

小城德州之所以在清代诗人辈出,究其原因,与德州深厚的诗文化传统有着密切的关系。德州,具有悠久而又厚重的历史文化,有着三千年的文化积淀。汉代大儒董仲舒曾下帏苦读,留下了"三年不窥园"的佳话,其"罢黜百家、独尊儒术"的主张,对整个中华文明的发展产生了重大影响;与司马相如并称的汉赋大家东方朔,思想以儒为本,杂家兼备,其诡辩言辞、占卜射覆的奇能与进退有度的政治态度无不体现了齐鲁智慧;唐代名臣、大书法家颜真卿,雪胆孤忠,平原举义,抗击安史叛军,于此演绎了惊天地、泣鬼神的悲壮……

明清时期,德州经济的繁荣,带动了文化的昌隆。德州成为文化底蕴丰厚、古迹众多的人文荟萃之地,他们见证着德州的繁荣,承载着德州的历史,董子读书台、振河阁、董子祠、颜鲁公祠、行宫、陈公堤、矩亭、杜亭、程氏南园、程氏北园等一大批风景名胜、人文景观汇集于此。其中,董子读书台是德州运河文化积淀最厚重的古迹。董仲舒年轻时期在德州励志苦学,"三年不窥园",他的事迹带动了德州一带的文风,崇文尚学成为德州地域文化的一个显著特征,一代鸿儒给予后世德州以无尽的精神滋养。德州城区内先后创设有崇仁书院、醇儒书院、董子书院、柳湖书院、董颜书院、繁露书院、正谊书院等,都是由纪念董子及其讲学活动衍化而来,德州文化深深打上了董子的烙印,具有鲜明的区域色彩和儒家文化特征。

在厚重的崇文尚学氛围熏陶下,明清时期,德州有一批批科考举子和入京做官之人,出现了一批知名文人,明清时期的"三李"(李浃、李源、李涛)、"四大"(冯大木、赵大经、封大受、陈大浩)、卢氏"五代八进士"和我们本书研究的德州田氏的"五田"(田绪宗、田雯、田需、田瑛、田元春),或研经、或写史、或为文,留下了许多传世名篇。自明以后,德州籍名人的著作有254种之多,仅收入《四库全书》的就达十种五十余卷。尤其是在诗歌方面,自明成化时期始,德州代有诗家行世,除德州田氏诗群以外,诗名远扬的还有:

　　张海,明天顺三年(1459)己卯,山东乡试第一,成化二年(1466)丙戌,登进士第,从此步入仕途。历官顺天府尹、兵部右侍郎、左侍郎,后以经略哈密无功,降授陕西右参政。德州《张氏族谱》附张海传引《安德诗搜》,称张海"酷好吟咏,篇章甚富,观其格调,颇似高李。乃天子称其才压翰林,不虚也。晚年自焚其稿,《广川人文初搜》中存数十首,传闻得于其族人参政张大业处"。今观《张氏族谱》所载的三十五首诗歌,丰富的仕宦经历,耿介正直的个人品格,使其诗作既有高适边塞诗歌的慷慨悲壮,也有李白浪漫主义诗歌的洒脱不羁。其诗记事咏物,怀古述志,取材广泛,内容丰富。

　　程绍,字公业,别号肖菱,万历乙丑进士,官汝宁府推官、户科给事中,以太仆寺卿、都察院右副都御使巡抚河南,工部右侍郎致仕。曾率众乡绅力止德州建魏忠贤生祠。

　　程先贞(1607—1673),字正夫,号蒠庵,清初德州著名诗文家、史学家。明末以祖荫官至工部营缮司员外郎,因父病还乡,也参加了甲申年德州的"诛伪"暴动,降清后,年三十八,以原官用,不两年告归,杜门简出,家居三十载而不仕,以读书著述自娱。著有《海右陈人集》、《德州志略》、《蒠庵诗草》、《燕山游稿》、《安德诗文搜》、《还山春事》、《州乘》等。其中,《州乘》一书,垂老而成。

　　卢世㴖(1588—1653),与程绍同乡、沾亲。主要生活在明代,国变时已年逾知命,入清不过十年。他的"诛伪",原怀"复明"的初衷,故而对清廷之征坚辞不赴。归里后自称南村病叟,并预制一棺,自为碑文。终其一生,以诗为业。卢氏以杜为师,酷嗜杜诗,感时伤世正与杜甫相通。读杜集至四十遍,选《杜诗胥钞》,著《读杜私言》。入城后构筑尊水园,修建杜亭,自命杜亭亭长。

　　谢重辉(1639—1711),字方山,自幼过继为伯父谢陛嗣子,因以恩荫为中书舍人,历官刑部郎中。康熙三十四年(1695)引疾归里,吟咏以终。他的诗早年之作收入《十子诗略》,编年集《杏村诗集》仅收康熙四十一年到四十七年的诗。

　　冯廷櫆(1649—1700),字大木,出身寒士之家,幼有奇童之目。年逾而立方授内阁中书舍人,与青州赵执信为契友,时相唱和,因同赋《诸葛铜鼓诗》长歌而名噪京师,王士禛为他们编刊《二妙集》,拟之昌黎、眉山。今存《冯舍人遗诗集》,收诗496首。

孙勷(1655—1739),是德州籍县令孙继从吴县(原称长洲)遴选的嗣孙。此子少负异才,好学苦读,经乃祖精心传授,学业大进。康熙二十年中解元,成进士,入翰林院,有诗集《鹤侣斋诗稿》近二百首,人称于明清名家中可"另置一行,独出一格"。

李源,被顾炎武称作"山东豪",存诗仅有三首,其《夏夜吟》便可称"绝调":"夜月清如洗,冰心托玉壶。竹君千个在,石丈一峰孤。独酌开青眼,微吟撚白须。故人书昨至,远道忆吾徒。"其中竹枝竹叶组成千个"个"字,园中之石像个老丈之喻便新义特出,令人叫绝。

卢见曾,主要活动于雍正、乾隆朝,官两淮盐运使。作为清中期山左后学,卢见曾主盟东南文坛多年,他接纳士林名流数百人,文酒之会,极一时之盛,呈众星捧月之势。其中包括惠栋、厉鹗、沈大成、全祖望、杭士骏、马氏兄弟、程梦星、金农、陈撰等,卢见曾因而成为士林领袖,风雅主持,扬州也成了文化中心。卢见曾论诗以诗道性情为中心,是明清以来主张诗歌缘情一派的重要代表,并与浙派、性灵派相互影响,对清代前中期诗学具有承上启下的意义;其诗写官宦生涯的平凡生活,情感真挚,诗风多样而有意境;其编纂的《国朝山左诗钞》具有鲜明的以诗存史的意识,收集清初以来山左诗人六百二十余家的诗作六千余篇,编成六十卷,又缉《补钞》、《续钞》。此后又成《山左明诗钞》三十六卷。对山东古代文献的保护具有肇始之功,并表现出融通南北的诗学思想。

明清时期的德州,北依京畿,南邻济南,京杭运河穿城而过,"控三齐之肩背,为河朔之咽喉",是沟通南北两京的驿路与运河交通的要冲,是进出北京的必经之路,历来有"神京门户"、"九达天衢"之誉。许多文化名人驻留此处,或宦游小憩,或交游拜友,或讲学题咏,与德州名士织就了一张张复杂的人际网络,为德州地域文化涂抹上了绚烂的光彩。最为著名的当属明清之际的文坛盟主钱谦益、大儒顾炎武。

钱谦益一生有九次南北往返的经历,其中有两次在德州逗留,并与德州名士卢世㴶、程泰、程先贞、谢陛等交游,其中与德州卢氏的卢世㴶终生保持着密切的亦师亦友的亲密关系。

钱谦益与卢世㴶定交应该是在崇祯六七年间,崇祯六年(1633)癸酉上半年,卢世㴶刻成《杜诗胥钞》,寄交钱谦益求序,钱谦益写了序言,两人由此开始互相酬唱、交往。

崇祯十年(1637)丁丑一月,常熟县民张汉儒赴京投诉钱谦益退职后在家乡行枉法事,案件正好到了钱谦益政敌温体仁手中。钱谦益拟请卢世㴶的内兄兼亲家、吏部尚书谢陛出面为其周旋,钱谦益一行到达德州后,为了避免授人把柄,卢世㴶将他们安排在好友程泰(字鲁瞻)的家中,逗留十余天。这是钱谦益一生之中九次南北往返、经过德州逗留时间最长的一次。在德州期间,钱谦益作《德水送芍药》、《东璧楼怀德水》等 12 首诗篇。最终,钱谦益得益于卢氏的帮助,得到了朝廷的宽宥。

顺治三年(1646)丙戌秋,钱谦益称病请假回籍调养,自北京返常熟途中再次光临德州,下榻于卢世㴶尊水园画扇斋中,柳如是先期到达迎接钱谦益,并题诗于尊水园杜亭壁上,在场的卢世㴶、程泰、程先贞分别酬和。卢氏拿出《亡妻谢安人墓志铭》,请钱谦益过目,钱氏评曰:"简古,直逼子厚。"钱谦益在程先贞家藏思陵石墨上题诗,并为《海右陈人集》作序。

顾炎武是清初光临德州、与德州诗群交往最密的另一位名士。在顾氏后半生漫游的 26 年中,有 21 年的时间往来居留山东,在其山东交游的行迹中,德州是其经常驻足的驿站,达 11 次之多,而程先贞是其交往最深的挚友之一。

康熙四年(1665)乙巳,53 岁的顾炎武首次正式造访德州,与程先贞相会定交,尽管程先贞比顾炎武大六岁,但两人志同道合,结为挚友。

康熙六年(1667)丁未九月,顾炎武第二次来到德州,住程先贞家,为程先贞诗集作《程正夫诗序》,并与程先贞同游苏禄国王墓,有《过苏禄国王墓》诗一首。顾炎武在德州由程先贞引荐,又结识了州城名士李源、李浃、李涛、谢重辉等。

康熙七年(1668),山东即墨发生了一桩黄氏家奴姜元衡控告其主黄培、黄坦、黄贞麟"南北通逆"案。顾炎武深陷其中,顾炎武到济南自动投案。顾炎武下狱后,程先贞、李浃、李源等闻讯,奔走呼号,鼎力相救,终使顾炎武7个月后获释。

康熙九年(1670)六月,应程先贞、李涛之聘,顾炎武于程家讲《易》达四个月。而顾炎武一生,却是坚决反对讲学的,所以能有如此破格之举,也可见其对德州友人的情谊。顾炎武著名的《日知录》一书,它的初刻刊行与德州的程、李几位名士有直接关系。程先贞在《赠顾征君亭林序》文中提到《日知录》时说,《日知录》是一部非常优秀的考古论世方面的著作,为之叹服,劝顾炎武刊刻出版以供更多的学者学习、交流。顾炎武后来在《初刻日知录自序》中,也称几位友人见到《日知录》,都想借读抄写,担心不能归还,于是刻此八卷。可见顾炎武的《日知录》初刻起因是德州的程、李等人建议其刻印刊行,程先贞、李源、李涛等人玉成了《日知录》的初刻。

康熙十二年(1673)癸丑十月,程先贞病逝,顾炎武闻讯自章丘至德州,哭程先贞,有《哭程工部》诗一首。康熙十四年(1675)乙卯,顾炎武由章丘再往德州,为程先贞执绋送葬,有《送程工部葬》诗,诗曰:"文献已沦亡,长者复云徂。一往归重泉,百年若须臾。寥寥杨子宅,恻恻黄公垆。挥涕送故人,执手存遗孤。末俗虽衰漓,风教犹未渝。愿与此邦贤,修古敦厥初。"可见顾程二人的真挚情谊。

程先贞逝后,顾炎武与德州二李仍保持着非常良好的关系,直到康熙十六年(1677)他将入关中,还特地从京师赶往德州,对二李作告别性的访问,这也是顾炎武最后一次来到德州,此后不复相见,但尚有书信往来。

第二节　明清德州田氏的移殖与崛起

德州田氏是伴随着明初的移民大潮自河北真定迁来德州,开枝散叶、繁衍开来,在明代和清初的六世之中,以科举起家,诞生了两位进士,完成了从农耕为生的民户到以儒传家、书香门庭的转变,并开始实现家族的崛起。

一、入籍德州

明朝建文元年(1399)八月,燕王朱棣为夺取皇权而发动"靖难之役",战争最初三年的主战场就在冀鲁边界和山西地域,其中德州曾一度成为交战双方陈兵对峙、惨烈厮杀的第一线。为了支持战事,燕王朱棣不得不把搜括兵源、财源的范围扩大到兵锋所及之地,成批地驱赶老百姓到北京一带实行军屯、民屯,以确保兵源、财源供应。据《明太宗实录》卷七:

> (建文二年七月癸未)上(朱棣)遣书谕世子煦曰:"谍报敌将平安领众二十余万……将合势攻德州,今德州尚余粮数十万,但虑众寡不敌,且山东新附义勇军今皆挈妻归北,不绝于道,亦虑为敌所邀。……"①

大批鲁北民众被驱赶到燕王的根据地北京附近,从而造成鲁北一带包括德州民众稀少。战争结束后,有计划地大量迁徙山西、河北百姓回填鲁北,形成了中国历史上的移民大潮,德州是接受河北移民为主的地域。据1984年编纂的《德州地名志》所载,在明洪武、永乐时期的五十多年里,迁入德州的军户、民户居住的村庄约120个左右,据德州各姓族谱所记,德州世居人口的祖先大多是来自河北的移民,德州田氏的祖先就在其中。

据《安德田氏家谱》卷二《家传》记载,德州田氏相传是明永乐年间自河北枣强县迁来,始祖曰田畹,田氏后人尊称其为植德公,携弟田畴,迁居德州后,占籍崇五里二甲,从此之后,德州始有田氏。

> 自承德公而下历二百余年,高、曾燧道之石记载必详,不可复观,而邦之文献无征,前人遗迹致叹缺略,良足悲也。兹纂此家传,或得故

---

① 李国祥、杨昶编:《明实录类纂(山东史料卷)》,武汉出版社,1994年,第552页。

　　老人之传闻,或聆先公之训述言,存其可信事,详于大宗。①

　　田氏落籍后为德州的民户,从最初的务农开始,过着自给自足的农耕生活,开始了在德州这片神奇土地上的繁衍生息。

　　田豌育有四子,长尧民,次舜民,次禹民,次汤民。其中,舜民、汤民无嗣,尧民子一人三畏。禹民子二人,三戒、三省。禹民居住南关,"以儒显,用毛诗起家"②,为明代庠生,虽最终未登仕进,但却是德州田氏的第一代读书人,因子三戒追赠承德郎,妻焦氏封太安人:

　　　　田氏二百年来,服耒耜者,植德公之泽;习三百篇、应制科名继踵,皆公之洪烈发祥云。

　　田雯认为禹民是田家读书仕进的源头,在德州田氏的发展史上,起到了重要作用,尊称其为承德公,禹民一脉是德州田氏日后走上科甲蝉联、文化昌隆的一支。

二、家声始振

　　德州田氏第一位使家声大振的人是三世的田三戒,他是田氏的第一位进士,也是第一位出仕为官之人。

　　田三戒(1510—1560),字子慎,自号中泉,禹民长子。天生聪颖,幼时即砥砺节操,慷慨有志向。性好洁净,仪容、衣帽整洁,案几、床榻不染一丝灰尘。虽居所细木短墙,家境贫寒,但立志苦读。家无书斋,为避免打扰,曾苦读于南城外陈公堤坝的柳荫之下。才思清敏,文章嗜庄骚,想象丰富,滔滔而有气势,被承德公寄予厚望。

　　明嘉靖十六年(1537)秋,田三戒到济南参加丁酉科乡试,高中举人,时年28岁,可谓年轻有为。但随后十数年间的会试却不顺利,接连受挫,在

---

① 田雯、田同之等:《安德田氏家谱》卷二《家传》,田志恕藏民国续修宗祠版。
② 田雯、田同之:《安德田氏家谱》卷二《家传》。

乡为孝廉十七年。直至 44 岁时,中嘉靖三十二年(1553)癸丑科进士,此科共取进士 403 名,一甲 3 名,二甲 105 人,三甲 295 人,其中,三戒位列三甲第 239 名。虽名次并不靠前,却留任京官。田三戒很珍视这来之不易的为官机会,清廉勤勉,官户部云南司主事时,工作从不循俗,能确然自守,坚持原则,常与同年辈讲"邯郸学步"的故事以自励。

明朝中后期,吏治日渐腐败,朝廷依赖的大动脉漕运也弊政横生,运军、漕帮、仓管,贪腐舞弊,层层加耗盘剥,江浙鱼米之乡,漕粮主征之地,粮户苦不堪言。朝廷为清除积弊,经常派员督办巡视。田三戒曾奉旨督漕三吴,他到任后整肃当地漕运秩序,严格各环节规制,风气为之一变。曾有运军弁丁以呈验米色之名,将银锭藏于竹桶下面,上面覆盖一层米,贿赠田三戒,田三戒毅然加以拒绝。督漕事毕,田三戒一身乌帽布袍,骑驴回京。经过德州时,有一老妇人求见,家中只有一奴婢捧茶而出,没有其他仆人随从,可见其清廉俭朴。嘉靖三十九年(1560)三月初九日,朝廷下诏晋升田三戒为承德郎,诏书赞云:

> ……属视他漕为详,笔财赋而酌其盈缩,司庚帑而制其约浮,稽薄书而明其登耗,于邦计至重也。匪得廉勤精敏之才,曷克以济?[1]

称田三戒督漕"于邦计至重",对国家作出了贡献,赞其为"廉勤精敏之才",对田三戒的督漕工作做出了充分肯定。同时其父禹民因"善教其子"赠承德郎、户部云南清吏司主事,其母焦氏封为太安人,其妻宋氏封为安人。

同年春天,京畿一带发生饥荒、瘟疫,田三戒又奉旨赈灾,在灾区设粥棚广济饥民,"公领其事,活人无数"[2],他不顾危险,亲自深入灾民之中巡查灾情,很多灾民正是因为得到田二戒的救济活了下来。但他却不幸染疾,以身殉职。三戒卒后葬于德州城南郭外的高岗之上。

田三戒作为德州田氏出仕第一人,科举起家,为官勤敏廉朴,赢得封

---

① 田雯、田同之等:《安德田氏家谱》卷二《家传》。
② 汪懋麟:《户部田公画像记》,《安德田氏家谱》卷三《艺文》。

赠,荣及父母,从而使田家在当地家声初振,其事迹垂于后世,是德州田氏家族的一笔宝贵精神财富,成为田氏后人出仕为官的楷模,田三戒被后世尊称为户部公。

三、贞曜治家

田三戒出仕七年,为官清廉,家无余资,在其去世后,田氏再次陷入贫困之中。其子田高(1548—1600),字绍泉,增广生,田氏后人尊称为"文学公",承其父清白之贻,家中除去书籍百卷之外,再无他物,读书不问家事,终身不遇,随致家道中落。田高家境清寒,最后竟移居西关运河岸堤的土地庙巷内其岳父户部郎中丁永成房舍居住,"丁户部公馆甥之室",这运河堤岸的几间陋室,即德州人相传的丁户部女婿的住所。田高子四人,长实成,次实颖,次实㮚,次实畞。

田高第三子田实㮚(1577—1645),字裕所,诸生。幼时祖荫已逝,离祖父显贵之时已远,生活贫困,仍白首为儒,独守世业,可惜久困场屋,只好以授生徒为业,自身虽科举无成,但授徒四方,弟子"取科名者辈相望",成才者众多。

田实㮚为学力主躬行,重修身齐家。每天晨起即焚香告天,打坐礼佛,正襟危坐。虽居陋室,但仍不逾矩。案头放置日历,一天下来将自己的言行记载在日历上,以黑白圈画,反思已过,以用于自省其身,矫正行为,终身不辍。

田实㮚性格严肃,不苟言笑。《安德田氏家谱》卷二内传称其"笑比河清",见到他的笑容,比见到黄河水变成清流还难。他治家讲究法度,庭内只闻读书声,不闻妇人语。一门之内,肃若朝堂,子孙无故闯入堂下喧哗,视之若仇人。闻其咳声,家人无不屏起呼吸、整敛表情;子孙有错,往往当面加以斥责,甚至离去后仍然盯着其背影,怒目而视。乡间甚至有人称田实㮚的名字能让小孩儿止住哭啼。

田实㮚是非分明,公正正直,在家族内外很有威信。亲人有过错,田实㮚或委婉加以劝导,不听则严厉加以斥责。乡邻有争讼,咨询田实㮚,他往往一句话能使争讼平息,为诸生三十年,从未入公府半步。

田实㮚孝悌持家,并教育家人要正确对待财富。父母在世,竭力尽孝,去世时,哀痛几毁,家虽贫但葬礼符合礼制。与四弟满所公田实畞(1584—

1648）特别亲近，兄弟两人相差7岁，"终身无间言"①。在田实畯年幼时，田实栗教授其经书，同时担负起照看田实畯的重任，有一次，他背着弟弟田实畯行走，由于劳累之极，竟然与弟弟一起跌入水沟中，起来后仍笑呵呵地哄弟弟高兴。田实畯长大后，善治生，贩丝卖粟，家境渐趋富裕。田实畯每笔大生意，必咨询三哥田实栗，与田实栗商量，田实栗曾经对弟弟云：

> 《史记》言曰，白圭之治生也，以为智不足于权变，勇不足与决断，仁不能以取予，强不能有所守，虽学吾术终不告之。夫智、勇、仁、强，儒者之事也。吾用之以淑身砥行，子用之以货殖生财，可乎？②

白圭，名丹，战国时期洛阳著名商人，也是一名著名的经济谋略家和理财家，提出了著名的"人弃我取，人取我与"的经商理念。白圭还认为真正的商人，不应惟利是图，应当有"智、勇、仁、强"四种秉性，具备姜尚、伊尹等人的智慧、计谋，方可成就大业。《汉书》称其为"天下言治生者祖"，即经营贸易发展工商的理论鼻祖，后人奉"治生之祖"白圭为高人。田实栗以白圭经商的事迹教育弟弟田实畯，让他按照"智、勇、仁、强"来做生意，收入往往数倍于同行，数年积累起千金的财富。崇祯末期的庚辰、辛巳年，华北一带发生大的饥荒，人们背井离乡，卖儿鬻女，甚至出现了人吃人的惨剧。田实栗又对弟弟田实畯说：

> 邻里亲串望拯救于汝矣。人生不为长者之行，虽有余财能常聚而不散乎？

田实栗要弟弟在灾年面前，切不可以金钱为重，认为应该拯救所有盼望拯救的邻里亲戚。田实畯按照兄长的旨意，救活了乡里一百余人。

　　田实栗非常重视对后辈的培养与教育，"教子孙读书犹有法度"③。田

---

① 王士禛：《田裕所先生传》，《安德田氏家谱》卷三。
② 李来泰：《田裕所先生传》，《安德田氏家谱》卷三。
③ 王士禛：《田裕所先生传》，《安德田氏家谱》卷三。

雯自幼聪慧,喜欢读书,往往过目成诵,表现出良好的读书潜质,孙辈中最得田实栗的宠爱。田雯七岁时,田实栗正设帐塾中,让田雯与自己同眠共食,并亲传《毛诗》,常赏以梨枣,表现出隔辈亲的人伦之情。后田雯回忆祖父的音容笑貌时曾云:

> 公广额疏眉,布袍方屦。一日曳杖负暄与满所公笑言哑哑已,抚雯背久之曰:吾家自户部公没后,垂八十年,为儒四世,当有显者,四方乱,余不及见矣。为太息而罢。①

德州田氏数世为儒,田实栗感叹身处乱世,家声沦落的无奈,对儿孙辈寄予厚望。

田实栗还经常用祖先事迹来激励田氏后人。每年过年的时候,召集家人,一堂三世,讲述承平时代祖先的事迹。每次祭祀上坟之日,在阡陌松柏树荫之下,集合子侄,在乡人围观中,教育子孙读书从儒,话农桑之事,终身如此,故“至今德人称家法者,必以田氏为首”②。都认为德州田氏是最有家法的家族。

顺治二年(1645)五月二十二日,田实栗病卒,卒后葬于德州城南里许高岗之上。门人谥曰“贞曜先生”。康熙三十六年(1697)十月初二,崇祀乡贤祠。

正是田实栗的艰辛努力,德州田氏一脉终于迎来了崛起的曙光。

四、蓼莪名世

田实栗次子田绪宗在家族发展史上也是一个颇有影响的人物。田绪宗,字仿文,一字介慈,又字文起,自号蓼莪。生于明万历三十七年(1609)己酉正月十一日,自幼聪颖出众,品貌脱俗,八岁入小学,不事嬉戏,日诵千余言。十七岁读书于家塾,倜傥自负,不与里中俗儿为伍。

---

① 王士禛:《田裕所先生传》,《安德田氏家谱》卷三。
② 王士禛:《田裕所先生传》,《安德田氏家谱》卷三。

　　田绪宗家境贫寒,但能勤学苦读。冬日天气寒冷,白天寒不能忍,绕屋数百步,再坐下继续看书,寒夜将柴草点燃置于案几之下御寒,吟诵到天明。田绪宗坚持举业,崇尚古学,不媚时文,务成一家之言,故屡次乡试因文风不入时俗而被排斥,有人劝他改变文风以与时文相谐调,他终不改初衷。其文章积累深厚,卓然自立。崇祯三年(1630)三月,山东学政季乔对绪宗赏识有加,拔入州学,同里处士张祯器重其为人和学问,将女儿许配给绪宗。崇祯四年(1631)闰十一月,娶张氏。绪宗在桑园(今河北省景县桑园镇)设帐授徒,长女许氏、长子田雯、次子田需相继在桑园出生。崇祯九年(1636),绪宗因丁母忧而缺考乡试,崇祯十二年(1639)、崇祯十五年(1642)连续两科,因文章不合俗流,乡试均落第。期间,崇祯十四年(1641),返回故里德州,设教乡塾,此时已经在桑园生活了十年。

　　崇祯十七年(1644)甲申,明朝的统治被李自成起义军推翻,继而满清铁骑又挥师入关击溃李自成的大顺军队,天下大乱。四月,德州城发生了明清鼎革时期著名的"诛伪①"事件。事件的起因是,大顺政权派来的官吏,收罗"土贼豪恶"为胥役,以"割富济贫"的名义,将京城"考掠"之法带到德州,对德州士绅、世家望族进行迫害,部分富户巨室的奴仆乘势索要卖身契,侵占财产,发动被史家称作"奴变"的运动,大者杀人放火,小者劫掠一空,世家望族深受其害、陷于噩梦之中。为保护自身家族利益,以御史卢世㴶、赵继鼎、主事程先贞、推官李赞明、生员谢陛等为首的德州世家望族的士绅集团,拥戴明朝宁王后裔朱师钦为济王,发动暴动,诛杀了德州、景州(今河北省景县)、故城、武邑、东光等地大顺政权派来的官吏,以德州为中心的鲁西北、冀东南地域实行了自治。

　　鉴于田绪宗的声望,暴动者便召其加入,但田绪宗平日为人谨慎,只与一两个精学躬行的同道交游,从不与官宦权势之家来往,便拒绝了暴动者的授官,隐居于长兄缵宗所在的鬲津河西边的鬲海村中。顺治二年(1645)乙酉,济南府各地的动荡基本平息,社会秩序日趋安定,绪宗参加了清廷组织的童试,学使大兴人房之骐惊讶于绪宗的才能,认为绪宗文章有归震川

---

① 所谓"伪",是封建史官对农民起义政权的敌称。

风味,拔绪宗为童试第一。五月,父田实栗去世,田绪宗怀着悲痛的心情,感时伤怀,悲天悯人,闭门著书数年。

从顺治三年(1646)起,清王朝为笼络人心、选拔人才便开科取士,但田绪宗丁忧在身,错过了顺治三年丙戌的乡试,顺治五年又因病缺考。期间,绪宗教书有方,学问谨严,在当地的名气越来越大,所授生徒越来越多,如同里的萧惟豫,自幼追随绪宗作学生,绪宗认为萧惟豫有翰林之才,对他期望很高,后来,萧惟豫果真中了进士,官至翰林。

顺治八年(1651)辛卯,济南、青州府县发生水灾。此时田绪宗已经43岁,他到济南参加乡试,以第十二名的成绩中举。是科主考为户科左给事中杜笃祐,蒲州人,明崇祯丙子举人,历官都察院左都御史,兵部员外郎;杨时荐,巨鹿人,顺治丙戌进士,历官兵部督捕右侍郎;同考刘早誉,洪洞人,时任莘县令。同门六人中,田绪宗成绩第一。康熙朝诗坛盟主、新城的王士禛,时年18岁,也参加了辛卯科的乡试,并高中第六名,从而与田绪宗成为同门。

第二年,田绪宗进京参加会试,以礼部第一百名成绩中进士。是科磨勘会试,革黜会元程可则等,田绪宗成绩改为第九十四名。会试主考为秘书院大学士胡统虞,武陵人,明崇祯进士;成克巩,大名人;检讨章云鹭,宛平人。殿试邹忠倚榜第三甲第二百三十四名,同门二十三人。此后在户部观政,五月回到德州。九月,朝廷檄选馆职。同年白乃贞,曹尔堪等约绪宗入京参选,绪宗因继母钱氏病重,需人服侍,而没有成行。他感慨世事沧桑,读《诗经》之《蓼莪》篇,感慨之极,故号蓼莪。

德州为汉代广川郡,原有汉董子读书台遗址,荒圮已久。绪宗在乡期间,出资修葺一新,并立董仲舒像于其中,配以唐代平原郡太守颜真卿像,设立董颜书院,召集文士,讲学其中。

顺治十年(1653)八月,谒选授浙江处州府丽水县知县。"海内八大家"之一的曹尔堪,有《送同门蓼莪先生之官丽水诗》①云:

> 晴翠照城闉,行轩气象新。

---

① 田雯、田同之等:《安德田氏家谱》卷三《艺文》。

箭溪烟绕郭，樨岭月通津。

木容啼云老，山鸡唤雨频。

千峰分户口，百里有人民。

吏散花阴午，樵归柘影春。

村安知政简，地瘠颂官贫。

输课岩峰集，分粮野鹤驯。

簿书应易了，隐几对松筠。

这首五古赠别诗，开篇"晴翠照城阒，行轩气象新"，描叙想象中绪宗出行的情景：春光明媚，和煦的阳光洒落在绿意盎然的德州城，绪宗出发，给丽水带来万象更新。"箭溪烟绕郭，樨岭月通津。木容啼云老，山鸡唤雨频。千峰分户口，百里有人民。"四句写主人公此行的目的地——浙地丽水的原始自然风貌，阴雨连绵，山鸟啼鸣，箭溪烟雾缭绕，樨岭峰峦叠起，山居人家，人烟稀少。"吏散花阴午，樵归柘影春。村安知政简，地瘠颂官贫。输课岩峰集，分粮野鹤驯。"六句虚境实写，政简村安，输课分粮，吏散樵归，花木含春。想象在绪宗德政之下，丽水大地一派政通人和的景象。最后两句寄托对同年的祝福与难舍，并引为同调。

顺治十一年(1654)正月，四十六岁的田绪宗携十四岁的次子田需，于城南黄河厓告别家人，起身远赴东南，二月到任。丽水为浙东南要路，连年战乱和饥荒，使县邑荒残凋敝，再加赋税徭役紊乱，人民苦不堪言，以难以治理著称。丽水民寡地薄，赋粮额定不多，但官吏欺上瞒下，横征暴敛，百姓苦不堪言。绪宗到任后，重新丈量土地，按田亩征缴，内外各置账簿，纳户自注名字和缴纳额数，内外核对，使多年的弊政一扫而清；丽水县境下联闽建，上接温台，山路崎岖，属交通要道，故物流运输繁忙，奸人霸占运差，贫弱毫无收获。绪宗登记户口，造《烟居册》，依次拔差，不能应差的，由邻里递补并当堂领取薪酬，大解民困。丽水城西五十里有通济堰，萧梁时代所建，截取松逐两条溪水，分四十八派，灌民田一万余亩。后来大水冲毁堤坝，失去灌溉之利。绪宗单骑视察，看到往昔筑成的通济堰毁于当代，十分痛心，捐其俸禄，下决心兴修了通济堰，恢复了其灌溉之利。丽水原有学官在檡山之阳,为唐代邠侯李泌所建,韩愈曾撰文记之,毁于战乱兵祸,倾废多年。绪宗到任后,修葺一新,命名为丽泽大社,每月两次亲自授课诸生,丽水文风重振。于是丽水有歌谣云:"邑侯清,鸡犬宁;邑侯廉,妇子安。"

田绪宗行前曾作《筮仕记》一编云:

> 邑虽蕞尔,此中弘济,未始无权。须奋起精神,自我作主,方寸嚼然。处于坦易清白之地,任天而动,勿迷本来。至若持己欲恭,事上欲敬,驭下欲严,待人欲宽,不贪不虐,清俭自守可也。况州县之职,原与民亲,父母二字最宜体会。①

绪宗施政丽水,实践了他的誓言。

丽水风俗,每年七月某日中午时分举办龙舟大赛。按例,作为地方父母官理应与民同乐。绪宗陪同温处道傅梦旴、知府王崇铭、推官赵霖吉饮酒河上,观看比赛,天气炎热绪宗不幸中暑,饮寒泉水突发疾病,七月九日卒于任上。绪宗为政丽水虽然只有五个月,但却赢得丽水百姓的爱戴,消息传出,丽水士民罢市而哭,焚香礼跪拜祭吊唁的人群,七天七夜都络绎不绝,并捐资建祠堂祀之。

康熙三十六年(1697)七月十九日,绪宗以子田雯赠通奉大夫、刑部左侍郎,康熙四十五年(1706)十二月初六日,因生前为官洁己爱民,崇儒重士,颂声大作,载在名宦,入乡贤祠崇祀乡贤。

五、闺中丈夫

在封建家族的发展中,男主人的中年夭亡,或一时仕途不顺往往使整个家族陷于穷困。面对家族中落的困境,女主人能否表现出坚毅的品格,顶住各种压力,忍辱负重,艰难度日,含辛茹苦,持家教子,使家族东山再起,继续繁盛而再度跨入望族行列? 这往往取决于家族中女主人的能力与素质。

① 高珩:《蓼莪田公墓志铭》、《安德田氏家谱》卷三。

在德州田氏走向鼎盛的过程中,田绪宗妻张氏居功至伟,是一位了不起的女性,她处事干练,深明大义,既辅佐丈夫科甲成功,又能在丈夫中年去世后,砥柱其间,二十五年内将两个儿子相继培养成进士,为德州田氏的崛起做出了非凡的贡献。

张氏出身书香门第,其父张祯虽终身未仕,布衣终生,却也是德州的饱读之士。张氏幼读诗书,对圣贤经典的要旨,很有个人见地。十六岁时,由父亲作主,许配给长自己六岁的绪宗。十七岁出嫁,婚后与绪宗夫妻感情甚笃。

张氏在田家孝顺公婆,勤劳操持家务,以十分崇敬的心情祭祀先祖,对待奴仆十分仁爱,一生育有四男一女,不仅封建社会女性的妇德完全具备,而且绪宗设帐授生徒、交游在外,"称引古今通义、文章尔雅,实先妣太夫人佐助之"①。绪宗教书的许多案头辅助工作,往往是由张氏完成。

清顺治八年(1651)辛卯,张氏辅佐丈夫绪宗中举,顺治九年壬辰进士及第。绪宗于顺治十一年二月赴浙江省处州府丽水县知县任,七月九日卒于丽水任上。面对这突如其来的巨大灾难,即使男子也可能彷徨失措,处事干练的张氏却能在中年丧夫的巨大悲痛中,保持着理性,她对家人说:

> 今日捐生仗节,吾何难? 第间关四千余里,扶榇以归,谁之责也? 惸惸诸孤又复谁依? 揆之诗书大义皆为不可,且钱谷交代铢粒未清,故官骸骨妻孥不容脱去,余知所以待之矣。②

张氏作为未亡人,也想随亡夫而去,不再苟活,在家庭蒙难的关键时刻,以死殉节比活着面对艰辛,从某种意义上说更容易。但张氏考虑到身上仍然担负着保护丈夫灵柩千里归乡的责任,想到了几位尚未成年的子女无所托付。而且,丈夫官任上还有诸多事情没来得及处理,钱粮支纳没有结清,丈夫遗骸无着,子女嗷嗷待哺,这一切均不容自己撒手离去。

---

① 田雯:《先妣太夫人张氏传》,《安德田氏家谱》卷二《内传》。
② 田雯:《先妣太夫人张氏传》,《安德田氏家谱》卷二《内传》。

想到这一切,张氏取来府库中支纳的账簿藏于卧室,自己亲自进行核算。数日后,果然继任者就丈夫绪宗任职期间的账目问题向孤儿寡母发难。张氏凛然不惧,撰写了辩词,请处州府知府王崇铭亲到丽水县盘查。王知府坐于县衙大堂之上,按照账册对账,张氏逐条应对,命家人抱账册进入大堂,一一质对清楚。继任者无话可说,心服口服。于是张氏马上谋划归程,这时家族中有人发难,众口附和,让绪宗灵柩暂时寄放于山寺庙中,张氏坚意不从,不为所动,并以恩感动族人,以道理说服他们,终于在当年十月将丈夫棺椁运回故里。

绪宗的突然离世,致使田氏家族就像大厦一下子失去了顶梁柱,刚刚崛起的势头受到重大打击,此时张氏仅 39 岁,几个儿子中,田雯虽然已经 20 岁,但不过是没有经历风雨的一介文弱书生,不能完全支撑门户,田需 15 岁,田震 4 岁,田霡 2 岁。强族、豪戚看到绪宗去世,纷纷欺负这孤儿寡母。家道中落,各种困难接踵而至,张氏体会到了人情的冷暖。田雯《蒙斋年谱》记载:

> 乙未二十一岁。强族豪戚,横逆叠来,某威逼凤逋,某以恶奴辱于市,某以病媪詈于堂,仆辈三五,投一新贵,某倾侮尤力。宵小伺衅,起难蒲伏,讼庭监司,某持之少伸,里党分左右袒……是时也,患至剥肤,势无完卵。羊肠径险,不啻身寄虎牙;熊耳峰危,亦觉力穷螳臂。……
>
> 丙申二十二岁。先世遗田六百亩座落城北第六屯,猝有平原大猾夺之,勾穿河间三十旗卒突至,缚掠佃丁,凶势莫当,夜亡,鸣之县令……捕猾置之法,旗卒解去。族道士田太华窝逃嫁祸,几危幸脱。……
>
> 丁酉二十三岁。继祖母钱太君卒。……秋试不中,八月十六日试毕归里……遇盗几殆。
>
> 戊戌二十四岁。依陆公朝瑛于济南,读书衙舍。旋谒魏公镕中于青州,九月旋里,为官仆所辱,昔正平刺灭,屡窘舆僮叔夜灯残,频逢魑魅,言之悲已。
>
> 己亥二十五岁。……有丁化凤者索逋,日以耄盲丐儿咆哮门庭。

盖某使之,贪其赂,弗他恤也。先是化凤以仓役赇法论死,某代丐蓼莪公拯之,谢三百金不受,逾年蓼莪公调选,赀缺,贷丁百金,给券,致贻后辱。河西朱家庄田若干亩,宅一区,鬻偿其半,家益贫。

庚子二十六岁。……秋试后归里,以佃丁细隙触某怒,罗织弗已,赴村潜住求解。①

从田雯的记述中可以看出,在绪宗卒后的最初六年里,德州田氏侮患交加,先后遭遇了讹诈、逼债、诉讼、欺辱等各种不幸,体味了人间的世态炎凉,承受着巨大的压力。张氏独立支撑门户,在顶住各种压力的同时,将所有希望寄托在儿子们身上:

抵里后,课雯兄弟曰严,一室之内,午夜篝灯,纺绩声、读书声、哭声三者而已。豪戚强族横逆频加,不以介意,如是六年。②

张氏一方面纺纱织布维持生计,一面执着地严格督促田雯、田需刻苦攻读,同时还要淡定地面对"豪戚强族"的不时发难,不加介意。夜半时分,一室之内,纺织声、读书声、哭声交织,如此艰难地挨过了六年。故田雯在追悼母亲张氏时云:

少遭多难,鞠育为劳;中苦零丁,擗挡以法。名虽列于慈母,谊实比于严师。齿方壮而遽悼未亡,家就倾而力为楮拄。③

说母亲张氏既是慈母,又是严师,"家就倾而力为楮拄",将母亲比喻为家族倾倒时的砥柱大木,诚哉,是言也。

张氏的苦力支撑终于迎来了家族的转机。顺治十七年(1660)庚子,长

---

① 田雯:《蒙斋年谱》,《德州田氏丛书》。
② 田雯:《先妣太夫人张氏传》,《安德田氏家谱》卷二《内传》。
③ 田雯:《蒙斋年谱》,《德州田氏丛书》。

子田雯中乡试第八名举人,消息传来,张氏喜极而泣,其《庚子喜长儿秋捷》①诗云:

> 六年辛苦事难陈,拼作支离憔悴人。
> 今日寒门大侥幸,喜心倒极泪沾巾。

"六年辛苦"、"支离憔悴"终于换来了田氏的"侥幸"——子弟在科举中高中,第二年正月,田雯进京参加会试,又中式第二百四十八名。康熙三年(1664)甲辰,田雯殿试获二甲第四名。康熙五年(1666)丙午,次子田需乡试中举。康熙六年丁未,田雯补授内秘书院办事中书舍人,从此正式踏上仕途。至康熙十八年(1679)己未,田需中进士,授翰林院编修,此时,张氏已经 64 岁,她用毕生心血终于将德州田氏推向了鼎盛时期。

纵观张氏的一生,她以其特有的坚韧与智慧,在封建家族中做出了许多男性都自愧不如的事迹,明清德州田氏一门共有六位进士,有三位是在其辅佐下考中的,而且他们都在仕宦生涯中做出了不凡的业绩。张氏真可谓闺中丈夫,《清史稿》将其列为《列女传》第一人。

第三节   清前中期德州田氏的兴盛

伴随着第七世子弟科举的成功和仕途上的显赫,德州田氏迎来了家族最为鼎盛的时期。这一时期历时第七、八、九三世,大致从康熙初年始至乾隆中叶止,前后绵延一百一十余年。此期德州田氏诞生了两位进士,一位举人,十一位贡生,五位国子生,田氏子孙出仕为官,最高官至巡抚、侍郎,位至二品,扬名在外;修身在家,则设帐授徒,南北游历,与名流交游,有靖节之风。作为家学代表的诗学,在清前中期诗坛产生了巨大影响,创造了辉煌的家族文化,并顺应时事,家族中出现了从医、尚武、经商的现象。

---

① 田雯、田同之等:《安德田氏家谱》卷四。

一、"细看庭前双桂花"
——兴盛期德州田氏的科举成绩

科举的成败是封建家族兴盛与否的重要标志,德州田氏也不例外。在德州田氏第六、七、八、九世的子弟中,科举成绩最为突出,尤以第七世为最。第六世田绪宗中进士授丽水知县,但他的突然离世,不仅使德州田氏上升的势头受到严重影响,而且家道中落令子弟沦落到受人欺辱的境地。也正是这种逆境的环境,激发了第七世子弟的奋发努力。

顺治十七年(1660)庚子年秋,田雯在乡试中取得第八名的优秀成绩,一举高中举人。康熙三年(1664)甲辰,田雯殿试获二甲第四名。康熙五年(1666)丙午,田需乡试中举,张氏《丙午喜次儿秋捷》①诗云:

> 得意秋风八月槎,门多好事仕喧哗。
> 老人静拥诸孙坐,细看庭前双桂花。

"双桂花"意指田雯与田需兄弟的科举成功。康熙十八年(1679)己未,田需又中进士,一世之中,兄弟双进士,同朝为官,成为佳话。田氏第七世除田雯、田需兄弟以外,小弟田霦为拔贡生。

第八世子弟的科举成绩并不突出,没有取得举人以上的品级。田肇丽,田雯长子,贡生;田曼硕,田雯次子,岁贡生;田合敬,田雯第三子,岁贡生;田幼安,田雯第四子,国子生;田中仪,田雯第五子,岁贡生;田贻丽,田需长子,国子生;田偌家,田需次子,庠生;田荫丽,田霦长子,岁贡生;田髦士,田霦次子,国子生。

田氏第九世也只有田同之一位举人,田氏举业呈现出颓势。田同之,田肇丽长子,康熙庚子科举人;田重光,田曼硕长子,岁贡生;田仁右,田曼硕次子,岁贡生;田敦诗,田合敬长子,廪生;田嘉穟,田幼安长子,国子生;田嘉谟,田幼安次子;田山农,田贻丽长子,国子生;田力农,田贻丽次子,增

---

① 田雯、田同之等:《安德田氏家谱》卷四。

广生;田振农,田倍家次子,岁贡生;田开,田荫丽长子,优贡生;田祈,田荫丽次子,廪生;田至,田荫丽第三子,武庠生;田滋,田荫丽第四子,庠生。

德州田氏第九世出现了第一个武庠生——田至,这是一个值得关注的现象。田氏家族由单纯的崇文开启了尚武的先河,随后在清朝中后期,田氏出现了数位效力军旅取得职衔的后人,如田大烈,字光廷,副贡生,军功保以六品职衔;其孙田新畲,字康年,陆军步兵中尉;田瑞森,字振宇,陆军步兵上尉。这体现了田氏家族文化中兼容求变的特点。一方面,德州本有州卫同城的特色,习武、尚武有着深深的文化积淀,尤其是清中期以后,由于阶级矛盾的不断激化,各地的农民起义此起彼伏,清廷对武学人才选拔日趋重视,德州甚至于嘉庆二十五年(1820)庚辰科,诞生了一名武状元昌伊苏。另一方面,田氏家族历史上曾出现过尚武的先人,早在第六世即有擅武的田绅宗出现:

> 绅宗,行二,实秀子,余族叔行也。隐居城北屯氏河上之第六屯,家贫,训村中童蒙,取资以自给。才智过人,精强有心计,凡禾谱、耒耜经、《齐民要术》、农家月令、卜算星历诸书靡不研讨洞晰。体清臞弱不胜衣而深晓兵法,习武斗坐,作击刺可十人敌,操行高洁,足迹不入城市,奇士也。①

"深晓兵法,习武断坐击刺可十人敌",田氏第六世处于明末乱世,田绅宗尚武强身,也是时势所迫。

二、“生平事多创为”
——兴盛期德州田氏子弟的杰出政绩

从德州田氏走出的子弟,只要为官一方,往往能勤政爱民,造福一方,遇到复杂棘手的事物,大多能举重若轻、另辟蹊径,找出解决的办法,“生平事多创为”,表现出杰出的吏才。田雯曾对仲弟田需云:

---

① 田需、田同之等:《安德田氏家谱》卷二《家传》。

> 吾生平事多创为，不惟于人无所模拟，即于己亦无所循守，为得为失，恒两任之。世有达人，其知我也。①

他们之所以能够"创为"，究其根本，是齐鲁文化中儒家的民本思想使他们能始终将民众的利益放在首位，出谋施政，处处考虑百姓的利害得失和生死大事，在施政策略上讲究"以德化民"，不兴苛政。

在出仕为官方面，田氏有代表性的人物主要有：

德州田氏第六世田绪宗，其出仕政绩前文已经详述，此不赘言。

第七世的田雯，在康熙二十七年戊辰（1688）巡抚贵州。莅任后，黔境内苗人因生活等各种原由，常常作乱犯案，提督拟以武力会剿，田雯上书总督云：

> 会剿之议，虽为地方起见，而有所不必者。……犯则治之，否则防之而已。其部落种类岂能尽剿无余乎？率尔兴师动众，翻生惊疑，非为三窟之计，莫可追寻，即为走险之谋，因而拒捕。况官兵深入，势必玉石难分，诛害无辜。似不若严禁巡防，殷勤化诲之为得也。侧闻地方之所以不靖者，亦非尽苗蛮之过也。有司不肖者，私征科敛，民不聊生，而顽苗之重财甚于身命，遂相率为劫掠之盗，以应有司之诛求。及其犯而被获也，有司又受其贿而纵之。法度既驰，侵寻难制，此剿之一说所由起焉。而究之亦未能剿也，损威而已。万一事须必行而不可已，临时自当斟酌尽善，亦不敢以或疏也。②

他在调查研究的基础上，敏锐地观察了时局，陈述会剿的利弊得失，力主以防代剿，注重教化，避免了一场血腥的屠杀，与此同时整顿吏治，"痛戒有司勿虐苗生事"，争取了民心，达到使黔境社会安定的目的，并大力发展贵州的文化建设，重修甲秀楼、阳明书院、诸葛亮祠、龙场书院，捐书课士，从而

---

① 田需：《田雯行状》，刘聿鑫：《冯惟敏冯溥李之芳田雯张笃庆郝懿行王懿荣年谱》，山东大学出版社，2002年，第129页。
② 田需：《田雯行状》，刘聿鑫：《冯惟敏冯溥李之芳田雯张笃庆郝懿行王懿荣年谱》，第124页。

一改贵州文化的荒陋之气,使贵州科举翰苑中人才辈出。当地人民感谢田雯的功德,亲切地称之为"德州先生"。

田需,字雨来,号鹿关,绪宗次子。康熙丙午(1666)举人,己未进士,官翰林院庶吉士,于康熙二十年(1681)御试第一改编修,康熙二十三年(1684)甲子科典试河南,所拔尽知名人士。乙丑充纂修明史官,丙寅分修《幸鲁盛典》后,充《大清一统志》纂修官。出仕九年,康熙二十六年(1687)以脾疾告假回籍调理,在职勤慎,居家孝友,闭户著书,动必循礼,远近服其方正,授文林郎,重祀乡贤。

第八世田肇丽,田雯长子,字念始,号小霞,号苍崖。以荫生入仕,尊父命由见习知县改补户部司务,升刑部江南司主事、陕西司员外郎,迁户部江南司郎中,癸巳授朝议大夫。在刑部谨慎办案,无论案件大小反复审究,务求公允,否则力争之,做事不畏上官、不惑胥吏。辛卯年,大司农富宁安、仓场总督施世纶保举监督北京"最为弊薮、国储多亏"①的富新仓,莅任后立法严肃,访得利弊,恩威并施,革除陋规,颇有政绩。"差满考核,计赢米两万余斛。"②但积劳成疾,康熙五十二年癸巳(1713)八月抵舍调理,病情加剧迁延十余年。雍正元年癸卯(1723),皇帝在山东巡抚塞楞额奏折中曾有"此人可惜,着该抚加意调理,俟其病愈送京"③的朱批谕示。

田氏第九世田同之,肇丽长子,字在田,号小山姜,康熙五十九年庚子(1720)乡试中举,雍正己酉(1729)分教江南,得浦起龙、叶若沃、罗克昌等正副榜九人。按例应谒选县令,坚志不就,乡贤以陶潜比之。后尊父命赴京隶工部,身无专职,公事少弛,两年后补国子监学正加一级,授徵仕郎;秉公训士,痛绝陋规,堂试风雨无阻,莅任三年,株守砥节,为果亲王允礼赏识,荐都水司主事,同之以亲老家贫不能久任辞之,果亲王亲书《天马赋》一缣奖之。

田氏出仕为官的其他子孙还有:

第八世田曼硕,田雯次子,字揭令,官兵部车驾司主事;田合敬,田雯第

---

① 田雯、田同之等:《安德田氏家谱》卷二《内传》。
② 田雯、田同之等:《安德田氏家谱》卷二《内传》。
③ 田雯、田同之等:《安德田氏家谱》卷二《内传》。

三子,字无慢,候选七品京官;田幼安,田雯第四子,字无疾,号南津,官广东西宁县知县,授文林郎;田中仪,田雯第五子,字无咎,号白岩,官鸾仪卫经历;田荫丽,田霖长子,字欧余,任曹州府濮州训导,驰封修职郎;田髦士,田霖次子,字西峻,候选州同。

第九世田仁右,曼硕次子,字俊思,官署陕西西安府通判;田嘉毅,幼安长子,字百穀,候选州同。

据民国《德县志》记载,康熙四十一年(1702)十月,康熙南巡途经德州,驻跸在已经致仕的田雯的山姜书屋内,赐田雯诗绫一幅,并念田雯一生为官无过失,亲书"寒绿堂"匾额赠之,赐田需书法一幅,这是德州田氏的莫大荣耀。

三、"文峰两地峥嵘甚"

——德州田氏的诗学概况

在德州名门望族中,田氏仕途不算显赫,但诗风大炽,绵延数世,其成就之高、于清代诗坛影响之大,德州各家无出其右者。

田氏诗学成绩彰显自第六世始。田绪宗不以诗名,其为文尚朴实,重实用,"有归震川风味",有《筮仕记》一编行世。田氏诗风大炽,源于绪宗之妻张氏,张氏为处士张祯之女,在《清史稿·列女传》中位列第一。张氏"幼读诗书,探论圣贤要旨,多所发明"[1],而且理事干练,诚为女中豪杰,无论田绪宗死后携子处置善后事宜,还是晚年就养于田雯抚署之中,其行止皆有识、有度,足为懿范。尤其出绪宗去世之时,诸子尚幼,全赖张氏苦苦支撑,"阖户辟纑,以礼自守"、"教三子雯、需、霖,皆有文行"[2]。张氏颇具诗才,诗清丽雅正,寄托遥深,人谓有空谷之音,渔洋极其赞赏。但因不愿诸女孙效之,所作诗章常常是脱稿即焚,现仅存《茹荼诗稿》绝句30首,有12首被选入《国朝山左诗钞》。

田雯一生居官廉正,体察民情,督学雅正,治河有方,治黔有绩,人称

---

[1] 民国二十四年(1935)修《德县志》卷十二《闺范志》。
[2] 《清史稿》,中华书局,1977年,第14020—14021页。

"德州先生",是清初政坛上的名臣,且学识渊博,著述丰富。田雯以诗名家,是田氏诗群中成就最高者。三十五岁拜于河朔派首领申涵光门下,精研诗艺,颇谙诗家三昧,位列"金台十子"。其诗以超迈的天资、博洽的学问,负纵横排奡之气,崇尚雄伟奇丽,别辟门庭,晚年诗名几与渔洋相颉颃,时称"齐鲁二贤"。其著《古欢堂集》(内含"诗集"、"文集"等)三十六卷、《黔书》二卷、《长河志籍考》十集等俱收入《四库全书》,是清代的重要文献,历代评价很高。

田需诗学乃兄,"其意幽深,其词典赡",传世《水东草堂诗》诗集一册;田霦,为诗恬淡,有靖节之风,得田园之趣,服膺王士禛神韵之说,著有《鬲津草堂诗集》,《四库全书》存目。田肇丽,著有《有怀堂诗集》一卷、《有怀堂文集》一卷、《南北史纂》、《麻衣消寒录》、《砚北犹存录》、《扈从记程》、《拗体诗钞》等。现除《有怀堂诗文集》外,余者佚失。田同之,为清中期山左诗学、词学的重要代表之一。同之自幼嗜书如命,不事嬉戏,日诵数千言,人谓有乃祖之风,田雯"钟爱之,因赐号小山姜"。稍长为文,显示出过人天赋,出语直逼名师宿儒。遵照家训从事科业之余兼攻诗赋。山姜、渔洋之后,同之念骚坛无主、雅郑并陈,以诗继承家学,而又心折于渔洋,沈德潜在《清诗别裁集》中说:"彦威为山姜之孙,而笃信谨守,乃在新城王公。有攻新城学术者,几欲拼命与争。"[1]于家学之外,尤笃信谨守渔洋神韵之说,有攻渔洋者必与争。每为诗必力追唐音,尽洗宋元之陋习。乙卯岁暮丁忧回乡,服阕后忘情轩冕,专承家学,闭门著书,奖引后学,持律甚严。丙子年届八旬,尤命长子微舆赴省城济南改刻各种著作,凡语涉激昂皆悉数更正。家传云:"同之诗追王孟,文法欧曾,词宗姜史,书踵襄阳,至今观公之墨迹者,不惜重值购之。"[2]著《诗竹堂诗》二卷、《二学亭文涘》四卷、《晚香词》三卷、《诗说》一卷、《词说》一卷、《文说》三卷、《丛辨》三十二卷、《安德明诗选》遗一卷、《幼学续编》八卷、《诗竹堂历代读诗订本》影响巨大。

德州田氏于清初伴随着开科取士而迅速崛起,在家族仕途并不十分显

---

① 沈德潜:《清诗别裁集》,上海古籍出版社,1984年,第980页。
② 田雯、田同之等:《安德田氏家谱》卷二《内传》。

赫的背景下,诞生了田雯、张氏、田霖、田需、田肇丽以及田同之等数位诗人,特别是田雯,三十五岁始学诗即位列"金台十子",晚年坛坫之盛"几与渔洋埒",是康熙朝山左诗坛名家,以田雯为代表的德州田氏诗群,实为国朝山左诗学"甲于天下"壮观格局的重要构成人员。由此可见,德州田氏诗歌在当时评价甚高,尤其是田雯,晚年有与诗坛盟主王渔洋相抗衡的地位,有"文峰两地峥嵘甚,试看嵩山与华山"(康熙三十五年,田雯奉命祀嵩山,王士禛祀华山,故言)的说法。

第四节　清后期德州田氏的衰落

　　清中期以后,田氏家族渐趋没落。这种没落一方面表现为科举成绩的一落千丈,自清中期至清末的近一个半世纪中,田氏只出了两位进士,仕途政绩也没有很大作为;另一方面表现在家学的传承上,尽管田氏还保有书香门第的底蕴,但再也没有孕育出有全国乃至全省影响的文化学者。面对这种颓势,田氏子孙像众多文化世家的子弟一样,一方面在痛苦与无奈中煎熬,一方面在新的领域进行开拓。

一、古欢流风　寒绿余韵

　　清中期后,德州田氏自第十世始,进入了家族的没落期。大多数田氏子孙官不及七品,学不过廪生,只是分别在乾隆末年和道光初年,田需一支的第十一世田瑛,田雯一支第十二世的田元春得中进士。

　　田瑛,乾隆五十五年(1790)庚戌科进士,官至内阁中书加一级,生平事迹不详。

　　田元春(1785—1834),字寅卿,号槿篱,一号对桥。嘉庆癸酉科拔贡,丙子科乡试中举,考充右翼镶红旗教习,循循善诱,学生成绩颇著,以知县归部选用。道光六年(1826)丙戌科进士,补授甘肃平罗县知县。宁夏地域民性强悍,到任三月,即能做到政通讼息,百姓安居乐业,很有吏才。平罗地处连接内地与青海的要冲,时正值清廷向青海用兵,其任经理征西军后路粮台一职,任职六载,贤劳卓著,保荐直隶州知州,因病请假回籍调理,身体恢复后,家务缠身,诸弟需要教育,于是不再作出山之计,年五十卒于乡。

田氏第九世以后的其他子孙,虽仕途不达,大多已经沦为一般的乡绅,但在文学、书法等艺术领域和经学方面,依然承继家学,进行着孜孜不倦的追求。

德州田氏家学中,诗歌无疑是其代表。田氏后辈诗群中,只有数位后人有诗集存世,被收入《国朝山左诗钞》的田氏诗人不多。其中,第十世的田际昌的诗歌具有独特不群的风貌。田际昌,字映六,号棱香,田同之四子,有《西园近稿》行世,《国朝山左诗钞续钞》收其诗歌六首。

第十世的田逢泰(1703—1759),字阶符,号六竹,田中仪嗣孙,田同之第二子。清俊有逸才,书法米芾兼工篆隶,承继家学,尤以书法出神入化,造诣颇深。虽体弱多病,但为文则洋洋洒洒,有长江大河一泻千里之势。填词作赋吟诗,无不清俊雅正,风采奕奕。终生专心侍亲,淡泊寡营,不慕荣利。

第十世的田徵舆(1701—1759),田同之长子,字孟扶,号清漪,晚号香孤。自幼性格明达无俗情,酷爱诗词。祖父肇丽任职京师时,陪伴左右,读书不待督促。田肇丽致仕回乡后,乃从师为文,外从塾师,内承祖训,废寝忘食祈求举业的成功,在料理家事之余,吟诗填词,原本家学兼宗神韵,诗成专主韵格,词则蒨婉韶秀,直逼稼轩。小雅堂诸公共称其为衣钵专承、不愧家学。且专心小学,音韵之异读,意义之分解,无不精细,从无一字模糊。富有才艺,工篆刻,钟鼎篆籀,源流正变,了然于胸,而得心应手于林鹤田印册上,故用刀方正,无时下浮风。大江南北对徵舆作品极其珍视。直隶总督方观承派其幕友张凤孙前来求印,并诉说对徵舆艺术的敬慕之情,欲聘留徵舆在督府,择机保举,终因淹雅之性、孤介之操而放弃。律己过严,文稿焚弃很多,仅存《石南斋遗诗》一卷,《诗余》一卷,《磨砻顽钝》四册。

第十一世的田靖(1734—1804),徵舆子,同之长孙。字企共,号小圃。晚年精于绘画,又号鹊华山人。与诸弟研究典籍,考校义理之学,下笔千言,如三峡之流泉滔滔不绝,有韩潮苏海之风。各县乡里的碑版文字多出其手,对邑中典故了然于胸。乾隆五十三年(1788)参与续修《德州志》。经常与邑中名宿讨论诗学,晨曦往来,可惜脱稿即弃,少有留存。精通隶书,德州庙学内存有其碑刻手迹。

第十一世的田琦(1765—1845),字景韩,号香雨。善书法,用时不到十年,竟自己摹写出一套独特风格的笔体,笔姿遒劲,超凡迈俗,每天必刻苦练习摹写,以欧阳询、柳公权为正宗,而小楷则学邢侗与董其昌。

第十三世的田昂(1811—1862),字伯颎,号莲舟,向桥公子,虽十八岁入泮,以青衿终老。字学邢侗兼工八分,遒劲秀拔不群。精于经学、易学。

第十三世的田一成(1830—1889),字子康,号竹君。自幼聪慧,尤好绘事,道光、咸丰年间,游于京师,与僧人居迎恩寺中,后随友人伊忠阿同赴湖北宦游,平日精研书法,两年湖北之行,得江山之助,书画水平大进。

田氏后人中,有两位子弟在医学方面颇有建树,成为当地的名医。

第十二世的田祐(1766—1832),字伯承,田立尧长子,自幼聪慧,主持家政。因母亲刘孺人后背生疮,经久不愈,于是精研外科医术,参阅《黄帝内经》和名医著作,自己为母亲治疗,母亲的疮症才得以痊愈。二十余年中,田祐专门研究外科和小儿痘疹的治疗,遵照古代医方配合上好药材,研制出众多特效方剂,真正是药到病除,扬名四方。嘉庆元年(1796),德州一带因染痘疹而夭亡的小孩子很多,凡请田祐医治的孩子均得到康复,遇到贫苦人家田祐还无偿赠送药品,人们都称赞他为神医扁鹊在世。邑侯原公建有育婴堂,收诊贫苦儿童二百余人,田祐每天为这些孩子们诊治,两个多月后,病儿均获痊愈。原公上报巡抚,奖励九品职衔。田祐医术精良,名播乡里。

第十二世的田兆春(1818—1876),字芳桥,锡庶公幼子,体质屡弱,多有才能,好读书,几乎无书不读,尤擅于医术,诊疗讲求望闻问切。道光咸丰之际,德州瘟疫流行,小孩子患痘疹之疾的很多,夭亡的不计其数。经过田兆春医治的病儿,虽病情凶险但最终痊愈,名传遐迩。自制药品施舍数十年从不间断,大概以范文正公的"不为良相即为良医"为信念,好饮酒,能自制佳酿,有李白、渊明之风。

值得一提的是,田氏后人仕途不顺,长期生活于乡里,皆能遵循祖训,在道德、人格方面依然成为当地人的模范。

第十世的田廷梅,号雪崖。应农嗣子,力农第二子。其不愧家声不在举业,而在品德。曾携子进京赶考,见到一老妪带一个小孙子哭得凄惨,原来是其子客死京师,田廷梅虽家贫,仍倾囊相助,不留姓名而离去。田廷梅以孝义闻名于乡,侍候嗣母非常孝敬,对待嗣妹如同亲生手足。

第十一世的田尧(1739—1810),字举望,号钝吟。田伣期嗣子,徵舆第二子,任兖州府泗水县学教谕。泗水位于曲阜东向,到任后,强化教育,奖励优学,每天讲研经史,分期面试,留学授业的人越来越多,大有鹿洞、鹅湖之风,子弟中有两人高中举人,余者更加勤奋。在任三年,学官清苦薄俸,不足以开销和助学,刚开始时寄信家中,变卖家产弥补,后来其妻刘孺人典卖首饰衣物帮助丈夫兴学。田立尧后来得知家中实情,决意告归林下,回里后与戚族讲求文艺,悠然度日。

第十一世的田晋(1768—1831),字锡庶,号裴园,有麟长子,承祖业,勤俭处世,好读书,近耆德,与从堂兄弟同居四十余年,没有一语之失。偶遇外乡人因缺盘缠而困于德州无法回乡,田晋慷慨解囊予以资助却不留姓名,一时传为佳话。

第十二世的田春润(1784—1869),字沐堂,田邆第三子,慷慨好义,好论辩是非,读书必求明理,对唐宋理学诸家辨别最详,山东季芝昌极其赏识,拔其第一入泮,次年科试以优等补为增广生,后因家道中落,以教授生徒为生。苗家胡同原有田氏先人田绪宗创设、田雯重修的董颜书院,后辟为义塾,邑侯舒化民延请田春润为师在此授徒。为人慷慨仗义,凡乡下的亲族来城,田春润必予以招待,有求必应。凡兄弟邻里之间的生活纠纷,往往由田春润出面一句话就化解掉了,人们都以王彦来比喻田春润。

第十三世的田泽普(1787—1858),字义路,国学生,白岩公后裔,世居清演寺庄。丰貌身长,声音洪亮,性格慷慨,尚礼义,做事一诺千金,爱交游,尊重有德性的人,有任侠之风。道光、咸丰年间,金陵失陷,发逆思掠京津,四方震动,人们各自谋划聚集,田泽普自作贸易,走村串街,认识的人最多。每遇到陷入困境的人,总是施以援手,竭力帮助,故人们都称其为善人。在避雪店开设油粮杂货店铺,逐渐兴隆,往来商旅往往慕名崇义而来,北至连窝桑园各镇,又与吴桥张春圃合股贸易,从此财源日盛,家道日隆,戚族中有贫困的,无不周济。自修圩园,收容附近村庄老幼妇女,按人头供给口粮,以帮助他们度过乱世。舒州牧到任后,创设乡会、劝增号舍、捐修庙学、劝积仓谷、劝设粥厂、疏通河道等,无不量力捐纳。其慷慨好义、任恤之风,受人称颂。

综上所述,第九世后,田氏进入衰落期,其突出的标志是科举成绩不佳,这直接影响到田氏家族的影响力,田氏后世子孙虽仕途不达,散居林下,但"穷愁不废吾家事",依然在诗歌、书法、篆刻、绘画等艺术领域保持着一瓣心香,并在医学、商业、武学等领域探索,不少子弟乐善好施、扶危济困,在道德、人格方面成为地方楷模,表现出名门望族、书香门第的良好门风。

二、盛衰岂无凭
——德州田氏衰落原因浅析

在封建社会,任何一个望族都渴望长盛不衰,追求维持门第的清华与高贵,但又难以摆脱"君子之泽,五世而斩"的规律,最终衰败下来。清代德州诗人马洪庆有《废宅行》[1]诗,咏叹德州城内高门大第的这种盛衰现象:

> 君不见,
> 小壶城中全盛年,
> 高门大第多连阡。
> 星移物换一弹指,
> 往往变灭随风烟。
> ……

德州田氏作为明清时期德州地域上盛名一时的名门望族,自然也没有走出这种盛衰轮替的定数,而其衰败的原因,最主要的有以下几个方面:

一是自第七世后,家庭科举文化没有得到强化,造成科举成绩不佳。

---

[1] 民国二十四年(1935)修《德县志》卷十六《艺文志》。

田氏鼎盛期的高点在一门双进士的第七世,田雯与弟弟田需先后在十五年内科甲相连,皆高中进士,此后田氏科举成绩便陷入沉寂。第八世,田绪宗一支的田雯有 5 个儿子,田需有两个儿子,田霖有两个儿子,作为接受门第润泽最为直接的第八世 9 位子弟中,竟无一人中举,这不能不令人深思。最直接的原因是,在家族经历由第六世的急衰迎来第七世的昌盛后,家族文化中科举仕进的儒家思想没有得到强化,而是多种思想与文化的存在影响了子孙的进取精神。

田氏子孙除世代奉儒之外,历代受佛教文化的影响,形成一种知足保和的文化。明清时期的大运河两岸,寺院林立,佛教兴盛,据乾隆《德州志》载,明成化以前的州城内外,仅官立寺院已达十余所。德州城内的永庆寺始建于唐代,历代香火不绝。在田氏一门中,田实栗"晨起焚香",以居士在家研读佛经,颇有见地。田雯母亲张氏,一生辅佐、培育三位田氏子弟成为进士,成就了田门的兴盛,但张氏长期奉佛,尤其是晚年,静坐焚香,虔心向佛,其在家族中享有的崇高声望,潜移默化地影响了子孙的思想与精神。

田氏家训虽强调读书的重要性,"子孙才分有限,然不可不使读书,贫则训童蒙以给衣食,但书种不绝足矣"[1],但对仕进做官并不过分追求。究其原因,应该是田氏代表田雯对仕途艰辛的深切体验,早在"十年为郎"时期,他的厌恶情绪已开始萌芽。康熙三年(1664)田雯成进士时,他本想借庶吉士之选入华堂,不得后乃"降心"求一邑之任,又不成,被搁置三年,始被委任舍人这样的"异途"、"末流"官,加上与"一二同年友"相比,"看渠面团团,快意乃如此;伧荒吾瘠骨,棱棱日凸起",内心更是难以平衡。康熙十九年(1680),田雯任江南学政,为官两载,最后也是因公而遭落井下石,期满难以离任。康熙二十七年(1688)四月,田雯由江宁巡抚任上与总督、总河、总漕等官员一同奉旨会勘河道时,因力持公议,而遭到嫉恨、中伤。所以田雯对仕宦的体验痛苦多于欢乐,正所谓"佚乐之日少,忧瘁之日多"[2],

---

[1] 田雯、田同之等:《安德田氏家谱》卷四《家训》。
[2] 田雯:《自赞》,《蒙斋年谱》,《德州田氏丛书》。

故能将这种痛苦体验转化为一种对现状的满足:"官为侍郎,年逾六旬,嗜三升寻落酒,排数卷山姜诗,纵死也胜千百辈,曾孙已有二三丁。岂非天地间之乙俦幸人也欤?"①甚至强化为一种人生的幸运:"人生有天幸焉,衣食靡阙,父兄足依,读书明志,以礼自守,此天幸也。"②在这种知足思想的影响下,两位弟弟田需、田霂都受到一定的影响:

田需中二甲四名进士,官翰林院编修,敕授文林郎,典试河南,纂修《明史》、《幸鲁盛典》、《大清一统志(山西志)》,仕途一片光明,但却于康熙二十六年(1687)丁卯四十八岁,处于人生壮年之时,因病请辞,当翰林院长库公以其资俸已深予以挽留时,田需回答以"人生有性命,然后有功名,性命不可料,遑计身外物耶?"③坚辞,将功名利禄视为身外之物。自此"息机杜门,誓墓不出,无复当世志矣"④。在乡十六年,直至六十三岁卒于家,不作复出之计。田霂则更是一生恬淡处世,销声割迹,以诗自娱,爱种菊,有靖节之风,五十四岁授堂邑县教谕,没有赴任。

田氏后裔中,虽也有田瑛、田元春进士及第,但他们的仕途并不显赫,又因血脉渐远,两次高中进士相距近四十年,已不能形成家族中科甲相联的带动作用。

二是长房长支后代子嗣不旺,不少子孙身体虚弱,影响了仕途。在家族的发展过程中,家丁兴旺是家族兴旺的第一标志,长房长支的血脉健康尤其重要。田氏家族最为鼎盛时期,第七世田雯弟兄四人,三弟田震早殇,高中进士的田雯有5个儿子,8个孙子,田需有两个儿子,8个孙子;第八世长房长支的田肇丽有1个儿了田同之,4个孙子;第九世后进入衰败期,田氏仅有的两个进士,子嗣严重不旺,甚至于无嗣,田需一支第十一世的田瑛,乾隆年五十五年(1790)庚戌科进士,官至内阁中书加一级,子二人,但长子本方早殇,次子本治无嗣。田雯子幼安一支第十二世的田元春,道光六年(1826)丙戌科进士,无嗣,以弟弟育春子昆嗣。这不能不影响到田氏

① 田雯:《自赞》,《蒙斋年谱》,《德州田氏丛书》。
② 田雯、田同之等:《安德田氏家谱》卷四《家训》。
③ 田霂:《皇授文林郎翰林院编修先仲兄鹿关田公行状》,《安德田氏家谱》卷三。
④ 田霂:《皇授文林郎翰林院编修先仲兄鹿关田公行状》,《安德田氏家谱》卷三。

家族的兴旺以及家族文化的延续和发展。

不仅子嗣不旺,而且不少智力天赋较高的后代,身体健康不及常人,影响了自身才能的发挥,有的中年去世,因而对家族的发展产生了严重影响。如田需因病中年辞官,与兄田雯同年辞世,直接造成田氏自兴盛期的高点坠落,至此,田氏在政界的影响力开始下滑;第十世的田徵舆,田同之长子,自幼性格明达,无俗情,酷爱诗词,外从塾师,内承祖训,废寝忘食祈求举业的成功,无奈身体羸弱,脾胃虚弱一病十余年,二十八岁方才痊愈得以重操举业,无奈大好青春已逝;田佺期,田同之第三子。自幼染有脾疾,病体孱弱竟不堪举业之重,数十年虽卧病榻仍手披卷帙不废,二十七岁病体小愈勉强参加科试,州郡皆获第一,补博士弟子员,为田同之所器重,却于乾隆十三年病逝,享年仅四十四岁。第十二世的田元春,是进士出身,又富吏才,仕途本一片光明,四十七岁自甘肃平罗任满,将升任直隶州知州,因疾病告归,五十岁卒,可惜可叹。田一成自幼聪慧,虽家贫但好学不倦,尤好绘事,同年应州府科举考试,忽患痰疾,未能进入院场,自是懊丧至极。

三、才与不才

——文化世家子弟的心路历程

"家族的荣耀,是一种启迪诗思的源泉,是一种精神的归依,有时似乎又成了一种无形的压力。"①生活在文化世家的环境中,其子弟感受到的应该说不仅是出身的荣耀和钟鸣鼎食的物质富足,同时,自然而然地也肩负着传承家声、承递荣耀的责任,这种责任感有时是一种无形的压力,是普通人难以体会的。世家弟子的这种压力可以简单概括为成才的压力。

关于人生才与不才的问题,其实在儒家思想中这个问题并不纠结,没有困惑,正所谓"达则兼济天下,穷则独善其身",无论穷达,人生都是有追求的。但话虽如此,作为封建时代的读书人,尤其是身处世家望族的子弟,毫无疑问,心灵深处对这种出入与通达的接受是经过了一个相当长的过程的。

---

① 徐雁平:《家世性情与学问》,《苏州杂志》2003 年第 4 期。

世家弟子的成才压力首先表现为人生道路的预设性。在封建社会,要延续家族的鼎盛与荣耀,其途径是相当狭窄的,几乎就只有读书仕进、求取功名这一条道路。而且这一条道路,在其心目中也有着得天独厚的条件。田同之说:"所幸生我家,趋此路犹易。不幸生我家,舍此即匪类。"①众所周知,读书仕进并非易事,几乎每个士子在科举残酷的竞争面前,都经历着"头悬梁、锥刺股"的勤奋苦读,都不得不面对科考失意的打击。雍正十一年(1733),田同之在京为高中进士的同学李世垣送别,写有五古《送别李星门上第归里》②二首,其二云:

> 君会曲江宴,我持罷罷杯。
> 君返方山道,我留帝城隈。
> 去去六百里,共羡锦衣回。
> 君母多忻荣,我父无好怀。
> 岂不欲好怀,无如才不才。
> 念此益神伤,祖道空徘徊。

李世垣亦为德州世家子弟,又是德州田氏的姻亲,此诗把世垣金榜题名、欢会"曲江"、衣锦还乡、父母荣光的得意,与自己屡试不第、寄身微职、心情郁闷、滞留异乡、父母失望等情景——陈列对比,非常生动地表达了此刻田同之的羡慕与失落,尴尬与无奈。诗末一句"念此益神伤,祖道空徘徊","祖道"应是指科举显身之路,揭示出了自身的压力与困惑。田肇丽,字念始,号小霞,又号苍崖,是田雯长子、田同之的父亲,自幼聪颖,美丰仪,端庄沉毅,见者无不器重,但因不满帖括之习而屡试不第,在家族巨大的光环之下,虽仕进但非科举出身遂成终身之憾。

科举成功只是弘扬祖上荣光的开始,即使是顺利通过科举考试而走上仕宦之路,世家子弟内心也有着不同于出身寒微官员的感受,那就是为官

---

① 田同之:《述旧德并诫儿孙二十七首》,《砚思集》卷二,《德州田氏丛书》。
② 田同之:《砚思集》,《德州田氏丛书》。

不仅要报答圣恩,而且要对得起祖德,田同之《送李澹洲别驾之岳州任》①
诗云:

> 入官良不易,况为世家子。
> 祖德渺难攀,国恩不胜纪。
> 称职固所宜,微瑕招众指。
> 愿君求令名,金判此其始。

"称职固所宜,微瑕招众指。"作为世家子弟,在仕途中称职、取得治绩是理
所当然,但哪怕有一点儿差错,也极易招人指责,其内心压力可想而知。所
以入仕后,殚精竭虑,克勤克俭,忠于职守。田肇丽曾由大司农富宁安、仓
场总督施世纶保举监督北京"最为弊薮、国储多亏"的富新仓,莅任后立法
严肃,访得利弊,恩威并施,革除陋规,颇有政绩。"差满考核计赢米两万余
斛",但积劳成疾。

即使科举不顺,隐居田园,世家子弟一般也会以承继先祖的道德文章
为己任,把祖宗的一脉馨香流传下去。田同之仕途上一生虽没有太大作
为,但退居林下仍勤于笔耕,著《诗竹堂汇稿》,其中《砚思集》六卷,《二学
亭文涘》四卷,《晚香词》三卷,《诗说》、《词说》、《文说》八卷,《西圃丛辨》
三十二卷,《安德明诗选》遗一卷、《幼学续编》八卷等影响巨大。

田际昌,字映六,号稜香,田同之四子,有《西园近稿》行世,《国朝山左
诗钞续钞》收其诗歌 6 首,五古《古诗》是一首奇情浪漫之诗,风格奇崛:

> 缩地成一里,四海联跬步。
> 缩天为一日,万古接晨夕。
> 我有意中人,招之共促膝。
> 顾非神仙俦,焉得此幻术。
> 迥薄一寸心,所惧后无述。

---

① 田同之:《砚思集》,《德州田氏丛书》。

全诗想象奇特,"缩地"、"缩天",打通时空阻隔,不受羁绊,大开大合,令人神往。但"幻术"终究抵挡不住现实的真实,诗人"几度徘徊感路穷",逐渐"名心漫灭"①,在"韶光暗度"中,选择一种"卧听千山响杜鹃"②式的闲适,所能做的是"穷愁不废吾家事"③,将一瓣馨香传承下去。

田祐是田氏后人中的名医,在乡间威望颇高,行医舍药,活人无数。这一年六月,田氏五大族兄弟设宴聚会,凡称赞田祐医术高超的人,田祐均不称意。自作七律四首,加以拒绝。只有族弟春润写诗和韵责备田祐不能承继先祖诗学瓣香,田祐感觉族弟真正懂得自己,于是请他坐到上座,可见田祐作为世家子弟内心的隐痛所在。

---

① 田同之:《欲往村居述事》其一,《砚思集》,《德州田氏丛书》。
② 田同之:《春雨》,《砚思集》,《德州田氏丛书》。
③ 田同之:《欲往村居述事》其三,《砚思集》,《德州田氏丛书》。

第二章

德州田氏的门风

门风,作为家族文化的重要组成部分之一,是家族世代传承的家族精神和文化传统,是维系一个家族昌隆的内在精神力量。著名历史学家钱穆曾言:"一个大门第,绝非全赖于外在之权势与财力,而能保泰持盈达于数百年之久;更非清虚与奢汰,所能使闺门雍睦,子弟循谨,维护此门户于不衰。当时极重家教门风,孝弟妇德,皆从两汉儒学传来……"[1]德州田氏是一个跨越明清两代、由农耕转向科举的文化家族。在开枝散叶、繁衍发展过程中,逐渐形成了崇文尚学、严谨处事、崇尚俭朴、孝悌持家、乐善好施的家族门风,竭力维持着德州田氏家族一门的清华和作为地域望族的口碑。

第一节　崇　文　尚　学

德州田氏是一个移民家族,在明清科举时代,在家族的发展转型中,耕读并重、崇儒尚学是家族能够实现崛起的主要途径。德州田氏家族文化中,重视读书,并形成了诗歌为核心家学、"功名固定分,读书不可少懈"[2]的非功利特点。

一、《田氏家训》中的崇文尚学内容

田雯于康熙三十八年己卯(1699)创修《安德田氏家谱》,《田氏家训》

---

① 钱穆:《国史大纲》(修订稿),商务印书馆,1996年,第309页。
② 田瑛:《田廷梅行述》,《安德田氏家谱》卷三。

是在家谱垂成之际附设于后。《田氏家训》有 53 则,凡二千五百余字,内容丰富而具体,涉及家族教育的各方面,主要侧重于勉学劝读、伦理道德、修身养性、为人处世、治家理内等内容,对田氏后人的培养、家风的形成起到了巨大作用。

田雯是清初文坛巨匠,其对读书学习的重视在其编纂的《田氏家训》[①]中有着充分的体现,并具备丰富的内涵。他首先强调学习之重要性。《田氏家训》第二则云:

> 承德公以文学起家,今二百余年矣,绍述休风,不可不务读书。贫而读书,可以资生成名,富贵读书,庶免鄙陋之诮。

"绍述"即继承,"休风"是指美好的风格、风气。田雯从继承祖先遗风的角度要求子孙读书学习,并从安身立命的角度指出读书的功用:贫穷读书可以"资生成名",即帮助生计、赢取清名;富贵读书则可以使人免除粗鄙、浅陋。

第九则则是将宋代陆游家训引用过来:

> 子孙才分有限,然不可不使读书,贫则训童蒙以给衣食,但书种不绝足矣。能布衣草履,以事农圃,足迹不入城市,大是佳事。关中村落有魏郑公庄,诸孙皆为农。张浮休过之,吟云:"儿曹不识字,耕凿魏公庄。"仕宦不可常,不仕则农可无憾也。

与陆氏家训比较,个别文字略有出入。强调耕读传家,在仕宦问题上与陆游保持着一致的恬淡、洒脱。

《田氏家训》强调读书对个人修养的好处。第三十七则云:

> 貌像不论好丑,终日读书静坐便有一种道气可亲,即一颦一笑亦觉有致,若恣肆失学,行同市井,纵美如冠玉,但觉面目可憎耳。

---

① 田雯、田同之等:《安德田氏家谱》卷四《家训》。

腹有诗书气自华,自古以来人们都肯定读书对人气质的影响,所谓"道气"乃是指超凡脱俗的气质。

第二十七则:

> 人生学随时进,如春花秋实,自有节次。少年时志要果锐,气要发扬,但不越于礼足矣。不必收敛太早,若迂腐寂寞,譬如春行秋令,亦是不祥。

"学随时进",即治学应随着人生的阶段呈现不同的特点。强调少年时,学业要树立高远之目标。

第三十三则是谈专心读书的体会与做法,强调读书要专心:

> 每读一书,且将他书藏过,读毕再换,其心始专。

专心是读书的前提,在读书穷理的中国古代,田雯的体会与做法无疑是有道理的。

二、德州田氏崇文尚学的特点

《田氏家训》中关于读书的训诫内容丰富,涉及对读书重要性的认识,对修身养性的影响,强调少年应立志读书,并谈到了读书的具体方法。尤其是在读书与仕进的关系方面,将陆游家训引用过来,表现了田雯在这个问题上的通达胸怀和非功利的特点。

在封建时代,读书仕进是所有读书人的梦想,但能够实现这一理想的毕竟只是极少数,田雯的"通达"有其自身宦海沉浮的况味,正如他自己在家训序言中所说:

> 雯尝谓人生有天幸焉。衣食靡阙,父兄足依,读书明志,以礼自守,此天幸也。不幸而幼遭多故,壮历风尘,涉世日深,机智日启,恩怨是非岂能尽泯于此? 而欲学冬不炉、夏不扇,树上生姜,乌可得乎? 试

以诘其本怀,决不如是,余所以回首伤心、老而遗憾也。……

田雯并不认为大富大贵是"天幸",也并没有直接将读书作为仕进的阶梯,读书是为了"明志",明理懂礼从而"以礼自守"。而其看似光鲜的官居侍郎的外表下,是"幼遭多故,壮历风尘",难免"恩怨是非"的无奈与"不幸",回首过往,是"伤心"与"遗憾"。

除此之外,也有不得不面对的现实:德州田氏在田雯一辈之后,科举成绩不佳。田雯在编纂家谱时已经六十五岁,在京任户部侍郎,五个儿子肇丽、曼硕、合敬、幼安、中仪,长子肇丽三十九岁,次子曼硕、长孙同之皆二十三岁,子孙中竟无一人取得像样的功名,真是所谓"子孙才分有限"。最终,田肇丽在科举方面也没有作为,只能以门荫身份入仕,所谓"富有万卷艰于一第"①,田同之在康熙五十九年(1720)庚子科才中举,此时田雯已经逝去十六年。

这种非功利的读书精神,必定对德州田氏产生深刻的影响。田氏强调子孙读书明理但却淡泊仕途、并不积极于仕进,这点与田雯教育子孙的读书观有着密切的关系。田雯一生虽仕途隆遇,但却分别在康熙十七年(1678)久历郎署、康熙二十二年(1683)养病历下期间先后两次欲归隐林下、不复出山。田需壮岁辞官、田霡坚辞教谕之职,这种淡泊心性即使在田雯兄弟身上也有着充分的体现。

三、田氏子孙的躬行事迹

德州田氏以文化世家而著称,田氏子孙涌现出众多励志苦学的楷模,被当地人传为佳话。

第三世的田三戒,是德州田氏第一位出仕之人,但田三戒青年时期家境贫寒,田三戒经常静坐于南城长堤柳荫之下,读书学习,一坐就是多半天,脚上的鞋子经过很长时间还是新的。经过多年的坚持,终于嘉靖十六年(1537)丁酉科中举,时年28岁,嘉靖三十二年(1553)癸丑科登进士第,

---

① 田同之:《田肇丽传》,《安德田氏家谱》卷二。

这一年他四十四岁,可见其坚韧苦学的品格。

第四世的田高,因一生酷爱读书藏书,"室无长物,坟籍数百卷而已"①,竟至影响了治生,只好依附岳父家生活。

第五世的田实栗为德州远近闻名的饱学之士,以毛诗讲学于里塾,及门弟子多俊才英彦,时人将之比作隋代讲学于河汾之间的大儒王通。

第六世的田绪宗,冬天苦读,将柴草置于书案之下,脚塞在柴草之中御寒,咿唔达旦彻夜苦读。其妻张氏是明清之际山左诗坛的才女,一生精于经义,善读书、好读书,至老手不释卷。

第七世的田雯,在德州田氏子孙中官位最高,文化影响最大。田雯毕生保持着好学崇文的习惯,田需回忆田雯年轻时读书的情况云:

> 性嗜书,坐守如痴,塾归即索饭,迟辄意怼,得饭或立檐荣,或坐户槛,盂竭为率,不问盐虀,焚膏继晷以为常。需时与公共被,率先寝,每于夜半睡醒,闻先君止呵声,公障户篝灯,伊吾达旦,弗辍也。②

"怼"(duì),本意为怨恨,在这里应是着急、生气的意思。"塾归即索饭,迟辄意怼,得饭或立檐荣,或坐户槛,盂竭为率,不问盐虀",放学归来即要求吃饭,晚了就着急、生气,吃饭时或站在屋檐下,或坐在门槛上,往往是狼吞虎咽地第一个吃完,从不关心饭菜的咸淡、可口与否。时常通宵达旦地读书,有时父亲夜半起来反复阻止,田雯往往遮蔽门窗、罩住灯烛,继续苦读。这段文字生动地刻画出嗜书如命、读书如痴的少年田雯的形象。正是通过非凡的努力,田雯十六岁就能学通经史,每天作文数千言,岁试时得到山东学政钟性朴的青睐,以第一名入泮。十七岁以优异成绩考取廪生,自此开始崭露头角。走上仕途后,田雯无论是早年在京做户工两部的郎官,还是中年督学江南、巡抚贵州,读书教书、提倡古学、拜会文友、研讨诗学,几乎构成了其政事之余的主要生活内容,即使在其晚年退居林下甚至临终前

---

① 田雯:《田高传》,《安德田氏家谱》卷二。
② 田需:《田雯行状》,刘聿鑫:《冯惟敏冯溥李之芳田雯张笃庆郝懿行王懿荣年谱》,第119页。

夕,仍是笔耕不辍、教子孙读书学习。田肇丽在《蒙斋年谱》补叙部分记载了田雯生命的最后光景:

> 甲申府君七十岁,正月二日夜疾作,以肝气上冲,苦不寐。元宵前五日,犹秉烛命弟合敬、子同之,环坐校对《山姜分体诗》。十八日至山姜书屋中,为幼安、中仪两幼弟讲《孟子》二十叶。十九日,疾剧气喘……至二月十六日,以积劳咯血,诸药罔效,于二十三日辰时奄忽长逝。呜呼,痛哉![1]

在身体严重不支、生命的最后时光,田雯仍在校对诗集、为幼子讲解《孟子》。

田雯之子田肇丽虽终身未能取得科名,但依然是嗜读饱学之士,田同之云:

> 公生平无他好,专嗜读书,博闻强记,无所不窥。于声律之学,持论特严,而所为不多。古作以龙门为本,以震川为标,体法非合宜不轻落笔。著有《忍冬诗集》、《忍冬文集》、《砚北犹存录》、《扈从纪程》、《麻衣消寒录》、《南北史纂》,皆蝇头小楷,公自手录者。二十年键关抱病,犹沉酣于载籍中,老不废学,其袁伯业之芳踪乎? 然富有万卷,艰于一第,公之饮恨毕生也。[2]

"键关",犹闭门;"袁伯业",指袁遗,字伯业,东汉末年汝南汝阳(今河南商水西南)人,袁绍堂兄。初为长安令,历任山阳太守、扬州刺史。袁遗毕生好学,曹丕《典论》载曹操云:"长大而能勤学者,唯吾与袁伯业耳。"受家庭影响,田肇丽也是"专嗜读书",即使是闭门抱病二十年间,仍能"老不废学"。

田雯之后,德州田氏家族中文化成就最高的是田同之。田同之幼年天

---

① 田同之:《田肇丽传》,《安德田氏家谱》卷二。
② 田肇丽:《补年谱》,《德州田氏丛书》。

赋过人,六岁即嗜书如命,日诵千言,有祖父之风,得到田雯的钟爱,特赐古砚与名号。中岁虽科业不顺,但晚年仍保持着清华门第好学不倦的精神,著作十数万言:

> 服阕后,忘情轩冕,专承家学。闭户著书,兼之奖引后辈,表彰潜德。虽年逾古稀而灯火丹铅,视壮岁无少减,但持律严正,从不略为假借。
>
> ……
>
> 公诗追王孟,文法欧曾,词宗姜史,书踵襄阳,至今睹公之墨迹者,不惜重值购之,当时贵显者似不及也。著作有《诗竹堂汇稿》、《砚思诗集》六卷、《而学亭文涘》四卷、《晚香词》三卷、诗文词三说共八卷,《西圃丛辨》三十二卷,久经镂板行世。又《幼学续编》八卷,各体临书四册藏之祠庙,以训子若孙者。①

田同之归隐后专务家学,奖引后进,尤其是诗文词书,四艺皆工,没有好学之精神,是难以有如此造诣的。

田同之长子田徵舆,幼年即性情明达,少俗情,受书即酷嗜韵语,由于七岁丧母,田徵舆早年表现出较高的自律性,八岁跟随祖父在京读书,田肇丽虽课孙严厉,但田徵舆从未因学业受到督责:

> 从师为文,外聆师传,内承祖训,废寝忘食,固奋期小草之有成矣。②

希望通过自身的勤奋能够取得功名以光门楣,无奈身体羸弱,一病缠绵十余年。痊愈后重续旧学,诗词俱佳,且殚心字学,精于篆刻,是名噪一时的篆刻家。

---

① 田徵舆:《田同之传》,《安德田氏家谱》卷二。
② 张翰:《田徵舆传》,《安德田氏家谱》卷二。

田同之三子田侺期,自幼以才智明敏而深受田同之青睐,曾受学章丘焦毂贻司空、德州李星门刺史,但身染脾疾,虽身卧病榻仍能手披卷帙如故,好学不辍。

第二节　严谨处事

为官处事严肃谨慎,是众多田氏子孙出仕为人的态度。久而久之,形成了德州田氏一门的行事为人风格,德州田氏甚至将其上升为家训,用来规范子孙的行为。田氏子孙无论穷达,始终保持着为官处事的一份清操。

清人刘树认为,一国之势源于始封,一家之风开于始祖,认为无论家国,始祖对国势、家风都有一个奠基作用,决定着家国的发展方向。在明清科举时代,家族风尚的滥觞,往往与这个家族首个出仕人物息息相关。为官处事的严肃谨慎,在德州田氏最早可以追溯到其三世祖田三戒。作为田氏第一位出仕之人,田三戒被田氏后人尊称为户部公、中泉公,从其名号的三戒、字子慎、号中泉,可以想见他对自己为官处事的要求,谨慎、清正,开辟了田氏一脉的优良门风。田同之有《述旧德并诫儿孙二十七首》[1]其二诗曰:

> 猗欤中泉公,弱冠登贤书。
> 嘉靖岁癸丑,释褐膺簪裾。
> 一官授民部,贞砺操志节。
> 时值分宜党,委蛇殊不屑。
> 漕运督三吴,风清弊以绝。
> 却金箕斛中,归来抱冰雪。
> 赈恤于役劳,遂尔殁王事。
> 仕籍传清白,家世贻贫匮。

---

[1] 田同之:《砚思集》卷一,《德州田氏丛书》。

田三戒在明嘉靖政坛上,"时值分宜党,委蛇殊不屑",为官决不党同伐异,面对朝中朋党之争不屑一顾,在督漕东南时,就曾拒收别人藏在竹篓底下的黄金,其"清白"为官在士林中广为传诵。后来田三戒英年早逝,其子田高居无定所,竟靠借住在岳父家中生活,其清廉可见一斑。

在田氏家族风尚的强化中,田实栗起到了非常重要的作用。田肇丽曾云:

> 吾家自曾王父以来,家规严肃,……,故一郡称家法者,以吾家为最。①

田实栗治家严格,特别值得一提的是,虽然他没有实际入仕做官,但他对田氏祖上这种风标的宣扬,达到了极致:

> 岁时腰腊,集族姓祭先垄,礼毕团坐松楸之下,述先德以奖戒之。②

"述先德"应主要为三戒为官时的清操,这一切给儿时的田雯留下深刻的印象。

作为德州田氏最为著名的代表人物,内敛、自谦、不张扬是田雯为官处世的突出特点。田雯在早期的户工两部任郎官时,康熙帝就曾下诏称赞田雯"持躬克谨,莅事惟虔"③、"秉质纯良,持心端谨"、"慎以持躬,敏以莅事"④,康熙帝多以"谨"、"慎"评价田雯。据《蒙斋年谱》载,田雯在京时,曾从王士禛、施闰章论诗,言行非常谦恭,"每从末座,时接微言。苟有会心,强名悬解"⑤,"末座"、"微言"、"苟"、"强"、"悬",在《自赞》中也称自己"幼不读书,老未闻道,庸人也",很能见出诗人的做派和个性特征。

---

① 田肇丽:《从弟南陔墓志》,《安德田氏家谱》卷三。
② 《德州乡土志·耆旧录》,官绅校订本,第100页。
③ 田雯:《蒙斋年谱》,刘聿鑫:《冯惟敏冯溥李之芳田雯张笃庆郝懿行王懿荣年谱》,第94页。
④ 田雯:《蒙斋年谱》,刘聿鑫:《冯惟敏冯溥李之芳田雯张笃庆郝懿行王懿荣年谱》,第92、97页。
⑤ 田雯:《蒙斋年谱》,刘聿鑫:《冯惟敏冯溥李之芳田雯张笃庆郝懿行王懿荣年谱》,第94页。

在后来的仕途中,田雯显示出能臣治吏的杰出吏才,遇事多"创为","创为"与"谨慎"——矛盾的统一皆以"因事制宜"为基础。江南学政任上,田雯宵衣旰食,一年之内奔走大江南北,回复往来水陆行程一万余里,阅卷九万五千余份,竟至彻夜不眠,饮食失节。扎实勤勉,酌古准今,促使江南文风一变。督粮湖北时的兴利除弊的种种举措,也是有着与新任总漕徐旭龄的任前沟通的基础。不论是巡抚江宁时的漕白米色、挑浚京口河道等奏疏,还是移抚贵州后的否决"会剿"之议等治黔方略,均建立在"熟查情形"的基础之上,所以能"每当集议,发言盈庭,纷纠参错,公间出一语,足排众说"①。

田雯致仕后家居两年,"少入城市",临终对儿子田肇丽云:

> 官无内外,总属一理,汝后为官,唯精白乃心,洁己奉公,不负君恩,即所以报我也。我一生谨饬,汝所习之。自在部曹,以及督学填抚,又皆汝所目睹,倘或贪婪自恣,我同年故旧门生属吏,布满朝列,使人谓我有子而无子,大则致挂弹章,我在地下,目不瞑矣。汝将何面目见我邱垅庙貌,以对诸父六亲并乡党之人乎?②

田雯认为自己"谨饬"一生,而且在临终遗言中再次嘱咐儿子,报君即是报己,要"洁己奉公",谨慎为官,不可"贪婪自恣",以免使人说自己"无子",地下不能瞑目。

在田氏子孙中,田需经历了由官而隐的人生轨迹。他年轻时富于才情,在进士廷对测试中,洋洋数千言,深切时事,大学士宋德宜欲将田需定为首甲,却被打压改为二甲四名,辛酉年以御试第一授官编修,遗憾的是,入仕仅八年即因病辞官回乡。关于其辞官的经过,其《行状》云:

> 丁卯春染脾疾,入夏益剧。白院长库公乞归,库以公资俸已深固留公,公云"人生有性命而后有功名,性命今不可料,遑计身外物也?"

① 田需:《田雯行状》,刘聿鑫:《冯惟敏冯溥李之芳田雯张笃庆郝懿行王懿荣年谱》,第129页。
② 田肇丽:《补年谱》,刘聿鑫:《冯惟敏冯溥李之芳田雯张笃庆郝懿行王懿荣年谱》,第115页。

既得请,于六月抵里。①

田需辞官之心如此决绝,与其早年经历有关。田需十五岁时跟随父亲绪宗至浙江丽水,亲眼目睹了父亲到任数月因劳累过度以身殉职的经过,父亲的猝死和由此给田家带来的困境是田氏兄弟心头挥之不去的阴影。"人生有性命而后有功名"是人生最简单最真实的道理,这一年田需只有四十五岁,可谓壮岁归隐,应该说辞官养生是其慎重的选择。

田需回乡后"狷介自处,不通请谒,不入公府,惟闭户教子读书","平生慎交游,谨然诺,嚼乎不滓而亦不与俗忤"②。息机谢客,专心著书,闭门不出,谨慎交友、承诺,遇事未反复思考成熟,决不做不合时俗之事。田需也是田氏谨慎处事的典型。

德州田氏这种谨慎为官处事的风尚,在第八世之后仍不乏范例。田肇丽官刑部江南司主事时,大小案件,谨慎处置:

> 矜慎自矢,案件大小必反复究祥,务协平允,否则力争之,不畏上官,不惑胥吏,钦恤人命,视一官漠如也。③

身为刑官,职涉人命,公允、"反复究祥"的做法,才能保证公正,在办案过程中,不畏上下的干扰,不在乎自己的官职。其子田同之见习工部时,不以自己身无专职而稍有松懈,国子监学政任上,每逢堂试,虽雨雪阻途,从无旷课。

德州田氏要求子孙谨慎处事在《田氏家训》中有集中体现,是家训中重要的内容。

田氏家训要求子孙与人交往时绝不议论别人的短长,第二十五则"将欲论人短长,先顾自己何若",以换位思考的方法推己及人;强调说话不能伤人,第十五则"以言伤人者利于刀斧,以术伤人者毒于虎狼",认为伤人的语言利于刀斧;更不能揭短,第十七则"语人之短不曰直,济人之恶不曰

① 田霖:《田需行状》,《安德田氏家谱》卷三。
② 田霖:《田需行状》,《安德田氏家谱》卷三。
③ 田同之:《田肇丽传》,《安德田氏家谱》卷二。

义",第二十四则"好说人隐事及闺门丑恶者,必遭奇祸",第四十七则"纵与人有相争,只可就事论事,断不可揭其祖父之短,扬其闺门之恶,此祸关杀身非只有伤长厚已也",认为揭人短处,真正是"祸从口出"。

在交友方面,德州田氏一直强调慎交。家训第三十则云:

> 交游太广,不止无益,往往多生是非。古人云,有一人知可以不恨,以明知己之难也。逢人班荆,到处投辖,然则知己若是其多乎,不过声气浮慕共为豪举耳,一事不如意,怨谤丛起,不如闭户择交自然得力。

认为"交游太广,不止无益,往往多生是非","不如闭户择交自然得力"体现了田氏慎交的基本原则。第十一则"居于乡曲,舆马衣服不可鲜华,盖亲故多贫者,见之羞涩,便生怨詈",指出衣饰应考虑环境的协调。

主仆关系也是历代世家望族十分小心处置的关系,明清之际发生在鲁中大地上的"奴变"运动给清初的世家望族以深刻影响。《田氏家训》中强调"慎勿笞僮奴,此子亦人子,诚至言也",强调尽量避免暴力惩罚:第十二则"婢仆有过,既以鞭挞,而呼唤使令辞色如常,则无他事"。第二十一则"奴仆小过宜宽,若法应扑责,当即处分,不可愤愤作不了语,恐愚人危惧,致由他端"。都是从日常生活中总结出的箴言。

第三节 崇尚俭朴

崇尚简朴、不尚奢华与德州田氏的处事严谨相辅相成,成为田氏家风的又一个显著特点。

田雯的母亲张氏,勤苦劳作,终生奉佛,晚年喜居乡下。七十岁时,田雯、田需两个儿子在外为官,德州田氏进入家族的鼎盛时期,乡党、亲戚合议为张氏做寿,张氏给长子田雯写信,拒绝做寿之事,在信中张氏陈述不做寿的诸多因由,其中就有为节约俭朴之计,信中云:

> 顷者,米价翔涌,邑井萧然,亲故素多贫乏,若复合钱市羹,为未亡人进一日之甘,未亡人更罪戾是惎矣。①

考虑到米价高、亲戚贫,不能仅为一己之欢而铺张,张氏果断制止了此事。

田雯督学江南时,每次出行巡视,往往都是轻车简从,只带着两个仆人、两头骡马和自己购买的菜蔬、粮食,坚决杜绝当地官员的铺张招待。受母亲影响,田雯一生都保持着这种俭朴的生活习惯。临终反复叮嘱儿子,丧礼务必从简,不要向京城发讣告。

田需曾官居翰林,辞官回乡之后,亦过着俭朴的乡居生活,"家居素俭,食无兼味"②,甚至衣服都穿得有些寒酸:

> 服御萧然,几于寒酸,里居二十年所服犹居官时服,每当寒暑,更著裘绤如新。及易箦,命殓及二子即以是衣殓,其约于自奉如此。③

在乡二十余年间,依然穿着居官时添置的衣服。在生命的最后时刻,以旧衣送老,也嘱托晚辈勿厚葬,可见田需生活的俭朴。

《田氏家训》就俭朴生活方面,用众多篇幅向田氏子孙提出了具体要求,第七则引司马光《涑水家仪》云:

> 凡子弟必谨守礼法。仆婢之属,必授之以事而责其成功。制财用之节,量入以为出,称家之有无以给。上下之衣食及吉凶之费皆有品节,裁省冗耗,禁止奢华,常须稍存赢余以备不虞。④

量入为出,按照家境具体情况来安排家人的衣食、开销,特地提出要"禁止奢华",家有盈余以防不时之需,今天看来也具现实意义。第八则引宋叶梦

---

① 成晓军:《慈母家训》,重庆出版社,2008 年,第 91 页。
② 田霡:《田需行状》,《安德田氏家谱》卷三。
③ 田霡:《田需行状》,《安德田氏家谱》卷三。
④ 田雯、田同之等:《安德田氏家谱》卷四《家训》。

得《石林家训》：

> 博弈饮酒，追逐玩好，与亵友肆谈，惟意所欲，三五年未有不丧
> 败者。

列举的这些纨绔举止，家训直接指出"三五年未有不丧败者"，振聋发聩。针对起于农耕、生活于乡间的田氏子孙，田雯在家训第十一则中告诫道：

> 居于乡曲，舆马衣服不可鲜华，盖亲故多贫者，见之羞涩，便生
> 怨詈。

告诫子孙在乡间生活，衣服车马不可过于鲜艳奢华，因为要顾忌周围亲朋乡党的心理感受。第四十六则云：

> 和睦勤俭者，家必隆；乖戾骄奢者，家必败。此理如操券，断断不
> 爽且验之甚速。

用正反对比，强调俭朴勤劳对家族发展的影响，令人警醒。

田同之《述旧德并诫儿孙二十七首》二十四云：

> 桑梓惟恭敬，裘马安可矜。
> 鲜怒耀通衢，见者疑且惊。
> 本非膏粱俦，假彼纨袴形。
> 果为世家儿，宁免不肖名。
> 嗟哉无字碑，视此为辱荣。
> 我家清白传，轻肥无力营。
> 淡泊承先志，毋触欣羡情。①

---

① 田同之：《砚思集》，《德州田氏丛书》。

对待家乡、乡亲,要有恭敬之心;在乡间生活,不追求衣饰、车驾的华丽,以免引起乡亲们的不满;告诫儿孙们要继承先辈的清白操守,淡泊明志,不要作"纨袴形",不作"轻肥"之营,"嗟哉无字碑,视此为辱荣",是要田氏子孙将自己的口碑好坏,作为自己的荣辱。

第四节   孝 悌 持 家

"齐家"是古人所十分重视的一项内容,在家庭的伦理中"孝悌"为家庭之大伦,德州田氏认为"无瑕之玉可以为国宝,孝弟之子可以为家瑞"①,孝悌子孙是家之祥瑞。《田氏家训》第三十八则云:"不孝不弟人不可与为友,彼于至亲且薄,况他人乎?"交朋友观其是否"孝悌",是取舍的第一标准。田肇丽说,在德州田氏家族中,"子之于父,弟之于兄,侧行侍立,屏营踧踖,未敢轻于言笑。"②长幼有序,家规肃严。孝悌持家成为田氏门风的又一内容。

一、至孝之性

在田氏子孙中,第六世的田绪宗和第八世的田贻丽,为晚辈作出了至孝的表率。

田绪宗本性孝顺,曹禾说其"性至孝,居家方严,侍亲侧如婴儿,读书未终卷必数起定省"③。侍亲如婴,读起书来也不忘探视父母,向父母问安。

田氏子孙孝顺母亲,不分生母、继母,继母与生母一样对待。顺治九年(1652)壬辰,田绪宗高中进士后观政户部,九月,朝廷颁布檄文,按例新科进士应参加吏部的馆选,其同年白乃贞、曹尔堪相约田绪宗入京,但继母钱太夫人病,田绪宗只好放弃,在家侍亲。为尽孝放弃选官,绪宗的确做到了常人所做不到的。

---

① 田雯、田同之等:《安德田氏家谱》卷四,家训注引(宋)林逋《省心录》语:"弟"疑为"悌",下同。
② 田肇丽:《从弟南陔墓志》,《安德田氏家谱》卷三。
③ 曹禾:《皇清丽水县知县田先生墓表》,《安德田氏家谱》卷三。

田贻丽是田氏子孙中的著名孝子,对待自己的父亲田需极尽孝道。田需中岁辞官,回乡后在卫河东岸自筑鹿关精舍,贮书其中,田肇丽曾云:

> 仲父性高洁,坐卧室内不容织尘。弟仰承志意,黎明而起,躬亲洒扫,厅事书斋,拂拭几榻,明净如洗。上而榱栌,下而屋隅,以及阶墀、院落,奄除清洁,靡有子遗,虽盛寒剧暑,率以为常,仲父知与不知不问也。古人所谓事亲养志,弟其庶几欤?①

为让田需高兴,对近乎洁癖的父亲,田贻丽不论"盛寒剧暑",每天晨起将父亲的书房、庭院打扫得干干净净,并能"侍亲养志",顺乎长辈的意志,数十年如一日确非易事。

田贻丽是田需的长子,幼年丧母,由祖母张氏一手养育成人,对待继母罗孺人一样尽到孝道,大有乃祖绪宗之风,《从弟南陔墓志》云:

> 仲父即世,其事继母也一如事父母,意微咈,虽颠毛种种,亦既抱孙必长跪以解,闻者咸以为难。②

"咈",即嗔怒,"颠毛种种",衰老意。继母稍微不高兴,虽然田贻丽此时"颠毛种种"年龄很大了,依然能做到抱着孙子长跪继母面前,以求继母谅解,的确非一般人能够做到。

二、田雯的终天之恨

田雯一生宦海浮沉,大部分时间宦游在外,对父母极其孝顺。绪宗去世后,田家迅速中落,家徒四壁竟至停枢待葬。十三年后,即康熙五年(1666)十一月,田雯高中进士已经两年,田需也于是年八月中举,遂力举葬父之仪。由于田氏祖坟狭小,田雯与地师久议不决,于是亲自查阅地理堪

---

① 田肇丽:《从弟南陔墓志》,《安德田氏家谱》卷三。
② 田肇丽:《从弟南陔墓志》,《安德田氏家谱》卷三。

舆书籍,为父亲在南城外选定墓田。田雯对待母亲张氏,毕生尊孝有加,在其心目中,张氏既是慈母,又是严师。田雯早年在京为官时,除定期省亲探望老母外,曾两次将母亲接至京师奉养,康熙二十六年(1687),田雯补授江宁巡抚,驻扎苏州府,田雯再次将母亲接来苏州,以尽孝道。

　　古人讲究父母易箦、入殓时,孝子应该亲侍在旁。而这一点成为田雯的"终天之恨"。康熙三十年(1691)辛未,田雯在黔接到母亲去世的消息,《蒙斋年谱》云:

　　　　辛未五十七岁,闰七月初六日,闻先太恭人讣,治丧。二十四日仓皇东归。三年游子,万里羁臣,每兴念于亲闱,则形魂交瘁;欲承颜于膝下,乃踟蹰难前。……然夜郎鬼国,盼省觐而无期;使亡草春晖,惟衔悲以永日。讣音忽至,血泪旋枯。……呜呼,当我父之易箦于丽邑也,不孝在家;及我母之终于家也,不孝又在黔矣。我父别于甲午之春,德州城南黄河厓旅舍中;我母别于丁卯之冬,吴门浒墅关舟次。听播迁于造物,遂永诀于人间。人子之不幸,莫余若矣! 痛哉!①

因官夜郎,天各一方,省亲无期,接到的竟是慈母逝世的音讯,"血泪旋枯",回想早年父亲殉职丽水,自己也没有陪侍身旁,"人子之不幸,莫余若矣!"自己成为天下最不幸之人,田雯内心之隐痛可想而知。在黔简单治丧后,仓皇奔丧,一路历尽千辛万苦:

　　　　辛未闰秋奔先太恭人丧,般挈儿归渡鸡鸣关,关当黔楚之交,两山逼塞,瀗水汹涌,或衡缩蠮糇,或逆走旁射,其旋若轮,其激若矢,行者觅细径于山腰之半,与波浪争,或折坂如县綆,或垂厓如一发,或斜窦钩出,上皆石芒峭发,侧足而进,择然后可投步,步稳立,然后再进,失分毫辄堕溺,饱蛟龙之腹。缓又饥猍毒蝮伺于箐旁,其险如此,阴雨黑

---

① 田雯:《蒙斋年谱》,刘聿鑫:《冯惟敏冯溥李之芳田雯张笃庆郝懿行王懿荣年谱》,第106页。

夜无火蹑级，万仞入云，漏下二鼓才得渡。……①

万里奔丧，哀痛欲绝，且出黔北归之路，跋山涉水，凶险重重，命悬一线。守制期间，田雯请王士禛、陈廷敬、张玉书、王绅等当朝名士为母亲题写墓表、墓志、碑传，自己先后写有《先太恭人述略》、《祭先太恭人文》、《禫祭告先妣文》等文，以寄托自己的哀思。

田雯的《先太恭人行略》，是一篇饱含深情抒写母亲生平的文字，文章开篇即抒写自己的“终天之恨”：

岁辛未六月十六日酉时，吾母皇清诰封太恭人张太君卒。是时，雯在黔，一闻讣音，惊昏仆地，少甦治丧礼，因痛念吾母生平七十七年中，遭大故苦节几四十年，膝下不孝兄弟三人虽次第成立，而数年来以游子他乡相见无期，贻慈怀倚闾之忧者，雯也。含殓之夕，需、霖在旁，诸孙绕侧，独少雯一人，抱人子终天之恨者，雯也。雯不孝之罪上通于天，万死奚辞？今日踉踊万里，奔丧归来，鸣呼，庭帷已空，慈颜不复睹矣，仰天痛哭何益？即曲尽丧礼亦何益？其何以报罔极之万一，唯愿以身殉地下而已。②

田雯与母亲的感情非同一般，在父亲以身殉职、家道中落的情况下，田雯与母亲相依为命、共度难关。母亲七十七年的生命长河中，近四十年是在守节苦撑中度过。田雯数年来因为宦游而难以回家省亲，母亲临终之际，儿孙在侧，唯独自己作为长子却不在身旁，没想到四年前“吴门舟中，竟成永诀”，数千里奔丧归来，已经人去屋空，再也见不到母亲慈祥的面容，每每想到这些，田雯内心都会隐隐作痛，这份遗憾、痛楚伴随田雯终生。

三、兄友弟恭

连枝兄弟，棠棣情深，这是人类社会人伦之爱的重要组成，一个和睦大

① 田雯：《梦对墓铭》，《古欢堂集》，《德州田氏丛书》。
② 田雯、田同之等：《安德田氏家谱》卷三《行述》。

家庭构成的必需。德州田氏十分强调处理好兄弟之间的关系,田同之有
《述旧德并诫儿孙二十七首》十六,诗云:

> 仰溯我高曾,敬爱传里闬。
> 及我祖与考,怡怡复友于。
> 仪型在家门,汝曹宜上效。①

他追溯高曾祖父田实栗、祖父田雯、父亲田肇丽的楷模事迹,希望后世子孙
上效祖德,兄友弟恭的风尚绵绵相传。德州田氏第五世的田实栗,长四弟
田实畝 7 岁,田实畝年幼时,教授其经书,并承担起照看弟弟田实畝的责
任,据《田氏家谱》记载,有一次田实栗背着弟弟实畝行走,因为过度劳累与
弟弟一起跌入水沟,田实栗起身后不顾自身连忙照看弟弟、逗他高兴。田
实畝长大后善治生,十分尊重田实栗,每笔大生意,必咨询三哥田实栗,遇
事多听从实栗的建议,生意越做越大,经常周济乡邻,善名越来越响。兄弟
之间是亦师亦兄的关系,终生亲密无间。

　　这种亦师亦兄的关系在第七世田雯三兄弟身上再次显现。在父亲田
绪宗去世后,田雯、田需、田霡相互友爱,相依为命,当时田雯二十岁,田需
十五岁,田霡仅十个月。田需在《田雯行状》中曾云:

> 少与需皆师先君,先君没,需遂从公学,一言一动,皆视为楷模。②

"一言一动,皆视为楷模",可见长兄田雯在弟弟心中的地位。田霡在《皇授
文林郎翰林院编修先仲兄鹿关田公行状》中也谈到三兄弟的关系,云:

> 幼从司农公学,侍兄如师,后官清华,年逾六十,曾不小异。公事
> 司农甚谨,而司农则饮公以和,公爱霡甚笃,而待霡甚庄。霡囊时斫䟱

---

① 田同之:《砚思集》,《德州田氏丛书》。
② 田需:《田雯行状》,刘聿鑫:《冯惟敏冯溥李之芳田雯张笃庆郝懿行王懿荣年谱》,第 128 页。

自喜,不能无子弟之过,而亦时为公包容。①

"如师"、"不小异"、"甚谨"是弟弟对待兄长的态度,而"和"、"爱"、"庄"是
哥哥对待弟弟的方式。田需晚年多病,与兄田雯皆于康熙四十三年(1704)
去世,生死之际,三兄弟更是表现出难以割舍的手足之情:

> 弥留之倾,精神湛然,赋诗二章有"不作抛泥带水行,依然兄弟雁
> 行期"之句,属霡书,谛成观良久,曰:《侧垫录》并诗当为我付梓。②

"依然兄弟雁行期",田需临终之际赋诗,表示将追随长兄田雯而去,并嘱托
弟弟田霡整理刊刻自己的著作。田霡一年之内面对两位兄长的逝去,悲痛
欲绝:

> 呜呼,白头兄弟长相共保,乃不数月,天夺其二,何降祸之酷至于
> 斯极也。司农公寝疾,霡与公侍左右,昼则同视药茗,夜则对床太息,
> 及司农公疾苃,相向而哭,公执霡手曰:"长兄亡,吾自觉一恸伤情,即
> 吾似亦未必久寓人间世者",至秋疾作,霡又以侍司农公疾者侍公,而
> 惶惧无措,顾影孑然,求如春日相对饮泣时亦不可得矣,悲哉。③

"昼则同视药茗,夜则对床叹息",在田雯病重期间,两兄弟昼夜陪护,田需
病危之际,田霡又像陪护长兄一样陪侍仲兄田需,"惶惧无措,顾影孑然,求
如春日相对饮泣时亦不可得矣",成为田霡心情的真实写照。
田雯有五个儿子,田肇丽是田雯的长子,也有乃祖之风:

> 公天性孝友,气概严峻。养病家居,虽至戚不轻接一人,惟与二三
> 兄弟寒暑闲间。或事有参差不可隐忍者,亦必委婉其间,不忍作色。

---

① 田霡:《先仲兄鹿关田公行状》,《安德田氏家谱》卷三。
② 田霡:《先仲兄鹿关田公行状》,《安德田氏家谱》卷三。
③ 田霡:《先仲兄鹿关田公行状》,《安德田氏家谱》卷三。

即向日五分析产田舍外,从未较量余物,固不见彼此之迹,亦不拘长幼之论,手足情深,浑然如一。吾乡阅阅诸家,若公之为嫡长兄者亦仅矣。①

田肇丽与五兄弟间从无间言,遇事"委婉其间,不忍作色","手足情深,浑然如一",长兄之范,垂表乡里。

封建社会嫡庶尊卑等级森严,嫡庶兄弟关系是封建大家族必须面对的问题,内部嫡庶之争是很多家族败亡的重要原因。而德州田氏异母兄弟之间的关系却相当融洽。当然,田氏家族中的男性不随意纳妾,即使在最为鼎盛的七、八、九三世,也只有田需、田同之因妻子早逝而续弦,所以这个问题不是特别突出,但第八世田贻丽对待异母兄弟的态度依然为后世子孙作出了表率:

尤难者,一弟继母出也,其于弟也,从无间言。吾见世之兄弟各母者,父在析产,父没于田于宅则较量美恶,分别肥瘠,妄疑偏爱,逆计私藏,尺缕之末、斗粟之微,锥刀箕帚,靡所不争,以致母子相诣(suì),妇姑相诟,伯仲相阋(xì),甚而构讼公庭,恬无顾惜。呜呼,若吾弟者岂易得哉?②

田肇丽将社会上嫡庶兄弟之间的矛盾进行了准确概括:父亲在世,兄弟之间分家产;父亲去世后,往往计较田地、住宅的好坏,猜疑父母偏心,私藏财产,寸布斗粟,锥刀簸箕,斤斤计较,无所不争,以至于母子、婆媳、兄弟之间诋毁诟骂,反目成仇,甚至闹上公堂,毫无顾惜。而田贻丽对异母弟终生"从无间言",连田肇丽也认为"尤难",赞曰"岂易得哉",实属难得。

中国传统家庭历来有五世同堂、四世同堂的情结,但现实却很难实现,宋代官府虽然旌表聚族而居的大家族,但"树大分桠,儿大分家"的观念明代以后渐渐被人们接受。③ 德州田氏在此方面持开明、务实态度。《田氏家

---

① 田同之:《田肇丽传》,《安德田氏家谱》卷二。
② 田肇丽:《从弟南陔墓志》,《安德田氏家谱》卷三。
③ 参见刘经富:《陈宝箴家族分家文书解析》,《中国社会经济史研究》2012年第1期。

训》第三十九则云：

> 弟兄分居是人生最不忍言之事，然亦多有势不得不然者，如食指渐繁，人事渐广，各有亲戚交游，各人好尚不一，统于一人恐难称众意，各行其志又事无条理，况妯娌和睦者少，米盐口语易致参差，实不如分爨为妥，果能友爱正不关此，勉强联络，久必乖戾。

田氏能理性对待兄弟分家这"人生最不忍言之事"，认为随着家族人口增多，家事繁杂，各房都有自己的亲戚、朋友，好恶不一，即使"勉强联络"、"统于一人"，也难称众意，时间久了必生矛盾。

第五节　乐 善 好 施

乐于帮助别人是德州田氏门风的又一特点。明朝末期，在田雯祖父这一辈，田氏已经是一个经济上十分富裕的地方乡绅，这主要归功于第五世的田实畯。田实畯幼时靠兄长田实栗一手带大，长大后善于治生，经常向兄长实栗讨教，经商的利润往往十倍于别人，数年间积累起大量财富。崇祯末期的庚辰、辛巳年，华北一带发生大的饥荒，人们背井离乡，卖儿鬻女，甚至出现了人吃人的惨剧。田实栗对弟弟田实畯说：

> 邻里亲串望拯救于汝矣。人生不为长者之行，虽有余财能常聚而不散乎？①

田实栗要弟弟在灾年面前，切不可以金钱为重，认为应该拯救所有盼望拯救的邻里亲戚。田实畯按照兄长的旨意，救活了乡里一百余人。

康熙四十二年（1703），是六十九岁的田雯因病致仕回乡的第二年。夏

---

① 田雯、田同之等：《安德田氏家谱》卷二《家传》。

秋时分,山东连阴苦雨,遭遇洪涝灾害,百姓颗粒无收。朝廷派遣大臣前来山东赈灾。田雯体恤百姓艰难,带头捐出谷麦六百石帮助朝廷抚恤灾民。

田雯的弟弟田需,进士出身,官至翰林院编修,早年因病退居林下二十年,靠务农为生,勉强自足,乡居二十年间不添置新衣,平时穿着略显寒酸,生活俭朴拮据。康熙四十二年夏秋,当洪涝之灾造成的大量饥民接连不断地上门乞讨时,依然"倒廪倾困,各厌其意以去"①。将仓储之米全部拿出,分散给灾民,让他们满意离去。

田需的重孙田廷梅,号雪崖,携子进京赶考,在京城粉坊街北口遇到一位老婆婆带小孙子跪在街边哭泣,情形十分凄惨,田廷梅停下脚步上前询问得知,原来这位老婆婆的儿子客死京师,无力处理后事,沦落街头。田廷梅虽所带银两不多,但仍倾囊相助,不留姓名离去。

田雯第三代孙田晋,勤俭处世,好读书,有古道热肠。有一位苏州姓吴的人,其父在京做官客死京城后,十几口家眷在天津租船沿运河运灵柩回乡,船到德州后没有了盘缠。田晋在路上遇到,看见这人异常困苦,了解原因并亲自到运河堤岸查看属实,于是就按照路途所需的数目捐钱给他们,帮助这一家人返回了苏州,吴姓人家问他姓名,他没有告诉,也没有向其他人提及此事。后来吴姓后人科举中第,专程到德州寻访恩人、登门求见,田晋说这不过是帮助别人解除一时的困难罢了,哪能期望别人报答呢?最终没有相见。本族中有人借钱不还将被告到官府中,田晋规劝索债者并替人归还了欠款。有特别穷困的人,田晋往往按时按人头接济他们的生活,其助人源于本性,乡亲们都对他十分尊敬。

田雯第四代孙田春润,字沐堂。为人慷慨仗义,祖上在河西有遗田数十亩,凡乡下的亲族来城里的,田春润必准备饮食予以招待,即使到了典当衣物的地步也极力供给,有求必应。有卖女儿的,田春润担心女孩儿流落到坏人手中,虽然自己没有钱而去借贷,留养为女儿。女孩儿长大后,挑选同乡殷实忠厚的家庭,准备好了嫁妆将女儿嫁出。

① 田霡:《田需行状》,《安德田氏家谱》卷三。

在家族长期繁衍、发展过程中,德州田氏所形成的崇文尚学、严谨处世、崇尚俭朴、孝悌持家、乐善好施等为主要特征的门风,使田氏虽历经风雨,但家族的满门清华、盛德口碑,仍能绵延不绝,使德州田氏成为明清时期德州地域上的名门望族。

第三章

德州田氏的婚姻

婚姻是世家望族极其重视的内容,他们往往通过联姻期望使望族的地位得到不断强化。为达成这个目的,从魏晋至唐,曾长期盛行门第婚姻,如北方的崔、卢、李、郑等高门贵姓之间的联姻;宋元以降,虽然科举世家取代了魏晋时期的门阀士族,但由科举起家的世家望族,仍然在婚姻的选择中奉行着"门当户对"的潜规则,去追求家族政治、经济、文化等各种利益的最大化,这在中国封建社会是普遍的现象,在作为明清世家望族的德州田氏身上自然也一样存在。

第一节　德州田氏婚姻基本状况与特点

　　由于封建社会妇女地位的低下,只有有成就、给家族争光的女子才被写入谱牒,一般女性是不入族谱的,娶入情况只记述娶"配某氏",女儿情况只写明人数,一般不标明嫁出去向,不记述姻亲情况,更谈不上对夫家家世的记载,这就使构成婚姻另一半的女性信息非常少,给研究工作带来不少难度。笔者根据《安德田氏家谱》统计,田氏自一世至十二世①,共记载娶入婚姻303起,其中明确标明"配某氏"的婚姻249起。特别难能可贵的是,《安德田氏家谱》设有内传、外传篇,记述"母德"与"诸姑伯姊",

----

① 德州田氏自十二世诞生了最后一位进士田元春后,彻底衰落,家族婚姻信息稀缺,故本章内容研究主要以德州田氏第一至十二世为时间断限。

虽数量有限、内容简约,但对进一步了解田氏家族女性婚姻生活的状况,研究德州田氏的婚姻状况,提供了宝贵的寻绎线索。现以《安德田氏家谱》为主,参照地方志、文人别集等资料的记载,从娶入与嫁出两个方面,解析德州田氏婚姻的基本情况与特点。

现就德州田氏一世至十二世的 249 起婚姻中,对研究其家族婚姻状况非常重要和研究信息相对丰富的 26 例娶入和 27 例嫁出情况列表如下:

表 3-1 德州田氏婚姻部分娶入情况表

代次	编号	夫名	妻名	妻族相关信息	资 料 来 源
一	1	畹	不详	不详	《安德田氏家谱》卷一《世表》
二	2	禹民	焦氏	不详	《安德田氏家谱》卷一《世表》、卷二《内传》
三	3	三戒	宋氏	不详	《安德田氏家谱》卷一《世表》、卷二《内传》
	4	三省	马氏	不详	《安德田氏家谱》卷一《世表》、卷二《内传》
四	5	高	丁氏	嘉靖庚戌进士户部郎中丁未成女	《安德田氏家谱》卷一《世表》、卷二《内传》
五	6	实栗	于氏	处士于锦女	《安德田氏家谱》卷一《世表》、卷二《内传》
	7		钱氏	不详	《安德田氏家谱》卷一《世表》、卷二《内传》
六	8	绪宗	张氏	处士张祯女	《安德田氏家谱》卷一《世表》、卷二《内传》
七	9	雯	马氏	德州马珉家族	《安德田氏家谱》卷一《世表》、卷二《内传》
	10	需	吕氏	不详	《安德田氏家谱》卷一《世表》、卷二《内传》
	11		罗氏	不详	《安德田氏家谱》卷一《世表》、卷二《内传》
	12	霖	郑氏	郑镔女	《安德田氏家谱》卷一《世表》、卷二《内传》
八	13	肇丽	苏氏	武城苏之中家族	《安德田氏家谱》卷一《世表》、卷二《内传》,田肇丽《先室苏氏行略》,《甘泉苏氏族谱》卷四上"之中公长支六世伟"条

（续表）

代次	编号	夫名	妻名	妻族相关信息	资　料　来　源
八	14	贻丽	李氏	雍正壬子癸丑连捷进士兴安直隶州知州李世垣长女	《安德田氏家谱》卷一《世表》、卷二《内传》
	15		赵氏	不详	《安德田氏家谱》卷一《世表》、卷二《内传》
	16		申氏	不详	《安德田氏家谱》卷一《世表》、卷二《内传》
	17	荫丽	李氏	德州庚辰进士翰林院庶吉士内阁中书贵州主考李棅女	《安德田氏家谱》卷一《世表》、卷二《内传》、乾隆《德州志》
九	18	同之	封氏	德州封王瓛女	《安德田氏家谱》卷一《世表》、卷二《内传》
	19		吕氏	沧州吕贞元女	《安德田氏家谱》卷一《世表》、卷二《内传》
	20	嘉穟	封氏	内阁中书封珂女	《安德田氏家谱》卷一《世表》、卷二《内传》
十	21	徵舆	李氏	景州李衍曾女	《安德田氏家谱》卷一《世表》、卷二《内传》
	22	佺期	苏氏	武城苏青云女	《安德田氏家谱》卷一《世表》、卷二《内传》
	23	逢泰	吕氏	岁贡候选训导吕钺女	《安德田氏家谱》卷一《世表》、卷二《内传》
	24	廷梅	金氏	丙子科举人拣选知县金述藩女	《安德田氏家谱》卷一《世表》、卷二《内传》
十一	25	璋	盖氏	高家庄盖聚仙女	《安德田氏家谱》卷四《节孝录》
	26	瑛	谷氏	不详	《安德田氏家谱》卷一《世表》
			卢氏	不详	《安德田氏家谱》卷一《世表》
	27	礽	孙氏	德州孙令操女	《安德田氏家谱》卷一《世表》、卷四《节孝录》
十二	28	元春	谢氏	不详	《安德田氏家谱》卷一《世表》
	29	荣春	赵氏	德州廪生临淄县训导赵丽泽女	《安德田氏家谱》卷一《世表》、卷四《节孝录》

表 3－2　德州田氏婚姻部分嫁出情况表

代次	编号	女名	夫名	功名或职位	夫家简介	资　料　出　处
五	1	高女	王家宾	诸生	不详	《安德田氏家谱》卷二《外传》
六	2	实栗长女	朱鼎久	诸生	不详	《安德田氏家谱》卷二《外传》
	3	实栗次女	宋金童	诸生	不详	《安德田氏家谱》卷二《外传》
	4	实栗三女	杨滋	诸生	不详	《安德田氏家谱》卷二《外传》
七	5	缵宗女	张芝眉	景州大理寺寺丞	不详	《安德田氏家谱》卷二《外传》
	6	绪宗女	许裕	诸生	不详	《安德田氏家谱》卷二《外传》
八	7	雯长女	李宜麟	山西驿传道按察司副使	武定李之芳家族	《安德田氏家谱》卷二《外传》、田同之《诰授中宪大夫鞏昌西固同知濬洲李君墓志铭》
	8	雯次女	谢粲	贡生	德州谢重辉家族	《安德田氏家谱》卷二《外传》
	9	雯三女	萧承沅	岁贡生	德州萧惟豫家族	《安德田氏家谱》卷二《外传》
	10	需长女	苏璥	不详	不详	《安德田氏家谱》卷二《外传》
	11	需次女	李舟	不详	不详	《安德田氏家谱》卷二《外传》
九	12	肇丽长女	张某	贡生	景州	《安德田氏家谱》卷二《外传》
	13	肇丽次女	张勖曾	景州候选主簿	不详	《安德田氏家谱》卷二《外传》
	14	贻丽女	李廷辅	不详	不详	《安德田氏家谱》卷二《外传》
	15	髦士女	李世保	云南昭通府同知	不详	《安德田氏家谱》卷二《外传》
	16	中仪长女	金好问	太学生	不详	《安德田氏家谱》卷二《外传》
	17	中仪次女	封元履	恩贡生	不详	《安德田氏家谱》卷二《外传》
十	18	同之长女	郎迭	镶黄旗汉军候选知州	不详	《安德田氏家谱》卷二《外传》
	19	同之次女	李丙贲	贡生	不详	《安德田氏家谱》卷二《外传》
	20	山农女	陈公兹	不详	不详	《安德田氏家谱》卷二《外传》
	21	应宸女	魏玉昭	候选光禄署正	不详	《安德田氏家谱》卷二《外传》

（续表）

代次	编号	女名	夫名	功名或职位	夫家简介	资　料　出　处
十一	22	际昌女	贾洪先	武庠生	不详	《安德田氏家谱》卷二《外传》
	23	王缶慈女	谢魁元	太学生	不详	《安德田氏家谱》卷二《外传》
	24	有麟女	李文庄	不详	不详	《安德田氏家谱》卷二《外传》
十二	25	晋长女	封其纬	廪生	不详	《安德田氏家谱》卷二《外传》
	26	晋次女	赵公堦	太学生	不详	《安德田氏家谱》卷二《外传》
	27	琇女	罗诏封	不详	不详	《安德田氏家谱》卷二《外传》

从前章可知，德州田氏的家族发展，经历了从移殖到崛起、鼎盛，再到逐渐衰败的过程。与此相对应，从上表可以看出，德州田氏的婚姻，无论嫁娶，都首先遵循了门第文化对等的基本规律。恩格斯说：

> 结婚是一种政治的行为，是一种借新的联姻来扩大自己势力的机会，起决定作用的是家世的利益，而决不是个人的意愿。①

细细分析起来，望族之间联姻追求门第的匹配，无论是从优生优育学角度还是从政治学、经济学、文化学的角度进行审视，优势都是不言自喻的，正如凌郁之博士在《苏州文化世家与清代文学》中所云：

> 通过强强联姻而使其子弟的素质得以优化，使不同背景的家族文化得以碰撞、交融和提升。通过联姻，单个的文化世家就连接成文化世家网络。世家间文化资源和人才资源就可以实现互补共享。因此，一个家族既能在纵的方向上实现家族文化的传承和提升，又能在横的方向上实现家族利益的拓展以及家族文化间的沟通交融。②

---

① 《马克思恩格斯全集》第二十一卷，人民出版社，2008年。
② 凌郁之：《苏州文化世家与清代文学》，齐鲁书社，2008年，第32页。

作为横跨明清两代世家望族的德州田氏,其家族婚姻选择的讲究门第对等方面很具典型性,而且其婚姻门第追求具有"与时俱进"的特点。

一世至三世,德州田氏处于移植、积累阶段,家族以务农、读书为本,平民的身份地位使得家族婚媾对象亦是寻常百姓人家。田氏早期姻家均默默无闻,一世植德公畹,二世尧民、舜民、汤民配偶竟然无载,二世中的禹民是德州田氏显达的一支,但禹民、三戒的姻家也只是记为"配焦氏"、"配宋氏"而已。随着德州田氏三世三戒于明嘉靖癸丑科进士及第,田氏初振家声,禹民一支成为书香门第,逐步走向文化世家的行列,联姻对象开始变为官宦门第、文化世族。四世祖高所配丁氏,为明嘉靖庚戌进士、户部郎中丁未成女;六世绪宗之妻张氏,"生世族"①,其父张祯虽是处士,但从张氏"读书明大义"的才学看,张家应为书香世家。

德州田氏七世至九世,是家族发展的鼎盛期,期间所结姻亲,无论娶妇还是嫁女,几乎皆为名门望族、文化世家。如田雯之子田肇丽,娶武城苏之中家族苏伟女儿为妻;田雯长女嫁武定府兵部尚书李之芳之子李宜麟为妻,次女嫁同邑的德州谢氏内阁中书谢重辉之子谢粲;田需长子贻丽娶兴安直隶州知州李世垣长女,次子荫丽娶庚辰进士翰林院庶吉士内阁中书贵州主考李楝女,嘉毂妻封氏是内阁中书封珂之女。

九世之后,德州田氏进入衰败期,此期田氏姻家多为知县或廪生等底层官吏、书生,以致众多姻亲无从查考,如田雯长孙同之的儿女结亲,徵舆妻李氏,只简记为景州李衍曾女,逢泰妻吕氏为岁贡候选训导吕较女,佺期妻苏氏是武城苏青云女,同之长女嫁镶黄旗汉军候选知州郎迣,同之次女嫁给贡生李丙贲,基本上都是名不见经传的小人物了,已不能与前辈同日而语。

值得关注的是,处于上升期的文化世族的结亲,创业的一代,其本身婚姻不见得与后来自身身份门当户对,其影响一般在子辈呈现,存在着门第对等方面的"延后"现象。田三戒是嘉靖癸丑进士,历官户部主事,但其妻宋氏没有资料显示其出生世家贵胄,究其原因,三戒处于适婚年龄时本人

---

① 张玉书:《皇清诰封太恭人田母张太君墓志铭》,《安德田氏家谱》卷三。

尚未显达,这种现象在第六世田绪宗、第七世田雯辈的婚配中再次显现,父子二人虽贵为进士,绪宗岳父张祯仅为处士,由于绪宗四十四岁才进士及第,四十六岁到丽水任不足半载即殉职,其对子辈婚姻几无影响,田雯妻族信息在家谱中仅记为"马琨女"。这种望族婚姻门第对等的"延后"现象,实际上也正是婚姻缔结中门当户对追求更为鲜明的体现。

德州田氏婚姻的第二个显著特点表现在地域方面,同里联姻为主。其结亲对象地域选择上以本地望族为主,如其重要的几家姻家萧氏、谢氏、封氏、李氏,皆为德州本地望族,尽管有时会有所突破,偶尔会出现远娶或者远嫁,如武定李氏、武城苏氏、景州张氏等,也是围绕德州为中心的附近州邑。这种婚姻选择既有文化上的认同感,也有利于对出嫁女儿的呵护,更重要的是通过婚姻连接起来的血缘纽带,将众多望族连接起来,在地方上形成利益同盟,从而扩大了家族影响力,巩固本身利益。

第二节　德州田氏的婚姻习俗

婚姻是一种特定的社会关系,婚姻的习俗受制于时代、地域文化,与一个家族的经济状况、政治地位有关,也是一个家族的内部文化的重要特征,它主要表现在结婚年龄、配偶年龄大小、婚配次数、婚姻决定权等方面。

一、结婚年龄

德州田氏家族成员的有关结婚年龄的文献记载较少,这给研究工作增加不少难度,现将仅存的六则资料梳理如下:

（一）绪宗与张氏

根据《蓼菴田公年谱》,田绪宗二十三岁时结婚[1],时间是崇祯四年(1631)辛未闰十一月,而张氏生于万历四十三年(1615)乙卯[2],由此可知

---

[1]　田雯、田同之等:《安德田氏家谱》卷四。
[2]　田雯、田同之等:《安德田氏家谱》卷二。

张氏时年十七岁。

（二）田雯与马氏

据田雯《蒙斋年谱》记载,辛卯十七岁时,十月娶马氏,而据肇丽撰写马氏传记[1],马氏十六岁嫁与田雯。

（三）田肇丽与苏氏

田肇丽《先室苏氏行略》记载,苏氏十七岁嫁与肇丽,而据田同之撰写的苏氏传记所载的苏氏的生年是顺治十六年(1659),这样两人结婚时间是康熙十四年(1675),而肇丽生于顺治十八年(1661)[2],康熙十四年时,田肇丽的年龄是十五岁。

（四）田同之与封氏

田同之《奠元配封孺人文》载,封氏"年十四归同之","生于康熙十八年",如此,其结婚之年为康熙三十一年(1692),而同之生于康熙十六年(1677),如此,田同之结婚时年龄为十六岁。

（五）田需与吕氏

据《安德田氏家谱》卷二《内传》,田需妻子吕氏十四岁嫁与田需,则其婚嫁时间是顺治十三年(1656),此时田需十七岁。

（六）许田氏

据《蓼莪先生年谱》载,其长女田氏生于崇祯五年(1632),顺治五年嫁与许裕,由此可知,田氏当年是十七岁。

由以上可以看出,德州田氏男子结婚的年龄,最早的是肇丽十五岁,最晚的绪宗二十三岁,五例的平均年龄约为十八岁;德州田氏女子(包括娶妇与嫁女)结婚年龄自十四岁至十七岁,六例的平均年龄约为十六岁。

二、配偶数量

据笔者根据《安德田氏家谱》世表提供的信息统计,在德州田氏自一世至十二世的 201 位男子中,只有 40 人有两次以上的婚姻,比例为 19%,只

---

[1] 田雯、田同之等:《安德田氏家谱》卷二。

[2] 参见田同之:《田肇丽传》,《安德田氏家谱》卷二。

占五分之一;在最为鼎盛的六世至九世中的 116 名男子中,只有 14 人有两次以上的婚姻,比例为 11%。而且,从家谱上和相关传记来看,第二次婚姻全部是丧偶后的"继配",而非"侧室",这种不追求多妻的现象,说明在德州田氏家族文化中,既重视子女繁衍和宗族势力的扩大,也重视夫妻之间感情的忠诚与专一。

三、婚姻决定权

婚姻的决定权是婚姻是否自由的关键标准。德州田氏的婚姻资料保存稀少,但从仅存的零星线索里,也能看出像所有封建时代的名门望族一样,德州田氏子女婚姻听从于"父母之命"。如《安德田氏家谱》载有两则资料,一则是关于田绪宗与张氏的婚姻:

> 崇祯三年庚午,公年二十二岁。三月,应试。学使句容李公(乔)拔识之,补州学生。同里张公(祯)器公,许以女妻公,四月纳聘。崇祯四年辛未,公年二十三岁。闰十一月,娶今诰封太宜人张氏。①

田绪宗二十二岁参加童试考中秀才,因张祯看重绪宗之才,遂将张氏许配绪宗。崇祯三年(1630)四月纳聘,第二年闰十一月完婚。二则是十一世田荣春妻赵氏的一则资料:

> 先祖叔祖妣赵氏,秉志贤淑,富有才能,牌子村临淄县教谕赵公(丽泽)之女,髫年在家从父读书,讲明诗书之训,从母习针黹家居度日必需之品,研究精详,闺中四德具备,锡庶公(按:田晋,字锡庶,荣春之父)稔知其贤,挽友作伐,聘为子向桥之配。②

这则婚姻是田荣春的父亲田晋熟悉赵氏之贤德,为儿子请媒定聘的。在封

---

① 田雯:《蒙养田公年谱》,《安德田氏家谱》卷四。
② 田雯、田同之等:《安德田氏家谱》卷二。

建社会,不论是同僚之间结为亲家,还是交游之友间、世代通婚家族间结亲,婚姻往往是父辈从维护家族的利益出发而定夺,德州田氏也不例外。田氏的其他婚姻,虽无明确文字记述,但从结亲双方的身份、地位、区域范围来看,不太可能是男女当事人的自我决定。

综上所述,德州田氏婚姻的状况,不论是从结婚年龄、婚配次数,还是从婚姻的决定权来看,都符合封建社会世家望族婚姻的一般做法,其婚姻中的不重侧室等做法,具有自己独特的家族文化特色。

第三节　德州田氏的重要姻亲家世和婚姻圈

在德州田氏家族鼎盛的七世至九世时期,其最为重要的姻家有德州谢氏、德州萧氏、德州李氏、武定李氏、武城苏氏,现将这五家世家望族的家世情况简介如下:

一、德州谢氏

德州谢氏是横跨明清两代的世家望族、官宦门第,并在明清鼎革之际的“谨扫境土,以待天麻”①的德州“诛伪”、献城事件中发挥了重要作用。德州田氏七世田雯的次女嫁与谢重辉之子谢粲为妻,田雯与谢重辉同朝为官,并同被王士禛推为诗坛的“金台十子”,两姓交往密切。德州谢氏的代表人物有:

谢廷策,字正甫,万历十七年(1589)己丑科进士,历官陕西高陵令、浙江道御史,因疏忤上谪怀仁县典史,卒赠光禄寺少卿。

谢陞,廷策长子,字伊晋,万历五年(1577)丁丑科进士,官至大学士。明清鼎革中,曾代表德州士绅上书北京献城,入清后征拜左柱国内院大学士少傅兼太子太傅、吏部尚书,卒赠太师,谥清义。谢陛,廷策次子,拔贡

———————————
① 王培荀:《乡园忆旧录》,齐鲁书社,1993年,第23页。

生,甲申之变,于德州率众"诛伪"。

谢重辉,字方山,号匏斋,谢陛嗣子,谢陛子,用荫官起家,历官刑部郎中,后引疾归里。博雅好古,工诗,与田雯并列"京师十子"(金台十子),有《杏村集》七卷行世。

二、德州萧氏

萧氏也是德州仕宦之家、书香门第,田雯第三女嫁清顺治戊戌科进士、翰林院侍读萧惟豫子承沆,萧氏代表人物有:

萧时亨,字天衢,别号会寰,原籍辽宁铁岭卫人,年十五袭指挥佥事,崇祯五年(1632)寄俸德州,遂移家焉,致仕课子,性慈好施,恬淡自如。

萧惟豫,时亨季子,字介石,号韩坡,顺治十五年(1658)戊戌进士,由庶常历官至翰林院侍读,典试江右,督学顺天,父时亨曾书"公、明、慎"三字励之。

萧承洙,惟豫子,拔贡生,善书,汶上县教谕。萧承沆,惟豫子,字道一,岁贡生。

萧炘,惟豫侄曾孙,康熙六十年(1721)辛丑科进士,由文选司考授御史。

三、德州李氏

德州李氏是明清科举文化世家,自明代李大华以来,科第连绵,明清两代出仕为官者数十人。田霡子荫丽娶庚辰进士、翰林院庶吉士、内阁中书、贵州主考李楝女,从而成为德州田氏同邑的重要姻亲。德州李氏的主要代表人物有:

李大华,其父自商河迁来德州,万历元年(1573)癸酉科举人,知武强县,治行清介,秉性刚方,抗巨室平冤狱弃官归里。

李诚明,大华子,字思伯,万历二十二年(1594)甲午科举人,博览群书,不同俗解,天启年间被荐中书舍人不就,阉党聘之托病固辞不赴,遂建矩亭,读书自娱,诗文典雅,学者称泰云先生,崇祀乡贤。李讚明,诚明弟,崇祯十三年(1640)庚辰科进士,历升山西驿传道佥事。

李源,诚明子,字星来,一字江余,顺治三年(1646)丙戌科进士,知河津县,宽徭役、缓催科,三月流民尽归,任上平张家璧叛乱,归里吟咏矩亭。

李棅,李源三子,字文众,康熙三十九年(1700)庚辰科进士,由庶常改中书舍人,康熙四十七年(1708)典试贵州,以劳得疾卒于途,黔人祀之。李柽(chēng),李源四子,字圣木,康熙三十八年(1699)己卯科举人。工诗文,慷慨尚义,倜傥有气节。

李徵熊,李柽子,字渭占,幼承家学,笃志力行,雍正五年(1727)举孝廉方正,以诸生为浙江武康令,移任定海,廉洁爱民,雅有政声,受业诸生呼为"李夫子"。李宾默,李棅子,字敏叔,由监生考职特用为知县,任浙江云和县知县,创云溪书院,开仓赈灾,以才干调镇海县,赈海水灾,"士民有青天白日、甘雨祥云之诵"[1],保举辰州府同知改保定府同知。

李有基,李柽孙,字黻异,号东圃,乾隆三十年(1765)乙酉科解元,乾隆四十六年(1781)辛丑科进士,授福建连城县令,兴利除弊,"不数月邑人有政简刑清之诵"[2],卒于官。著有《州志考异》。李邦基,李柽孙,乾隆四十二年(1777)丁酉科举人。

李钢,李柽曾孙,有基子,乾隆四十八年(1783)癸卯科举人,官兰山广文。李录,有基子,嘉庆二十一年(1816)丙子科举人。

李汝霖,字雨岩,李源后裔,幼承家学,诗文超群,咸丰八年(1858)戊午举人,同治四年(1865)乙丑科进士,以翰林院庶吉士留馆授编修,历充光绪三年(1877)丁丑、十二年(1886)丙戌等科会试同考官,得人最盛,多为名卿人夫,时有"铁网珊瑚"之誉,记名御史,端正不阿有占大臣风。李振钧,字蔚卿,荫生,历任宝坻县知县、香河县知县,事多善政,有循良之称。

四、武定李氏

清代武定府海丰县(今滨州市惠民县)著名的诗书衣冠巨族,先世与田氏一样为枣强移民,李家自清初以文华殿大学士、吏部尚书之芳起家后,有

---

[1] 民国二十四年(1935)修《德县志》卷十《人物志》。
[2] 民国二十四年(1935)修《德县志》卷十《人物志》。

清一代科甲蝉联不绝,进士、举人、贡生踵出,得官者有几十人,可谓"簪缨满门"。田雯长女嫁与李之芳次子李宜麟,武定李氏是德州田氏姻亲中政治地位最为显赫的家族。清代海丰李氏主要代表人物有:

李之芳,字邺园,明崇祯十五年(1642)壬午科举人,清顺治四年(1647)丁亥科进士及第。初授浙江金华府推官,以治绩擢刑部主事,历迁刑部员外郎、刑部郎中、河南道掌印监察御史、左副都御史、吏部右侍郎兼左副都御史衔总督浙江军务。康熙初,在平定"三藩"之乱中,率军累立奇功,战后任兵部尚书、吏部尚书。康熙二十六年(1687)丁卯授文华殿大学士。先后充任《政治典训》、《大清会典》等书总裁。系清初重臣,《清史稿》有长传。卒后谥"文襄"。

李钟麟,之芳长子,字玉书,以父荫岳州府同知,官至副使。著有《四书反身录》;李宜麟,之芳季子,田雯婿,字绣书,贡生,任陕西分巡驿传道、按察使司副使,诰授中宪大夫;李生麟,之芳侄,字丹书,康熙进士,翰林院庶吉士。

李寿澎,生麟子,字眉洲,雍正进士,授山西介休知县,升兵部主事,迁员外郎,升礼部郎中;李寿瀚,之芳孙,田雯甥孙,字睿洲,历官湖南岳州府通判、兰州府同知、巩昌府同知;李寿彤,之芳孙,字环洲,西河县知县;李寿淦,之芳孙,字起洲,以举人例授知县;李寿渊,之芳孙,字静洲,雍正举人。

李本樟,寿澎子,字文木,雍正进士,由刑部主事历升礼部郎中,官池州府知府。著有《听松轩诗集》;李本桂,字燕以,之芳曾孙,附监生,工诗兼精医理,著有《清梵亭集》;李本揆,字公度,之芳曾孙,附监生,诗人,有《得朋楼诗文集》。

其中,武定李氏"本"字辈中,田雯曾外孙李师敏,寿瀚子,初名李本杞,字仲坚,号允堂,乾隆二十二年(1757)丁丑科进士,历任兴化、漳州知府、台湾知府。乾隆三十七年(1772),他于台湾知府任内建立多处隘勇线,避免蕃汉冲突,乾隆三十九年(1774)卒于该知府任内,为加强台湾府管辖、治理作出了贡献。

五、武城苏氏

武城苏氏为清代武城望族,为眉山派苏辙后裔,明代正德年间自兖州迁来。甲申之变,五世苏之中暗中接纳南归士大夫,且乐善好施,遂声名鹊起,以豪侠闻名南北齐赵间,海内称"苏次公"。有清一代之中一支科甲隆盛,共培育出 5 名进士,中举、出为知县以上品级的士子近五十人,成为赫赫有名的地域望族。田雯长子田肇丽娶武城苏氏苏伟女,两姓遂为世交,清代武城苏氏的杰出代表有:

苏俊,字茂章,一字用章,号纯夫,子中第四子,武城苏氏第一位进士。苏俊为康熙十一年(1672)壬子科举人,康熙十五年(1676)丙辰科进士。历任中书科掌印中书、浙江乡试副主考、兵科给事中加一级。兵科给事中任上,苏俊不畏权势,连上三篇奏疏击中时弊,轰动朝野,被皇帝誉为"言人所不敢言"[1]。苏伟,之中长子,字茂宏,一字济夫,康熙十四年(1675)乙卯科举人,康熙三十年(1691)辛未科进士,得二甲二十二名,授中书舍人,顺天武闱分考,奉命典试湖广道,卒于河南卫辉旅途中。

苏习礼,之中孙,苏伸子,康熙四十一年(1702)壬午科举人,康熙四十八年(1709)己丑科进士,历任翰林院庶吉士、翰林院检讨、宗人府教习,福建连江、江西万安县知县。苏亮礼,苏俊子,康熙三十五年(1696)丙子科举人。苏三礼,康熙三十八年(1699)己卯科举人。苏持礼,苏俊子,康熙四十一年(1702)壬午科举人。苏大礼,康熙四十四年(1705)乙酉科举人,绛县知县。

苏襄云,苏以礼长子,字龙起,别号木斋。雍正四年(1726)丙午科举人,雍正十一年(1733)进士。乾隆丙辰由翰林院庶吉士改授山西赵城县知县,期间立学堂、通水渠、弭盗慎刑、筑堤捍患,雅有政声,后充山西乡试同考官,特调临汾知县加一级。苏綖,苏习礼第三子,字其度,号杏村,乾隆十八年(1753)顺天乡试举人,乾隆十九年进士,进入词林馆,历任翰林院检讨加二级,充武英殿纂修官、功臣馆纂修、上书房记名御史、顺天庚辰乡试同考官、辛巳科会试同考官,封儒林郎,例授奉直大夫。苏鹏云,襄云弟,乾隆

---

[1]《(乾隆)武城县志》卷十《人物》。

丙辰恩科举人。苏载,乾隆丙辰恩科举人。

武城苏氏家有武学传统,弟子中中武举的代表有:苏天成,顺治年八年(1651)辛卯科;苏廷士,康熙八年(1669)己酉科;苏楹,康熙十四年(1675)乙卯科。

在德州田氏的婚姻圈里,除了以上由五家主要姻亲而形成的直接亲缘关系以外,像封建社会所有的世家望族一样,田氏通过姻亲连接起来的其他望族豪门,也是一种不可忽视的人际脉络。如在德州及附近州县,田氏的主要姻亲谢氏、萧氏、苏氏等,通过自身的姻亲将德州卢氏、平原董氏之间连接起来,他们之间的具体关系是:德州谢氏的谢廷策女嫁与德州卢氏的卢世潅 为妻,谢陞女嫁与卢世潅次子孝馀为妻;德州萧氏的萧惟豫一女嫁与平原董氏的董讷之子董思凝;武城苏氏的苏持礼娶平原董氏的董讷之女为妻。而武定李氏与明清著名的海内右族新城王氏间有 4 次联姻之多[1],通过武定李氏,德州田氏自然与新城王氏也有了相对密切的人际关系。这种复杂的婚姻网络关系可以图示如下:

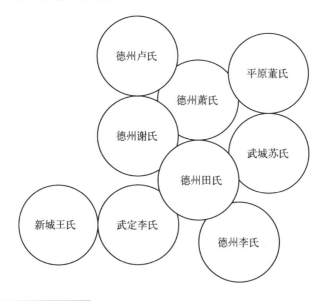

① 参见何成:《新城王氏:对明清时期山东科举望族的个案研究》,山东大学博士学位论文,2002 年,第 112 页。

在这种复杂的婚姻圈内,形成了形形色色的人际脉络。宋弼《州乘余闻》记载了一则有趣的轶事:

> 萧侍读女适平原董副使思凝,一子娶田司农女。他日,两甥董元度、萧廷相共论人物,萧云"吾乡必司农第一流",董曰"故当是第二流",萧争之甚力。良久,董徐曰:"汝外祖不如吾外祖。"①

董元度的外祖父萧惟豫是萧廷相的爷爷,萧廷相因为不愿将自己的爷爷萧惟豫与外公田雯进行比较,从而让董元度占了上风。

新城王氏的家世情况已经有不少成果介绍,现将德州卢氏、平原董氏的家世情况简述如下。

德州卢氏是跨越明清两代、绵延近四百年的官宦家族、文化世家。明初由直隶涞水迁来,自明中期始尤其是清代,科甲相连,代有闻人。其主要代表人物有:

卢世㴶,字德水,号紫房,晚号南村病叟,明天启进士,官户部主事、监察御史,明末领导德州"诛伪",手诛"伪牧",入清起复原官,以病不赴。著《读杜私言》,是杜诗研究史上与钱谦益比肩的人物,时谓"南钱北卢",有《尊水园集略》十二卷。

卢道悦,世㴶堂孙,字喜臣,号梦山,康熙九年(1670)进士,官陕西陇西知县、河南偃师知县,著《公余漫草》、《清福堂遗稿》。

卢见曾,道悦子,字抱孙,号雅雨山人,清代著名藏书家和优秀诗人。康熙六十年(1721)进士,历官四川洪雅知县、安徽蒙城知县、六安知州、亳州知州、江宁知府、颍州知府、江西饶九南道、两淮盐运使、直隶滦州知州、永平府知府、长芦盐运使、两淮盐运使。《清史列传·本传》云,见曾有吏才,"勤于吏治,所至皆有殊绩,然爱才好士,官盐运时,四方名流咸集,极一时文酒之盛"②。

---

① 宋弼:《州乘余闻》德行篇,光绪戊子(1888)养知堂刻本。
② 王钟翰点校:《清史列传》卷七十一,中华书局,1987年,第5837页。

卢荫文,见曾孙,字景范,号海门,乾隆己酉进士,纪昀婿,历官安徽建平、舒城、泾县知县,壬子分教江南,雅有政声。卢荫溥,卢谦子,字霖生,号南石,乾隆辛丑进士,以翰林院编修起,参与编修三通及《河源纪略》,充翰林院办事官,升鸿胪寺少卿,擢兵部左侍郎、礼部尚书,历任吏、户、兵、刑、工等部尚书,晋协办大学士,授体仁阁大学士,总理刑部有年,平反多案。卒赠太子太师,谥文肃,入祀贤良祠,国史有传。

卢庆纶,荫溥孙,字理堂,号伴鹤,道光辛丑进士,历官翰林院庶吉士、武英殿协修、编修、武英殿纂修、国史馆总纂、功臣馆纂修、文渊阁校理。

平原董氏是明清时期平原著名的官僚世家。董家明初自乐安迁至平原,于明末清初科甲不绝,闻人辈出,族中有多人出仕为官。且与同邑名门张国拄家族、江南长洲世家范必应家均有姻亲之谊。平原董氏主要代表人物有:

董振秀,董讷祖,字健华,贡生,以守城功授太平府通判,升温州府同知,寻以事兵备于温州,升参议分守处州,晋浙江按察使,署福建驿传道、兵备道副使,加正三品。

董允祯,董讷父,贡生,官景宁训导。有一女嫁同邑内阁中书张拭。

董讷,允祯子,字兹重,号默庵,清康熙六年科探花,历官日讲官、起居注官、中允、侍讲,迁侍读学士、礼部右侍郎、会试总裁、经筵讲官,晋户部、吏部侍郎转左都御史,兵部尚书兼右都御使、两江总督,后因治河案株连罢官,降补侍读学士升内阁学士,转兵部侍郎总督漕运,掌都察院,督修江工卒。有《柳村诗集》12卷、《督漕疏草》22卷行世,董讷系清初重臣,《清史稿》有传。董访,允祯子,字季问,号裕庵,监生,绝意仕途,于书无所不读,而尤好诗,为清初著名文士,著有《似山亭诗集》。董调,允祯子,字兹钧,以明经官行人司行人。

董思凝,讷子,字养斋,康熙进士,历官内阁中书、刑部主事、吏部文选司郎中、湖广提学道金事、口北道参议,参修《大清律》,娶长洲翰林检讨范必因女。

尤其值得一提的是,平原董氏诗书传家。清中期的董元度,思凝子,号寄庐,乾隆进士,翰林院庶吉士,为纪晓岚所推重,后出任某府学教授,晚年主持保定莲池书院。其诗宗王渔洋,有《旧雨草堂集》。元度侄董芸,字香草,号书农,嘉庆举人,博读经史,文章雅健,尤工词赋,著有《广齐音》、《半隐园诗集》。元度、芸,皆为清中期山左诗坛重要诗家。

综上所述,作为名门望族,德州田氏通过追求以"门当户对"和同地域的通婚为主要特征的联姻,进一步扩大了德州田氏人际脉络和家族势力,通过血缘亲情自然地姻亲互助,必然增强了家族抵御风险的能力,文化世家的高频率的雅集交流,促进了田氏家族文化水平的提高。

第四章

德州田氏的交游

《管子》云:"观其交游,则其贤不肖可察也。"①物以类聚,人以群分,交游对古人的仕宦、生活、文学创作乃至人格形成都会产生重要影响。作为清代前中期的科举望族、文化世家,以田雯为代表,德州田氏的交游对象主要由先贤师长、上官同僚、乡谊门生、宿儒隐士等组成,德州田氏的交游基本上可以分为文人雅集、家族世交、仕宦因缘几种形式,起到了诗酒相娱、学术切磋、文名流播、举业交流、仕途援引的作用,也促进了家声远振与德州地域文化的繁荣。但由于资料的限制,其家族第一位进士田三戒的交游情况难以考察,本章主要稽考田绪宗、田雯、田需、田霡、田肇丽、田同之的交游状况。

第一节　田雯的交游圈

田雯是德州田氏中官阶最高、文学影响最大的人物。其一生阅历丰富,宦海沉浮、游历半个中国,故其交游面广,人数众多,交往对象的社会影响力巨大。其交游圈子基本在先贤师长、上官同僚、乡谊门生、宿儒隐士的范围之内。

一、先贤师长

田雯交游圈中先贤师长一类主要有以下数人:

---

① 姚晓娟、汪银峰注译:《管子》,中州古籍出版社,2010年,第26页。

施闰章(1618—1683),字尚白,号愚山。清初宣城(今属安徽)人,顺治六年(1649)进士。顺治八年授刑部主事。十三年(1656)擢山东学政,取士"崇雅黜浮",有"冰鉴"之誉。十八年任江西参议并分守湖西道,深得民心,人称"施佛子"。康熙十八年(1679),举博学鸿词科,授翰林侍讲,参加纂修《明史》。后典试河南乡试,康熙二十二年(1683)转翰林侍读,逝于京邸。施闰章文章淳雅,尤工于诗,写诗主张取法唐人,其诗以早年与同邑师友唱和,自树一帜称"宣城体",与宋琬、丁澎、张谯明、周茂源、严沆、赵锦帆合称"燕台七子",与宋琬有"南施北宋"之名,又与宋琬、王士禛、朱彝尊、赵执信、查慎行并名"清初六家",与宋琬、沈荃、曹尔堪、王士禄、程可则、王士禛、汪琬同列诗坛"海内八大家",在清初文学史上享有盛誉。著有《学馀堂文集》《试院冰渊》等。

田雯与施闰章交游最早可以上溯到顺治十四年(1657),这一年田雯二十三岁,参加州学考试,施闰章拔其为第一名,成为贡生。顺治十六年四月,施闰章主持岁试,对田雯极其赏识。康熙二十年(1681),受田雯之请,撰有《赠奉政大夫田公绪宗传》。[1] 田雯《蒙斋年谱》云:"乙卯,四十一岁,从王公士禛、施公闰章论诗,每从末座,时接微言。苟有会心,强名悬解。"康熙十四年(1675),田雯在京任户部员外郎,常常以一名晚生后学的身份与心态,与施闰章、王士禛从游论诗。康熙十八年七月,北京地震,田雯作《移居诗》流传开来,施闰章等京师诗坛巨子均有和作,施作中有"才雄官冷耽坐啸,身随鹓鹭心麋鹿"诗句,为田雯的才高位卑打抱不平。

张吾瑾,字石仙,号鹤洲。四川金堂县人,顺治十一年(1654)举人,顺治十二年(1655)乙未科进士。"授山东夏津县令,转行人司。均以廉干称。"[2]为官清廉,持正不阿。凡有诉讼,折狱如神。两充山东乡试同考官,得士颇多。致仕后,因蜀乱居武清(今属天津市)二十载,年七十始归里。多次呈状力请上官整治都江堰,重修三泊洞古堤,卒后崇祀乡贤祠。工诗文,精医术。著有《人镜经续录》二卷、《鹊符斋诗文集》四卷。另辑有《和

① 钱仪吉纂:《碑传集》卷八十八,中华书局,1993年。
② 李桓辑:《国朝耆献类征》卷十四《张吾瑾传》,广陵书社,2007年。

薛涛诗集》。

顺治十七年(1660)六月,田雯参加乡试中第八名,房师为张吾谨。此年冬,田雯专程到夏津拜访张吾瑾。

袁懋德,字六完,号修菴,岁贡。顺天香河府(今河北省香河县)人,出生香河望族袁氏。弟袁懋功,顺治三年(1646)进士,历官山东巡抚。兄弟皆以德行闻名,《香河县志》有传。顺治十七年,袁懋德以兵科给事中与督捕郎中赵联元一起典试山东乡试,与赵联元皆为田雯座师。

冯源济(1637—?),字胎仙,号谷园,涿州人,顺治十二年(1655)进士,由庶吉士授翰林院编修,充日讲官。以御试第一,先后任侍讲、侍读、秘书院侍读学士、东城兵马指挥、河南归德府判官、淮安河务同知、山清同知,再授翰林院侍读,历任左庶子、国子祭酒、经筵讲官。书画造诣颇高,书法米芾,山水学董源、黄公望。著有《奉搜赋》、《敬勤箴》、《谷园恰宜楼诗集》等。

成克巩(1608—1691),字子固,号青坛,武陵人,明崇祯进士,顺治间起用,官至秘书院大学士,有《伦史编》。

卫周祚(1611—1675),字文锡,号闻石,山西曲沃城内人,明崇祯十年(1637)进士。初任河北永平府推官,历任员外郎、户部郎中。入清后补任原官。后升工部尚书,加少保兼太子太保、吏部尚书,加文渊阁大学士兼刑部尚书,奉命校定《大清律》。

顺治十八年(1661),田雯进京参加会试,中第二百四十八名,房师为冯源济,主考官为成克巩、卫周祚。

申涵光(1618—1677),字孚孟,一字和孟,号凫盟、凫明、聪山等,明太仆寺丞申佳胤长子。直隶永年(今河北永年县)人。明末清初文学家,博览经史,少年时即以诗名闻河朔间,为"畿南三才子"之首。顺治十八年(1661)中恩贡生,绝意仁进,累荐不就。"河朔诗派"领袖人物。其诗以杜甫为宗,兼采众家之长。著有《聪山集》、《荆园小语》等书。

据《蒙斋年谱》记载,田雯三十五岁(1669)时从申涵光学诗:

> 与先生上下议论,乃得沿流溯源,分门启牖,三百汉魏,思考异于全编;六朝唐宋,岂研精于逸简,久之舍筏而渡,觉胶柱之为迂;因兹敝

帚可珍,非筌蹄之堪用。^①

田雯自称官舍人时始学作诗,三十五岁拜于申涵光门下,诗风受申氏影响深远,崇尚杜诗。田雯对老师极为尊敬,《古欢堂杂著》卷三有"凫盟说杜"一节,《山姜诗选》中有七律《又答随叔兼寄凫盟先生》。在申涵光离世后,田雯做官经过河北永年,作七绝《过临洺关吊申凫盟先生》诗,怀念申氏。

宋琬(1614—1673),字玉叔,号荔裳,山东莱阳人。顺治四年(1647)进士,授户部河南司主事,调吏部稽勋司主事,累迁户部郎中,出为陇右道佥事,升永平副使。顺治十八年擢浙江按察使,因被诬通于农民起义军而下狱几死,康熙十一年(1672)起用,授四川按察使,次年入京觐见,闻吴三桂叛乱陷成都,忧愤成疾,病死京都。宋琬才名早著,以诗名显于世,位列国朝六家,有"南施北宋"之称,又与严沆、施闰章、丁澎等合称为"燕台七子"。著有《安雅堂集》、《安雅堂未刻稿》、《二乡亭词》、《永平府志》、乐府《祭皋陶》等。

康熙十一年,田雯在京任户部福建司主事,宋琬将入川任四川按察使,田雯与其他友人以诗相赠,作《送宋荔裳先生之蜀》诗。

二、同僚上官

田雯沉浮宦海,与官场同僚交往广泛,与田雯有过密切交往的同僚上官主要有:

崔抡奇(1620—?),字正谊,号愧庵,河南省夏邑人,自幼读书过目成诵,有神童之称。青年时期与商丘才子侯方域齐名,驰誉朝野。顺治三年(1646)丙戌年中举,顺治四年丁亥科进士。初授江南高淳知县,顺治十二年(1655)补山东平原知县,平原民俗猾悍,号为难治,在任颇有珆债。升户部陕西司主事,转云南司员外郎,晋郎中,著有《省吾齐诗文》传世。

顺治十一年(1654)七月,田绪宗因公殉职于浙江丽水县令任上,田雯一家遂陷入内忧外患之中。顺治十三年,突然有平原恶人勾结河间旗兵三

---

① 田雯:《蒙斋年谱》,《德州田氏丛书》。

十余人,强抢田氏城北六百亩祖田,绑缚佃户,气势汹汹。田雯连夜逃到平原县衙击鼓鸣冤,县令崔抢奇认出堂下鸣冤的书生是擅写文章的田雯,遂挽起田雯手臂,了解案情,命抓捕平原县奸恶,旗兵散去,拯救了田雯一家。

朱之弼(1610—1683),字右君,顺天大兴人。顺治三年进士,授礼科给事中,转工科都给事中。顺治十一年,服阕起补户科都给事中,不久授户部侍郎。顺治十五年,授光禄寺少卿,再迁左副都御史。顺治十八年,复授户部侍郎,康熙四年(1665),任吏部侍郎。五年起历任工部、刑部、兵部尚书等职。康熙二十二年(1683),之弼推荐道员王坱为湖北按察使,不合帝意,以所举非材降三级调用,不久卒。

朱之弼是田雯为官工部时的上司。康熙十六年(1677),田雯由户部云南清吏司员外郎调任工部营缮司郎中,而康熙十七年,朱之弼服阕起授工部尚书,他对田雯的才干十分赏识,康熙十八年,田雯补虞衡司郎中,管理节慎库,政绩显著。康熙十九年,正是工部尚书朱之弼向康熙帝力荐①,田雯得以升提督江南通省学政按察使司佥事,从此步入官僚集团的上层。

孙光祀(1614—1698),字溯玉,号作庭,原籍平阴孙官庄人,后迁至济南历城。顺治十二年(1655)乙未科进士,选庶吉士,翌年授礼科给事中。先后历官刑、兵、吏、户、礼五科给事中、太常寺少卿、翰林院提督四译馆、通政使司右通政、通政使、兵部右侍郎。任职二十余年间,上疏奏陈,均指陈时弊,切中要害,曾典试湖广,所录皆为英才,在平三藩之乱过程中,出谋划策,立下大功。康熙十八年(1679)告老还乡,灾荒年月,竭尽全力赈济灾民,并在家乡平阴凿井建桥,以利百姓。

康熙十七年,田雯省亲在籍,日久渐生归隐之意。但就在这一年,朝廷举博学鸿词科试,田雯应诏,时为兵部右侍郎的孙光祀极力荐举田雯,田雯得补工部虞衡司郎中,管理节慎库。

于成龙(1617—1684),字北溟,号于山,山西永宁州(今山西省方山县)人。谥"清端",赠太子太保。明崇祯十二年(1639)中举,顺治十八年(1661)出仕,历任广西罗城知县,四川合州知州,湖广黄州府同知、知府,武

---

① 参见田雯:《蒙斋年谱》,《德州田氏丛书》。

昌府知府,黄州知州,湖广下江陆道道员,福建按察使、布政使,畿辅直隶巡抚,总制两江总督,加兵部尚书、大学士等职。所到皆有政声,三次被举"卓异",廉洁自守一生,受到百姓爱戴和康熙帝称赞,有"天下廉吏第一"之誉。组织编写《畿辅通志》46 卷、《江南通志》54 卷,有《于清端政书》收入《四库全书》。

田雯在江南学政任上曾得到于成龙的庇护。康熙二十一年(1672),于成龙总理两江总督,田雯因任职期间秉公治学而受到江宁巡抚等官吏的诘难,领不到府州地方官府的证明文书,不能顺利"取结"离任,于成龙认为学政是不受地方督抚节制的上官,以下考上,不合国体,宜"一概印结不用,仰候具题",直接与新任江宁巡抚余国柱同具考语,奏明朝廷。田雯谒谢,于成龙认为田雯是不善谋财的清官,所以上下发难,催促田雯速速离去,不宜优游山水。

余国柱(1625—1697),字两石,湖北大冶人。伯父余文明于明代曾任大冶县县令。顺治九年(1652)进士,授兖州推官,迁行人司行人,转户部主事。康熙十五年(1666),考授户科给事中,升礼科掌印给事中。康熙二十年,擢左副都御史,出任江宁巡抚。康熙二十三年,晋左都御史,后依附权相纳兰明珠,授武英殿大学士兼户部尚书、光禄大夫,入阁为相,权倾当朝。康熙二十七年,被参劾罢政,逐回原籍,卒于家中。主持纂修《政治典训》、《大清会典》、《清一统志》,著有《垣中奏议》、《抚吴疏稿》、《倚晴阁文选》、《西塞山房随笔》等共 40 卷。

根据《蒙斋年谱》记载,康熙十三年(1664),田雯官户部云南司员外郎,余国柱为户部主事,时值三藩乱发,为筹饷事,与余国柱各持一说,曾当庭争论。康熙二十一年,田雯江南学政任满,上下借"取结"发难,余国柱新任江宁巡抚,与于成龙一起助其解困,田雯离任时当面致谢,余解说助田的因由为"清官之报"。

徐旭龄(？—1687),字符文,号敬庵,浙江钱塘人,康熙中期重臣。顺治十二年(1655)乙未进士,历任刑部主事、礼部郎中、湖广道御史,巡视两淮盐政、太常寺少卿、山东巡抚、漕运总督等职。历官清介有声,曾上疏请精减官吏,禁止预征盐课。漕运总督任上疏请厘三害,筹三便,革随漕增、裁运耗,对清初盐运、漕运有显著的贡献。在京居槐市斜街,居所后号"寄园",为一时文人墨客城南觞咏之地。卒谥清献。

据《蒙斋年谱》记载,康熙二十四年(1685)正月,刚升任湖北督粮道的田雯由京城返回德州,徐旭龄新任漕运总督过德州,田雯前往行馆拜见,共言楚漕利弊,并连夜草书数条建议呈进,徐公踊跃举行。田雯于新任上痛抉漕政十六条,恰徐旭龄会三法、厘三害,筹三便等诸疏进上,"两相符合"①。

董讷(1639—1701),字兹重,号默庵,山东平原人。康熙六年(1667)丁未科探花,授弘文院编修,改翰林院编修,历任日讲官、起居注、中允、侍讲、侍读学士、礼部侍郎,康熙二十四年(1685)乙丑科会试总裁,擢经筵讲官,吏部、户部侍郎,左都御史,兵部尚书兼右都御史、两江总督,左迁侍读学士,升内阁学士,转兵部侍郎总督漕运,复入掌都察院,因事罢官,旋复左都御史,督修高堰河工,因病卒于清河馆舍。著有《西台奏议》、《两江疏草》、《督漕疏草》、《柳村集》十二卷及《华琯集》六卷。

康熙二十六年(1687)四月,田雯任江宁巡抚,董讷时任两江总督,两人均为山东济南府人,属上下级关系。是年八月十一日,田雯至扬州与总督董讷、总漕慕天颜、工部侍郎孙在丰一起,由泰州盐城、十场海口、庙湾、云梯关、安东县、清河县、天妃闸、清口、高堰、翟家坝一路考察会勘河道,回到淮安,共议会勘报告,上报朝廷。康熙二十七年二月至四月,田雯署理江南、江西总督印务,代理的就是董讷的职位。

慕天颜(1624—1696),字拱极,一字鹤鸣,甘肃静宁人,出身静宁慕容世家。顺治十二年(1655)乙未科进士,初授浙江钱塘知县,升河南开封同知、广西南宁府同知,福建兴化府知府,湖广分巡上荆南道,福建分守兴泉道。康熙间历任江苏布政使、江宁巡抚、兵部左侍郎、都察院右副都御史,加太子少师兵部尚书,因事去官,起复湖广巡抚,调贵州巡抚,终漕运总督,有《抚吴封事》八卷、《楚黔封事》两卷、《督漕封事》一卷、《辑瑞陈言》一卷。

靳辅(1633—1692),字紫垣,汉军镶黄旗人,辽宁辽阳人。历官国史馆

① 田雯:《蒙斋年谱》,刘聿鑫:《冯惟敏冯溥李之芳田雯张笃庆郝懿行王懿荣年谱》,第100页。

编修、内阁中书、兵部员外郎、内阁学士、安徽巡抚,加兵部尚书衔、河道总督。靳辅长期任河道总督,为清代治河名臣,挑河淤土,高筑岸堤,疏浚河道,建减水闸坝等束水攻沙措施,致黄河安流三十余年。卒赠太子太保,雍正五年(1727),复加工部尚书。著有《靳文襄公奏疏》、《治河方略》。

孙在丰(1644—1689),字屺瞻,浙江德清人,世居归安(今湖州)菱湖,康熙九年(1670)庚戌科榜眼,授翰林院编修。直起居注,升侍讲侍读、侍讲侍读学士,充日讲官,列举经义,阐发观点,受康熙帝嘉奖,改任《明史》总裁。康熙二十二年(1683),擢任内阁学士,兼礼部侍郎,调任掌院学士,累迁工部左侍郎,仍兼翰林院学士。康熙二十六(1687)年,赴淮、扬浚海口整修河道,孔尚任入其幕,主张依循故道,加固低险之处,逐次修复,成效显著。康熙二十七年与靳辅相互弹劾,陷治河之争,降翰林官,授侍读学士。康熙二十八年,迁内阁学士,兼礼部侍郎。不久卒。

孙在丰才思敏捷,擅射,康熙曾称其为文武之才。著有《扈从笔记》、《东巡日记》、《下河集思录》、《尊道堂诗文》等。

范承勋(1641—1714),字苏公,号眉山,自称九松主人。抚顺人,属汉军镶黄旗。清初重臣范文程三子,历官御史、郎中等职。康熙二十三年(1684),举廉吏,擢内阁学士。累迁广西巡抚、云贵总督、江南江西总督。康熙三十八年(1699)任兵部尚书,后加太子太保。

王继文(?—1703),字在燕,汉军镶黄旗人,自官学生授弘文院编修,历任兵部督捕副理事官、陕西巡按使、户部郎中、江西饶九南道、浙江宁绍台道、云南布政使、云南巡抚、云贵总督,康熙四十年,加兵部尚书衔。四十二年卒。

康熙二十七年(1688)四月,田雯迁贵州巡抚,范承勋为田雯上官,康熙二十八年(1689)冬,田雯与云贵总督范承勋、云南巡抚王继文会剿四川叛匪首领阿所,并于云南平彝卫将阿所定罪诛杀。公务之余,田雯与范承勋诗歌唱和,田雯有七律《同范眉山王在兹游清溪洞二首即次眉山韵》,七绝《龙淙绝句和眉山四首》、《眉山馈乳饼》、《眉山惠红茶花二本》等,并为范承勋写《龙淙唱和诗序》。康熙三十九年(1700)正月初六,田雯与范承勋奉旨一起启程赴高堰督催河工。

　　王鸿绪(1645—1723),字季友,号俨斋,别号横云山人,初名度心,中进士后改名鸿绪,华亭张堰镇(今上海金山)人,王广心季子。康熙十二年(1673)进士,授翰林院编修,康熙二十四年(1685)充会试总裁官。康熙二十六年擢左都御史,官至工部尚书。曾入明史馆任《明史》总裁,与张玉书等共主编纂《明史》,为《佩文韵府》修纂之一,自纂《明史稿》三百一十卷刊行。精于鉴藏书画,书学米芾、董其昌,为董其昌再传弟子。清初著名诗人、书家、大臣,著有《横云山人集》等。

　　王掞(1644—1728),字藻儒,一作藻如,号颛庵、西田主人,江南太仓(今属江苏)人。康熙九年(1670)进士,改庶吉士,历官翰林院编修、赞善、浙江学政、内阁学士、户部侍郎、刑部尚书,官至文渊阁大学士。康熙六十年(1721),请重立胤礽为太子忤旨,应谪戍,以年老由子代行,寻致仕。工诗,擅画,有《西田集》。

　　喻成龙(?—1714)字武功,汉军正蓝旗,奉天人。由荫生官安徽建德县知县,历池州府知府、江西临江府知府、山东按察使、布政使,太常寺卿、大理寺卿、邢部右侍郎,督修高家堰有功,擢湖广总督。著有《塞上集》、《九华山志》十二卷、《西江草》一卷。

　　顾藻,上海人,康熙十五年(1676)进士,曾任翰林院编修、工部侍郎。

　　王绅(?—1706),字公垂,河南省睢州(今河南省睢县)人。出生于累世官宦之家,康熙二十一年(1682)进士,改庶吉士,补工科给事中,升大理少卿,晋都察院左佥都御史,终官户部侍郎。

　　康熙三十一年(1692),王绅应田雯之请,为田母张氏墓志铭书丹;康熙三十九年(1700)正月初六,田雯与王鸿绪、王掞、喻成龙、顾藻、王绅等同僚奉旨一起赴高堰督催河工。

　　徐嘉炎(1631—1703),字胜力,号华隐,浙江秀水人。康熙十八年(1679),以国子生应试"博学鸿儒",列一等,授翰林院检讨,累官至内阁学士,兼礼部侍郎。衔充三朝国史及会典、一统志副总裁。著有《抱经斋集》二十卷。

　　田雯与徐嘉炎为老友至交,康熙十八年,徐嘉炎任翰林院检讨时,两人定交,田雯有五律《赠徐胜力》、七律《九日城南登高同华隐翰林逊五舍人乾菴将军二首》。康熙二十八年(1689),徐嘉炎典试贵州,至贵阳与田雯相逢,徐嘉炎为田雯《黔书》作序,并撰《蒙斋说》附于序后。临别之日,田雯赠七古诗《送徐谕德华隐还朝》。康熙三十八年(1699)夏,田雯于户部左侍郎任上,为徐嘉炎诗集作《抱经斋诗序》,写有七古诗《枣花寺集饮漫赋长句送徐华隐学士归里兼示公凯西厓两翰林四首》。

孔贞瑄,字璧六,号历洲,晚号聊叟,山东曲阜人。孔子六十三代孙。顺治十七年(1660)举人,十八年(1661)会试副榜进士,授泰安教谕,迁济南教授。升云南大姚知县。究心经史,精乐律、算学,能诗文。著《泰山纪胜》一卷、《大成乐律》一卷、《聊园全集》一五卷、《聊园诗略》一三卷、《聊园文集》无卷数、《诗集》十卷、《操缦新说》等。

孔贞瑄与田雯两人是同年举人、进士,有同年之谊。康熙二年(1663)冬,田雯游曲阜,住孔贞瑄家。

严我斯(1629—1679?),字就斯,一字存庵,浙江湖州府归安县(今湖州市)人。顺治十八年进士,康熙三年(1664)殿试第一。康熙八年,出任山东乡试主考官,升为翰林学士、日讲起居注官,官至礼部左侍郎。文章操行,为时所重。我斯诗长于华赡之作,且多近体,有《尺五堂诗删》六卷。

康熙三年(1664),田雯与严我斯一起乘舟沿运河水路进京参加殿试,严我斯一举夺魁,田雯为二甲第四名。

钱芳标,字葆芬,华亭人,康熙五年(1666)中顺天乡试榜,授中书舍人,与王士禛、朱彝尊等名士唱和,了无虚日。荐博学鸿儒,因为母守丧不赴。[①]

田雯曾丁康熙七年(1668)二月,同钱芳标、束绅等随从皇帝狩猎南苑。

李振裕(1642—1709),字维饶,号醒斋,江西省吉水县盘谷镇人,出身官宦世家,族曾祖父李邦华任过明朝的兵部尚书,族祖父李日宣任过明朝的兵、吏两部尚书,父亲李元鼎为明末进士,官至光禄寺卿,入清后官至兵部侍郎。母亲朱中媚出身明朝皇室,为清初著名才女,著有《随草诗余》等著作。顺治十七年(1660)庚子科举人,康熙九年(1670)庚戌科进士。由庶吉士入官,散馆授检讨,纂修《明史》,升侍讲。历官江南学政、内阁学士、礼

---

① 参见《(嘉庆)松江府志》。

部侍郎、吏部侍郎,后晋升刑、工、户、礼四部尚书,为康熙朝重臣。著有《白石山房稿》二十六卷。

田雯与李振裕交游密切。康熙二十三年(1684),李振裕接替田雯任江南学政,田雯晚年又与李振裕同朝为官,两人论诗谈文多同调,惺惺相惜,李振裕曾为田雯《轩辕诗集》作序;康熙四十年(1701),田雯于户部侍郎任上,应邀为李振裕撰写六十岁寿辞,早年曾为其诗集作《醒斋诗序》。

朱彝尊(1629—1709),字锡鬯(chàng),号竹垞(chá),晚号小长芦钓鱼师,又号金风亭长。浙江秀水(今嘉兴)人,明朝宰辅国祚曾孙,早年曾秘密参与抗清复明活动。康熙十八年(1679)举博学鸿词科,授翰林院检讨,充《明史》纂修官、日讲官,知起居注,入职南书房。后典试江南乡试,称得士。朱彝尊为著名文学家和学者,博学多闻,天资卓异。在诗、词、古文诸领域皆有建树,诗与王士禛齐名,为浙派开山祖师,时有"南朱北王"之誉,为"国朝六家"之一;词与陈维崧比肩,开出浙西词派,处清词领袖地位;文为顾炎武、汪琬诸家所赞许。其学术贡献遍及经学、史地学、文学乃至目录学各个领域,号"通才"。其著作有《经义考》三百卷,《日下旧闻》四十二卷,《明诗综》一百卷,《词综》三十六卷,《曝书亭集》八十一卷,《腾笑集》八卷,《曝书亭集外稿》八卷等。

康熙十五年(1676),田雯奉差监督大通桥漕运事务,九月,工程竣工,召集同仁泛舟通济河,请郁生绘图题七言歌行《泛通惠河属郁生作图歌以纪之》一首,朱彝尊在场有和作《九月十日同北山阮亭两先生实莼蛟门方山修来子昭良哉诸子介眉家兄》,朱彝尊举博学宏词科后,与田雯同为京官,公私交往,诗文唱和,康熙十八年京师地震,田雯作著名《移居诗》,"和者百人",朱彝尊唱和其中,有"道南道北书一车,田郎与我齐移家"诗句。田雯工书画,朱彝尊曾为田雯《秋泛图》题九言长句诗一首[1],并应田雯之请为其祖实栗撰《德州田君墓表》[2],康熙二十九年(1690),田雯在贵州巡抚任。徐胜力典贵州乡试,试毕还朝之际,田雯写有七古《送徐谕德华隐还朝》诗,

① 参见谢兆友:《山东书画家汇传》(清·民国·当代部分),中国文联出版社,2003年,第52页。
② 田雯、田同之等:《安德田氏家谱》卷三。

末句云"竹垞山人倘问讯,为言老矣田山姜"。

陈维崧(1626—1682),字其年,号迦陵,江苏宜兴人,康熙十八年(1679)举博学鸿儒,授职检讨,与修《明史》,此时已经五十四岁,四年后卒于官。陈维崧出身世家,由于家庭影响,天才绝艳,幼有神童之誉,与朱彝尊齐名,刻《朱陈村词》,与吴兆骞、彭师度合称"江左三凤凰"。擅长各种文体,尤工骈文和词,与吴绮、章藻功称"骈体三家",同时为清一代词家。撰有《湖海楼诗集》八卷,《迦陵文集》十六卷,《胡海楼词》三十卷等。

康熙十八年(1679)七月,田雯因地震迁居而作《移居诗》,传遍京师,陈维崧为田雯写一文并和一诗,诗文高度赞美田雯的才能与品格。康熙十九年庚申(1680)六月,田雯升提督江南通省学政按察使司检事,八月,王士禛、陈维崧等集孙蕙斋送田雯出任江南学政,陈维崧作《送田纶霞督学江南》。

汪琬(1624—1691),字苕文,号钝庵,晚号钝翁,江南长洲(今江苏苏州)人。晚年因隐居太湖尧峰山,学界称其尧峰先生。顺治十二年(1655)进士,历官户部主事、员外郎、迁刑部郎中、北城兵马司指挥。康熙九年(1670)冬归隐,康熙十八年举博学鸿儒科,授翰林院编修,充《明史》纂修官,翌年告归。汪琬与侯方域、魏禧并称清初散文三大家,文名高于诗名。著有《尧峰文钞》五十卷,《钝翁类稿》一一八卷,《拟明史列传》二十四卷,《姑苏杨柳词》一卷等。

康熙十五年(1676)前后,田雯与汪琬都在户部为官,两人得以交游。田雯写给汪琬的诗有《泊舟吴门寄汪苕文二首》,汪琬对田雯诗才颇为赞许,称其可与王士禛相颉颃。

叶封(1623—1687),字井叔,号慕庐,又号退翁,先世浙江嘉善人,后迁居湖北黄陂。顺治十六年(1659)进士,官登封知县,有治绩。后迁西城兵马司指挥,晚年居武昌樊湖,以渔钓、著书为乐。著有《慕庐集》、《嵩阳石刻集记》传于世。

田雯与叶封并列"金台十子",私交甚笃。田雯《古欢堂集》中有七律《喜晤叶井叔》、七绝《登封县忆亡友叶井叔》对两人交游予以记载。

惠周惕(?—1694),原名恕,字元龙,号研溪(或作砚溪),吴县人,少年时期学于徐枋、汪琬门下。康熙三十年(1691)进士,选庶吉士,散馆授密云县令,卓有政绩,卒于任上。惠周惕对于经学造诣颇深,著有《易传》、《春秋问》、《三礼问》、《诗说》等。有清一代,与子惠士奇、孙惠栋以传授经学闻名宇内,而惠氏传经的创始人则为惠周惕。经学以外,惠周惕亦工诗古文辞,诗兼唐宋,且自出新意,别具风神。《晚晴簃诗汇》评其曰"朴学工诗,殆罕其匹"。著有《砚溪诗文集》、《诗说》二卷。

惠周惕是田雯私交甚笃的朋友之一,田雯《古欢堂集》中有大量诗歌写与惠元龙,并为其《诗说》作序。诗作如五古《阻风和汤西厓惠元龙联句》、《招元龙食饼》,七古《答惠元龙即次来韵》,五律《石马镇怀元龙》,七律《正月十五夜病中叶公旦惠元龙见访》、《又和公旦并示元龙》,绝句《题惠元龙红豆斋画卷四首》、《春夜观元龙子益对弈二首》、《济南病中迟惠元龙不至却寄二首》、《和惠元龙寄目存诗用红豆斋韵四首》、《九日同惠元龙作四首》等。

李澄中(1630—1700),字渭清,号渔村,山东诸城人。少颖异,弱冠为诸生,每试必冠。康熙十八年(1679)试中"博学鸿儒",授翰林院检讨,又充《明史》纂修官,声名益著,诗文俱佳,笔力雄健,尤以诗文闻名,与王士禛、田雯并称"山左三大家"。著《白云村集》八卷,《卧象山房集》五卷,《滇行日记》二卷。

田雯与李澄中关系密切,诗集中存有七古《冬夜与渔村论诗即送北上》,七律《重九忆家园菊花寄李渔村同年》等诗。

王清(1630—1672),字素修,号冰壶,又号思齐,山东海丰县人。顺治六年(1649)中举人,顺治七年进士,历官庶吉士、翰林院编修、右赞善、左赞善、侍讲、右春坊右庶子、侍讲学士、弘文院学士,康熙六年(1667)升刑部右侍郎,康熙八年(1669)转刑部左侍郎,康熙九年任吏部左侍郎管右侍郎事,诰授"通奉大夫"。康熙十一年秋病逝,有《留余堂诗集》遗世。

康熙三年(1664),田雯殿试获二甲第四名,时为弘文院学士的王清为阅卷官,按例荐举田雯入庶常之列,未果。

吴自肃(1630—1712),字克庵,号在公,山东海丰人,出身世家。顺治十一年(1654)中举,康熙三年(1664)甲辰科进士,先后历官江西万载县令、内阁中书舍人、户部山西清吏司主事、员外郎、刑部郎中、云南学政,授奉政大夫。三十六年(1697)，为河东道布政使司参议，寻授朝议大夫，所到皆有治绩。晚年告老归里，著有《万行草》、《我堂存稿》等。

田雯与吴自肃同为康熙三年进士，又有同乡之谊。康熙三十年(1691)，田雯在黔，母亲张氏在德去世，吴自肃闻讯自滇入黔亲至田雯官府吊唁；应吴自肃请求，田雯为其父撰有《诰封奉政大夫绳甫吴公墓志铭》；为自肃诗集《万行草》作序。

曹贞吉(1634—1698)，字升阶，又字升六、迪清，号实庵，山东安丘人。安丘曹氏为地域望族，高祖曹一麟，明嘉靖丙辰进士，官吴江知县。曾祖曹应埧，太学生，官遵化县丞。祖父曹铨，太学生，光禄寺署丞。父曹复植为诸生，外祖刘正宗，明崇祯元年进士，入清后官至文华殿大学士，为"济南诗派"代表。弟弟曹申吉历官礼部、兵部、工部侍郎、贵州巡抚，死于三藩之乱。曹贞吉自幼从外祖父学诗，康熙二年(1663)29 岁中乡试解元，康熙三年进士，考授内阁中书，出为徽州府同知。内召礼部仪制司郎中，以疾辞湖广学政，卒于里。

曹贞吉工词，为清初词坛翘楚，与纳兰性德、顾贞观为京城词苑三绝，《四库全书》独收其《坷雪词》二卷，另撰有《坷雪集》、《二集》各一卷、《朝天集》一卷、《鸿爪集》一卷、《黄山纪游诗》一卷。

田雯与曹贞吉为同年进士，同列"金台十子"，在京两人诗歌唱和频繁，田雯写有五古《乳燕和曹升六》，七古《九日，同其年、升六、舟次、蛟门、石林集黑龙潭和韵》，七律《酒熟邀升六颂嘉过饮》等诗。

曹禾(1638—1700)，字颂嘉，号峨眉，一号未庵，江南江阴（今属江苏）人。康熙三年进士，官内阁中书，告归养母。康熙十八年举博学鸿儒科，授编修，历官至国子监祭酒。撰有《未奄初集文集》四卷、《诗集》四卷。诗文学韩杜，诗字字锤炼。

田雯与曹禾为同年，诗歌同列"金台十子"之列，田雯在京为官期间与曹禾交游密切，据曹禾序《午亭集》载，康熙十三年九月十三日，田雯曾与曹禾、谢重辉一起夜访陈廷敬宅，读其诗文。① 曹禾任中书舍人时为田雯父亲

① 参见曹禾：《午亭集》，康熙四十二年(1703)刊本。

绪宗撰写《寿词》，参与了和田雯《移居诗》的"都门盛事"。田雯诗集中有七律《柬曹颂嘉舍人》、《酒熟邀升六颂嘉过饮》，七古《长句送峨眉南归》等赠诗。

陈廷敬（1640—1712），原名敬，字子端，号悦岩、午亭，山西泽州人。顺治十五年（1658）进士，选庶吉士，受检讨，官至文渊阁大学士，兼吏部尚书。谥文贞。诗文为王士禛、汪琬所推重，论诗宗杜甫，著有《午亭文编》五十卷，《午亭诗评》二卷，《杜律诗话》二卷。

《蒙斋年谱》记载，康熙十五年（1676），田雯与陈廷敬同官京师，共住铁鹳巷，"晨夕过从论诗"，同研诗文，交往密切，田雯有五言绝句《同陈学士论诗二首》。康熙三十年（1691），陈廷敬应田雯之请，为其母张氏撰写《张太恭人传》。①

汪懋麟（1640—1688），字季甪（lù），后更字蛟门，晚号觉堂，江苏江都（今扬州）人，早年入王士禛门下。康熙六年进士，授内阁中书。经徐乾学荐举，以刑部主事入史馆充纂修官，与修明史。在京为官期间，位列"金台十子"，与汪楫同里同有诗名，时称"二汪"，亦擅词。归田后潜心经学。著有《百尺梧桐阁诗集》十六卷，《文集》八卷，《遗稿》十卷，《锦瑟词》三卷。

田雯早期与其同为京官，常有诗词唱和，汪懋麟参与了康熙十八年（1679）田雯《移居诗》的唱和活动，康熙二十年辛酉九月，汪懋麟应田雯、田需之请，为其高祖田三戒撰写《户部田公画像记》②，田雯有七古《九日，同其年、升六、舟次、蛟门、石林集黑龙潭和韵》、《九月十日，同北山阮亭两先生，实莽、蛟门、方山、修来、子昭、良哉诸子，介眉家兄，泛通惠河。属郁生作图，歌以纪之》，七律《依韵答汪叔定兼寄蛟门》等诗。田雯《古欢堂杂著》卷四载：

> 客有谓蛟门者曰："诗学宋人，何也？"答曰："子几曾见宋人诗，只见得云淡风轻一首耳！"③

① 参见田雯、田同之等：《安德田氏家谱》卷三。
② 参见田雯、田同之等：《安德田氏家谱》卷三。
③ 田雯：《古欢堂杂著》卷四，《安德田氏家谱》卷三。

汪楫(1636—1699),字舟次,号悔斋,原籍安徽休宁,江苏江都(扬州)人。早年以贡生署赣榆训导,举康熙十八年博学鸿儒,授检讨,曾出使琉球,官至福建布政使。汪楫少有诗名,性狷介,交游谨慎,著有《中山沿革志》二卷。未几,撰有《悔斋集》五种十卷,其中《悔斋诗》六卷、《山闻诗》一卷、《山闻续集》一卷、《镜花诗》一卷、《观海集》一卷。

田雯作《移居诗》时,汪楫亦有和作。田雯作七古《九日同其年升六舟次蛟门石林集黑龙潭和韵》、《九月十日同北山阮亭两先生实荐蛟门方山修来子昭良哉诸子介眉家兄泛通惠河属郁生作图歌以纪之》等诗,记交游概况。

颜光敏(1640—1686),字逊甫,更字修来,号乐圃,山东曲阜人,颜回第六十七代孙。明末河间知府颜胤绍之孙,清廪生颜伯璟之子,与兄光猷、弟光敹(xiào)均为清康熙年间进士。颜光敏康熙六年(1667)举进士后,由中书舍人累迁吏部郎中,充《大清一统志》纂修官。擅书法,尤工诗,与田雯同列"金台十子",著有《乐圃集》、《未信编》、《旧雨堂集》、《南行日记》。

田雯与颜光敏同官京师时交游密切。田雯诗集中有《九月十日同北山阮亭两先生实荐蛟门方山修来子昭良哉诸子介眉家兄泛通惠河属郁生作图歌以纪之》、《题颜修来小照》等诗,光敏弟光敹卒后,田雯撰有《日讲官起居注兼翰林院编修学山颜公墓志铭》。

丁炜(1627—1696),字瞻汝,又作澹汝,号雁水。泉州晋江陈埭人,回族,青少年时居家力学。清顺治十二年(1655),授漳平县教谕,嗣改鲁山县丞,后升直隶献县知县。康熙八年(1669),内调为户部主事,转员外郎,历官兵部郎中,出任赣南分巡道。后升湖广按察使。后因事降职,补姚安知府,官复按察使,康熙三十六年(1697)卒。著有《问山诗集》十卷、《问山文集》八卷、《紫云词》一卷、《涉江集》一卷。

田雯与丁炜关系密切,一说同为京城"诗坛名流"。在田雯《古欢堂诗集》中,存有七古《送丁雁水赴赣南》,七律《闻丁雁水至诗以迎之》、《得雁水消息》等诗,且在《黔书》中大量引征丁炜的观点,可见两人交游频繁。

张衡(1628—1701),字友石,号晴峰,景州(今河北景县)人。顺治十八年(1661)进士,官至榆林东路道。工诗,诗多塞上景物、危苦之音。著有

《秋亭诗选》。

康熙六年（1667）五月，田雯初入仕途，与张衡等十一人同以进士身份任职内秘书院办事中书舍人。《蒙斋年谱》记载，中书一职，向由监生生员授职，由进士填充初被视为异途，故屡遭轻侮。中书位微官闲，于是两人诗酒流连，过从甚密，《古欢堂诗集》中有多篇诗歌记载两人的交游：五古《四月同晴峰方山游西山晚宿黄中丞山庄四首》、《夏日雨夕同纪职方孟起饮张农部晴峰园亭》，七古《雷琴歌为张晴峰作》，五绝《丁巳八月同张晴峰移工部郎中戏成四绝即束晴峰》。

吴雯（1644—1704），字天章，号莲洋，又号玉溪生，奉天辽阳人，后占籍山西蒲州，诸生。康熙十八年（1679）试博学鸿词，未遇，因与傅山共同参与此次荐选，有"北傅南吴"或"山西二征君"之说。后游食南北，足迹半天下。其诗为王士禛、赵执信所赏，著有《莲洋集》。

吴雯晚年返乡前曾到京师拜别田雯，吴雯《莲洋集》卷二有五古《别田纶霞少司农》诗歌一首，吴雯逝后，田雯弟子王苹为其撰墓志铭。

孔尚任（1648—1718），字聘之，又字季重，号东塘，别号岸堂，自称云亭山人，山东曲阜人，孔子六十四代孙。康熙二十三年（1684），为南巡返京的玄烨在曲阜讲经称旨，由监生授国子监博士，不久随工部在淮扬协疏黄河海口，后迁户部主事，任宝泉局监铸，封承德郎，三十九年（1700）封户部广东清吏司员外郎，旋即罢官。以传奇《桃花扇》负一时盛名，与洪升《长生殿》齐名，时谓"南洪北孔"。撰《湖海集》、《石门山集》、《长留集》等。

康熙二十七年（1688）四月，田雯由鸿胪寺卿补授江宁巡抚，八月会勘河道，孔尚任时随工部协理河口，期间两人定交，孔尚任撰有《与田纶霞抚军》文一篇①，作有《和黄仙裳仙舟图诗为田纶霞先生停舟招隐作也》、《寄田纶霞先生》等诗，孔尚任此前在颜光敏处得田氏诗歌，神交已久，孔尚任擅诗而得到田雯赞赏。康熙三十八年（1699），田雯调户部侍郎，以左侍郎管右侍郎事，督京省钱法。孔尚任时任宝泉局监铸，两人成为上下级关系，时间虽短，但田雯常索阅《桃花扇》手稿，促使孔尚任加快写作进度，是年

---

① 汪蔚林编：《孔尚任诗文集》卷七，中华书局，1962年，第528页。

《桃花扇》完稿。在田雯诗集《古欢堂集》中有六首题咏《桃花扇》的诗歌，影响很大，另外写有《小忽雷》诗一首，当是观孔尚任传奇《小忽雷传奇》后所写。康熙三十八年十二月底，田雯奉旨出督清江浦高堰工程，康熙三十九年，孔尚任罢官，留京接受勘问。康熙四十一年（1702）正月，田雯因病辞官回乡，孔尚任于是年秋自京到德州求见田雯，当是想请田雯出面为己辩解开脱，从孔尚任《德水访田纶霞先生不遇》诗云"进城无定约，谁答客殷勤"看，孔尚任没有见到田雯。此时的田雯老病频加，孔案复杂，田雯恐怕已经是有心无力了。

倪璠（1654—?），字鲁玉，钱塘人。著有《周易兼两》、《神州古史考》、《方舆通俗文》、《武林伽蓝记》、《庾子山集注》等。其著述兼及经部、史部和文集注释。其治学具有朴学色彩。

田雯与倪璠虽年齿相差较远，但可称得上是忘年之交。康熙十九年（1680）田雯督学江南时与倪璠定交，田雯知晓倪璠在庾信研究方面的造诣，赠倪璠诗有《读庾开府集题六绝句为倪舍人鲁玉》、《再读庾信集题后兼赠鲁玉》及《冬夜招揆哉石楼鲁玉彦来文子小饮五首》。视倪璠为平生知己，田雯六十岁时编纂《蒙斋年谱》，倪璠为年谱作序；田雯临终之际，嘱托后人请倪璠为己撰写墓志铭，倪璠有《田雯墓志铭》，落款"内阁撰文中书舍人倪璠谨撰"。

龙燮（1640—1697），字理侯，一字二为，号石楼、改庵，又号雷岸、桂崖，江南望江县（今属安徽）人。康熙中，举博学鸿词，授检讨。左迁大理寺评事。官至中允。燮有诗名，亦工词曲，所作《琼花梦》传奇，《芙蓉城》杂剧，颇称于时。

田雯十分欣赏龙燮的才能，两人交游频繁，诗集中有七绝《冬夜招揆哉石楼鲁玉彦来文子小饮五首》、《题龙石楼和苏诗卷后四首》、《挽石楼二首》等多首诗作写与龙燮的交游，并且为龙燮诗集写有《石楼和苏诗序》。

潘耒（1646—1708），字次耕，号稼堂，平望镇溪港人。幼年依兄怪章生活，师事顾炎武，博通经史、历算、音学。清康熙十七年（1678），以布衣中博学鸿词科，授翰林院检讨，参与纂修《明史》。

田雯诗集中有七古《寒食行怀潘次耕》、七律《送徐电发检讨归吴江兼寄潘次耕二首》写与潘耒。

孙蕙,字树百,号泰岩,又号笠山,山东淄川人。少时以文章气节显。顺治十八年(1661)举进士第。初为宝应县知县,循卓有声。康熙二十年(1681)充福建乡试正考官,舟车行役,未尝废吟咏。官至给事中。蕙工于文,尤喜作诗,格调清丽。王士禛序称其五七言诗,虽古作者无以加。著有《笠山诗选》五卷,《历代循良录》一卷,与《安宜治略》等(均清史列传),并行于世。

孙蕙与田雯是同乡,在京为官时交往甚多,田雯诗集中有七古《铜鼓歌为孙给谏树百》诗一首。康熙十九年庚申(1680)八月,王士禛、陈维崧等集孙蕙斋送田雯出任江南学政,王士禛作《雨集孙树百给谏宅送田子纶学使之江南听小史弹琴作》。

李铠,字公凯,江南山阳(今江苏淮安)人。顺治十八年(1661)进士,补奉天盖平县知县。康熙十八年(1679),荐应博学鸿儒科试,授翰林院编修,与修明史,官至内阁学士兼礼部侍郎。著有《艮斋诗文集》、《恪素堂集》、《惺庵集》、《史断》、《读史杂述》十卷等,后两种著述被王士禛称为有本之学。

田雯晚年回京任职,与李凯同朝为官,相互唱和,《古欢堂诗集》中有七古《送徐华隐学士归里兼示公凯西厓两翰林四首》,七绝《题李公凯学士小照二首》、《李公凯同年惠二犬戏答二首》等诗记述两人的交往。

三、乡谊门生

田雯重视乡情,注重奖掖后进,在其交往密切的对象中,有不少是德州同乡和授业门生,主要有:

萧惟豫(1636—1715),字介石,号韩坡,德州人,居西关之竹竿巷。幼时聪明好学,素有气节。顺治十一年(1654)考取甲午科举人,戊戌(1658)进士,殿试二甲,授翰林院庶吉士,内弘文院编修,封文林郎。庚子(1660)江西典试正主考;癸卯(1663)直隶武乡试正主考;内国史院侍读;提督顺天等处学政。康熙丁未年(1667),年仅32岁的萧惟豫辞官归里,侍亲不出。著有《但吟草》诗集四卷。

　　萧惟豫与田绪宗为里居乡邻,为田绪宗及门弟子,自孺子负笈时受业,一生与德州田氏过从甚密,绪宗逝后为之撰有《蓼菴田先生行状》,康熙三十三年(1694),经萧惟豫等德州后学上书谏请,田绪宗之父田实栗获批入祀州学乡贤祠,康熙三十六丁丑冬十月,萧惟豫曾率众于州学乡贤祠祭拜田实栗。田雯母亲张氏在七十岁拒绝乡党戚族为己祝寿时,将己与萧惟豫母亲相较。田雯与其结为亲家,田雯第三女嫁其子承沆。退隐里居后,田雯与萧惟豫来往更加密切,《古欢堂集》中有多篇诗文记载两人的交游:七古《雪中赴济南将行韩坡送酒以一瓶置后车诗以谢之》、《种瓜行赠韩坡》,七律《村中韩坡见访》。

　　谢重辉(1639—1711),字方山,又字千仞,号匏斋,晚号杏村,山东德州人。出身于官宦之家,是清初吏部尚书谢升之子,以父荫起家,官中书舍人,后官刑部郎中,康熙三十四年(1695)引疾归里,隐居乡村终老。谢重辉虽由荫封起家,而博雅好古,居官以清节著,不名一钱。早期诗名与田雯齐名,康熙十六年(1677),王士禛选《十子诗略》刊行,山东占其四:安丘的曹贞吉、曲阜的颜光敏、德州的田雯、谢重辉。

　　谢重辉引疾归里后,居杏村别墅,以诗酒为乐,集其晚年所作为《杏村集》七卷,专作闲适语,风格近白诗。

　　田雯与谢重辉同乡同僚,情趣相投,田雯次女嫁与重辉子谢粲,两人为儿女亲家。无论在京为官时期还是致仕里居后,作诗酬赠,诗酒流连,亲密无间。田雯作有五古《四月同晴峰方山游西山晚宿黄中丞山庄四首》、《闻谢方山自江右归却寄》、《再与方山》,七古《九月十日同北山阮亭两先生实荐蛟门方山修来子昭良哉诸子介眉家兄泛通惠河属郁生作图歌以纪之》、《题杏村读书图为谢员外方山》,七律《秋夜同方山二首》、《九日同宋子昭谢方山招饮黑龙潭晚坐刺梅园松下四首》;同官京师时谢重辉唱和田雯的诗作有《移居诗》,晚年致仕后作有《蒙斋韩坡过杏村》、《过山姜村感赋》等。

　　王苹(1661—1720),字秋史,号蓼谷山人,自称七十二泉主人。济南历城人,祖籍临山卫(今属浙江),后迁居历城。王苹年轻时性情狂放,因写有诗句“乱泉声里谁通屐,黄叶林间自著书”,“黄叶下时牛背晚,青山缺处酒人行"的名句,时人称之为"王黄叶"。康熙四十五年(1706)中进士,被授任知县。以母老不愿远行,改任成山卫(今属山东荣成)教授。一年后弃官还乡。有《二十四泉草堂诗集》。

田雯赏识王苹之才,并对其奖掖呵护。康熙二十二年(1683),在田雯帮助下,王苹补诸生,并传授作诗之法。曾为王苹父王钺撰《王将军墓志铭》。田雯诗集中有七律《王秋史下第久无书至,作诗讯之》,为王苹七绝组诗《济南先正咏十首》作跋,并为其诗集《二十四泉草堂诗集》作序。

王苹一生对田雯执弟子礼,与田雯及田氏后人交往密切。王苹集中大量诗文记写师徒两人的交游,抒发感念与缅怀之情。主要有《奉怀德抒发州公楚中二首》,《病怀十首》其五云:"顿怀田夫子,天南正建牙。"《雪中十首》组诗其六咏田雯在贵州巡抚任上编《历代诗选》事。《聊城赵生持德州公〈品茶歌〉过访,述公相念,即事抒怀四首》,有句云:"天荒地老闻斯语,知己如斯只一人。"《岁暮感怀杂诗十二首》其四咏田雯,《独游崇效寺与雪坞道人话德州公旧事》,《丙戌春日过德州公旧第》,七绝《客中题德州公集后四首》,另有文《上德州公》。①

四、宿儒隐士

田雯喜爱结交大儒高人,其交际圈中,有两位友人身份比较特别,他们是:

吴嘉纪(1618—1684),字宾贤,号野人,江南泰州(今属江苏)人,出身盐户。明末诸生,终身不仕,蓬蒿土室,闭门穷居,终日把卷苦吟,后经汪楫介绍,周亮工、王士禛誉扬,遂名满大江南北。有《陋轩诗集》。

田雯与吴嘉纪交往,当是在田雯三年的江南学政任上,吴嘉纪曾有诗《访田纶霞先生》、《寄学宪田纶霞先生二首》,田雯亦有诗《喜吴野人至》。

雪坞上人,北京崇效寺主持,俗姓刘,名德旷,大兴人。

《雪坞禅师塔铭》云:"(崇效寺)建自唐天宝间,树枣千株,寂寞人外。

---

① 参见李永祥选注:《王苹诗文选》,济南出版社,1998 年。

花时,朝士胜流,多访师赋诗。二十余年,竟成崇效故事。如泽州陈公说岩、新城王公阮亭、德州田公蒙斋,更于师有支许之契,休沐往还,篇章赠答,各载其所著集中。"①田雯在京期间,多次游历崇效寺,与雪坞上人有私交,诗集中有七绝《柬雪坞上人》、《雪坞上人饷茄瓜作此报之四首》等诗,记述他们的交往。

五、与王士禛的交游②

王士禛(1634—1711),字子真,一字贻上,号阮亭,晚号渔洋山人。清初济南府新城县(今桓台县)人。出身于世代仕宦之家,自幼聪颖,8岁即能诗。顺治十二年(1655)中进士。十四年八月,邀济南名士游大明湖,倡秋柳诗社,所赋《秋柳诗四首》,名闻遐迩。顺治十六年授扬州推官,康熙三年(1664),荐为礼部主事,累迁户部郎中。因博学善诗文,赋诗称旨,于康熙十七年(1678)迁翰林侍读,入值南书房,后擢国子监祭酒。康熙三十八年(1699),历官至刑部尚书,兼任国史馆总裁。康熙四十三年(1704),因故罢官还乡,潜心著述。康熙四十九年(1710),官复原职。次年,病逝于故里。乾隆三十年(1765),补谥"文简"。

王士禛是继钱谦益、吴伟业之后,康熙时的文坛盟主,被誉为"泰山北斗"。诗、词、散文皆善,传世著作达数十种。创"神韵"说,提倡清新淡远、蕴藉含蓄的诗风。有诗集《带经堂集》、《渔洋山人精华录》,词集《衍波词》。另著有《居易录》、《池北偶谈》、《香祖笔记》、《分甘余话》、《渔洋诗话》等,编修类书《渊鉴类函》四白五十四卷。

田雯与王士禛的交游分为三个阶段:

第一阶段:初为京官时期,康熙六年丁未(1667)至康熙十九年庚申(1680)。

康熙六年,田雯入京补授秘书院中书舍人,是年,王士禛恰由扬州进京任礼部主客司主事,由此两人初次见面,时间为康熙六年至十年之间。随

---

① 转引自李永祥选注:《王苹诗文选》,第224页。
② 详见拙文《王士禛与田雯交游考论》,《山东大学学报》2009年第2期。

后,田雯成为王士禛重要诗友,集会论诗,覃思正变。田雯《蒙斋年谱》称:康熙十四年"从王公士禛、施公闰章论诗,每从末座,时接微言,苟有会心,强名悬解"①。言行谦恭。

康熙十五年丙辰(1676),田雯于户部云南司员外郎任上奉旨监督大通桥漕运,工程竣工,勒石官廨,作五言古诗《大通桥行》。是年九月十日,田雯邀王士禛等友人泛通惠河,赋诗作图,田雯有七古《九月十日同北山、阮亭两先生,实荐、蛟门、方山、修来、子昭、良哉诸子,介眉家兄,泛通惠河,属郁生作图,歌以纪之》诗,众人唱和,王士禛对田雯的《大通桥行》评价甚高:认为田雯是在为民请命、为民陈情,《大通桥行》有《诗经·大东》篇的"刺乱"精神。

康熙十六年丁巳(1677)十月,王士禛选田雯之诗入《十子诗略》,刻于京师,世称"金台十子"②,这次集诗刻印,对田雯等人在诗坛上的声誉是一次极大的提升。应该说,正是因为渔洋的提携,田雯的诗名由此开始走向全国。同年十月,田雯归乡宁觐,王士禛与林尧英有诗送之。王士禛作《送田子纶郎中归省》。

康熙十八年己未(1679)七月,北京发生大地震,田雯作《移居诗》,王士禛到田雯新寓探望,对《移居诗》极为称赏,并和诗一首《和田子纶郎中移居》,随后《移居诗》流传开来。

康熙十九年庚申(1680)八月,王士禛、陈维崧等齐聚孙蕙斋,送田雯出任江南学政,王士禛作《雨集孙树百给谏宅送田子纶学使之江南听小史弹琴作》。

第二阶段:分司内外时期,康熙二十年(1681)至康熙三十年(1690)。

康熙十九年庚申(1680)田雯升江南学政离京外任。康熙二十五年丙寅(1686),秋,王士禛欣赏田雯弟子历城秀才王苹之才,写信向时任山东巡抚的张鹏推荐,王苹得到"特招"、"赠金"的礼遇。

康熙二十九年庚午(1690),田雯在贵州巡抚任。五月,徐胜力典贵州

① 田雯:《蒙斋年谱》,《德州田氏丛书》。
② 王士禛:《居易录》,文渊阁《四库全书》本。

乡试,王士禛有七律《送徐胜力宫谕典试贵州兼寄田纶霞中丞》诗。徐胜力典试完毕还朝之际,田雯写有七古《送徐谕德华隐还朝》诗,诗中有"渔洋夫子爱奇士,见此大叫喜欲狂"等诗句,表达了对王士禛的问候与敬意。康熙三十年辛未(1691)三月,田雯将抚黔任上撰写的《黔书》寄给王士禛,并乞序,"名宦"卷颇多笔墨涉及士禛先祖王重光事迹。王士禛作《跋黔书》称田雯所撰《黔书》"凡七十六篇篇不一格……文笔奇峭"①。

第三阶段:再次同官京师时期,康熙三十一年(1692)至康熙四十一年(1702)。

康熙三十一年壬申(1692),田雯丁忧在籍,二月,田雯葬母于先垄,请王士禛为母撰《田母张太恭人墓表》。八月二十八日,王士禛五十九岁诞辰,田雯特地进京为王士禛祝寿,田雯撰写《王少司农寿序》。

康熙三十四年乙亥(1695),十二月二十六日,田雯与王士禛等同集陆癸哉寓斋,观龙燮编《琼花梦》传奇,吟诗。田雯有《乙亥除夕前四日偕诸子陪渔洋先生宴集陆癸哉郎中寓斋即事漫题四绝句先是殷子彦来以石花鱼见饷故篇首及之》组诗四首。

康熙三十六年(1697)十月,田雯祖父田实栗被列乡贤祠崇祀,王士禛为田雯祖父田实栗作《田裕所先生传》。

康熙三十九年庚辰(1700)十二月二十六日,田雯与王士禛、吴涵小集卞永誉斋中,观唐吴道子《维摩像》、曹霸《人马》、郭熙《三松》、赵大年《柳庄观荷》、关仝《袁安卧雪》等唐宋元明名迹多幅。田雯作七古《冬夜陪渔洋饮卞令之少司寇斋中听小伶度曲令之出吴道子画维摩像索题》。

康熙四十一年壬午(1702)正月二十四日,田雯致仕启程回籍。王士禛在北京外城西面的广宁门设宴为田雯饯别,并写下《送田纶霞少司徒予告还德州六首》组诗。

王士禛的《居易录》共三十四卷,是从康熙二十八年(1689)丁忧服满后进京至四十年的十三年中所记,其中有 12 处与田雯有关的资料,主要记录了田雯自贵州回京后两人的交往情况。如卷二十三、卷二十四、卷二十六、

---

① 王士禛:《居易录》,文渊阁《四库全书》本。

卷二十九等。两人切磋诗艺,研习书画,品评人物,谈论奇闻轶事,无话不谈,真正达到挚友的境界。

康熙四十三年甲申(1704)二月,田雯卒。九月,王士禛因王五一案失出,罢归回籍。归乡后,著《香祖笔记》共十二卷,有4处关于田雯的讯息,包括康熙四十一年十月康熙帝南巡,初五日驻跸德州,赐田雯"寒绿堂"匾额以及田雯回籍调理服药时,嫌药名俗"易他名始服之"之事,关注致仕后的老友。

田雯与王士禛同为康熙朝诗坛名家和政坛名臣,于清初诗学纷争的大背景下,两人"同郡同时"、成就斐然但诗美追求不同,遂使学界对他们的关系产生诸多猜测以至于误解。以纪昀为代表,《四库全书总目提要》中说田雯对诗坛盟主王士禛"不相辨难,亦不相结纳"、"隐然负气不相下"、"欲以奇丽驾士禛上",考察两人的诗歌创作与诗学主张,王士禛早年崇唐,中年涉宋,晚年又复归到唐;田雯少年学唐,中年事宋,晚年则归于苏轼与白香山,尽管两人的诗学思想中前期同调而晚年旨趣迥异,但两人并非"不相结纳"、互立门户、"争名角立",而是交往密切、关系融洽,已臻"和而不同"的君子境界。

第二节　田同之交游考略

田同之一生入仕时间较短,国子监学正的职级不高,但其依靠家学影响与自身的文化素养,与宇内众多文人结交,成为德州田氏田雯之外有着巨大影响的著名诗人与学者。现将其交游对象与交游情况考证如下:

果毅亲王(1697—1738),清康熙帝第十七子,庶妃陈氏即纯裕勤妃出,雍正帝异母弟。其初行次为第二十七,旗籍正红旗。幼从学沈德潜,豁达识体,不参与皇权之争,且又聪明持重,政绩斐然。雍正即位后,为避圣讳改为"允"字排行称"允礼",曾秘密奏请蠲免江南诸省民欠漕粮、芦课、学租、杂税,获准,有着"秉性忠直"、"存心宽厚"的赞誉,卒谥毅。著有《春和堂集》、《工程做法》等书。

雍正七年己酉(1729)，田同之奉父命进京赴工部学习,时值果亲王统理工部,同之在工部见习二年,恪尽职守,不以身无专职而懈怠,深得果亲王赞许。于国子监学正任满,正值工部缺员,果亲王念其当年勤劳,拟擢同之任工部都水司主事,同之以亲老家贫不能久任为由婉拒,果亲王更加赞许同之的人品,亲自书写《天马赋》一缣、泥金扇面一把奖与同之。[①] 同之终生感念亲王的知遇之恩。

沈德潜(1673—1769),字确士,号归愚,长洲(今江苏苏州)人,清乾隆朝著名诗人。乾隆元年(1736)荐举博学鸿词科,乾隆四年(1739)成进士,曾任内阁学士兼礼部侍郎。为叶燮门人,论诗主格调,提倡温柔敦厚之诗教。现存两千三百多首诗,多歌功颂德之作,少数篇章对民间疾苦有所反映。所著有《沈归愚诗文全集》(乾隆刻本),包括自订《年谱》一卷、《归愚诗钞》十四卷、《归愚诗钞馀集》六卷、《竹啸轩诗钞》十八卷、《矢音集》四卷、《黄山游草》一卷、《归愚文钞》十二卷、《归愚文续》十二卷、《说诗晬语》二卷、《浙江省通志图说》一卷、《南巡诗》一卷等。又选有《古诗源》、《唐诗别裁集》、《明诗别裁集》、《清诗别裁集》等,流传颇广,影响巨大。

雍正十三年(1735)乙卯初夏,沈德潜入京应试,"定寓后,日课古学,四方名流时会合"[②],田同之时任国子监学正,与其定交。后沈德潜为田同之诗集《砚思集》作《小山姜诗序》,序云:

> 乙卯夏,余之京师,以诗作合得交于德州小山姜田先生。先生为司农山姜之孙,而新城王司寇阮亭先生尊所闻以治诗者也。其为诗称指也微,感心也异,取格也高,流韵也远。挹之有神,索之无迹,得唐贤三昧风味,而人世纤秾绮靡之习不存焉。门风宗法,两有所得矣。
>
> 忆余年十五六时,即嗜有韵语。适山姜先生建牙开府于吴,然以年齿少,分属卑末,无因缘进见。年三十余,两致书于新城先生。先生亦前后裁诗作答。方思并世而生,何难走千五百里外,侍几杖于夫于亭间,以

---

① 参见田雯、田同之等:《安德田氏族谱》卷二。
② 沈德潜:《沈归愚自定年谱》,潘务正、李言点校:《沈德潜诗文集》,人民文学出版社,2011 年,第2114 页。

偿生平之愿。而先生遽成古人矣。今幸得交于山姜先生之孙,尊所闻于新城先生者。挹其流风,闻其绪论,何啻亲炙前贤?而惜乎齿颊心短,前望茫然,惟读小山姜诗而美其渐涵于门风宗法者为已深也。

小山姜尝谓余曰:"前三四十年,无朝野内外,言诗者必以新城、德州为归,今狷薄后生,置德州不议,而思集矢新城以快口吻,甚有著为论说以排之者。而排之者即曩日手摹心追之人,是世道人心之忧也。"余曰:"昔孔子论乐,首辨雅郑。新城之诗,雅宗也。今之排新城者,句佻字艳,以求工为靡曼淫哇之辞,则彼之竭心殚力以薪胜于前民者,适为孔子所放而已。先生守而不变,是先生之定力也。于纷纭者曷怪焉?"

小山姜又曰:"子序我诗,不必别有称引,惟述子曩时之向往,与好议论者之反复,以及余之笃守门风宗法,而惟恐失坠,是我心也。"余曰"唯唯"。谨承命,遂不溢一语序之。①

而沈德潜七律《过德州追忆田在田国博》诗云:

> 杜亭良唔一尊同,此日经过叹断蓬。
> 国子先生余道气,渔洋高弟失宗风。
> 人琴消歇霜中柳,南北奔驰塞上鸿。
> 尔我粗留诗卷在,后贤莫认注鱼虫。

首句沈氏自注"己巳年事"。己巳为乾隆十四年(1749),是年沈德潜77岁,获准致仕归乡,诗中"杜亭良唔",应是归乡途中经过德州,沈德潜探访田同之于尊水园中。

田同之在自己的诗文中留有大量与沈氏交游酬唱的诗文,七古《与沈归愚庶常论诗因属其选裁本朝风雅以挽颓波》是论诗之作:

> 东阳吉士今稚圭,说诗沁入诗人脾。

---

① 沈德潜:《沈归愚自定年谱》,潘务正、李言点校:《沈德潜诗文集》,第 1715—1716 页。

殷殷雅意怜同调,停桡三日长河湄。
把臂依然忘我丑,我心写兮前致词。
风雅颂骚历今古,英灵秀气各含吐。
八代三唐两宋间,但有正变无门户。
底事有明三百年,分疆别界如秦楚。
甫辛高杨革元风,西昆台阁偏争雄。
李何边徐盛弘正,炳如星日悬天中。
讵料公安竟陵起,一则魔兮一则俚。
魔俚相承溺浊流,赖有黄门追正始。
正始未复虞山来,不分雅郑分朋俦。
党同伐异恣颠倒,七子前后遭斥排。
瑶琴宝瑟置不齿,赏心筝笛琵琶耳。
石湖为矩剑南规,甚至老杜相戒止。
迨及我朝重右文,宾龙绣虎来纷纷。
或如开宝称大手,或如元祐策奇勋。
或如长江捲沙沫,或如灵沼无尘氛。
名家大家各位置,坛坫巍巍夸并峙。
争为山东一瓣香,崇如信阳同北地。
山姜花谢蚕尾倾,野狐怪鸟齐争鸣。
泛泛东流视安德,猖狂尨吠集新城。
黄钟毁弃瓦缶重,照乘不珍蚘九弄。
陈相便尔嫉陈良,师有屈兮弟无宋。
扶轮大雅非君谁,屈直先自海岱讼。
况君已到蓬莱墟,清华高占非难呼。
选裁伪体君之分,莫教此事终模糊。
千秋永赖老归愚。①

---

① 田同之:《砚思集》,《德州田氏丛书》。

沈德潜在德州驻留三日,应是居于古欢堂中,田同之与沈氏把臂论诗,相谈甚欢。两人诗论相似,互引同调,对千百年来的诗歌流变,尤其是对有明以来的诗学流派进行辨析,对诗坛上忽视田雯、攻击王士禛的现象进行了痛斥,田同之对沈德潜给予无限的期望,认为其是当代扶轮大雅的盟主,应当充分发挥自身的政治文化影响,做好别裁伪体的选诗工作,将《清诗别裁集》的编纂事宜做好。

而田同之晚年在编订诗集时,向沈德潜请序,有《与宫詹沈归愚先生》信一封和七律《柬沈归愚徵君即祈删定拙集》诗一首,信云:

> 不拜丰姿,又将五载。虽溯洄莫从,然有怀大雅,瓣香未忘也。足下名高三馆,知遇九重,燕许声华,洋溢中外,可谓不负怀抱足慰平生矣。比来著作日盛,新刻又增几种,便中务求寄示以慰饥渴。同淹寒龙钟,百念灰冷,曳尾山中,惟日与吠蛤鸣蛙一体歌咏太平,别无所事也。兹因拙稿就梓,乃向蒙删定并赐大序者,特此奉寄外,别刻三种,一并就正,其余尚希代为流播。所谓苍蝇之飞不过十步,一附骥尾便足千里,不能不于知己是赖也。瞻望无期,临书心结。①

此时两人身份高下悬殊,五年不见,恭维寒暄在所难免。但其表象之下,不难品出两人的"知己"关系。

沈廷芳(1702—1772),字畹叔,一字荻林,号椒园,仁和(今杭州)人。乾隆元年(1736)举博学鸿词,选为翰林院庶吉士,授编修,出任山东道监察御史。乾隆八年(1743)改巡江南道,巡视山东漕运,兼理河务,乾隆九年(1744),在兖州建祠立碑,纪念唐代诗人杜甫。后转任登莱青道,官至山东按察使。风流儒雅,工诗擅书,有《隐拙斋诗集》三十卷、《隐拙斋文集》二十卷等著作传世。

沈廷芳是田同之在京时的"群雅堂"老友之一,比田同之小 24 岁,两人为忘年之交。沈氏仕宦生涯中的大量时间是在山东为官,且颇有政声。田

---

① 田同之:《二学亭文涘》,《德州田氏丛书》。

同之《砚思集》中许多诗篇记载与沈畹叔一起访友、饮酒、题画、赠别等交游活动,这些诗篇有的写于京师,有的作于德州。如七古《雨后同朱西簏、沈畹叔、王载扬访峻克明不遇,归寓无聊,得载扬典衣买蟹酒共醉亦客中一佳话也,赋之》《题沈畹叔南阶初卉图》,七律《秋日感怀因寄沈畹叔编修》等。乾隆十年(1745),沈廷芳进京述职,田同之有七古《送别沈侍御椒园还京》相赠:

> 去冬君向任城去,六花飘瑞如飞絮。
> 今年君自任城回,知时好雨如轻埃。
> 每怀靡及多佳政,漕河奏绩复纶命。
> 利兴弊革共喧传,纷纷诗什争相赠。
> 争相赠,岂溢辞,三疏足证猷守为。
> 况是南池标胜迹,文章治术留金石。
> 五朝驻节小壶城,榴花照眼眼倍明。
> 故人相送不胜情,惟期屏藩海岱再,
> 复迎双旌。①

同之赞赏沈廷芳在任期间的“佳政”,期待好友能再次回到山东任职。果然,沈廷芳转任登莱青道,田同之写下七古《送沈椒园之登莱青监司任》:

> 纲缊海岱纵且横,亘绵齐鲁未了青。
> 屏藩地重关诚巨,监司人自须铮铮。
> 不忘不泄劳宵旰,西台慎择贤且能。
> 东阳允为真御史,帝曰汝往青莱登。
> 小雪已过大雪半,一琴一鹤随行縢。
> 行縢之外复何有,经史装载三车盈。
> 大珠小珠文光映,颎耳茓目尘氛清。

---

① 田同之:《砚思集》,《德州田氏丛书》。

　　况是二东思旧泽,叟童鼓舞迎双旌。
　　仁见海疆臻上理,建牙仍返峮山亭。

"缊缊海岱纵且横,亘绵齐鲁未了青"。对老友连续在山东任职,同之感到
由衷的欣慰与高兴,"监司人自须铮铮"、"西台慎择贤且能"、"经史装载三
车盈",则是赞美沈廷芳的人品才能,"建牙仍返峮山亭"一句是对沈氏仕途
前景的美好祝愿和自己的内心期盼,希望廷芳能在济南的峮山亭畔开府建
牙,主政封疆。后来,沈廷芳果然官至山东布政使。
　　乾隆九年(1744)冬至前夜,沈廷芳途经德州,夜访同之并留诗,同之赋
赠《甲子长至前一日月下沈侍御晼叔过访见遗一诗赋答》七律一首:

　　群雅争推八咏名,一番重晤小壶城。
　　绣衣不外荷衣侣,今雨犹深旧雨情。
　　晴雪光浮萝薜冷,古欢堂映月华清。
　　十年心事何由罄,草草匆匆感倍生。

"群雅争推八咏名",点明沈氏与同之皆为当时京城"群雅堂"的八友成员,老友
重逢"小壶城"(德州),情感自不一般,特别是已经显达的身着"绣衣"的沈廷芳
前来探望身披"荷衣"、蛰伏岩间的自己,这份今雨、旧雨深情就如同古欢堂前的
月辉,是那样的纯净、迷人……这首酬赠小诗因为真情所寄,分外感人。
　　乾隆十三年(1748)秋,沈廷芳在其《二学亭文涘序》中,对田同之确守
门风、固秉家学也推崇备至:

　　……国朝硕儒林列,海内主坛坫者,其在山左则有渔洋王公、山姜
田公,皆能以实学发为藻采,上溯先民之矩矱,天下士莫不宗之,数十
年间,王氏子孙寖替,独田氏确守门风。先生为公文孙,又曾亲炙渔
洋,凤闻绪论,好学不倦,老而弥笃。故其为文理丰而义切,丽则而雅
驯,洵足载道以传世,为斯文之正宗矣,夫山左故齐鲁文学之国,又近

圣人之居,余韵遗俗犹有存者。先生固秉家学,其亦闻风而兴起者乎?廷芳弱冠后游京师得托先生忘年之雅,后先君来京始与先生叙同举之分,论文而深契焉,尝手西圃文数篇示廷芳曰小子识之,今世之士无复为斯文者也。迄今敬志弗敢忘,比年以来于役二东,频登古欢之堂,尤得执经请益,于时先生年七十余矣,犹能为廷芳作《南池杜公祠记》,其神明不衰不愈可见耶。……

　　　　　　　乾隆戊辰仲秋既望仁和沈廷芳拜纂①

这篇序文回顾了两人往年之交的情谊。文中提到的《南池杜公祠记》,是乾隆十二年(1747)时田同之应沈廷芳的邀请,为其在兖州建杜公祠所撰写的记文,后田同之还在其系列怀古词《满江红》中,作有《满江红·题南池杜工部祠》词一篇,特别注明"祠为沈侍御椒园创建"。

　　沈廷芳之子沈世炜是田同之的及门弟子,田同之诗文中有两篇文字是写给沈世炜的,一为其诗集所撰的《沈楼诗草序》:

　　　　学诗者,以唐人为宗,此遵道而得周行者也。顾今之学者舍唐人而称宋,又专取其不善变者效之,鄙里以为文靡嫚嬉衰,以为尚且翊翊自得,并当世之典型而诋毁焉,是非倒置、黑白茫然,不啻饮狂泉而病喑吆焉?亦何怪乎诗人益多而诗益亡耶?

　　　　沈子南雷为吾老友沈椒园先生哲嗣,年少而才高,所师法古意,不屑为啖名客,真法门中龙象也,因从余游得诵其沈楼诗草,其气清,其调雅,泠泠亭亭如初日芙蓉,由此以往,继正声,裁伪体,行见云蒸龙变,自能起而挽颓风者。而东溟之洲主,南黔之左蠡,岂降心以相从哉,故欣然书之,以张吾军之帜。②

沈世炜从游田氏应是早年京师时事,其诗"气清"、"调雅",可见田氏的影

----

① 田同之:《二学亭文涘》,《德州田氏丛书》。
② 田同之:《二学亭文涘》,《德州田氏丛书》。

响。而五律《赠及门沈南雷兼与论诗二首》更见出作为师长的田同之的殷殷之情：

一

老凤腾声久，更余雏凤清。

他年占国器，早岁饮香茗。

霭霭春云度，昂昂龙虎精。

东阳标世美，相继应和鸣。

二

风雅谈何易，徒劳今古吟。

无声弦指外，谁辨广陵音。

老马惭孤竹，新莺接上林。

相期两不负，一印岁寒心。①

"他年占国器"、"新莺接上林"、"相期两不负"、全诗充满了对爱徒仕途和诗文大雅传承的双重期待。

张元（1672—1756），字长四，一字殿传，号榆村，淄川人，张庆笃之从子。力学过人，终生手不释卷，年轻时的张元长期在济南朱缃家设帐授徒，雍正四年（1726）中举人，后连试不中，直到八十多岁才担任鱼台县教谕。工诗，少年时与高凤翰、朱令昭等同结柳庄诗社，著有《绿筠轩诗》四卷。

淄川张氏与德州田氏为世交，张元与田霡、田同之皆交往密切。田同之曾受业于张元从伯父顾斋先生，张元为田同之《砚思集》作序，称其诗格高、调雅、神清、骨秀，同之能承家学、慎师资而又不自满，假以时日，必不愧于"小山姜"之称。张元七十余岁时曾于德州生活，前后有八年之久，八年之中田张友情得到进一步深化、巩固。

《砚思集》中有五言古诗《雨过独酌有怀张大榆村》，五律《赠别张榆村二首》，《答张榆村》，五古《叶仲一、张榆村偶过寒绿堂小饮话旧》中有诗

---

① 田同之：《砚思集》，《德州田氏丛书》。

句:"何期聚三老,二百又十岁。……一樽倾倒间,聊答岁寒意。"张元携友人同到寒绿堂中拜访同之,三位七十余岁的老者,饮酒话旧,畅叙友情。

张凤孙,字少仪,江苏华亭(今上海松江)人,雍正十年(1732)副贡,乾隆间举鸿博,又荐经学,三十一年(1766)知邵武府,后官至刑部郎中,诗秀杰清丽,又工骈文,著有《宝田诗钞》。

张凤孙为京师"群雅堂"八友之一。在京期间,宴饮、出游、酬唱、题赠,交往密切。田同之的《晚香词》由"云间张凤孙少仪评"。《砚思集》有《查鲁存招同汪师李张少仪陈江皋赵浅山刘秋野胡霞峰并令兄心毂集香雨庵即席分韵得天字》诗。七古《秋日张少仪偕张鸿勋李开地程轶青停舟过访古欢堂留饮承赠四诗即事赋答并送南归》则是赠别之诗:

五载不踏金台尘,菰庐况味河之滨。
五陵裘马迷旧雨,诗筒兰谱犹参伍。
城下忽停书画船,吴门佳客来翩翩。
二张风雅齐名久,李程年少好身手。
老槐明月古欢堂,曹刘沈谢挥瑶章。
相逢忽漫匆匆去,离愁空指江东树。

乾隆五年(1740)秋月,张凤孙等南归停舟造访德州,同之在古欢堂宴饮招待,相谈甚欢,然老友来去匆匆,又使诗人倍感离愁。

朱蔚,字霞山,号西簶,廪贡生,年十四补博士弟子,屡困场屋,诗宗汉魏,文学曾子,生性严肃凝重,不苟言笑,与人交往崇尚情谊、意气,有古人之风,殁后遗稿散佚,仅存《春明吟稿》一卷。[1]

朱蔚为京师"群雅堂"八友之一,田同之与朱蔚志趣相投,情谊真挚,是田同之终生怀想的挚友。《砚思集》中存有多首写与朱蔚的交游、酬赠、思怀之作。如五律《怀朱大霞山》,七古《寄怀西簶》、《首夏偕育斋载扬西簶……丰台看芍药分赋》,七律《送朱霞山下第归武林》,七绝《送朱西簶归嘉

[1] 参见《(嘉庆)桐乡县志》卷七《文苑》。

兴兼寄诸同学》等,五古《予诗既梓因念亡友朱霞山当时雅谊言犹在耳漫纪
一首》有句云:

> ……
>
> 吾友霞山子,感激愤高义。
> 尝云有不豫,梨枣我代计。
> 托钵江南北,有目谅同志。
> 十载床头语,中藏未忘记。
> 残喘我尚留,我友胡先逝。
> ……
> 赏音既已亡,十三徽亦赘。
> 琴碎感伯牙,铸金何可慰。[①]

田同之与朱蔚曾身事相托,诗文同调,如今朱蔚先逝,尽管诗集刊刻已成,
同之自有知音已没的感叹。

许佩璜,字渭符,号双渠,江都人。乾隆丙辰举博学鸿词,官卫辉同知、
开封同知,后出任德州知州,有《抱山吟》行世。

许佩璜为京师"群雅堂"八友之一,田同之七律《读徐夫人淑则绿净轩
诗因怀长公渭符别驾》:

> 戏马台边唱竹枝,江楼山郭影参差。
> 三朝系缆维扬岸,一卷披吟绿净诗。
> 林下朗风溯吴楚,房中绝调愧须眉。
> 更余玉树森莲幕,明月桃源几梦思。

徐淑则,字德音,浙江钱塘人,漕运总督徐旭龄孙女,内阁中书江苏江都许
迎年妻,许佩璜母,有《绿净轩诗钞》五卷,清代著名闺阁诗人。同之读佩璜

---

① 田同之:《砚思集》,《德州田氏丛书》。

母亲诗作,自然想到自己的老友,"明月桃源几梦思",末句自注"渭符奉委河工时在桃源一带",点名题旨,表明了对珮璜的牵念。

而五古《九月五日许渭符司马招饮署中论诗并示新什赋此以赠》,记载的则是重阳节前,身为德州知州的许佩璜招饮田同之到衙署论诗、作诗一事:

> 淅淅商飇发,冉冉篱花黄。
> 一尊开莲幕,佳会迎重阳。
> 溯我旧渊源,示我新篇章。
> 滴滴醉醍醐,其味清且芳。
> ……

商飇,秋风意。在秋高气爽、佳节重阳的氛围中,作为父母官的许佩璜以老友的身份邀请田同之到衙署做客,追溯德州田氏的家学渊源,将自己创作的新诗就教同之,美酒滴滴入唇,清远飘香,在欢畅的气氛里,两人探讨诗学源流正变,盛赞国朝山左诗坛的繁盛和渔洋、山姜的双峰对峙,慨叹当代诗坛的雅正不分,风骚不传:

> 轻材愧无力,塞耳凭低昂。
> 欲以返正始,非君堪谁当。

轻材,小才意。同之感慨自己的无奈,期望许氏能担负使诗坛重返正始的重任,全诗体现出两位老友间真挚的情谊与信任。

刘大魁(1698—1779),字才甫,一字耕南,号海峰。桐城(今属安庆市枞阳县)人。年轻时入京,当时他的同乡方苞以古文负一时众望,见刘大魁文,极为赞赏。应博学鸿词科和经学科的荐举,皆落选,后为黟县教谕,数年告归。桐城文派散文代表作家之一,是方苞的得意门生,又是姚鼐的老师,起到了承上启下的关键作用,故被尊为"桐城三祖"之一。

王藻,字载扬,号梅沜,吴江人,监生,乾隆丙辰荐举博学鸿词,著《莺脰湖庄集》。

田同之《砚思集》中有五律《怀刘耕南王载扬两同学》：

> 二妙青门别，于今已十年。
> 淳泓遡莺胆，绣错忆龙眠。
> 豪气刘公翰，逸情王仲宣。
> 大江南北限，云树冷秋烟。

青门，泛指京城东门，在京城与两位才子一别，十年光景倏忽而逝，但十年当中，往昔一起畅游、交游的情景历历在目，刘大櫆的豪爽、王藻的潇洒依然难忘。大江南北空间的阻隔，世事变迁，使离别想念之情像云烟般凄凉飘缈。

民国《德县志》载：

> 同之渊源家学，沉酣于诗，与陈树蓍、沈椒园、符幼鲁、刘大魁、朱霞山、张少仪、王载扬诸名流沿波讨源，为群雅堂诗友。①

史料中所记载的"群雅堂"成员，还有陈树蓍、符曾。陈树蓍，字学田，湘潭人。以父荫授刑部郎中，后任长芦盐运使，历官鸿胪寺卿。符曾（1688—1760），字幼鲁，号药林，钱塘（今浙江杭州）人，监生。乾隆十二年（1747）举博学鸿词，官至户部郎中。著有《春凫小稿》及《半春唱和诗》行于世。

卢见曾（1690—1768），字抱孙，号雅雨山人，又号澹园，室名雅雨堂，山东德州人，清代著名刻书家、藏书家和优秀诗人。康熙五十年（1711）中举，康熙六十年（1721）进士。雍正三年（1725）任四川洪雅知县始，先后任职安徽蒙城知县、六安知州、亳州知州、江宁知府、颖州知府、江西饶九南道、两淮盐运使、直隶滦州知州、永平府知府、长芦盐运使，于乾隆十八年（1753）

---

① 民国二十四年（1935）修《德县志》卷十《人物志》。

复为两淮盐运使,乾隆二十七年(1762)告老还乡。卢见曾极富吏才,又雅好接纳文士,在扬州盐运使任上,数百士林名流皆被奉为上宾,惠栋、厉鹗、全祖望、沈大成、杭世骏、马曰琯、程梦星、金农、陈撰等一大批引领诗界、画界、学界风气的名流汇聚于卢见曾周围,受到淮扬一带的士林推崇,奉为领袖。乾隆三十三年(1768)两淮盐尹案发,被逮卒于苏州狱中,享年七十九岁,三年后大学士刘统勋为其昭雪。

田同之与卢见曾同乡、同学,德州田氏与卢氏是世交,见曾是田霡的及门弟子,同之也随季祖田霡学习,同之长见曾十三岁,两人情同手足。《砚思集》中有 7 首是写与卢见曾的。如五律《送卢抱孙之官洪雅》、《题凌云载酒图为卢抱孙》,七古《送卢抱孙出塞守台》,七律《寄怀卢抱孙》、《读卢抱孙马西园近诗因忆风雅旧宗长安胜事感赋一首》、《题出塞集为卢抱孙》,七绝《卢抱孙寄雅雨集并青城茶二首》等。

送卢抱孙之官洪雅

旧雨兼今雨,年来意倍亲。
风流岂同调,水乳信前因。
送汝神仙吏,嗟予琭碌人。
一尊香离思,怊怅卫河滨。①

此诗作者自注曰:"抱孙见赠诗有'一脉文章关两姓,可知水乳属前因'之句。"诗以今雨旧雨,水乳前因来比喻两人关系的密切。

李世垣,字星门,德州人,雍正十一年(1733)癸丑科进士,历官陕西富平知县、兴安知州,曾修富平南湖书院、通川书院,崇文尚教,雅有政声。

田同之与李世垣同里同学,田李两姓又是姻亲,两人关系密切。雍正七年(1729)己酉,田同之作为乡试同考官,赴南京分教江南乡试,在贡院衡鉴堂填写榜单时,牵挂在籍应试的叔父田白岩和同学李世垣,作七言律诗《衡鉴堂填榜因怀白岩叔氏并李星门同学在家消息》:

---

① 田同之:《砚思集》,《德州田氏丛书》。

> 争看乙榜揭秋风,环列冠裳一镜中。
>
> 漏滴笙簧鸡唱晓,香翻桂影烛摇红。
>
> 槐堂佳梦占遥月,茗阁泥金望远鸿。
>
> 眼底鹿鸣江上好,几回回首海云东。

"衡鉴堂"是明清时期贡院中品卷填榜场所,首联、颔联写衡鉴堂红火热闹的填榜、放榜景象,颈联、尾联诉说对在家乡参加乡试的叔父以及同学李世垣的挂念,"眼底鹿鸣江上好",眼前群贤毕至的得人胜景,"几回回首海云东",仍不能让同之忘却对亲朋的牵挂。

雍正十一年(1733)是大比之年,田同之时任国子监学正,李世垣借会议考试之机,拜访田同之,并在殿试中中三甲第 51 名进士,赐同进士出身,在送别李世垣回乡时,写下五古《送别李星门上第归里》二首,其一云:

> 依依陌上柳,遥映春明门。
>
> 翰尘散广路,芳草藉重茵。
>
> 我肠愁百结,迟回随车轮。
>
> 轮迟可使转,肠结何由伸。
>
> 情难遣此别,况为平生亲。

"情难遣此别,况为平生亲。"乡情、亲情在离别之际使人难以自禁。而七律《送李星门同学之任兴安牧》,则是为送同学李世垣升任陕西兴安直隶州知州而作:

> 八载离群及代期,相逢忽漫又相思。
>
> 楚山汉水连云处,舜旦尧天际盛时。
>
> 铁岭争欣甘雨沛,频阳独怅福星移。
>
> 龚黄事业为君券,珍重秋风进一卮。

首联"八载离群"是说离别之久,"相逢忽漫又相思"写欢会时间之短暂,曲笔诉说两人离情之重。颔联"楚山汉水"代指兴安,"舜旦尧天"喻济世功业,写对李世垣治绩的期许。颈联以兴安州境内的铁岭关代兴安,以"频阳"代富平,"铁岭争欣"、"频阳独怅"写出了李世垣作为廉吏给当地带来的福祉。尾联点出离别的季节,以汉循吏龚遂与黄霸比喻李世垣,表达对其前途的祝愿。

后来,田同之的《西圃丛辨》虽已截稿十余年,但因经济困顿却无力付梓,只好束之高阁。乾隆十九年(1754),李世垣出资刊刻了田同之的《西圃丛辨》,并为之作序,使这部著作得以保存、流布。

浦起龙(1679—1762),字二田,号孩禅,自署东山外史,晚号三山伧父,时称山伧先生,无锡市上福乡(今厚桥乡)前涧村人。康熙三十七年(1698)中秀才。翌年乡试落第。此后屡试不中,困顿场屋三十余年,以坐馆为生。康熙六十年(1721)夏,积十多年的研究成果,开始撰写《读杜心解》,于雍正二年(1724)写成。该书为杜诗学中的创新之作,许多观点被采入《唐宋诗醇》。雍正七年(1729)中举,次年中进士,先后历官扬州府学教授、云南昆明五华书院山长、苏州府学教授,主紫阳书院,学者王昶、钱大昕,经史学家王鸣盛皆出其门下。并编纂《古文眉诠》七十九卷,著《史通通释》,参修《无锡县志》。遗作有《酿蜜集》、《三山老人不是集》等。

浦起龙是田同之门生。雍正七年己酉(1729)江南乡试,浦起龙出田同之门,遂定交南京,以所撰"少陵诗解"就教同之。第二年师生相见于北京,浦起龙拜读《砚思集》并为之作序。序言称赞同之"以文章友教为性命",田诗倏然之表在王孟间,却深于性情,"貌不少陵也,然性情少陵也"。见出浦氏对同之的深刻领悟。

田同之《砚思集》中有五古《三山门外留别浦二田、蔡仲尹、郭春理诸及门》诗,诗云:

> 悠悠秦淮水,流达三山门。
> 扁舟遥相送,把袂各销魂。
> 销魂复销魂,河上倾离尊。

> 殷殷劳子意,草草将我言。
>
> 丈夫宝荣名,志士酬国恩。
>
> 鸿鹄千里飞,燕雀安足论。
>
> 愧我髦将及,潦倒依榆枌。
>
> 行行从此去,珍重张吾军。

雍正七年(1729),田同之分校江南乡试,试毕返京,诗写南京三山门外与浦起龙等门生离别时的情景。"把袂各销魂"状写依依不舍,离席之上,同之以"丈夫宝荣名,志士酬国恩。鸿鹄千里飞,燕雀安足论。"之壮语砥砺弟子。

罗克昌,江苏高邮人,雍正七年己酉科举人,出田同之之门,雍正八年(1730)庚戌科中进士,历官山东荣成知县、四川涪陵知州等职,荣成知县任上,应恩师同之之请为田肇丽作传。

第三节　德州田氏其他成员的交游

一、田绪宗

田绪宗是入清后德州田氏的第一位进士,是开启田氏家族通往上层社会之窗的重要人物,只可惜其初入仕途就以身殉职,其交际圈刚刚打开就关闭了,有史料可考的交游对象极少,主要是其科举中的座师、同学和设帐执教的生徒,以及短暂为官丽水时的上官、同僚。

李乔,江苏句容人,山东学使。崇祯三年(1630)三月,田绪宗参加州学考试,被山东提学李乔赏识,补为州生。

杜笃祜,山西蒲州人,明崇祯丙子举人。清顺治二年(1645),授延安府推官。先后历官户科给事中,顺治八年(1651)八月,充山东正考官。顺治九年七月以后,先后迁吏科左给事中、户科都给事中、太仆寺少卿、左通政、宗人府府丞、户部侍郎、太子少保、工部侍郎、吏部侍郎、都察院左都御史。

一生廉洁清正、疏除积弊,建言献策,几成定例。康熙十年(1671)致仕,卒于家。

杨时荐(1598—1666),字仲升,号贤甫,直隶巨鹿(今河北省巨鹿县)人,清顺治三年(1646)丙戌科进士,历官山东聊城知县、兵部主事、兵部郎中、都察院佥都御史、鸿胪寺卿、宗人府丞、都察院左副都御史、兵部右侍郎等职。生平清白自持,所守若寒素,尝自著《当官功过格》一册以自省,并著有《鉴征录》、《观善录》等。

刘早誉,洪洞人,时任莘县令。顺治八年,田绪宗乡试中举,名列第十二名。座师为杜笃祜、杨时荐,房师为刘早誉。

胡统虞,字孝绪,号此庵,清大臣,武陵人,潜心理学,通兵法,旁及神仙方技,明崇祯进士,遭国变被执不屈,顺治间起用,官至秘书院大学士,有《此庵语类》、《兵法三家撮要》、《明善堂集》等。

成克巩,字子固,号青坛,武陵人,明崇祯进士,顺治间起用,官至秘书院大学士,有《伦史编》。

章云鹭,山阴人,寄籍宛平,顺治四年(1647)进士,庶吉士,督捕侍郎。顺治九年,田绪宗进京参加会试,举礼部中第一百名进士。是科磨勘会试,会元程可则等6人被黜,名次改为九十四名。会试的主考座师即为胡统虞、成克巩,房师章云鹭。

曹尔堪(1617—1679),字子愿,号顾庵,浙江嘉兴籍,华亭(今上海市松江)人,顺治九年(1652)壬辰进士,与田绪宗为同门进士。入仕后改庶吉士,授编修,历官侍讲学士。博学多闻,善书、画,工诗,是明末清初柳州词派中的重要人物,有《杜鹃亭》、《南溪》、《客装里音》等集。与宋琬、沈荃、施闰章、王士禄、王士禛、汪琬、程可则并称为"海内八大家"或"清八大诗家"。

顺治十年(1653)八月,田绪宗选授浙江丽水县知县。曹尔堪有《送同门蓼菴先生之官丽水诗》。

白乃贞(1618—1683),字廉叔,号蕊渊,又号憨斋。清洵宽州人。清顺治八年(1651)中举,翌年进士,与田绪宗为同门进士。入仕后授翰林院检讨,任顺治大训纂修官。康熙二年(1663),任顺天府乡试主考官,择优取才,守正不阿,而罢黜归里,同僚备受牵连。数年后冤案昭雪,仍隐居乡里,诗酒为乐,勉学勤耕,本县科举中第者多出其门。著有《愁斋存稿》四卷,载入《四库全书总目》。

顺治九年九月,白乃贞约田绪宗共同入京接受馆选,但田绪宗因为继母病重而未能成行。

二、田需

田需中康熙十八年(1679)己未科进士,授翰林院庶吉士,后改编修,在任九年,康熙二十六年(1687)以病告归。因出仕时间较短,影响到其交游的层次与数量,其主要交游对象有:

赵执信(1662—1744),字伸符,号秋谷,亦号无想道人,晚号饴山老人,山东益都(今淄博市博山区)人。康熙十七年(1678),十七岁中山东乡试第二名举人,康熙十八年,十八岁中会试第六名,殿试二甲进士,选翰林院庶吉士,散馆授编修。二十三岁担任山西乡试正考官,二十五岁升右春坊右赞善兼翰林院检讨,名噪京都,与朱彝尊、陈维崧、毛奇龄、王士禛、洪升等交游。康熙二十八年(1689),因国恤期间观演《长生殿》而获罪罢官。清代著名的现实主义诗人,诗论家、书法家;名列"国朝六家",与查慎行齐名,有《饴山诗集》十九卷,《饴山文集》十二卷,《诗余》一卷,《谈龙录》一卷,《声调谱》一卷,《礼俗权衡》两卷等。

田需与赵执信为同榜进士,又有乡谊之情,据《清实录》卷八十一、九十六,初入仕途,两人同批次被授为翰林院庶吉士、编修,交往密切。田需逝后,赵执信为田需撰写了墓志铭。

赵作舟,字浮山,东平人。康熙己未(1679)进士,改庶吉士,由主事历官湖南辰沅道副使,有《文喜堂集》。田需与赵作舟为同榜进士,同为翰林院庶吉士。田需诗集《水东草堂诗》中有五古《喜赵浮山至》,从诗题可见出两人关系的依赖与默契。

李澄中(1630—1700),字渭清,号茵田,又号渔村,山东诸城人。生平简历见"田雯交游"部分。田需应是通过长兄田雯而结识李澄中,其《水东草堂诗集》中有七绝《同李渭清游善果寺》。

孙卓，字予立，号如斋，宣城人。康熙己未一甲二名进士，授编修。有《甓社斋诗稿》。田需与孙卓为康熙己未(1679)科同榜进士，有同年之谊，写有五古《孙予立奉使安南路过其兄衡阳官舍赋赠二首》。

萧惟豫，生平见前“田绪宗交游”部分。萧惟豫是德州田氏的世交，不仅与田绪宗、田雯交游，与田需交往也十分密切。田需诗集中有数首诗，记载他们的交游情况：七绝《戊辰春南游萧韩坡赋诗赠行途中用韵郤寄二首》，七律《九日同萧韩坡冯大木集程二如园亭》，五律《送萧韩坡游天台三首》等。

李兴祖，字广宁，号慎斋，奉天铁岭县人(今辽宁省铁岭市)，汉军旗人。家于安肃(今河北徐水)，自称铁岭李氏，先世以军功授铁岭都指挥使，入清贵盛无比，故获荫官部曹。康熙十三年(1674)任庆云知县。历河间知府、山东盐运使、江西布政使，以事罢官。康熙三十一至三十四年(1692—1695)任山东盐运使，重建历下亭。喜接交南士，风雅好事。修《庆云县志》，有《课慎堂诗集》若干卷，编纂《灵岩志》。

田需《水东草堂诗集》中有五古《历下亭诗柬李慎斋鹾使二首》[①]。

三、田霡

田霡康熙二十五年(1786)拔贡，授堂邑教谕，以病不赴。故田霡终生未仕，这极大地影响到交游面，其一生的主要交际对象有：

王士禛，生平简历见田雯交游部分。王士禛与德州田氏有不解之缘，田霡是其神韵诗学的追随者，王士禛激赏田霡的诗才，无论在京师还是德州都多次会面，曾为其撰《鬲津草堂诗序》，田霡诗集中有五律《西城别墅十三首为渔洋先生作》诗。

萧惟豫，生平简历见田雯交游部分。田霡《鬲津草堂诗集》中有五古《送萧侍读韩坡游嵩山》。

谢重辉，生平事迹见田雯交游部分。谢重辉是德州田氏的世交姻亲。与田氏交往密切，田霡诗集中有五古《同方山、子未过圣安寺观画壁，慧明

---

① 燕京大学图书馆藏《水东草堂诗集》中为“历下亭诗柬李慎菴鹾使二首”。

上人出王文安公所遗饮器觥酒相饷,晚归记事》、《招霖瞻、方山、大木、芳樾游慈氏寺》等诗。

孙勷(1656—1739),字子未,号峨山,又号诚斋,山东德州人。清顺治十二年乙未(1655)进士,康熙二十年辛酉(1681)解元,二十四年乙丑(1685)进士,授江南长洲(今江苏吴县)知县,为人清白廉洁,政声甚著,被称为"清介先生"。入翰林院,授检讨。四十八年己丑(1709)督学贵州,雍正元年癸卯(1723)补为通政司参议,不久被推为大理寺少卿。有《鹤侣斋文稿》四卷行世。

孙勷是田霡一生情谊最深的朋友,《鬲津草堂诗集》中存有众多记载与孙勷交往的诗作。如五古《同方山子未过圣安寺观画壁慧明上人出王文安公所遗饮器觥酒相饷,晚归记事》,五古《庚寅春孙学使莪山以书寄问作此答之》,七绝《津门去京师仅二百余里拟觅小车往看莪山少参》、《余与莪山少参别将二载甲辰初夏北上相访留三日而别三首》、《余倩友人画停云图于扇系似三绝句寄莪山少参蒙次韵衍停云之意作三绝句书扇寄余复叠韵酬之》,七律《送莪山馆卿北上即用留别原韵》等。

李浃,字孔皆,字霖瞻,号陶州,德州人。顺治三年(1646)丙戌进士,历官知延庆州、湖南茶陵州知州、芮城县令,后罢归。著有《陶庵集诗稿》、《年谱》行于世。

李浃是清初德州名士,田霡诗集中有五古《招霖瞻方山大木芳樾游慈氏寺》诗。

卢道悦,字喜臣,号梦山,山东德州人,卢见曾父亲。康熙九年(1670)进士。官河南偃师县知县,多善政。道悦著有《公余漫草》及《清福堂遗稿》。

田霡诗集中有五古《卢喜臣先生以新醅见遗赋谢》。

张元,生平简历见田同之交游部分。除田同之外,张元与田霡亦有交游,田霡《鬲津草堂诗集》有五古《张榆村将回般水即席赋送》诗。

卢见曾,生平简历见田同之交游部分。田霡是卢见曾的启蒙老师,一生关系密切。卢见曾有《书田香城先生自作墓志铭后》一文,田霡诗集中有五律《送卢抱孙之官洪雅二首》诗。

甘士调,字怀园,清代辽阳人,汉军籍,官中州都监,清代著名画家。田霖写有五古《寄甘别驾怀园四首》诗歌,抒写牵念之情。

四、田肇丽

田肇丽屡试不第,以荫生入仕,先后历官刑部、户部主事和郎中,监管富新仓满任,后因身体原因,退居林下,回到德州故里,终老一生。由于田肇丽遗世作品不多,现据《有怀堂文集》等有限史料能够梳理出的交游对象代表有:

翁嵩年(1647—1728),字康饴,号萝轩,钱塘(今杭州)人。康熙二十七年(1688)进士,官至广东提学,清初画家。

田肇丽《有怀堂诗集》中有七律《送翁康贻郎中归武林》诗。

李馥(1662—1745),字汝嘉,号鹿山,福建闽县人。康熙二十三年(1684)举人,官至浙江巡抚。工诗,有《鹿山诗钞》传于世。

田肇丽诗集中有五古《述怀柬李鹿山》五绝、《送李鹿山出守重庆四首》等诗,记述两人的离别、酬赠情怀。

张元臣,字志尹,号豆村,铜仁人。康熙丁丑进士,改庶吉士,授检讨。历官左谕德。有《豆村诗钞》。

田肇丽诗集中有七绝《张志尹迁少司成》诗一首。

裴幰度(1667—1740),字晋武,号香山。山西闻喜县人,历官浙江盐驿道、湖北按察使司按察使、贵州布政使、左都御史、江西巡抚,仕康熙、雍正、乾隆三朝,居官四十年,工诗文,善书画。

田肇丽诗集中有一首与裴幰度的和作是七律《和裴香山中丞原韵二首》。

卢见曾,生平经历见田同之交游部分。

作为长辈,田肇丽诗集中有七律《送卢抱孙之任洪雅》诗二首。

五、田中仪

田中仪,字无咎,号白岩,作为田雯的幼子,田中仪一生没有取得像样的功名,只是以岁贡官銮仪卫经历,工诗词,有《红雨斋诗词》遗世。在其友人中,纪昀可谓代表。

纪昀(1724—1805),字晓岚,一字春帆,晚号石云,道号观弈道人,清乾隆年间的著名学者、大臣,一代文宗,直隶献县(今河北献县)人。官至礼部尚书、协办大学士,曾任《四库全书》总纂修官。历雍正、乾隆、嘉庆三朝,享年八十二岁。卒后谥号文达。

乾隆十六年(1751),纪昀28岁在京习制义时,与田中仪定交,交往甚密。乾隆十七年七月,与田中仪等聚会于宋弼家,大谈狐仙故事。纪昀《阅微草堂笔记》中载有大量与田中仪交往记录,在其中的《如是我闻》《滦阳消夏录》《槐西杂志》等部分记录了不少田中仪的言行。

田中仪去世后,纪昀有诗《哭田白岩四首》,《南行杂咏》有《又悼田白岩中仪二首》。

第四节　德州田氏的交游方式与特点

作为地域文化家族,德州田氏由农耕家庭向耕读的转变过程,是一个由社会下层向上层的流动过程,在这个过程中,田氏家族成员的交游方式可以分为文人雅集、家族世交和仕宦因缘,诗酒相娱的交游特点,实现了情感交流、学术切磋和诗艺提升的功能,彰显了文化家族成员的诗性生存方式。

一、交游方式

在德州田氏家族的发展过程中,其交游方式主要可以分为文人雅集、家族世交和仕宦因缘三种方式:

（一）文人雅集

文人雅集即是文人交游的重要方式之一,历史上最为著名的文人雅集当属晋代王羲之的兰亭集会。在集会中,文人们抒发感情、创作诗文、交流感情,代表了文化家族成员一种诗性的人生存在方式,同时也是文学生产的方式之一。

在德州田氏家族的发展史上,家族成员多次参与大型文人雅集,有的还是集会的召集人。田雯在京任中书舍人时,公务清闲,大量时间参与文人雅集活动。《蒙斋年谱》载有田雯早年"西山集会"事:

　　壬子，三十八岁。三月，偕谢君重辉、张君衡游西山，信宿黄中丞山庄，有翠微、碧云、退谷、来青轩、松磴诸诗，又五言古诗六篇。春郊杖策，晚墅催灯。寻往迹以低徊，结朋徒而啸傲。亦间曹快游，冷官胜事也。①

谢重辉、张衡是田雯一生中的重要朋友，西山雅集的具体情景《蒙斋年谱》记载的不很具体，但集会的成果之一是诗人们创作了大量的诗文作品，田雯创作了十余首诗歌，田雯作《西山纪游诗序》结集，在仕宦并不显达的处境下，这种青年时期的交游是人生友情的重要积累，是伴随田雯度过"十年为郎"窘迫时期的"冷官胜事"。

　　康熙十六年，田雯位列"金台十子"，在诗坛影响力剧增。康熙十五年（1676）丙辰，田雯被指派监督大通桥漕运事务，《蒙斋年谱》云：

　　丙辰，四十二岁。奉差监督大通桥漕运事务。九月，报竣，作五言古诗一篇。勒石官廨，招集同人，泛舟通济河，绘图题七言歌行一篇，和者甚众。

在这次雅集中，田雯"招集"的"同人"有"北山、阮亭两先生，实荐、方山、修来、子昭、良哉诸子"②。北山即王曰高。王曰高，字登孺，一字北山，山东茌平人，时任工科给事中。能诗，有《有槐轩集》十卷，《四库总目》凡诗文五卷，常与王士禛兄弟唱和。这次集会，主要以乡谊、同僚为媒，而清初山左诗坛的繁盛又保证了参与雅集酬唱的皆是国朝的名家，正如谢重辉（方山）和诗云："座中主客尽名士，乘河歌笑吟须捋。""乘河歌笑"、"和者甚众"，与会者兴致勃勃，田雯作诗，众人附和，此时的田雯大有众星捧月的感觉。

　　田同之在京任国子监学正期间，与沈德潜、张少仪、朱霞山等交游，有"群雅堂八友"之誉，并被认为是康熙时期"金台十子"的后继。群雅堂集会

----

① 田雯：《蒙斋年谱》，《德州田氏丛书》。
② 田雯：《古欢堂集》，《德州田氏丛书》。

的具体胜景今无资料呈现,但沈廷芳途经德州,夜访同之并留诗,同之赋赠七律一首《甲子长至前一日,月下沈侍御畹叔过访,见遗一诗,赋答》有句云:"群雅争推八咏名,一番重晤小壶城。"可以想见当年京城群雅汇聚时,师友们纷纷推崇他们八人的诗作的情景,也正是这一雅集和随之而来的并称,影响了田同之一生,也几乎决定了其交游的层次与圈子。

(二)家族世交

在德州田氏的交游对象中,尤其是在同里的地域望族中,田氏家族成员的交游很多是家族世交,空间的便利与文化的认同使父辈的友情向下延展到子辈乃至孙辈的现象比比皆是。

如德州卢氏、谢氏与德州田氏的世交情谊就是极好的例证。卢道悦与田霡是好朋友,特别是卢道悦晚年退居林下以后,与田霡来往颇多,在田霡诗集中,有众多诗篇记载两人的交往,如五古《卢喜臣先生以新醴见遗赋谢》,五绝组诗《偃师留别卢明府喜臣内舅三首》等,而卢道悦在《清福堂诗稿》写有多首诗歌记载两人的交游。而在晚辈中,卢道悦之子卢见曾是田霡的及门弟子,见曾与田同之有同学之谊,前文已经叙及,兹不赘述。德州谢氏的谢重辉是田雯的老友、亲家,他们两家的关系更为亲密,在田肇丽传世不多的文章中,有为谢重辉写的《祭谢方山先生文》,田同之有七律《过谢方山先生草堂即事赋赠》,乡情、亲情、友情交织,可以见出德州田氏、谢氏两家的世代情缘,德州萧氏与德州田氏的世交情形与谢氏有相似之处,萧惟豫一生与田绪宗、田雯、田需、田霡、田肇丽等几代人交游密切。

历城王苹是田雯弟子,早年落拓不得志,得到田雯提携、田肇丽照拂,与田同之亦交好,田同之有《送王秋史入都》诗云"数载离群喜乍逢,秋装结束又匆匆","金台往事因回首,泪洒西风叹转蓬"等句,诗中自注"时先司农已归道山",可见在田雯逝后,王苹与德州田氏仍保持着深厚的情谊。

淄川的张元是田同之的好朋友,实际上,淄博张氏与德州田氏的交游可以上溯到张笃庆与田雯的交游,田霡与张元来往频繁,田同之曾受业于张元从伯父,两个家族始终保持着密切的关系。张元为田同之《砚思集》作序,田同之诗文集中有众多篇章是写给张元的。张元七十余岁时曾于德州生活,前后有八年之久,在生活上八年之中张元得到德州田氏不少关照。

（三）仕宦因缘

在封建社会文人士子的人生轨迹中，仕宦生涯无疑是其生命中的重要经历，与上官与同僚的公务往来中，志趣相投，惺惺相惜，交游圈中的众多际遇都是在此过程中形成。

在德州田氏的交游中，田雯与于成龙和余国柱的交游最富有传奇色彩。据《蒙斋年谱》记载，田雯与于成龙、余国柱的交游事实发生在康熙二十一年（1682）。是年四月，田雯江南学政期满卸任，他将公务做了交接，离开官衙，胥吏散去。按照成例，田雯需要向地方政府取得证明文书，即"取结"后离职，但由于田雯在任一年清廉独行，得罪了不少人，故遭到刁难与诽谤，田雯难以离任，只好在栖霞、牛首山游览，与山僧相往来，借民间私建的寺院居住，与普通百姓交游度日。是年四月，于成龙任两江总督，首先向周围人询问田雯因何事不能离职，当听说是因为不能取结于各署衙时，立即向布政使发去公函云：学政是上官，"取结"这种形式，是以下官决定上官的贤能与否，不合国体。况且田雯督学江南的官评，我早有访察，岂能听信于空穴来风？所有下属取结一概不用，只等上官的操评即可。第二天，田雯拜见于成龙，于对田雯说：你不擅长以权柄谋取钱财，拿不出"考满"的钱来，自然受人责难，我马上上疏，你应该尽快离开此地，哪能久居此地沉湎山水吟咏诗赋呢？于成龙与新任江宁巡抚余国柱一起上疏阐明田雯任期的贤德。田雯于是又去拜谢余国柱，余国柱与田雯曾同官户部，余为田雯设宴饯行，临别时余国柱拉着田雯的手说，你今后定会前程远大，但遇事勿恃才斗气，为人不要憨直。田雯说自己从未如此。余说你不记得你我同在户部为官时，为了筹饷之事与我抗争的事了吗？田雯说，真论起当年的事儿，还是我的策略是正确的，你所坚持的是错误的。余国柱云：你还是当年那个狂妄之徒。田雯问余公，当年你我相争如此激烈，今天为何还要帮我呢？余国柱答曰：这是对清官的报答啊。

田雯六十岁写《蒙斋年谱》，回想此段经历心怀仍不能平复，称赞于成龙"镇流言于四时"，余国柱为"特达之士"。

遗憾的是，田雯与于成龙、余国柱的交往时间短暂，交情没有得到深化，而与有的交往对象因长期公务交往渐成私交，感情甚笃。田雯在贵州巡抚任上与云贵总督范承勋因上下级关系交往密切,据《蒙斋年谱》记载,田雯任贵州巡抚伊始,针对苗乱,"贻制府书",上书云贵总督范承勋罢兵,以防代剿,得到范承勋的支持。康熙二十八年(1689),四川一名叫阿所的下层军官弑主反叛,两军阵前伤守备常珍,藏匿在川东土著安氏水城内,经常窜出掠民,成为地方一害。田雯奉旨会同范承勋等平定叛乱,众人会商后发檄文给安氏,陈明厉害,促使安氏缚住阿所献出,在平彝卫所将阿所定罪斩杀,结案后两人共游贵州清溪。后来两人晚年都在京为官,交游更为方便,从田雯诗集中可以见出,两人公务以外的私交很好,往来频繁,范承勋经常赠送田雯东西以示问候,从小吃到花木无所不有,田雯写有七绝《眉山馈乳饼》、《眉山惠红茶花二本》等诗记载了双方的交往。田雯诗集中还有不少诗歌记载他与其他同僚的私下往来,如七绝《新秋雨夕卞司寇斋中观剧》、《钟圣舆以芍药数枝见贻,同渔洋先生各赋一诗用答来意》等。

田同之与果郡王允礼和门生浦起龙的交游也是源于仕途因缘。田同之初入仕途在工部见习,期间恪尽职守,得到统理工部的果亲王的赏识。后同之任国子监学正期满,正值工部缺员,果亲王拟擢同之任工部都水司主事,同之以家贫亲老不能久任婉拒,果亲王对同之的人品更加赞许。拜别之际,亲自书写《天马赋》一缣、泥金扇面一把奖与同之。① 同之终生感念亲王的知遇之恩。雍正七年己酉(1729)江南乡试,同之出任乡试同考官,浦起龙出田同之门,这种师生之谊也是仕途交游的一种特殊形式。

二、诗酒相娱
——诗性的生存方式

清初,德州田氏是名扬宇内的文化家族,其家族成员不以仕宦显赫而著称,而是以其家学文化的厚重而闻名。像传统的文人一样,在田氏家族成员的人生轨迹与宦海沉浮中,朋友间的诗酒流连、游赏山水、观剧下棋的诗意生活方式成为排解失意愁怨的主要途径,也是其交游的重要方式。在诗酒相娱的过程中,实现了情感交流、学术切磋和诗艺提升的功能,进一步

---

① 参见田雯、田同之等:《安德田氏族谱》卷二。

加深了朋友间的情谊。

田雯虽官至侍郎,但他对二十多年仕宦生涯的体验并非愉悦轻松,说自己的仕途生涯是"大抵忧郁之日多,而娱适之日少也"①。尤其是其在早年的"十年为郎"时期,官闲署冷使他有时间从事文人雅集与诗歌创作。据《蒙斋年谱》:

> 乙卯四十一岁,从王公士禛、施公闰章论诗……时同人唱和……论诗而外,棋枰酒碗,呼庐博簺,殆无虚日。
>
> 丙辰四十二岁……与泽州陈公廷敬同居铁鹳巷,晨夕过从论诗。②

即使是在晚年看似顺意的岁月里,公务之余田雯也经常召集同僚好友饮酒、下棋、观剧,逢集必酒,逢集必诗,"酒"、"饮"、"宴"等字经常出现在交游酬唱诗题中,这是一种非功利的、诗意的生活方式。如田雯写有七古《冬夜陪渔洋饮卞令之少司寇斋中听小伶度曲令之出吴道子画维摩像索题》,七绝《冬夜招揆哉石楼鲁玉彦来文子小饮五首》、《乙亥除夕前四日偕诸子陪渔洋先生宴集陆揆哉郎中寓斋,即事漫题四绝句。先是殷子彦来以石花鱼见饷故篇首及之》、《新秋雨夕卞司寇斋中观剧》、《春夜观元龙子益对弈》等诗,田霦写有七绝《至维扬赴杨远卿招观剧二首》、《招振玉雨新尝新酒》、《与董季问论诗醉后狂题》,田同之有五古《魏商山招同赵青原小饮寓斋看菊》、《偶过传经堂留饮观剧即席赋赠萧直公表弟》,七古《宋静溪先生招同王寄堂方蕉衫宴集康园看吴下歌者演剧即于席上索作行草书扶醉归来东山月上矣歌以纪之》,七律《月夜饮同年乔司空丹葵寓斋》等诗。

毫无疑问,诗酒相娱性的交游对于仕途中的各种烦恼是最好的慰藉。诗人们往往以诗寄情,相互酬赠,在进行大量的诗义创作的同时,有时为了增加趣味,还要"分体"、"限字"、"依韵",在诗酒流连中加深了友情,也提高了诗艺。如田雯有七律诗《五月二十六日圣木怡斋过访偕雨来子益两弟

---

① 田雯:《蒙斋年谱》,刘聿鑫:《冯惟敏冯溥李之芳田雯张笃庆郝懿行王懿荣年谱》,第107页。
② 田雯:《蒙斋年谱》,刘聿鑫:《冯惟敏冯溥李之芳田雯张笃庆郝懿行王懿荣年谱》,第94页。

观荷分体四首》,田霡有五律《同储岊云卢抱孙萧郎甫赵根矩孙香祖以姓分咏古人田游岩》,七绝《和殷彦来送花与山姜诗用韵》《和萧道一原韵四首》《招王州刺公裔李翰林文众李孝廉圣木看芍药分韵三首》,田肇丽有七律《和裴香山中丞原韵二首》,田同之有五律《查鲁存招同汪师李张少仪陈江皋赵浅山刘秋野胡霞峰并令兄心穀集香雨庑即席分韵得天字》,七律《和王仪九助教西池看荷原韵》等诗。这种发于情、潜于学、游于艺的交游实践,使德州田氏家族成员的日常生活"文"化,从而达到了精神层面的"文"化、"诗"化、"雅"化。

第五章　德州田氏的文化四方

德州田氏作为世家望族，不以科甲隆盛、官高位显而著称于世，而是以文化、文学闻名宇内。尤其是德州田氏子孙受家族崇文尚学门风的影响，不论是宦游四方还是归隐田园，也不论是否任职教职，都能致力于设教兴学、著书立说、传播文化，其贡献突出地表现为宣教四方、纂修史志、文润乡梓等多个方面。

第一节　宣　教　四　方

作为地域文化世家，德州田氏众多子弟在出仕前后都有从事教职、设帐授徒、主考取士的人生经历。他们以自己的学问、人品给予后学以无尽的滋养，给四方之地以深刻的影响。

一、田绪宗兴学丽水

第六世的田绪宗，是清代德州田氏第一位出仕之人。田绪宗登第后，顺治十年(1653)八月，选授浙江处州府丽水县知县。顺治十一年正月在德州城南黄河崖旅舍辞别亲人，启程赴丽水，二月初九到任。丽水位于浙南，是处州府衙治所，虽非兵家必争之地，但也受到了明清易代社会动荡的影响。在经历了顺治三年的明勋戚方国安溃兵大掠和顺治八年的灾荒之后，民生凋敝，百废待兴，颇难治理。

绪宗洁己爱民，崇儒重士，在施以诸多仁政的同时，兴学教化。县学在

樨山之阳,是一座具有久远历史与深厚文化底蕴的建筑。元和十二年
(817),唐邺侯李泌之子李繁,袭父荫到处州作刺史,到任后建孔庙、倡儒
学,得到韩愈的赞赏,元和十五年(820),韩愈正在袁州(今江西宜春)任刺
史,李繁特意邀请博学高才的大文学家韩愈为孔庙作记,这就是韩愈传世
名作《处州孔子庙碑》的由来。据韩愈庙碑的记载,处州孔子庙建成后,李
繁置孔子弟子颜子至子夏十人塑像,又将其余孔子六十二弟子及后大儒公
羊高、左丘明、孟轲、荀况、伏生、毛公、韩生、董生、高堂生、扬雄、郑玄等数
十人的画像画在墙壁之上,再选博士弟子,置讲堂,教之行礼,习业其中,遂
开风气。李繁所建孔庙后辟为处州府学。宋景祐四年(1037)府学选址另
建,此处遂改为丽水县学。经过清初兵火之后,丽水县学倾废,田绪宗拿出
薪俸进行修葺,并设立丽泽大社,每月一定在公务之余亲课生徒,选拔其文
章品行兼优的年轻人为士子,以复丽水尚学之风。

关于"丽泽大社"的详情,由于缺乏资料已无法考证,但《丽水县志》对
绪宗有着极高的评价:

> 持法平,不以割断为能。爱礼文士,延款无虚日,甫三月吏民
> 乡化。[1]

提拔、接待文士"无虚日",仅仅三个月吏民便得到"乡化",可以见出绪宗实
施文教的作用,惟绪宗仅主政丽水半载即因病殉职任上,诚为憾事。

二、田雯督学江南、治蒙黔地

田雯一生宦海浮沉,一生笔耕不辍,游宦所至,辄有著述。督漕湖北
时,有《楚储末议》;巡抚贵州,则有《黔书》、《诗传备义八股文》;奉命勘河,
则有《观水杂记》;祭告中岳嵩山,则有《游太室记》、《游少林寺记》、《司空
图记》;晚年官户部督理京省钱法,则有《宝泉局记》。当然,对地方影响最
巨的,当属督学江南、巡抚贵州。

---

[1]《(同治)丽水县志》卷八。

督学江南。康熙十九年（1680）六月，田雯在工部虞衡司郎中任满，升提督江南通省学政按察使司佥事，简称江南学政。古往今来，江南为文化胜地、人才渊薮。清初江南一省的辖区地域十分广大，其前身是明朝的"南直隶省"，范围大致相当于今天的江苏省、上海市和安徽省。明清时期的江南省区域为全国最富裕的地域，清初时，江南一省的赋税占全国的三分之一；清顺治十八年（1661），清廷将江南省分为江苏省、安徽省，分别驻会苏州、南京。但江南通省学政一职仍然统管两省，每年乡试，两省士子统一到设在南京的"江南贡院"参试。清代会试，江南一省的上榜人数接近全国的一半，位于南京的"江南贡院"是全国最大的乡试考场，有清一代，从江南贡院走出的举子共夺得58名状元，超过整个清代状元总数的一半以上，俗称"天下英才，半数尽出江南"。

康熙帝是雄才大略的一代帝王，自康熙十七年（1678）起，随着三藩之乱军事态势转入反攻阶段，叛乱平定指日可待，他便将主要精力从戡乱转向治理，倡导"文教"，重视选拔人才。鉴于江南历来是人才渊薮，康熙帝对江南学政的人选十分慎重。当时在部臣推荐秩满的十名郎中中，田雯之所以能脱颖而出，得力于在工部任虞衡司郎中任上对节慎库的管理成绩，得到了工部尚书朱之弼的赞赏，经过"朱公之弼力荐"①，康熙帝多次在瀛台召见田雯，经过询问、考察，才决定"这员缺着将田雯补授"②，并在给田雯的敕书中强调：

　　　　自古帝王治天下，率以兴贤育才为首务，近来士习未变，文事未彰，良由督学各官，不能仰体朕意。今特命尔前往江南等处提督各府州县学政，一应考试赏励降黜等事，惟尔学臣为政，督抚不得干预。尔宜革去积弊，务获真才，所属各府州县及提调等官，凡关系学政者听尔转报督抚，举劾其颁卧碑及礼部题准事宜，俱当着实举行，向有传谕，严禁考试情弊，尔当恪奉遵依。如有请托私书，听尔据实奏闻。如匿不以奏，别有指参加等治罪。尔受兹委托，务严绝情面，一秉虚

① 田雯《蒙斋年谱》，刘聿鑫：《冯惟敏冯溥李之芳田雯张笃庆郝懿行王懿荣年谱》，第96页。
② 田雯《蒙斋年谱》，刘聿鑫：《冯惟敏冯溥李之芳田雯张笃庆郝懿行王懿荣年谱》，第96页。

公。振拔孤寒,澄汰污贱。教育有程,俾士风丕变,斯称厥职。如或训饬不严,违命旷职,责有所归,尔其慎之。①

正是基于对"文教"的重视,康熙帝开始关注起文坛风尚。"士习未变,文事未彰",他给田雯的敕书,击中了以江南文坛为代表的清初文坛的要害。明末文坛或复古、剽窃,或恣意失道,以科举八股为代表的"时文"为甚,沿袭明末风习的清初文坛,不能与整个国家经济文化的上升态势相协调。康熙帝在这篇敕书中,表达了对时下士习、文风的不满,赋予田雯独立行使督学职权,并告诫其要革积弊、戒请托,得真才,变士风。

田雯于康熙十九年(1680)庚申九月莅任,首先以扭转学界风气为己任。他首先颁布《学政条约》十五则,在《学政条约》序言中强调:

> 从来建学所以明伦储才,在乎立教。故风厉习俗,振兴文事,皆学使者之专责也。今天子宣德意、崇教化,念江南为人才地,寄任非轻,慎简在廷,使往视学,遂诏大臣共举三人,于是使者之名,谬登启事。②

田雯表示将不负皇帝的信任,将砥砺风尚、振兴文教作为学政的首要任务。

作为其施政纲领的《学政条约》十五则,对文人自重,五经子史百家,读书立志、深思、独见,文章源流正变、工拙、格调、文社以及著书立说、科举文体、全才与偏才、武人习文等事涉科举文风的方方面面,田雯都提出了自己的要求。他在《学政学约》中指出,秀才应"副秀才之实而为自重之事","须专精一力,博采诸家",因为"圣贤精义具在五经","经学既明,次及史学",史学不明"不足以言大儒","二十一史前后贯穿,乃能晓然于史家精微脉络之所在","究其得失,辨其体例,始为善读史者。"诸子百家,"朱子集注,其所自订,立言尤醇","无悖朱注,不妨旁及诸家,博观而约取之,自然更有会心处也。"

---

① 田雯:《蒙斋年谱》,《德州田氏丛书》。
② 田雯:《学政条约序》,《山东文献集成》第一辑第35册,山东大学出版社,2007年,第698页。

田雯于古文标榜四位大家：

> 至王文恪而能自出机法，准之古人，其变化离合骎骎乎荆川，纡徐顿挫几入庐陵之室，昆湖深沉、温雅酷似南丰，方山初入经史，其陡健直逼临川，后人尊此四家，号为文章正宗，洵不诬也。①

田雯以明代三位江南本地域的科举才子为例进行论说：

一是王鏊。王鏊（1450—1524），字济之，号守溪，晚号拙叟，学者称震泽先生，吴县（今江苏苏州）人，明代名臣、文学家。明成化十年（1474），王鏊在乡试中取得第一名"解元"，翌年，会试又取得第一名"会元"，殿试一甲第三名，一时盛名天下。历官编修、侍讲学士、吏部右侍郎、户部尚书、文渊阁大学士，卒后谥文恪。

二是瞿景淳。瞿景淳（1507—1569），字师道，号昆湖，江苏常熟人，嘉靖二十三年（1544）会试会元，殿试第二，授编修、后历官吏部右侍郎、礼部左侍郎兼翰林院学士，总校《永乐大典》，修《嘉靖实录》。卒后，赠礼部尚书，谥文懿。著有《瞿文懿制敕稿》一卷，《制科集》四卷，诗文集十六卷。

三是薛应旂（1500—1575），字仲常，号方山，今江苏省常州人，明学者、藏书家。嘉靖十四年（1535）进士，曾任慈溪知县，官南京考功郎中、建昌通判、浙江提学副使。据清初姜绍书《韵石斋笔谈》称，其藏书可与吴宽、茅坤、王守仁等人比肩，刻印古籍数十种。

田雯认为这三位明代江南才子科举成功，其文分别取法荆川、庐陵、南丰、临川四家。荆川即唐顺之，唐顺之（1507—1560）字应德，一字义修，号荆川，武进（今属江苏常州）人。明代儒学大师、军事家、散文家，抗倭英雄。嘉靖八年（1529）会试第一，历官翰林编修、兵部主事、兵部郎中、右金都御史等。"嘉靖八才子"之一，文武全才，提倡唐宋散文，与王慎中、归有光合称"嘉靖三大家"，是明代重要文学流派唐宋派代表人物。庐陵即指欧阳修，北宋吉州庐陵（今属江西省永丰县）人，北宋文化大家、名臣，为"唐宋八

---

① 田雯：《学政条约·八则》，《山东文献集成》第一辑第 35 册，第 701 页。

大家"之一。南丰即曾巩,曾巩(1019—1083),字子固,世称"南丰先生",北宋建昌南丰(今属江西)人,后居临川(今江西抚州市西),嘉祐二年(1057)进士,北宋政治家、散文家,"唐宋八大家"之一。临川指王安石,王安石,字介甫,号半山,谥文,封荆国公,世人又称王荆公,北宋抚州临川人。中国历史上杰出的政治家、文学家、改革家,唐宋八大家之一。以上四家"号为文章正宗,洵不诬也"。为江南士子指出唐顺之、欧阳修、曾巩、王安石四家为古文正宗,应是学习的楷模典范。

在具体的读书方法方面,田雯的论断尤为精彩,关于读书励志:

> 古人读书作文,必先立志。须为古人,毋为今人。为通儒,毋为俗学,此志一定,则是非取舍便能自立于流俗之中,一切荣辱得失不足以震撼其精神。胸中廓然,无复一事。夫然则见之明,见之明则守之固,守之固则积之厚,积之厚则其发之也,沛然而有源,郁然而有光,以此为古人、为通儒不难也。今士子自幼学以迄白首,其志不过拾科第以自豪耳,故其所守者,章句,所习者,时文,所趋者,风气,宜其龌龊寡昧不能得当于有司也。幸而得当,于古今文章、经世之业全未梦见,每当一大事,遇一疑义,则舌挢口呿,如堕云雾,颜之推所谓"有识旁观,代其入地",非使者所望于多士也。①

倡导读书"必先立志",要志存高远,"为古人"、"为通儒"而读,而非功利性的为"拾科第"而只守章句、习时文。只有如此,才可以在流俗之外坚持自身的是非标准,一切荣辱得失均不能动摇其心志信仰,才能固守理想,厚积薄发。

江南幅员广大,州郡众多,田雯借鉴宋代文豪欧阳修的做法,利用士林华选的科举杠杆,撬动变革风尚的大门,他在《试牍序》中云:

> 国家统一,海内首崇儒术,鼓励天下,天下晓然皆知圣贤仁义之说,文章授受之源,耳食剿窃,争以为羞。而学者犹然守故习、事穿蠹,

---

① 田雯:《学政条约·五则》,《山东文献集成》第一辑第35册,第700页。

则其戾于时而穷于遇也,不待问矣。

余之奉命来江南也,先集江宁、镇江两郡士而校试之,告之以是
说,两郡之士翕然信余言而不疑也。磨光濯色,出其所有以争胜,于古
人庶几? 欧阳子所谓顺时者。与夫两郡可信,则江南之士皆可信也。
倘有此,而十二郡之士皆如两郡之信之,而暴练缉织之不已,则其去六
经两汉之旨渠为远哉? 余故取两郡之文,拔其尤者,付诸剞劂(jī jué),
使十二郡之士慨然有所兴起焉。①

田雯首先将自己的主张通告江宁、镇江两郡士林,并将在两郡考试中能"顺
时者"的试卷,即"拔其尤者",刊刻印发,先试点,再推而广之,表现出田雯
的吏才。

田雯在江南学政任上非常勤勉:

奔走大江南北间,回复往来,涂更水陆计里一万有奇,岁时之有事
行省者不与焉。校阅之勤,凡十四郡、四州诸生,计卷九万五千有奇。
漏下四刻,即束带坐堂,皇放诸生入,次第受卷,为之点审。而甲乙之
夜,分篝镫申旦不寐。于是寒则手足冻皲,夏则蚊蝇交嘬,饮食失节,
寝兴易宜,往往成疾,而一切案牍吏事不与焉。其为劳且烦如此。②

恪尽职守,宵衣旰食,一年之内奔走大江南北,回复往来水陆行程一万余
里,阅卷九万五千余份,竟至彻夜不眠,饮食失节。

田雯在江南勤业敬业,酌古准今,提倡古学,江南文风为之一变,奖掖
提携了大批贤德孤寒之士,得到朝野上下的盛赞。淮安、扬州一带称田雯
为"田圣人",礼部尚书吴正治③在给田雯的信札中云:

---

① 田雯:《试牍序二》,《山东文献集成》第一辑第 35 册,第 696—697 页。
② 田雯:《试牍序一》,《山东文献集成》第一辑第 35 册,第 696 页。
③ 吴正治(1621—1691),字当世,湖北江夏人。顺治六年(1649)进士,选庶吉士,授国史院编修,
历官翰林江西南昌道、陕西按察使、工部侍郎、刑部侍郎、兵部侍郎,充经筵讲官。迁左都御史,
寻迁工部尚书,调礼部。拜武英殿大学士。时修《太祖实录》、《圣训》、《会典》、《方略》、《一统
志》,俱充总裁官,加太子太傅。卒谥"文僖"。

　　　　顷得览校士之文,窃喜。江南才士皆汨没于油腔滑调,今乃崭然露头角,以自见其所长。①

江南文风从"油腔滑调"到崭露头角、"见其所长",田雯令江南文风大变。吏部稽勋清吏司郎中、江南丹徒人张九征②在给田雯的信札中亦云:

　　　　今日文教成矣,三吴方蒸蒸向风,以读古人恢奇灏衍之书,进为昌明博大之业……③

张九征认为三吴之地文风已转,士子都喜读"古人恢奇灏衍之书",从而为"昌明博大之业"打下了基础,以"文教成矣"盛赞田雯的工作。

　　按照清朝惯例,"学政均由差派,在京仍有本职,并可在任内升传"④。因为政绩出色,对田雯给予肯定的,不光是京城直属长官,江南地方行政长官对田雯的工作也给予很高的评价,督抚纷纷给予推荐,江宁巡抚慕天颜⑤给田雯的考语为:

　　　　照提学道田金事,才品优长,学识精敏,凛清操而严绝请托,悬藻鉴而咸服公明。振拔孤寒,士风丕变;舆论允孚,近今罕匹。且受事未及一载,而考试已週两江,在下江既著廉声,则上江自协人望。询当登之荐章,以副激扬大典。

安徽巡抚徐国相考语为:

---

① 田雯:《蒙斋年谱》,《德州田氏丛书》。
② 张九征(1617—1684),字公道,号湘晓。顺治四年(1647)丁亥科进士,授行人司行人,历官考选史部文选司主事、验封司员外、考功司郎中、补稽勋司郎中、河南按察司金事、河南督学金事,诏举博学鸿儒科。纂修有《京江张氏家乘原稿》,另著有《闽游草》、《艾纳亭存稿》、《文陆堂文稿》等。
③ 田雯:《蒙斋年谱》,《德州田氏丛书》。
④ 钱实甫:《清代职官年表·例言》,中华书局,1980年。
⑤ 以下三段考语皆出自田雯《蒙斋年谱》,年谱中巡抚、总督名字一律为"某",现据钱实甫《清代职官年表》(第1365页,第1548页)补出。

照提学道田金事,清操卓识,考校公明,莅任方甫一载,科岁俱已告竣。士子咸称公明,文风为之丕变。所当荐举,以表贤能。

江宁巡抚慕天颜与安徽巡抚徐国相的考语都认为田雯莅任一载就文风丕变,"清操卓识",做到了"严绝请托"。两江总督阿席熙考语:

江南提学一官,地方辽阔,士子众多,倍于他省,非具廉能明敏之才,鲜克胜任而愉快。自该道田金事莅任以来,甫及一载,将前道未考八府州之岁试补完,复踵行全省之科试,刻期告竣,士子咸称廉明。此其才品优长,洵方面中之罕遘者。所当不拘报最常例,特为荐扬,以副激扬大典,谨先合词题荐。

两江总督满人阿席熙的考语将田雯的成绩说得更为具体详细,他首先将田雯提督的江宁省与安徽省的特殊性进行陈说:"地方辽阔,士子众多,倍于他省",接着叙述田雯的具体工作内容,不到一年时间,田雯将前任学政刘果遗留的八府州岁试考完,按期顺利完成江南乡试,而且"士子咸称廉明",充分体现了田雯的"才品优长"。甚至田雯的贤名传到了皇帝的耳中,据《康熙起居注》记载,康熙二十二年(1683)三月初八,在乾清宫,部臣请康熙帝钦点一名学政内升补缺时,康熙曾云:"闻田雯为人颇优。"①就清廷学政事务而言,江南学政和直隶学政本为朝廷心目中最重的两个岗位,但以大学士明珠为首的内阁竟无人为田雯说话,遂没能成功内升。三年后的康熙二十五年六月,吏部议补鸿胪寺卿员缺,拟以田雯升补,在讨论过程中,大学士明珠所提理由即是汉大学士皆云田雯"在江南作学道其优,总督于成龙曾行保举"②。部院大臣最终肯定了田雯在江南学政任上的业绩。

治蒙黔地。康熙二十七年(1688)四月,田雯由江宁巡抚任调抚贵州。二十八日离苏,经过近一百天的长途跋涉,八月一日入镇远黔境受事,开始

---

① 《康熙起居注》第一册,中华书局,1984 年,第 964 页。
② 《康熙起居注》第二册,第 1503 页。

了为期三年的治黔生涯。

贵州作为中国西南省份,明初才建立行省,清时属经济、文化的荒蛮之所。徐嘉炎在《黔书序》云:

> 黔地居五溪之外,于四海之内为荒服,其称藩翰者,未三百年。其地尺寸皆山,欲求所谓平原旷埜(yě)者,积数十里而不得衺丈。其人自军屯、卫所、官户、戍卒来自他方者,虽曰黔人而皆能道其故乡,无不自称为寓客。其真黔产者,则皆苗獞犵狫之种,劫掠仇杀,犷猂难驯。①

"尺寸皆山",独特的地理风貌阻碍了贵州的发展,而且明清时期贵州土著居民都是苗族、布依族等少数民族,经济文化与中原文明相比,十分落后。田雯在《黔陋说》中也承认:

> 若夫黔山秃水穷,草木亦稀,跬步乱石,日与蛇腹、虎豹、蛊毒、瘴疠相周旋。②

贵州虽然"山秃水穷",但地理位置十分重要,"以滇视黔,犹宫室之有门庭。然无黔则无滇"③,贵州是云南的门户、锁钥之地,"无黔则无滇",黔乱则滇川不稳,清初的"三藩之乱",贵州是重灾区,正因为如此,治理贵州凸显重要。面对恶劣的自然经济环境,田雯到任后,以和为贵,恩威并重,稳定社会局势,发展经济,兴学办教,以达到教化人心之目的。他的《请建学疏》云:

> 臣忝任抚黔,以敦崇学校为先。盖学校之关系,乃风俗人心之根本。④

---

① (清)徐嘉炎:《黔书序》,田雯:《黔书》,《德州田氏丛书》。
② 田雯:《黔陋说》,《山东文献集成》第一辑第35册,第782页。
③ 田雯:《黔陋说》,《山东文献集成》第一辑第35册,第782页。
④ 《(咸丰)贵阳府志》余编卷一《文征一》。

"盖学校之关系,乃风俗人心之根本",田雯认为应该广泛设立官学,培养士绅阶层,通过士绅阶层影响全民,从而使中央政权广得民心,社会得到安定。田雯站在政治的高度,重文兴教,教化人心,并以此作为治黔的根本,不乏远见。关于这一点,也得到了好友徐嘉炎的肯定,徐嘉炎在解读田雯晚号"蒙斋"的含义时云:

> 治蒙之道,以教育为本。
> 黔之民,盖蒙之甚者也,范愚闇塞,而弗率阙迪者有之,桀骜而不可驯者有之。①

治蒙黔地,教化人心,是田雯治黔的主要理念。其主要措施有以下几条:

一是针对贵州实际,疏请广建官学。上任之初,即上疏请于永宁、独山、麻哈三州,贵筑、普定、平越、都匀、镇远、安化、龙泉、铜仁、永从九县增设学校;并请为贵筑童生增进大学生额十五人、小学生额八人,设训导一名;请将接受裁卫归并的镇西、兴隆、乌撒、赤水等县学带生额并入贵定、清镇、黄平、威宁、毕节县学等。康熙二十八年(1689)二月,田雯又与云贵总督范承勋一起疏请设立了瓮安县学。

二是疏请改革部分州卫的隶属,理顺管理关系。贵州平溪卫(今贵州玉屏县城)、清浪卫(今贵州镇远县清溪镇)在明代及清初都隶属湖广省,理应赴湖广就试,但为了便利,朝廷允许两卫生童"寄试"贵州。"三藩之乱"起,命两卫生童岁科两试赴靖州(今湖南怀化南部),乡试赴武昌,战后仍然如此,但两卫距贵阳不过五百里,距靖州、武昌均有两千五六百里之遥,去武昌应试,长途跋涉,劳顿不堪,尤其是参加乡试的士子们还要过洞庭湖,洞庭风涛之险令人畏惧,致使两科乡试无人应试;再者两卫"能文之士不及楚省,鲜中试者"②。田雯赴任时,途经平溪、清浪二卫,士子们向他倾诉赴湖广应试之苦,请恢复就近在黔寄试,后来朝廷根据田雯的疏请,同意平

---

① 徐嘉炎:《蒙斋说》,田雯:《黔书》,《德州田氏丛书》。
② 《(咸丰)贵阳府志》卷六十三《政绩录二》。

溪、清浪二卫都撤卫改县,划归贵州,两县士子从此能够就近参加乡试。

三是重修贵州部分人文景观,营造崇文尚学的氛围。人文景观是地方文化的重要标志,贵阳城里的阳明书院、武乡侯祠、甲秀楼有着深厚的文化底蕴,是贵州最为著名的人文景观。为营造浓郁的崇文尚学氛围,康熙二十八年二月,田雯主持重修阳明书院、武乡侯祠和甲秀楼,他在《阳明书院碑记》中称赞王阳明"讲吾道以正人心,实大有造于黔也哉",在《重修武乡侯祠碑记》中颂扬诸葛孔明"七纵七擒,南人不反而心归矣"。而且公务之余,集合诸生,田雯经常到贵阳学宫讲学其中。

甲秀楼坐落在贵阳市区南明河的万鳌矶石上,由贵州巡抚江东之于明代万历二十五年(1597)始建,名甲秀取科甲挺秀之意。但多年以来,数科会试贵州竟无中第者,而且历经百余年的风雨之后,甲秀楼已经朽坏不堪,田雯为保护这座人文景观,更为激励黔中子弟尚学,于康熙二十八年二月开工重修甲秀楼,"鸠工集材而新之,度木于林,伐石于山"①,历时一百五十余日完工。他在《甲秀楼重修碑记》中云:

> 甲秀楼建于贵阳城南,江公(东之)之所从事也,越今百余年矣,波涛汹涌之冲激,风雨雷霆之动摇,乌得有完楼哉? 盖江公而后,无复喜从事者,何今人不逮前人也? 江公当日知楼有关于黔,而皇皇为之,且有关于黔之人才风气,而以甲秀名之,其用意深矣。

他说江公以后,无"喜从事者"虽并非事实,作为贵州的最高行政长官,田雯尽到了自身责任。丁炜在《黔书》"甲秀楼"条后评曰:

> 楼之兴废关乎黔之人文盛衰,建楼即以兴学,江公而后得有先生,是天之欲以斯道大造黔士也。

他们对于甲秀楼在贵州人民心目中的地位,建楼者、重修者关于甲秀楼的

---

① 田雯:《黔书》"甲秀楼"条,《德州田氏丛书》.

美好寄托、认识都是到位的。

四是奖掖提拔贵州青年才俊,不遗余力。田雯认为贵州虽然经济相对穷困,但并非无才。他劝农讲武之余,通过走访,发现黔地士人"多磊落通脱,其文亦缊藉深沉,如玉在璞,如珠在渊,如马之伏枥"①。田雯素有伯乐之明,在黔三年,他发现了青年才俊周起渭、刘子章、周钟瑄,甚至折节下交,与其谈文论艺。其中最为著名的是周起渭。

周起渭24岁中举,是康熙二十六年(1687)贵州乡试的解元,中举后被聘编修《贵州通志》。七年后举进士第,改翰林院庶吉士,散馆授检讨。康熙四十一年(1702)供职翰林院,参与增修《皇舆表》。康熙四十四年(1705)任浙江乡试正考官,回京后任詹事府赞善,掌管侍从谏议等事。康熙五十一年(1712)擢侍读学士,充日讲起居注官。翌年晋詹事府詹事,参与编修《康熙字典》,任纂修官,名列第三。周起渭工诗,《清史稿》评其为黔籍诗人第一。其诗不集积习,自辟蹊径,讲求神韵,擅于抒写性情,被称为清初杰出诗人。所作《稼雨轩诗集》完稿时,田雯为其作序,并使之享誉京华。

康熙三十年闰七月,田雯因丁母忧而离任,离别之际,他将众多书籍留赠府学:

> 踰三年,辛未秋余以忧去黔,将行矣,巾箱中有书如千种,凡数十百卷,皆著目留之学宫,椟藏庋载,令学官掌之。②

数百卷书中包括"经史、辞赋、理学、类书"③,可惜的是,五年之后,由于贵州学政因染病殉职,书籍散失殆尽。

田雯在黔三年,政绩卓著,尤其实施以和为贵的施政方略,崇文重教,教化人心,一改贵州的荒陋之气,民颂其德曰"夜郎复旦、罗甸回春",从而受到当地人民的热爱,当地人尊称其为"德州先生"。

---

① 田雯:《黔书》"黔士制义"条,《德州田氏丛书》。
② 田雯:《贵阳府学藏书碑记》,《山东文献集成》第一辑第35册,第727页。
③ 田雯:《黔书》"黔士制义"条,《德州田氏丛书》。

在田氏子孙中，除田绪宗、田雯主政一方，利用行政权力兴学崇文之外，田同之、田尧担任教职，严谨敬业，也产生了一定影响。

田同之任国子监学正期间，秉公训士，他痛抉陋习，每逢堂试，即使是雨雪交加、道路难行，自己也从不旷课和迟到，在任三年，株守砥节，不攀援权贵，一身正气，很得士生敬重。

田尧，字举望，号钝吟，是德州田氏的第十一世子孙，田徵舆次子，自幼过继给田佺期，性格豪迈，家学渊源，喜好吟咏和接纳，早岁入庠，但乡试屡次不第，最终以恩贡生身份，出任兖州府泗水县学教谕一职。莅任后，召集生徒，命题习文，择优奖励，激发了学生的兴趣。泗水居儒家圣地曲阜很近，文风浓郁，不少学生跑到泗水县学，投奔到田尧门下。在泗水三年，田尧由于薪俸微薄，又喜接济奖赏弟子，故经常入不敷出。他一开始写信回家，要家人变卖一些家产弥补，后来妻子刘氏不得不背着丈夫典当首饰、衣物，帮助、支持田尧的事业。田尧每日白天讲授、研习经史，分期轮流面试，晚上学生们也愿意聚首在田教谕身边，青灯相伴，咿唔达旦。秋试时，田尧弟子中有两人高中，其余弟子更加勤奋砥砺，泗水县学大有鹿洞、鹅湖之风。

三、主考取士

在德州田氏出仕为官的子孙中，田雯、田需、田同之都有出任乡试乃至会试主考官的经历。由于众所周知的原因，在封建社会，主考与士子的关系非同一般，有的形成了终生的依赖关系。有时，主考官对特定时空地域的文风都会产生相当影响，所以科试主考的身份在某种意义上也是施加文化影响的一种方式。

田雯一生有一次乡试同考官、一次会试副主考的经历。康熙十一年八月，田雯于秘书院中书舍人任上充任顺天乡试同考官，此科的主考官为蔡启僔、徐乾学。作为房师，田雯亲自推荐录取十四人，这十四名举人是：彭轨、沈三、曾余潭、岳葱、杨尔淑、张元士、沈一揆、成完、高镛、苏珮、陈元龙、詹大衢、宋俊、黄宗崇。其中，杨尔淑、沈一揆中康熙十五年（1676）丙辰科进士;陈元龙,康熙二十四年一甲二名进士,授编修,直南书房,后擢工部尚书,调礼部;苏瑸,康熙三十三年(1694)甲戌科进士。

康熙三十六年(1697)二月,田雯在刑部左侍郎任上,奉命与都察院左都御史吴瑸一起作为副主考主试丁丑科会试,正主考为吏部尚书熊赐履、礼部尚书张英。此科共录取159人,会元是汪士鋐。根据《明清进士题名录索引》统计,参加殿试的为150人,经过殿试,一甲赐进士及第3名,第一名(状元)为李蟠,二名(榜眼)为严虞惇,三名(探花)是姜宸英。二甲赐进士出身40名:汪士鋐、徐树本、车鼎晋、朱良佐、陈荛、庄清度、朱宬、陈壮履、龚汝宽、李发枝、王诰、桑格、李继修、王嗣衍、程本节、徐容、李凤翥、何斌临、周彝、田云翼、陈至言、乔云名、沈曾纯、王一导、余正健、徐发、段曦、查赍、赵申季、翁大中、朱谟、何芬、宋聚业、徐旭、许琳、单畴书、赵宸黼、郑骃、彭兆逵、陈冕。三甲赐同进士出身107名:朱启昆、吴宗丰、易永元、邹图云、康五瑞、张元臣、左有言、萧名俊、查克建、吴文炎、阿尔赛、王世兴、屠程珠、孔尚先、周祚显、张庚曜、李林、刘堂、孙振、谢俨、甄　昭、杜李、李廷勋、张王典、王槛、万为恪、曹家甲、王屿孙、张仕浑、周景岘、何贵蕃、马龙骧、蔡斑、裘君弼、李恭、冯千英、李周望、田光复、陈尧仁、刘岱年、陆韬、周国贶、常哥、梁学源、陈文灿、马象观、潘明祚、陈一蜚、刘云汉、刘时通、陈又良、张允浣、安于仁、铁范金、郭于蕃、李而侗、李栻、胡舜裔、李甡麟、李绍周、薛祖顺、刘三昇、任尔琼、胡铨、乔于溁、杨瑛森、孙跃、姚璠、曹鼐、高尚瑛、钱士峰、阿进泰、傅敏、薛堪、董哲、汪培祖、李绍芳、赵佽、苏铭、魏重轮、尹烈、王焯、乐玉声、王如岳、施云翔、张起鹤、薛善士、张省括、张懋德、宗孔范、宗孔授、成文运、李嬿、赵昌祚、李国凤、赵暄、欧阳齐、李性悌、张树侯、韩法祖、支邑、李方熙、吴迪、张鼎梅、段舒、卫伯龙、马珽。

在此科进士中,后来成就较高的代表人物主要有:

李蟠,江苏徐州丰县人,康熙二十九年(1690)举人,三十六年(1697)科考中状元后,授官翰林院修撰,入国史馆,纂修《大清一统志》,并为侍读,康熙三十八年(1699),顺天府乡试主考官,所拔多俊彦,如鄂尔泰、史贻直、杜讷等,后皆为清朝的一代名臣。

严虞惇(1650—1713),字宝成,号思庵,江苏常熟人。康熙三十六年

（1697）举一甲二名进士,授翰林院编修,历官大理寺寺丞、太仆寺少卿,先后典试湖北、四川,任湖广乡试正考官。

姜宸英（1628—1699）,字西溟,号湛园,又号苇间,浙江慈溪人。明末清初书法家、史学家,与朱彝尊、严绳孙并称"江南三布衣"。康熙十九年（1680）以布衣荐入明史馆任纂修官,分撰刑法志;从徐乾学修《大清一统志》。康熙三十六年 70 岁中进士后授翰林院编修,越两年为顺天乡试副考官。著有《湛园集》、《苇间集》、《海防总论》。

庄清度（1660—1749）,字系安,号省堂,江苏常州人。康熙二十年（1681）举人,中进士后授知县,历任江西奉新县知县,湖广凤凰营通判,山西朔州知州,礼部、刑部员外郎、郎中,雍正二年（1724）湖南正主考。

李凤翥（1674—1757）,字紫廷,号云湖,康熙丁丑科中进士后,为翰林院庶吉士、编修,主持纂修《大清一统志》,历官顺天府、安徽省学政、浙江正考官、通政司参议、鸿胪寺卿、兵部左侍郎、国子监祭酒、内阁学士兼礼部侍郎、工部右侍郎等职务,一生历康熙、雍正、乾隆三朝。

周彝,字策铭,江苏娄县人,官翰林院庶吉士、编修,入直武英殿,充《御选唐诗》、《治河方略》、《月令辑要》等纂修官,康熙五十二年（1713）癸巳科云南正主考。工诗,著有《华鄂堂集》二卷。

陈至言,字山堂,浙江萧山人。早年与同郡张远齐名,为毛奇龄所器重。康熙三十六年进士及第后,官翰林院编修,著有《菀青集》。

宋聚业,字嘉升,江南长洲人,进士及第后官吏部文选司郎中。工诗,著有《南园诗稿》。

单畴书（? —1729）,字演先,又字惟访,号砺峰,山东高密人,历官赣榆知县、海州知州、大理寺正卿,后迁御史,累官户部右侍郎,官至尚书。天性缜密,有经济之才,操守廉洁。

蔡珽（? —1743）,字若璞,号禹功,别号无动居士,又号松山季子,辽宁锦州人。汉军正白旗人,云贵总督蔡毓荣子。历官翰林院掌院学士兼礼部侍郎,吏部、兵部尚书兼左都御史,正白旗汉军都统,署直隶总督。有《守素堂诗集》等。

李周望（1668—1730）,字渭湄,号南屏,直隶蔚州人。出身望族,曾祖

父李云华、祖父李振藻名震朝野。父亲李旭升官至吏部侍郎,加尚书衔致
仕。先受学于浙江朱远承,后追随著名理学家官至刑部尚书的魏象枢。中
进士,入选翰林院,先后任会试同考官、国子监司业、翰林院侍讲、湖广学
政,曾对思想家王夫之予以高度评价。迁国子监祭酒、詹事府詹事、礼部尚
书。编《国学礼乐录》,在清代产生了重要影响。有《太学进士题名碑录》和
诗文集《六槐堂集》行世。

据史料记载,在田需九年短暂的仕宦生涯中,有一次主持河南乡试的
经历:

> 康熙二十三年,甲子,秋,七月。……以翰林院编修田需,为河南
> 乡试正考官,礼部郎中何棨,为副考官。[①]

田需以翰林院编修身份出任河南乡试正主考,是科共取举人五十四名,号称
得人:

> 康熙二十三年甲子科共五十四人:
>
> 毛鹍　胡煦　马殷辂　张星焕　王宜　白玺　陈伦
> 邢慎行　李嫩　姜昉　徐九章　张开宗　董元辅　杨应昌
> 王符震　赵作鼐　张桥　段丕承　孙淳　谢奕荪　孔毓埏
> 王旬　阎濬　顾亮　李廷璧　李有章　苏尔翼　杨用晦
> 潘执中　王句　王鹏　张腾表　孙用霖　贾之彦　贾之屏
> 徐友敬　范腾采　侯方曾　朱瑄　璩廷祐　万邦新　王邦哲
> 孟汧　杨显宗　万九思　卢镕九　王瀛客　关琇　王琏
> 郭沇　王培生　李雍　周永祚　李阆中[②]

在田需所取的五十四名举人中,后来相继有十五人在会试中考中进士,分

---

① 《清圣祖实录》卷一百一十六"康熙二十三年甲子秋七月"条,中华书局,1985 年。
② 《(康熙)河南通志》卷十七《选举制》。

别是：康熙二十四年(1685)乙丑科的关琇、王珽，康熙二十七年(1688)戊辰科的马殷辂，康熙三十年(1691)辛未科的贾之彦、毛鹍，康熙三十三年(1694)甲戌科的段丕承、李廷璧、贾之屏、李雍、郭沆，康熙三十六年(1697)丁丑科的李嫩，康熙三十九年(1700)庚辰科的卢镕九、李闳中，康熙年丙戌科的王甸，康熙年壬辰科的胡煦。其中胡煦、贾之彦最为突出：

胡煦(1655—1736)，字沧晓，号紫弦。自幼勤奋好学，博览群书，善写文章。康熙五十一年(1712)中进士。潜心《周易》，造诣颇深。曾自陈所学于康熙帝，后屡被召见，康熙命其画图讲解卦爻中疑义，甚得赏识，被提升为南书房检讨官，康熙五十五年(1716)擢升为鸿胪寺卿。

贾之彦，字汉公，号澶溪，洛阳孟津人，康熙三十年(1691)钦点进士，曾任甘肃会宁县令，创办澶阳义学——"文昌阁"。

清雍正七年(1729)己酉，田同之作为同考官，奉命分试江南，此科江南乡试的主考为黎致远、李清植，共录取举子104人[1]，解元是金山人沈戌开，具体名单为：沈戌开、宋应麟、江方泽、何士玉、萧濬、李肇域、罗克昌、陆学浩、翁裕、孙略、张尹、王业、瞿庆来、沈慰祖、董坤正、张重培、胡天衡、于梗、潘永季、吴鋐、刘育杰、王以式、储燧、沈谦、叶沃若、路觐、佘镇、张楷厚、姜本渭、章士凤、陈鹏、华希闳、李明德、李沅、王沂、陈尧叟、丁渭源、吴文玢、曹之铨、荆德羽、杨遇春、吕迻兴、程有成、庞汝砺、唐心恭、蔡诚、卢畏盈、顾镕、朱坤、徐兆熊、张秉衡、徐沇、席祜智、刘科、曹洛裡、宋宏涂、王九鹏、姜世楣、施天培、高玉驹、雷文涵、何鹏九、邹伦、王定国、冯起涛、凌应龙、曹学诗、陈元鳌、程树本、钮首善、张师良、于敏中、陆坤贞、纪昂、田实发、卜松源、朱瑄、王熊飞、王以秀、吴金翼、程楷、查锡韩、蒋之荙、唐虞杰、朱观、张自汉、王凤翥、庄棨徵、吴卓、浦起龙、黄正学、薛彩、沈钟、曹锌、蒋元益、陆凤珠、陈心忠、赵秉义、陈聚井、瞿楠、刘大佑、龚镜、刘携、郑郊。

（北榜）　万松龄、蔡隐修、戴廷抡、彭晖、李治运、张若淮、吴士珣、朱桓、孙赤中、汪起谥、吴乔龄、陈瑢、周范莲、侯陈龄、段之缙、庄学愈、史凤辉、史太青、李珩、华钟和、许宏声、程闰生、蒋楠、陆元善、张秉乾、张机、方

---

①《(乾隆)江南通志》卷一百三十四《选举制》。

元礼、彭英、陆瀛亮、王以昌、秦琦、戴汝棻。

根据《安德田氏家谱》卷二"田同之传"记载：田同之作为房师之一，此科共荐取举人 9 名，其代表人物是浦起龙、叶若沃、罗克昌，又田同之《砚思集》中有五古《三山门外留别浦二田蔡仲尹、郭春理诸及门》诗，浦起龙详细情况见第五章；罗克昌于第二年，即雍正八年(1730)庚戌科中进士，历官山东荣成知县、四川涪陵知州等职；蔡仲尹应该是榜单中的蔡诚，其与叶若沃详情待考；而榜单中没有郭姓举人，赠别诗应该是即时而作，田同之记忆不应有误，或许是郭春理在此次科考中没有及第，九人中的其他几人姓名待考。

第二节　纂　修　史　志

国有史、地有志、家有谱。史志是我国优秀传统文化的重要组成部分。历朝历代往往令饱学之士主持、参与修史写志。德州田氏子孙中，田雯、田需都参与过史志的纂修工作。根据史料记载，田需先后参与纂修《明史》、《幸鲁盛典》与《大清一统志》，由于缺少史料，具体情况难考。① 现主要以田雯的方志著作为代表，谈德州田氏子孙的史志编纂贡献。

一、《黔书》

田雯的两部历史地理著作《黔书》二卷与《长河志籍考》十卷，作为地方

---

① 《康熙实录》卷一百二十五：康熙二十五年。丙寅。三月。……己未。上诣太皇太后宫，问安。命纂修一统志。……翰林院侍读彭孙遹，编修黄士埙、钱金甫、田需、吴涵、史夔、许汝霖、周金然，检讨徐嘉炎……二十人为纂修官。《安德田氏家谱》卷四《田需履历事迹》：身居词林，文名丕著。乙丑充纂修《明史》官，丙寅分修《幸鲁盛典》后，充《大清一统志》纂修官，俱有成书，现存史馆；卷三"田需行状"：乙丑充纂修《明史》官，丙寅正月分修《幸鲁盛典》，三月充《大清一统志》纂修官分修《山西志》一卷。赵执信《饴山文集》卷七"翰林院编修文林郎鹿关田君墓志铭"：岁在己未，朝廷以编纂之役广收天下文士为史官，进者杂然，不择流品。君以高第盛名处其间，人莫不推重。……，所分纂《明史》及《一统志》未成书。

史志的重要典籍,历来评价很高。康熙四十一年(1702)十月,康熙帝南巡驻跸德州,这两本书被进呈御览后,直发南书房收藏。

巡抚贵州,是田雯仕宦生涯中最为浓墨重彩的一笔。这三年,是田雯刚过知天命之年的人生阶段,其思想最成熟、经验最丰富,虽任官仅仅三年,却政绩斐然。同时,他的治黔名著《黔书》,也成为贵州历史文化研究不可或缺的文献。在明清两代七百余年间,贵州最高行政长官留下的治黔名著,只有明代郭子章的《黔记》和清代田雯的《黔书》。清代嘉庆间著名学者张澍曾撰《续黔书》八卷,有文百则,记载掌故,传风情民俗,其著初名《黔中纪闻》,后就田雯《黔书》而易为《续黔书》,足见田雯《黔书》的影响。

《黔书》完成于康熙二十九年(1690)并刊刻。[①] 是年八月,时任右谕德之职的徐嘉炎与内阁中书李有伦典试贵州。[②] 徐嘉炎第一时间见到了《黔书》,田雯请其为书作序,徐慨然应允。徐序对《黔书》倍加推崇,认为《黔书》是部"兼美"之作,徐嘉炎所谓的"兼美",是指《黔书》具有古今舆图疆理书籍对山川、财富、土马甲兵、人才风俗记的"备详"和历代词人才子赋名都、言井里、撷虫鱼草木之华、侈宫阙城郭之盛的"文采"。今天看来,徐嘉炎的评价是恰当的。

《黔书》就内容而言,上卷33篇,下卷55篇,共计88篇,关于建置沿革、施政、教育方面的内容6篇,关于山川河流、风土人情方面的25篇,有关少数民族族别、风俗、方言、土司方面的7篇,关于人物、文物、逸事方面的16篇,有关财赋、物产、经济方面的34篇。

《黔书》首先体现了田雯的治黔思想与方略。正如徐嘉炎序云:"先生之书,盖专为治黔法也。"田雯用大量篇幅阐述治理贵州这个边远省份的方针大略,主张因地制宜,适用怀柔政策,重视与提倡在贵州建学育才。

其开篇之章曰《创建》,在讲述了贵州的历史沿革,列举贵州古时交通不便、自然条件恶劣、世居少数民族经常发生争斗的情况后,作者以"论曰"的形

---

① 唐桂艳:《清代山东刻书史》,山东大学博士学位论文,2011年,第219页。
② 钱实甫编:《清代职官年表》,第2898页。

式写道：

> 贵州，古荒服地也。东临荆楚，西接蜀粤，南倚滇云，亦西南之奥区也。

> 夫无黔则粤蜀之臂可把，而滇楚之吭得扼矣。①

田雯充分认识到了贵州对于西南边陲局势稳定的重要意义。对如何稳定、治理贵州，提出了自己的治理方略，即充分认识少数民族地区与内地中原的不同，要以和为贵，攻心为上，其核心是治吏。

《土官》一章，先讲述了明隆庆时期，高拱处置贵州"安氏之乱"一事。明朝隆庆年间，贵州水西宣抚使土官安国亨，因仇杀其叔祖、已故宣慰使安万铨之子安信，将安信之母疏穷及其兄安智驱逐到安顺州，导致贵州水西安氏内部仇杀不已，安智遂怀恨向原贵州巡抚赵锦诬告安国亨谋反。时任宰相的高拱高瞻远瞩，认识到了贵州"安氏之乱"的实质：

> 安国亨本为群奸拨置，宣淫播虐，遂仇杀安信，以致信母疏穷、兄安智怀恨报复，相仇杀无已。②

田雯根据明代冯梦龙《智囊·上智部》所载，在《土官》一文中，对高拱处置"安氏之乱"的过程进行了细述：高拱对即将新任贵州巡抚的阮文中说："原抚台偏信安智，所以安国亨心存疑惧，不服拘拿，抚台遂上奏朝廷说安国亨反叛。反叛应指反对朝廷，现在是夷族自相仇杀，与朝廷又有什么干系？纵使拘拿他，他不服从，也只是违拗而已，而马上上奏发兵捕杀，夷兵肯束手就死吗？虽然双方各有伤残，但还没有听说安国亨有领兵抗拒的迹象，定他叛逆的罪名，就太过分了！做臣子诚心要蒙蔽欺骗朝廷的，凡是地

---

① 田雯：《黔书》"创建"条，《德州田氏丛书》。
② 高拱：《边略》，岳金西、岳天雷：《高拱全集》，中州古籍出版社，2006 年，第 574 页。

方上发生事变，他都隐瞒不报；而那些生事邀功的，又以小报大，以虚报实。开始过分渲染，以为邀功张本，后来真的激起事变，恰能用来证实自己以前的报告。这难道是对国家忠诚吗？你这次去调查到真实情况后，宜虚心静气地处理，除掉安国亨反叛的罪名，只治他们仇杀和违拗的罪，这样他就必然出庭听从审理，一出庭听从审理，他非叛逆的真情就自然清楚了。然后只判他们本来所犯的罪过，他们是会服从的。这才体现出国法的严正，天理的公平。"

阮文中到贵州后，经过秘密查访，情况果然如高拱所说的一样，于是做出五项决定：一、责令安国亨交出挑拨是非的人犯；二、按照当地的风俗，赔偿安信等被杀者的人命；三、划出地方安顿好疏穷母子；四、削夺安国亨宣慰使的职衔；五、从重惩治安国亨的违拗之罪。

决定公布之后，安国亨见安智住在巡抚府中，不信任阮文中，害怕巡抚要诱杀他，故一边聚集部队，拒绝到抚衙受审；一边上疏辩白冤情。阮文中坚持成议，再次上疏请求征剿安国亨。高拱觉得征剿不是上策，而不征剿又有损国威，于是他授意兵部重新题奏，又派吏部给事贾三近再往贵州勘查。安国亨听说吏部官员奉命勘查，知道巡抚不敢杀他，自己可以当面辩白，于是接受了五条决定，交出了挑拨是非的奸人，自己前往官署受审。贾三近还未到贵州，"安氏之乱"就妥善解决了。

高拱处理贵州"安氏之乱"据实定策，以抚为主的处置方略①，深得田雯赞许，他在文末写道：

> 此事若如新旧抚臣所请，则西南之变不待壬戌矣。幸新郑独持庙略，乃得无事。厥后西曰阿乌谜复挟安位以叛，攻陷大方城。总督朱燮元走书抚之，述及前事，谜以询故老，咸曰信有之，乃敛兵就抚，如出一辙也。吾因是而重有感矣。
>
> 冯犹龙曰："国家于土司以戎索羁縻之耳，原与内地不同。彼世享富贵，无故思叛，理必不然。皆当事者或朘削，或慢残，或处置失当，激

---

① 参见岳天雷：《高拱处置"安氏之乱"的方略分析》，《商丘师范学院学报》2009 年第 2 期。

而成之。反尚可原，况未必反乎？如安国亨一事，若非新郑力为主持，
势必用兵。竭数省之兵粮，以胜一自相仇杀之蛮人，甚无谓也。"冯子
此言盖有感于壬戌之变也，安得不思新郑为后事师哉。

新郑指宰相高拱，高拱为河南新郑人。冯犹龙，即明代文学家、戏剧家冯梦
龙，犹龙是他的字。田雯认同冯梦龙的评论，治理少数民族地区与治理内
地有很大的不同，尊重其民族习俗，延续"土官"制度，给予其高度自制，世
享富贵，"土官"就没有充分反叛、造反的理由，往往是"当事者"，也就是汉
族官吏或剥削、盘剥不已，或不停地加以残害，或遇事处置失当，往往激成
事变。对高拱处置"安氏之乱"的方略给予了极高的评价，"安得不思新郑
为后事师哉"，认为足可以作为后世"治黔"的借鉴。

如果说《土官》主要讲的是要据实定策的话，而《治苗》一篇则侧重说在
贵州这样的少数民族治吏的重要性。此篇记述了明洪武年间，贵州巡抚孔
镛廉躬行查访，以贼取贼，智擒苗枭阿溪、阿刺的事迹：

> 阿溪者，清平卫苗，桀骜多智，雄视诸苗。有养子曰阿刺，多膂力，
> 被甲三袭，跃地起三五丈，两人谋勇相资，横行蛮落。苗之弱者，岁分
> 畜产，倍课其入，旅人经其境者，辄诱他苗劫之。官司探捕，必谒溪请
> 计，溪则要重贿而捕远苗之不可用者，指为贼以应命。于是远苗咸惮，
> 监军总帅率有岁贿，益恣肆无忌。①

"官司探捕，必谒溪请计"，"监军总帅率有岁贿"，对于阿溪、阿刺这样十恶
不赦的毒瘤，作为维护地方治安的官司、监军、总帅面对作奸犯科者竟向其
"请计"、受其"岁贿"，最终沆瀣一气。当新任上官询问时，"监军皆为溪
解"，"益恣肆无忌"必是养奸坐大的后果。甚至指挥王曾、总旗陈瑞竟充当
了通贿上官的捐客。田雯最后以"论曰"的方式云：

---

① 田雯：《黔书》，《德州田氏丛书》。

苗盗之患，多起于汉奸。或为之发纵，指示于中，或为之补救，弥缝于外，党援既植，心胆斯张，跋扈飞扬而不可复制。当事者非畏贼而偷安，即养贼以自重，甚至勾贼以为利。其事之坏，大抵然也。

"苗盗之患，多起于汉奸"，故田雯认为应该"严拿汉奸"，①力戒"为之发纵"、"为之补救弥缝"，而畏贼偷安，养贼自重，勾贼为利，"当事者"所有这一切行径无疑成为田雯"治黔"必先治吏的理由。

《黔书》对贵州少数民族的分布、风俗、语言、起源、种类有着较为详备的记载。

《苗俗》②篇共计有花苗、东苗、西苗、牯羊苗、青苗、白苗、谷蔺苗、平伐司苗、九股黑苗、紫姜苗、短裙苗、夭苗、生苗红苗、阳洞罗汉苗、黑罗罗、八番、白罗罗、打牙仡狫、剪头仡狫、木老、狆家、狗耳龙家、马镫龙家、宋家、蔡家、土人、犵獠、蛮人、杨保、僰（bo）人、峒人等三十一个部落。其中，花苗、东苗、西苗、牯羊苗、青苗、白苗、谷蔺苗、平伐司苗、九股黑苗、紫姜苗、短裙苗、夭苗、生苗、红苗、阳洞罗汉苗都是今天苗族的不同分支，而"狆家"则是今天的布依族，"黑罗罗"、"白罗罗"，即今天的彝族。"僰人"则被认为是中国的第57个民族，"僰人悬棺"是一种神秘的人文景观。"峒人"为今天的壮族。田雯在每条下面，都有对这个部落分布、服饰、习俗、饮食、起居、禁忌等详细的描绘，以《花苗》篇最为详实形象：

花苗在新贵县、广顺州。男女拆败布缉条以织衣，无衿窍而纳诸首，以青蓝布裹头，少年缚楮皮于额，婚乃去之，妇人敛马鬃尾、杂人发为髻，大如斗笼以木梳，裳服先用蜡绘花于布，而后染之，既染，去蜡则花见。饰袖以锦，故曰花苗。

其人有名无姓，有属无长，不知正朔，以十二辰属为期。无文字，刻木为信，魋结侏离，陟冈峦、躐荆棘，捷如猿猱，散处山谷间聚而成

---

① 田雯：《蒙斋年谱》"己巳五十五岁"条，《德州田氏丛书》。
② 《黔书》中对少数民族以"蛮"、"夷"相称，显示了田雯"华夷"观念的历史局限性。

村曰寨,诛茅撏宇不加斧凿,架木如鸟巢,寝处炊爨,与牲畜俱。夜无卧具,掘地为炉,爇柴而反侧以炙,虽隆冬稚子率裸而近火。所食多以麦稗杂野蔬,间有稻,皆储以待正供或享宾,有终身不谷食者。

　　每岁孟春,合男女于野谓之跳月,预择平壤为月场,及期,男女皆□服饰妆。男编竹为芦笙,吹之而前,女振铃继于后以为节,并肩舞蹈,回翔婉转终日不倦。暮则挈所私归,谑浪笑歌比晓乃散。聘资以女之妍媸为盈缩,必生子然后归夫家。①

谈花苗的区域分布,称呼的因由,蜡染工艺的简介,饮食起居等生活习俗皆栩栩如生。尤其是由花苗的"跳月"活动到苗家青年男女的恋爱婚俗,描写最为细致。《苗俗》篇是对苗家风俗的更进一步的介绍:

　　长身黑面依然豺虎之伦,刷齿缚膝本是斫雕之习。布囊笼发而为角(在额),肩被羊皮,鸠杖镂银以称苴(更苴蛮长名)。顶冠竹笠,食无兼味,盘盂皆用漆皮。病不延医禳除,但从祈祷……作字则蝌蚪遗文称先则古(文字类蝌蚪书)……围炉卧寒夕梦魂飞去不向衾枕搜求(苗皆无被但炙火)。席地宴嘉宾竿酒传来亦自觥筹交错(无坐具插竿于酒而饮)。……冷吹娲皇之管连袂踏歌(编竹为芦笙以跳月)。短裙才至骬难拖六幅,潇湘窄袖仅齐腰,岂识五铢雾縠然而盘丝绘蜡亦自可人(绣花于布或以蜡画花)。抹粉涂朱常多怜己(临水自照)。银环双婀娜酷似帘钩(大而且长),髻鬓一蒙茸全资马鬣(以马鬣杂发为髻而戴之)。

田雯从外形、器皿、习俗、文字、饮食、起居、娱乐、服装、发饰等各个方面对苗族风俗进行记述,缠头、银饰、漆器、蝌蚪文、火堂、吸酒、芦笙、踏月、蜡染、临水照影等一系列描写,仿佛将读者带到了大西南莽莽苍苍的群山部族之中。

---

① 田雯:《黔书》,《德州田氏丛书》。

《黔书》中有《方言》篇云：

> 父为包，母为蔑，祖为大食，食为固脉，饮酒为固悖，食肉为固窝，啜茶为固高，鸡为夆，鸭为阿，马为虐，犬为磨，一为序，二为瘦，三为大，四为布，五为目，六为逆，七为索，八为遮，九为梭，十为完，织布为陶打，佣工为陶贡，赶集为拜其，丧祭为白号。

田雯为方言作志，虽然只是用简单谐音的办法记录部分常用方言词汇的读音，但已非常可贵，朱兴泉《田雯与〈黔书〉》一文认为"开创了地方志记载少数民族语言的先例，对后世修志者影响甚大，此后西南诸省、州的地方志多承其例，将方言辟为专著。"[1]

《黔书》给我们描绘了贵州美丽的山水风景。贵州位于祖国西南，高原山地居多，岩溶地貌发育非常典型。喀斯特地貌面积占总面积一半以上。《黔书·山水》篇云："黔跬步皆山"，"山皆石则岩洞玲珑，水多潜故井泉勃窣。"载有白云山、白水岩、涵碧潭、扁跕泉、飞云岩、碧云洞、牂牁江、紫池、关索岭、双井、东山等风景名胜之地，如记载黄果树大瀑布的《白水岩》：

> 安庄南有白水河，来自万山，浑洪质怒，涛涌波襄，雷犇云洩，缨峦带阜不知几何里。而后戢志敛魄，安步铺光，以至于层岩之巅与石相商，叠为三而后下，冯高作浪，云垂烟接，白虹饮涧，银汉倒倾，虽邓艾緪厓，天孙织锦，丰隆奋地，不是过也。十丈之外，溅珠跳沫，时时浣人衣裾，风湍传响于青林之下，岭猨流声于白云之上……[2]

田雯从形、声、色多方面描绘黄果树瀑布的壮丽景观。"叠为三而后下，冯高作浪，云垂烟接，白虹饮涧，银汉倒倾，虽邓艾緪厓，天孙织锦，丰隆奋地，

---

[1] 朱兴泉：《田雯与〈黔书〉》，《贵州档案》2000年第4期。
[2] 田雯：《黔书》，《德州田氏丛书》。

不是过也"是妙笔如花的文字。《屙昀泉》：

> 贵阳城西，冈峦稠复，石径萦纡。众山之间，有泉一泓，浏然清浅，广不数尺，清风徐来，波鳞微动。尽一昼夜，其盈其缩，以百为度。中置一石以准之，莫之或爽。故字之以百盈，名之以圣泉。而通志谓之为屙昀，不知何所昉也。

"浏然清浅，广不数尺，清风徐来，波鳞微动。"寥寥几笔，就将一泓极可爱的小泉描画出来。"尽一昼夜，其盈其缩，以百为度。"泉的特点呈现在读者面前。这段文字的景物描写，由大到小，由远及近，由总写到特写，层次分明，文字亦极洗练。再如《涵碧潭》：

> 定广、威平之水，至四方河始合流而入南明，越霁虹桥东，将折而北，水至此渊而不流，是为涵碧潭。烟云演漾，风日迟回，縠软鸥眠，沙明蚌雨，令人悠然作濠濮间想。上为鳌矶，石梁亘之，昔所筑以障水也。矶上有甲秀楼，阿阁三重，丹青绮分，望若图绣，紫池人士读书地也。左武乡候祠，断碑岿然，记征蛮也；右维摩阁，微雨佛灯，山僧往来也。阑光瓦影，上下参差；梵响磬吟，近远互答。每春波摇绿，秋汕澄青，岸柳乍垂，芹芽正弩，览渔舠之泛泛，洗杯罨以临流，谁谓黔中无佳山水哉！接篱可倒，安问习池；姓字如传，何须汉水？余于是一往有深情矣。

描写贵阳之涵碧潭、甲秀楼美景，"谁谓黔中无佳山水哉！接篱可倒，安问习池；姓字如传，何须汉水？余于是一往有深情矣。"贵州上佳山水，如下目前，"一往有深情"，字字包含着田雯对贵州山川景物的热爱。

《黔书》的下卷重点记载了众多的人物名宦和物产资源。田雯针对古今史志论人"非漏即诬"的通病，历数治黔名宦，对慷慨有为的黔中名宦和治黔名吏颇多推崇，特别将郭子章所撰的《孙文恭祠碑记》和邹德溥所撰的《郭青螺祠碑记》附于文后。

　　孙应鳌(1527—1586),字山甫,号淮海,谥文恭。贵州清平卫(今凯里)人。明代的理学家、教育家。嘉靖二十五年(1546)中乡试解元。三十二年(1553)成癸丑科进士,选庶吉士,改户科给事中,历官江西按察司佥事、陕西提学副使、四川右参政、佥都御史,官至工部尚书。隆庆六年(1572)建清平山甫书院,讲学其中,被誉为开蒙贵州第一人,是贵州教育的先驱。田雯于巡抚任上将已废弃的孙公祠重立,并于康熙三十四年(1695),应清平令许国干的多次邀请题写了《孙文恭公祠碑记》。

　　郭子章(1543—1618),字相奎,号青螺,又自号曰蚍衣生,江西泰和人。隆庆五年(1571)进士,历任福建建宁府推官、摄延平府事、南京工部虞衡清吏司主事、督榷南直隶太平府、领凤阳山陵(即明祖陵)事、广东潮州府知府、督学四川、浙江参政、山西按察使、湖广右布政、福建左布政。万历二十六年(1598)以右副都御史巡抚贵州、兼制蜀楚军事,与湖广川贵总督李化龙合力剿平播州杨应龙叛乱,彻底消灭了盘踞播州八百余年、世袭了二十九世的杨氏土司,又多次平定贵州苗、瑶起义,以军功封兵部尚书、右都御史,加太子少保衔。郭子章抚黔卓有治绩,田雯对郭子章的褒扬,可以见出其治黔追求。

　　关于贵州物产,《黔书》下卷中记载了水西马、乌蒙马、革器、朱砂、砆硍(lì yín)、雄黄、邛竹、脆蛇、蜜筩柑等黔地特产。田雯《黔陋说》云:

　　　　若夫黔山秃水穷,草木亦稀,跬步乱石,日与蛇腹、虎豹、蛊毒、瘴疬相周旋。鬼方多鬼,青白黑赤各异其名,魑魅魍魉隶籍而分部,揶揄于道路,充斥于市衢、黎丘、蔡亭之间,蠕蠕动也。呜乎,何陋之甚耶?虽然鬼方之鬼,饮食男女,侏偏睢盱。三年已来,与人白昼往来,驯扰而无所害,鬼之性朴而淳,中原险阻浇薄之习,反出其下。又有断肠花,紫穗下垂,实如莺粟,夏秋蕃茂,人与牛马食之则肠断;有绿衣鸟,小如儿拳,雨晴来啄之,土人呼为断肠雀,极可玩。唯黔有此,差足以豪矣。亦资孔驿,当滇黔两戒之交,十步之内,疆土风物妍媸顿殊,一似造物有心。自洪荒时划山川而为二者,亦甚可怪也。余撰《黔书》,

尝思粉饰其说,以洗黔之陋。①

黔民性情的淳朴和以断肠花、断肠雀为代表的奇异物产,使田雯感到自豪。

王士禛作《跋黔书》云:

> 田纶霞中丞作《黔书》,凡七十六篇,篇不一格。其记苗蛮种类,记水西乌蒙马,记革器,记朱砂、水银雄黄、凯里铅、蒟酱、邛竹诸篇,有似《尔雅》者,似《考功记》者,似《公》、《谷》、《檀弓》者,似《越绝书》者,读之如观偃师化人之戏。故相国孙文定公沚亭作《颜山杂记》,记山蚕、琉璃、窑器、煤井、铁冶等,文笔奇峭,亦如此。"②

《黔书》在体例上特点正如王士禛所言"篇不一格",且"文笔奇峭"。有的单纯记事,更多篇章是叙议结合;有的是田雯亲见亲闻,有的是对前人记载的考证,有的山水篇是抒情比兴之作,颇具游记散文的韵味。

二、《长河志籍考》

《长河志籍考》十卷是田雯晚年献给故乡德州的方志巨著,康熙三十七年(1698),田雯怀揣"维桑与梓,必恭敬止"——对故乡的深厚情谊,"周流舆籍、详观图牒","离寒历暑、销烛研露",旁征博引,细致考订,写成考证性方志著作——《长河志籍考》。

《长河志籍考》考证德州地理、历史,或记名胜古迹,或载俚俗民情,或写人物特产,搜罗广博、考证谨严。举凡德州之城镇沿革、文物古迹、园林名胜、书院人物、庙宇寺观等皆校订严谨、记录翔实。卷一首先对德州的建置沿革、州境四至进行了考述。尤其是对"德州"与"长河"的关系做了详尽说明:

---

① 田雯:《古欢堂集》,《德州田氏丛书》。
② 王士禛:《居易录》卷十、十四,文渊阁《四库全书》本。

惪①州,古平原郡,隋之长河县也。长河县始在河西,后移置河东。所谓永济河,隋渠名,即今之卫河。今州城在其东,即长河县河东之小壶城也。唐、宋废为长河镇,宋移将陵县治于此,元曰陵州,明改惪州。按,古今州治有二,东与西辨焉。

东为汉平原郡之安惪古德宇县地,后汉安惪侯国属平原郡。晋属平原国,宋属平原郡,后魏属乐安郡,又于般县置安惪郡,隋置惪州,又为平原郡。唐复置惪州,治安惪县。天宝元年改为平原郡,乾元元年复为惪州。历宋、金、元至于明初,皆为惪州。此古惪州治也,今为陵县。惟割二乡为今州东地。故今州得称安惪。嘉靖间,山东通志云:陵县土城在平原郡城之内,即颜鲁公御安禄山处,延袤甚阔。今陵县城正德六年改筑,是古惪今陵之证也。而今惪州为故陵矣。

州西为汉之信都国,广川县地。后汉属清河国,晋属渤海郡,又属广川郡,后魏属长乐郡,隋避炀帝讳改曰长河县,属平原郡,唐属惪州。《汉书·地理志》:"信都国,广川县。"颜师古曰:"阚骃云其县中有长河为流,故曰广川也。"《旧唐书·地理志》:"隋于旧广川县东八十里置新县,寻改长河,为水坏。"元和四年,移就白桥,于永济河西岸置县,东去故城十三里。十年,又置河东小壶城。惪州领安惪、平原、长河、将陵、平昌五县。《宋史·地理志》:"景祐元年移将陵县治于长河镇。"《元史·地理志》:"陵州本将陵县,隶济南路。"今州学碑文称陵州其证也。明洪武十二年改为陵县,永乐七年以陵县为惪州,而以惪州旧治为今陵县,属济南府,领惪平、平原二县,此今惪州治也。按,古小壶城在永济河东。唐元和十年所徙之长河县也。后废为镇。故宋移将陵县治于长河镇,今城西临卫河即隋之永济河也。而近代志书多未及长河故县之名,岂从政者新未视故府耶?②

田雯在文中开篇即云"惪州,古平原郡,隋之长河县也"。为志书取名《长河志籍考》做了"注脚",古今"州志有二",并分别按东、西两条线,将德州州

---

① 惪,古"德"字,为保持原文风貌,仍用旧字,下同。
② 田雯:《长河志籍考》,《德州田氏丛书》。

志的变迁进行梳理。特别是对德州发展历史上的重大事件——明永乐七年的"陵德互易",引经据典,作了细致的考证。

《长河志籍考》卷二对州境内以"九河"为代表的古今河流进行了详尽的考证,也是全书篇幅最长的一卷。其中对春秋时已经堙没无迹的"九河"考述最详。德州为九河故地,书开篇附有一幅精美绝伦的"九河图",书中更是详了九河的来历,河流名称的由来:"徒骇",当年禹疏九河时,因工程巨大,令治河徒役惊骇;"太史",禹大使徒众通其水道,故曰"太史";"马颊",由于河道上宽下窄、狭长如马面;"覆鬴",河道中有很多小洲,其形如覆釜,故名;"胡苏",河水南下,胡,向下意,苏,水流意;"简",河水深而且大,简,大的意思;"絜",河水多山石,治理起来很艰苦。絜,苦的意思;"钩盘",因"河水曲如钩、屈折如盘";"鬲津",河水狭小可以鬲为津,故名。

卷三重点考证德州城东的新安、边里、王满、王解、土桥,城北的桑园,城南的曲陆等七座古镇的历史变迁,发生在古镇的历史故实。

卷四、卷五、卷八、卷九考证了德州的书院、台亭、园林、祠堂、庙观、牌坊等名胜古迹与建筑。德水、重丘、醇儒书院、读书台、方山、厌次城、陈公堤、行宫、十二连城、广川楼、雁塔东璧楼、杜亭、程式南园、程氏北园、止园、瓜隐园、儒学、先师庙、乡贤祠、名宦祠、城内外十八坊、永庆寺、董子祠、高真观、江东神庙、东岳庙、武安王庙、晏公庙、北极庙、天妃庙、八蜡庙、铁佛寺、台头寺、东方朔祠、颜鲁公祠、河神庙、慈氏寺、剑冢、汉大中大夫东方朔墓、苏禄国王墓、曹都督墓、高植墓等,一一追古抚今,足见清初德州风物之盛。在考述名胜古迹的同时,记载了德州的先贤志士,尤其是对董仲舒、颜真卿、东方朔倍加推崇。如写位于卫河岸边的颜鲁公祠,详叙颜真卿在德事迹,不惜笔墨:

> 颜鲁公祠,崇祯初,州人程绍改逆珰魏忠贤生祠建于此。祠后有景颜斗室。《旧唐书》传,颜真卿为平原太守,安禄山逆节颇著,颜真卿以霖雨为托,修城浚池,阴料丁壮,储廪实。乃阳会文士,泛舟外池,饮酒赋诗,或谍于禄山。禄山亦密侦之,以为书生不足虞也。无几,禄山果反,河朔尽陷,独平原城守具备,乃使司兵参军李平驰奏之。元宗初

闻禄山之变,叹曰:"河北二十四郡,岂无一忠臣乎?"得平来大喜,顾左右曰:"朕不识颜真卿行状何如,所为得如此。"传文多不尽载,录其在平原者著于篇。

这段文字,生动刻画了颜真卿运筹帷幄、智勇双全的忠臣本色。颜真卿深谋远虑,断定安禄山必反,用"明修栈道,暗渡陈仓"的智谋麻痹安禄山,一方面大张旗鼓地"阳会文士","泛舟外池","饮酒赋诗",让安禄山把自己看作是一介书生,放松警惕,另一方面却以防霖雨为名,修浚城池,招募丁壮,储备粮草,训练人马,积极备战。睿智过人的颜真卿,通过这些举动,成功地蒙蔽了安禄山的使者,使安禄山"以为书生不足虞也"。当安禄山叛乱时,"河朔尽陷",独平原郡太守颜真卿和其堂兄常山郡(今河北正定县治)太守颜杲卿,号召平原、常山之间的十七个郡的太守,结成抵抗安禄山的联盟,在狼烟烽起的河朔大地上,高高举起反击叛乱、维护唐王朝统一的大旗,颜真卿被推为盟主,集兵二十万,横绝燕赵。得知颜真卿的壮举,唐玄宗也感慨其所作所为是真忠臣。

卷十收录奇人异事。田雯记录了三位社会底层人物,一反传统志书的写法,值得关注。如写德州的两名下层妇女的《王媪传》《何媪传》,绘声绘色,人物个性鲜明,如两篇文言短篇小说:

王媪,屯氏河上嫠妇也,善事鬼,能为鬼言。有一鬼,帕手跣足,青衰朱裳,盱盱睢睢,状如侏儒,主其室有年矣。

鬼灵而猾黠,不自言。驱媪代之言。以故村妪贩夫以事来咨者,扫其门,复升其堂,爇香再擦。俛伏于地以俟。媪高坐,若听事然,喉喘颠汗,闭目逡延,沓沓謇謇,咨口以对,甲吉乙凶,甲疾不瘳,乙则已言,辄验。俄焉既醒,不自知其唁呓也。媪之室日以饶。市井无赖儿亦多阴伺欲中之者。

癸酉六月,河水涨,人患之,请于媪,媪复向声作鬼言,曰:"阳侯波起,涛襄四陆,震荡漂流,爰止乌屋,三日归槽,河伯牒复,鑠彼巫支,方山之麓,媪呜呜不胜鬼言。"果三日涨止,人皆德之,谓鬼之灵如是。

　　媪亦骄謇自以为能，乃病其媳之无能也，以它事诟谇于庭。媳恚愤，夜出沉河中。媪不知，鬼亦不媪告也，以其媳之死也，无赖儿遂藉以破其家，而媪之室空矣。如雁昏垫而鱼鳖争伺也。

　　悲夫，宋元王之龟，能见梦而诎于自谋，殆王媪之谓欤。余窃怪鬼主其室既久，而不为之防患于未然。所谓灵者安在？抑不忠不义之甚者矣。毕方犁丘之徒，其不可与处也哉。然则媪假鬼言以愚俗罔利，适以自愚已耳，非真有鬼也。

王媪是一名善事鬼的农村巫婆，靠巫术行骗乡里，受骗者甚多。特别是预测河水水涨时间后，人们更加信赖她，王媪遂"骄謇自以为能"，怨恨其儿媳无能，找茬儿在庭院中辱骂了儿媳，儿媳怒而跳河，于是王媪被地痞无赖借故抄了家。田雯评论说"媪假鬼言以愚俗罔利，适以自愚已耳，非真有鬼也"。作者认为"非真有鬼也"，反对弄神事鬼的封建迷信，体现了朴素的唯物思想。

田雯在记述人物时，褒贬分明，在批判王媪愚人愚己的同时，对何媪大加赞赏：

　　何媪者，年八十余矣。身不满三尺，发长二寸，眉半之，颜如渥赭，人莫知其异也。

　　壬申冬为余执灶下役，解后与之语。诘曰："不絮而衣，寒乎？"曰："寒也，肠且呜呜矣。"亟以饼啖之，媪谓饼硬，烘之可啖。媪曰："奚烘为？"须臾啖数饼，啜寒水一盂。语麄气豪，如尽斗酒一生甃肩矣。又诘曰："将无病耶？"曰："何病也。"俄辞去，蹑之，媪入僻室中，闭牡跏坐，以脊尻贴席，首足如张两翼，身如箕，又动如转轮焉，少项复来，汗流浃体肠呜呜犹故也。余洒然异之。媪盍然而笑曰："公知卫生之术乎？三牛三车，不僵不戕。行蚁旋磨，驾舟鼓楫。前后上下，投舍中央。九虎天关，熊熊其光。径寸之珠，夜吐寒芒。欲学长生，入室升堂。左董双成，右费长房。怜子钝根，如无相肓。"

　　余闻之，惋叹累日，耻不媪若也。援笔赋诗十篇，其序略曰："何媪者,屯氏河西村人也,本农家妇,善卫生术。二十结褵以后,遽谢铅华;八耋鹤发之年,何其矍铄。少逢道士,口传胎息之经;老养谷神,心妙参同之契。若其肌肤冰雪,岂非姑射名姝;即次巾帼侏儒,[①]亦是稚川佳偶。谢自然非所论也,华山女无以过之。今者以丹台入道之真铨,授白首伤心之病客。兔葵燕麦,桃花怜我刘郎;豕腹龙头,石鼎惊兹侯喜。思箫史而未遘,仆本恨人;求勾漏而寄怀,谁为仙吏?溪山寂历,早迷秦洞渔船;鸡犬飞升,莫识淮南药器。青精无餙,何以长生?紫府有人,皆求不死。禽习五戏,佩坎离水火之数言;夜守三尸,探熊经鸟伸之大旨。原奉教于芙蓉城下,窃执鞭于玉局观前。"

康熙三十一年(1692)壬申,田雯在家守制。按《蒙斋年谱》:"壬申五十八岁,二月十日葬母于先垅。是年有泻泄之疾。癸酉五十九岁,是年多灾,外患频至,八月几殆,作《蒙斋生志》一篇。九月就医于清渊。"近两年中,也许是因为多年宦游南方、长途跋涉奔丧,再加母薨悲恸过度,"泄泻之疾"、"几殆"、"就医",表明田雯身体状况极差。渐入暮年、身体老病的田雯,看到八十多岁的何媪身体康健,精神矍铄,听到她讲的"卫生之术",遂自惭形秽,"仆本恨人"是对仕宦生涯的总结。"原奉教于芙蓉城下,窃执鞭于玉局观前。"表示自己愿意返璞归真,入道求长生,反映了晚年田雯心态的一个侧面。

而德州的另一位善占卜的奇人王道行,也让田雯对人生有所感悟:

　　长河人,有盲者,善季主之术。初居河肆,人莫或知者。余心异其人,知其术之工有年矣。一日来京师,公卿朝士皆乐与之游,交相延誉,盲意气自豪,耻为卑污之行,不肯虚高人禄位以说人志。客有难之者,曰:"子之言否也,什不失一二焉;言泰也,什不中一二焉。"盲捧腹大笑曰:"若乌足以语此。夫平适之谓泰,困蹩之为否也,易之言吉凶也。人之情贪而愿奢,平适易忽而困蹩难忘也。冯敬通之《显志赋》,愚矣。刘孝标之《辨命论》,谬矣。柳子厚之《天说》,惑矣。言泰而有

---

① 当为"侏缡"。

不审,若自不审,我之言诚审矣。"客喁喁者也。盲姓王氏,名道行,凡与人语毕,唱《鹧鸪天》词一阕,尾作曼声,似孟达之上堵吟矣。故一时号王鹧鸪云。

田雯借此批评士人无令人惊奇的一术之长,而矫语仁义的现象,有一定现实意义。

《长河志籍考》的语言优美多样。全书语言骈散结合,以散为主。在谨严考证的同时,不时插入作者今昔游览时的切身感受和诗作,具有了笔记散文的风韵。如写"慈氏寺"一条,在考证寺庙俗称、庙内陈设后,忽插入自己游历事及诗作:

余少时尝游之,壬申重游,寺弗完矣。吟云:"名蓝精舍野烟中,半塔依然立晚风。门外长河流水去,钟声渔唱夕阳红。"

接着又引入王元美的两首诗作,抒发沧桑之感,又使考证之文变得摇曳多姿。写德州特产之一的运河产鲤鱼——"味甘多脂"的"德鲤",捕鱼的方法也非常有趣:

东风解冻时,取之,桃花水涨……有跳鱼船,以粉涂板,置之船侧,半浮水面,黑夜鼓枻而行,寂无人声,所至鱼跃于板上。

笔墨轻松,活脱脱一幅北方春天运河之上的夜渔图。

第三节　文　润　乡　梓

作为文化世家,德州田氏的众多子孙通过设帐授徒,修葺书院、人文景观,撰写方志及碑版文字、交游题咏等不同方式,创造地域文化,参与地方文化事宜,为乡梓的文化发展作出了贡献。

一、设帐授徒

设帐授徒对于德州田氏来说，不仅仅是一种谋生的手段，也是一种家族传统。田氏家族中设帐乡梓、影响较大的，是第五世的田实栗、第六世的田绪宗和第七世的田霡。

田实栗年轻时有志向，通今博古，涵雅有素养，设帐教书，讲述毛诗，弟子中有多人科举出仕，在家乡有着极高的声誉。逝后门人私谥"贞曜先生"。历史上孟郊曾被张籍、韩愈辈私谥"贞曜先生"，贞曜，光焰、光华意，比喻其德行光芒四照。康熙三十三年（1694）二月，在德州乡宦、教谕训导、贡生等近百人的呈请下，田实栗入乡贤祠崇祀。

田绪宗，顺治九年高中进士时已经四十四岁，入仕前在桑园设帐授徒达十年之久，弟子中多人先后登科，翰林院侍读萧惟豫即为其授业门人。

田霡终身未仕，其中年以后在德州设帐教书，在德州及附近县区有大量门生。其《人日同颜振玉宋凤栖叶仲一宋曦扶陈雨新过鬲津登老子阁远眺四首》诗云：

> 约期不爽惬幽情，长句分联叉手成。
> 除却黄冠无别客，同来大半是门生。

此诗中与其同游的弟子就有颜振玉、叶仲一（叶正夏）、宋凤栖、张幼渠等，休宁的朱灏、德州的陈英选（陈雨新）还为田霡诗集写序、题跋。在田霡及门弟子中，卢见曾是其弟子中成就最高的一个。卢见曾说：

> 余少受声调之传于同里田香城先生……
> 余年稍稍长，略通文字，而先生许之，乡会两试，先生皆决其售于未揭晓之前。初学为诗，辨声律，先生曰"孺子可教"，出其所藏书选本若干卷，授予抄录。①

---

① 卢见曾：《雅雨堂文集》，《续修四库全书》本。

田霖对于卢见曾而言既是诗歌创作启蒙的老师,又是慧眼识得俊才的伯乐。

第七世之后,田氏从事教书授徒的后人有第十一世的田琦和田春润。

田琦(1765—1845),字景韩,号香雨。品端学正,严正之气,令人望而生畏。因家境贫寒,考取秀才后,请入武城教谕马百遒私塾,督教马氏子弟。田琦执教,学规甚严,每天必正襟危坐,无论盛暑严寒皆身着洁净长衣,言必信,行必敬,毫无怠慢之气。马百遒的次子马洪庆,是其生徒中的佼佼者。马洪庆,字葛村,号啸崖。天资聪颖,博涉群书,道光二十九年(1849)已酉由拔贡选拔到京城兵部做官,同治三年(1864)甲子科中举,后告归回乡,在养知堂致力于研究古诗词和德州文献,搜求前贤著作,编成《陵州耆旧集》六卷。

田春润(1784—1869),字沐堂,慷慨好义,喜论辩,读书必求明理,唐宋理学诸大家辨别最详,得到山东学政李芝昌的赏识,因家道中落不得不中断举业而教授生徒。清道光十六年,山东督粮道鲁垂绅捐资将董颜书院辟为义塾,一大批优秀而家境贫寒的子弟进入义塾学习,德州知府舒化民延请雅声颇著的田春润入校执教。

二、传承文化

除因生活所迫设帐授徒外,德州田氏后人能自觉地保护乡梓人文景观,传承地域文化,这一点尤其令人敬佩。正如田雯在《董颜书院碑记》中所云:

> 夫前人有其志与其事,后之人不能继述之,不孝也;乡有大儒、名臣而使之淹没无闻,士大夫之耻也。嗟乎,千百世而下,襄哲之陈迹常存,瞽宗之风流不坠,岂易得哉,岂易得哉?![1]

襄哲,先哲;瞽宗,最高学府。田雯认为后人应该记取前人的志向,士大

---

[1] 田雯:《古欢堂集·记》卷二,《德州田氏丛书》。

夫应该将乡贤的事迹发扬光大,否则就是不孝和可耻的,保存先哲的遗迹,保持文化的延续,连用两个"岂易得哉",充分表达了田雯的自觉和忧虑。

德州为汉董仲舒故里,唐颜真卿为平原郡太守,是德州地域的两位先贤,世代同光,田绪宗在卫河东岸创建董颜祠,并书其额匾为"董颜书院",让于此地读书的士子们,永远以他们为榜样,务作醇儒忠臣。

田雯入仕后,长期宦游在外,一生中有两次在家乡德州的时间比较长,一次是康熙三十年丁母忧在家守制三年,另一次就是致仕回乡后到其辞世前的两年时间。这两次在乡,田雯在文化方面仍为家乡做了不少事情。康熙三十一年(1692)壬申,他守制在家,见到卫河岸边崇祀董仲舒、颜真卿的董颜书院倾废已久,十分痛心。这座书院,在顺治十年的时候,父亲田绪宗曾出资修葺,四十年过后,如今"断碣横陈于路侧,龟趺没泥辇中,漫漶磨灭莫可辨"①。盛衰兴废之感遂生,令其叹息不已;而此时书院周围的民居已经鳞次栉比,将其旧基侵占过半,无法将其恢复原址旧貌,田雯只好购买了吕氏止园的后屋,彩绘修治,将祠主董仲舒、颜真卿入祀,并秉承父亲的意愿,推而广之,将汉代萧望之、匡衡、东方朔等德州乃至山东地域的经学大师,和萧疏旷达、全其大节的明朝御史卢世㴶一并入祠崇祀,用来表明正学道统,田雯还亲自题写了《董颜书院碑记》。正是田氏父子的努力回护,董颜书院从此成为德州乃至山东的著名书院,道光年间被辟为义学。

乡贤祠往往是乡邦文化的承载,德州乡贤祠设在学宫内,以供后学瞻仰、学习。康熙三十一年(1692)乡贤祠久废,田雯将诸乡贤牌位暂移入明朝刑部右侍郎宋性祠内,并捐资重修,撰文勒石纪之,让后人永志不忘。

德州南城旧有雁塔,模仿唐长安慈恩塔,塔内凿壁纳石,石上镌刻有甲乙科姓名,自明洪武甲戌科刘㧑谦至崇祯癸未科荣尔奇,共有进士61人;自洪武庚午科张璞、郭麟至崇祯壬午科宋炳,共有举人196人,为明万历四十年壬子济南同知孙森立石督刻,康熙三十一年壬申,田雯在乡守制,见雁塔崩塌废弃已久,遂出资重修:

---

① 田雯:《董颜书院碑记》,《古欢堂集·记》卷二,《德州田氏丛书》。

补石二,一列进士姓名,自我朝顺治丙戌科至康熙乙丑科,凡十六人;一列举人姓氏,自顺治乙酉科至康熙庚午科,凡二十八人。①

田雯在修塔的同时,续刻两块科名壁石,将德州自清朝开科以来考取的 16 名进士和 28 名举人姓名镌刻石上,同时撰写《雁塔题名碑记》一篇,勒石以志。

田雯在修缮雁塔的同时,还扶修了南门内历科进士牌坊。

德州田氏在保护、传承地域文化方面的另一贡献,是田同之于乾隆七年(1742)壬戌辑录、刊刻《安德明诗选遗》一卷。受同学卢见曾编纂《国朝山左诗钞》、宋弼搜集《山左明诗选》保存地方文献的启发,田同之积极抢救搜寻德州一地所存明诗,共得 22 人 73 首诗,以《安德明诗选遗》名之,特别珍贵的是集内多有《山左明诗选》无录者。

《安德明诗选遗》有人物小传、有诗评,地域文献价值极高。如张海,为明成化丙戌进士,官兵部侍郎,诗有盛名,格调在高杨之间,当世称其才压翰林,举世无双,而晚年自焚其稿,诗竟无传。而此集犹存 3 首,可谓烬余之诗。②

三、交游题咏

除了设帐授徒、保护景观之外,德州田氏作为文化世家,其文润乡梓的另一种重要形式是交游题咏。一方面,他们依靠自身的社会影响,结交名流,交互往来,这些文人贤士途经德州,雅集小城,激发创作灵感,抒写人生感悟,自然成为地域文化的重要遗产;另一方面,德州田氏子弟对故乡风物的咏唱,更是文润乡梓的重要组成部分。

在民国《德县志》艺文志中,收录了大量与德州田氏子孙的相关的篇什。王士禛、陈廷敬、查慎行是清初重臣、诗坛名家,他们与田雯兄弟都有往来。民国《德县志》收有他们与田氏兄弟交游的诗歌各一首,王士禛《题田子益数帆亭》:

① 田雯:《雁塔题名碑记》,《古欢堂集·记》卷二,《德州田氏丛书》。
② 参见尹玲玲、马卫中:《清代明诗选本叙略》,《中国韵文学刊》2012 年第 1 期。

香茅结宇枕清泠,午梦初廻惊远汀。

何似江南秋色好,数帆亭是落帆亭。①

"数帆亭"是田霡枕运河而建的茅亭,名"数帆"意境美妙而深远。王士禛与田霡是老朋友,见到茅亭,落帆造访,"数帆亭是落帆亭"一句可见出两人的亲密。陈廷敬《怀田纶霞冯大木五言律》云:

夜过东阳界,朝行卫水溃,

青春方浩浩,白发任纷纷。

山远留残照,川长宿去云。

闲心逐流水,今日为思君。②

陈廷敬北上京师,船经德州,难免想起青年时结识、而今已经作古的老友田雯、冯廷櫆,其中也暗含着对逝去时光的怅惘。查慎行《立夏前一日同年李文众招集见可园》云:

槐阴小径转闲坊,犹记田家旧草堂。

归路重经疑昨梦,名园欲别惜韶光。

浓熏酒气茶麇架,翠滴苔痕薜荔墙。

最爱一轩幽绝处,紫藤花罩读书床。③

"犹记田家旧草堂"句后自注"田紫纶司寇宅去此半里",可见查慎行先前曾到过田雯的山姜书屋,以"草堂"称田雯书斋,足见其对田雯的尊重。田瑛官内阁中书时结识山东清平的刘湄,后请时任鸿胪寺少卿的刘湄为父亲田廷梅写《雪崖先生传》,收入民国《德县志》卷十四《艺文志》。

同时,德州田氏的作品部分收入县志中。民国《德县志》卷十五《艺文

---

① 民国二十四年(1935)修《德县志》卷十六,《艺文志》诗外编八。
② 民国二十四年(1935)修《德县志》卷十六,《艺文志》诗外编九。
③ 民国二十四年(1935)修《德县志》卷十六,《艺文志》诗外编十。

志》文内编收有田肇丽的《招邵烈妇辞有序》,田霡的《香城先生自作墓志铭》,田同之的《墨寿轩遗诗序》。卷十六《艺文志》诗内编收有田雯的《高植墓石歌》、《十二连城歌》、《移居尊水园祭卢南村先生》,田需的《春灯词二首》,田霡的《自题鬲津草堂》,田中仪的《夏日过濯锦园》,田同之的《古槐堂即事》,田滋的《题松泉霞绮楼》,田徵舆的《秋雁》,田际昌的《欲往村居感事漫成》,田昂的《题萧月樵黄冈策蹇图》,田致的《陵州四时词》,田敦的《怀乡先贤五古》。

　　除被地方志书收入外,在田氏子孙的诗文别集中,可以想象,有大量的诗文是对家乡景观、风土人情、历史故事的记述与描写,他们作为文化世家诗性的生活,极大地文润着故乡德州。

　　民国《德县志》卷十五《艺文志》邑人著作名录,经籍类载有:田实栗《历代名贤语录》,田雯《黔书》二卷、《幼学编》、《长河志籍考》,田需《厕垫录》,田霡《三韵撷言》,田同之《西圃丛辨》、《文说》、《二学亭文涘》,田昂《重订空山堂诗志》;文苑类载有田绪宗《筮仕记》、《田子篋中稿》,田雯《古欢堂诗文全集》、《蒙斋年谱》,田需《水东草堂集》,田霡《鬲津草堂诗集》,田肇丽《有怀堂诗文全集》,田同之《砚思堂诗文集》、《西圃诗说词说》、《安德明诗选遗》、《晚香词》,田合敬《秋草诗稿》,田中仪《红雨斋诗集》,田滋《南游杂咏》、《柳韵楼遗稿》,田徵舆《石南斋诗》、《豆花书屋印谱》、《磨砻顽钝稿》,田际昌《西园近稿》,田琦《自吟草》。

　　清代中后期,随着德州田氏科举仕途走向衰落,田氏子孙从财力上已经没有了捐资兴文的条件,但大都保留有读书崇文的传统,除设帐授徒以外,许多子弟往往醉心于诗词书画,与周围文友、墨客保持着交游,大多是德州地域上文化群体的重要成员,以他们的文化修养影响着地方文化生活,成为文化乡绅。如第十世的田靖,田同之长子。字企共,号小圃,又号鹊华山人,岁贡生在籍候补训导。虽生活艰难,但经常与州城的名宿讨论诗学,仍每日与诸兄弟研究典籍,考校义理,每下笔千百言,周围各县碑版文字大多出自田靖之手,且热衷地域文化典故,参与乾隆五十三年《德州志》的修撰。

第六章　德州田氏的诗文化成就

在明清山东的名门望族中,德州田氏不以门第高贵而闻名,而是以家学尤其是在清初诗坛上所取得的突出成就而扬名四海。张氏是明清之际山左诗坛中女性诗人的杰出代表,其雅正的诗歌追求代表了清代山东女性诗人的基本特点;田雯早年位列"十子",诗才宏富,作诗讲奇丽,形成了与王士禛神韵诗风迥异的诗美追求,晚年诗学影响甚至与之双峰对峙;田霡以素淡的诗歌成为山左诗歌中神韵诗歌的重要组成;田同之承继家学底蕴,作诗出入王田之间,极力维护神韵诗学,成为清中期山左神韵诗歌的旗手,其《晚香词》创作更是为其赢得美誉。田雯、田霡、田同之诗歌的不同风貌,体现了德州田氏诗学沉实与清远两种诗学旨趣并存的兼容性特征。

第一节　茹　荼　苦　吟

德州田氏的诗歌活动应该上溯到明清之际的田绪宗之妻张氏。

尽管清代女性诗歌成绩突出,无论从诗人数量还是从创作实绩都远远高于前代,但这种繁荣,由于众所周知的原因,呈现出严重的区域间的不平衡性,江浙才女蔚为大观,北方却寥若晨星。在明清山东为数不多的女诗人中,德州田氏诗群中张氏(1615—1691)的出现,在诗史上无疑具有典型的代表意义。明清时期山东的女性诗人数量本就不多,诗作结集流传的状况也非常不好,作为明清之际的女诗人,张氏在目前最为著名的几部女性文学史和工具书,如《清代妇女文学史》、《清代闺阁诗人征略》、《历代妇女著作考》中或无记载，或寥寥数语，皆难见真容，今于《安德田氏家谱》中得仅存于世的《茹荼吟》绝句三十首。虽诗歌存量偏少，但张氏的三十首绝句概观起来，表现出的题材领域的突破、深厚而严正的情感意蕴、清雅的风格，正代表了清代女性诗人创作的整体趋势与趣味。

张氏的《茹荼吟》，以写实的风格，展现了张氏由世家望族的未亡人成为诰命夫人大半生的心路历程，又将视域与思想逸出闺房的界限，将传统题材内容进一步拓展到咏古、写景、赠别、咏物、题画、悼亡等领域，饱读诗书的学养和其曲折、传奇的人生经历，使其诗歌进入到了自然和社会的范畴之中，承载了丰富的情感意蕴与其家族的、乃至时代的信息，其情感表达的深度、力度和广度也超越了女性惯常的模式，王渔洋评其诗曰"寄托遥深"，实为定评。张氏诗虽仅存三十首绝句，却使女性诗歌焕发出了前所未有的光彩。

（一）咏古诗

咏古诗传统上是男性诗人的视域内容，多借咏古怀史抒家国之思，历代女诗人虽然亦常见擅笔，但以寄托个人的伤怨悲怀为多，但张氏的咏古诗则突破"小我"的情坏，往往借古人之事，以咏古抒发自己对于历史和现实的看法。其《咏古》其一云：

当垆涤器堪羞死，铜臭钱刀荡子身。
试看赁居春米者，齐眉举案是何人。

吟咏汉代两对夫妻的生活方式，讥讽西汉司马相如令卓文君"当垆涤器"、"铜臭钱刀荡子身"的做法，赞赏东汉梁鸿、孟光夫妇于"赁居春米"困境下、"齐眉举案"的夫妻恩爱。《咏史》其二云：

老头皮在何妨隐，爱酒吟诗兴可兼。
杨朴妻贤留好语，女中亦自有陶潜。

借北宋杞人杨朴妻《送夫诗》咏志①,"女中亦自有陶潜"抒发自己的志趣。
这两首咏古诗如果说是张氏借咏古表达对婚姻、个体生命价值的思考,那
么《送长儿之楚》其二、《姑苏署中作》则是对历史兴亡的深度思考:

> ### 送长儿之楚其二
> 乌鹊无枝月在天,曹瞒横槊大江船。
> 奸雄几落周郎手,快事长留赤壁边。

康熙二十三年(1684)十一月,田雯授湖广湖北督粮道布政使司参议,治所
武昌,第二年五月莅任,张氏借咏三国赤壁事,鼓励儿子学周郎建功立业。
康熙二十六年(1687)四月,田雯补授江宁巡抚,治所苏州,张氏随养署中,
《姑苏署中作》作于此期,诗云:

> 春秋吴越吊兴亡,蔓草空台事可伤。
> 响叶回廊歌舞夜,那知勾践渡钱塘。

张氏居姑苏之地,面对"蔓草空台"遗迹,借"春秋吴越"旧事,抒"兴亡"之
慨,虽不能翻出新意,但可见出其思考历史维度之深远。

（二）写景诗

　　由于时代的影响,明清之际女性的行动较前朝稍微自由,不论贵族女
性还是平民女性,无论是随同父兄、丈夫宦游,或闲暇时游览山水,还是由
于生活所迫或者遭逢战乱而颠沛流离,都会有接触大自然的机会,使她们
看到了沉闷狭小闺房之外的天地,写景物诗便是女性诗人走出闺房生活之
后的产物,如此就打破了魏晋以来男性诗人对描写山水景物的写景诗几近

---

① 苏轼《东坡志林》"书杨朴事"条云:昔年过洛,见李公简言:"真宗既东封,访天下隐者,得杞人
杨朴,能诗。及召对,自言不能。上问:'临行有人作诗送卿否?'朴曰:'惟臣妾有一首云:更休
落魄耽杯酒,且莫猖狂爱咏诗。今日捉将官里去,这回断送老头皮。'上大笑,放还山。"余在湖
州,坐作诗追赴诏狱,妻子送余出门,皆哭。无以语之,顾语妻曰:"独不能如杨子云处士妻作诗
送我乎?"妻子不觉失笑,余乃出。见王松龄点校:《东坡志林》,中华书局,1981年,第32页。

垄断的局面。张氏早年曾为处理丈夫绪宗后事而千里赴浙江丽水奔丧,后长子田雯"两迎养于京邸又迎养于句曲吴门",晚年归里颐养天年,三十首绝句中有数首写景之作,如《三月大雪》云:

> 滕六飞来花满枝,啼莺无蝶暮春时。
> 可知柳絮因风起,不是寻常比拟辞。

"滕六"是传说中的雪神,诗歌描写的是一场暮春时节的大雪,啼莺在挂满雪花的花枝上嘤嘤有韵,枝头摇落的雪花,就像因风起舞的柳絮,诗人感叹谢道韫以柳絮喻雪的契合与曼妙。张氏善于将景物作为寄托自己情志的抒情对象,将身世之感拼入意象,景物之中有其主体精神的渗透,承载着其浓郁的思想情感,意蕴深厚,如写于其刚刚中年寡居时的《村中晚景》:

> 柴村落日锁荒苔,老婢持丝换米回。
> 续罢晚炊课儿子,黑鸦一陈扑林来。

诗中落日、荒苔、老婢、黑鸦等一系列意象凄寒、萧条,整个诗境压抑、郁闷,细腻准确地将自己中年丧偶后,苦撑门庭、含辛茹苦闭门课子时期的心境勾画出来。而作于自田雯句曲官署归乡的《自句容归里》一诗,尽管儿子属于"贫官"还不是显宦,但毕竟门楣重振,故整首诗取景明快,节奏轻盈,洋溢着轻松之感:

> 流水青山在眼前,归途恰值早春天。
> 官贫一路无车马,觅得江南鸭嘴船。

《课奴子种菜》一诗则处处流露出闲适之情:

> 除地种疏一二段,浇畦汲水两三丁。
> 荒园底事成欣赏,小雨初晴菜甲青。

张氏晚年"每岁夏秋必习静村居,与农妪相周旋,谈鸡犬、桑麻、纺织诸事"①,"小雨初晴菜甲青"的雨后乡村菜园春景,张氏怀着一种闲适心情"欣赏"之。

（三）赠别诗

张氏绝句中有三首写给长子田雯的诗歌,一改传统女性赠别诗狭隘的男女私情之天地,书写人伦真情。《送长儿公车北上》:

> 如此春光将欲行,手中针线倍含情。
> 莺花三月归须早,试罢休停半日程。

顺治十八年(1661)正月初八,田雯长子田肇丽生,二十七岁的田雯于当日北上参加会试,田家可谓喜事重重,张氏为儿子打点行装,"手中针线倍含情"由孟郊《游子吟》"临行密密缝"句化出,分别时"归须早","试罢休停半日程"的临行嘱托,都包含着一位含辛茹苦的母亲对儿子的一片深情。《闻长儿调抚黔中》:

> 鬼方万里是黔州,儿子啣恩汗漫游。
> 愁尔音书天末隔,蛮烟瘴雨不须愁。

康熙二十七年(1688)四月,田雯奉旨由江宁调抚贵州,张氏得到消息后写下此诗。诗表面说"不须愁",但"鬼方万里"、"天末"、"蛮烟瘴雨"等系列意象烘托出的恶劣环境,已经充分表达出母亲对作"汗漫游"儿子的挂牵。

（四）咏物诗

咏物诗在我国诗史上也是成熟较早的诗歌形式,张氏诗集中只有一首咏物诗《题湘竹》,但却达到了文人咏物诗遗形写意的最高境界。诗云:

---

① 田雯、田同之等:《安德田氏家谱》卷二。

肠断湘江烟水昏,乌啼枫落不堪论。

谁云风雨潇潇竹,独然当年泣舜痕。

诗由娥皇、女英哭舜起兴,第一、二句为造境,在暮霭沉沉的湘江边,"乌啼枫落"环境凄然,伫立着肠断的女子;三、四句是议论,强调那斑斑竹痕非风雨所致,乃是伤心女子的泪水所化。我们通过张氏身世遭际可知,题湘竹,抒写的是张氏自己的心中的块垒。

（五）题画诗

我国古代题画诗滥觞于六朝,兴于唐,盛于宋,明清以降尤为风行。写好题画诗,诗人要对画家的艺术兴会深入感悟,对画作的艺术美进行细腻的体验,要与艺术家的心灵进行深层次的精神交流,它往往能流溢出诗人的才情,寄托着无限的情感,具有很高的美学价值,清代女诗人的题画诗数量之多远超前代女性题画诗的总和①,而在张氏《茹荼吟》三十首绝句中,虽仅存一首,考虑到诗歌整体存量的偏少,更觉难能可贵,这首名为《题画》的诗云:

三间亭子一回廊,四壁风棚架木香。

小扇轻罗谁氏女,全无闺训扑螳螂。

四句诗将整幅画的画面简洁地勾勒出来:初夏时分,一个亭廊四周爬满了开着花的木香,白如香雪、黄如披锦,画面中心是一位贵家少女手把小扇,正专心致志地捕捉螳螂。画面着色艳丽,动静相宜,尤其是那位"全无闺训"的少女,"谁氏女"的设问,"全无闺训"的评议,使少女神态呼之欲出,栩栩如生。

张氏诗歌中最大比重的是纪事抒情诗,下面将细致分析,另外还有一首《悼女婿许生》的悼亡诗:

---

① 参见段继红:《清代女诗人研究》,苏州大学博士学位论文,2005 年,第 67 页。

少壮随余赋远游，家园万事叹荒丘。

可怜只有中郎女，天上俄成白玉楼。

按《安德田氏家谱》载，张氏先后育一女四子，其中三子田震早夭，女儿嫁诸生许裕，女婿许裕在女儿三十六岁时去世。许生早年曾随张氏远赴浙江丽水，他的早逝令张氏非常难过，"可怜只有中郎女"一句含不尽之意。

张氏诗歌除较前代女性题材有一些开拓外，其诗歌的思想意蕴呈现出严正的突出特征。张氏中年不幸丧夫，历尽艰辛使德州田氏门楣大振，其诗集名《茹荼吟》，比喻受尽苦难之意。张氏的纪事抒情诗最为清晰地展现了其在夫亡以后，以礼自守、支撑门户、抚孤奉亲的艰辛过程，完美地践行了儒教对女性的伦理责任要求，张氏亦被列入《清史稿·列女传》第一人，人品与诗风高度统一。正如俞陛云所云：张氏诗"非特词意严正，且洋洋数百首，文辞高雅，似东京文字，为闺儒中希有"①。在儒教长期的浸染和塑造下，张氏自觉地遵守自己的社会定位，其诗歌创作也自然接受儒家诗学思想中言志载道、宣扬教化的影响，呈现出严正特征。《夜听儿子读书》描写的是秋夜静坐督责诸子苦读的情景：

迢迢午漏月痕生，寒火虚窗络纬鸣。

默坐秋堂听不厌，虫声和以读书声。

所"听不厌"者，是夜半虫鸣与儿子苦读之声，张氏在漫长的秋夜里静坐督学的形象跃然纸上。《戊戌元旦》则揭示这一过程的漫长与艰苦：

桃符爆竹满门前，眼底春光意惨然。

愁病交深经五载，难闻笑口贺新年。

诗题"戊戌元旦"指的是顺治十五年（1658）新年，丈夫离世已五载，五年

---

① 俞陛云：《清代闺秀诗话》，钱仲联：《清诗纪事》列女卷，江苏古籍出版社，1987年，第15647页。

里所历是"愁病交深"的遭遇,故新年里虽满目春光,节庆气氛浓郁,但田氏门庭冷落,"难闻笑口贺新年"是指难以见到前来拜贺新年的声音,抑或是全家五年来始终笼罩在失去亲人、诉争不断的阴影之中,即使是新年来到,一家人也高兴不起来,此情此景必会使人心底"意惨然"。《庚子喜长儿秋捷》、《丙午喜次儿秋捷》两首诗是顺治十七年(1660)、康熙五年(1666)田雯、田需两兄弟先后中举后,张氏喜极而作,《庚子喜长儿秋捷》诗云:

> 六年辛苦事难陈,拼作支离憔悴人。
> 今日寒门大侥幸,喜心倒极泪沾巾。

"支离憔悴"是"六年辛苦"所致,"喜心倒极泪沾襟",生动刻画了张氏喜极而泣的情态。《丙午喜次儿秋捷》诗云:

> 得意秋风八月槎,门多好事仕喧哗。
> 老人静拥诸孙坐,细看庭前双桂花。

毕竟是"两子功名次第逢,六年之年喜重重","得意"是这首诗的主调,静拥诸孙、看取门前桂花,是何等自豪与高兴。在对儿辈的教育上,张氏始终以儒家入仕思想作为纲常,对走入仕途的儿子,张氏以儒家忠君报国思想加以勉励,"且耐官同易水寒"是对田雯出入仕途、"十年为郎"牢骚的劝诫,"书生叨受主恩深"则让田需以感谢圣恩的心作"清衔"、"翰林","何妨画锦名堂额,黄帕香盘接诰封"是终于将两个儿子培养成才后的惬意。"老人自觉修齐好,不为尔曹讲佛经"是说自己始终觉得儒家"修齐治平"的经世思想要好于佛家的虚空寂静。对于封建时代女性伦理规范,张氏在《读班昭传》其二云:

> 世叔云亡四十年,一生大节正堪传。
> 何须夸耀文章手,只可长留女诫篇。

张氏赞扬班昭在丈夫曹世叔去世四十年中守节不移,她认为班昭留给后世的不是续编《汉书》的文章荣耀,"只可长留"永世流传的是"一生大节"和提出了妇女应当遵守的封建伦理道德的《女诫篇》。甚至前文所涉《题画》诗中,面对尽情扑捉螳螂的贵家少女,也发出了"谁氏女"的设问和"全无闺训"的评议。《渡黄河有感》则发出"不知底绩司空日,销尽金钱尔许多"的民生感叹,足可见出张氏的严正思想。

王士禛论张氏《茹荼吟》绝句以"清丽雅下"名之,"清雅"的确可以作为张氏诗歌的主流风格。张氏诗歌"清"之特色与其发自天然的女性本性有关,而"雅"之特色却来自其后天的学养。

明清之际,以男性文学为主流的各种诗歌流派交叠更替,崇唐宗宋、神韵性灵、格调肌理诸派此消彼长,而女性诗人大多囿于深宅大院,从前人的诗词中选择符合自己心意的诗词吟咏研练,用唯美和感性的、更近于唐风之笔,各自抒发着自己世界中的烦忧,笔下的景物也就显得澄澈透明、空灵婉约而生机勃发。正如钟惺《名媛诗归》序云:

> 诗也者,自然之声也,非假法律模仿而工者也。……今之为诗者,未就蛮笺,先言法律,且曰某人学某格,某书习某派,故夫今人今士之诗,胸中先有曹刘温李,而后拟为之者也。若夫古今名媛,则发乎情,根乎性,未尝拟作,亦不知派,无南皮西昆,而自流其悲雅者也。……夫诗之道,亦多端矣,而吾必取于清。……盖女子不习轴仆舆马之务,缚苔芳树,养绘薰香,与为恬雅。男子犹藉四方之游,亲知四方,如虞世基撰《十郡志》,叙山川,始有山水图;叙郡国,始有郡邑图;叙城隍,始有公馆图。而妇人不尔也。衾枕间有乡县,梦魂间有关塞,惟清故也。清则慧……故青莲乃一发于素足之女,为其天然绝去雕饰。[①]

女性诗人这种没有流派之见、发于情根于性的创作方法,决定了女性诗歌

---

① 转引自胡文楷:《历代妇女著作考》,商务印书馆,1985 年,第 883—884 页。

往往会熔铸成出自天然、清幽为主的审美特质。张氏诗歌风格之"清",主要表现在对清丽意境的营造上,如前文所涉《题湘竹》、《夜听儿子读书》、《丙午喜次儿秋捷》、《句容署中》、《自句容归里》、《送长儿之楚》、《三月大雪》等诗,皆为较为典型代表。

张氏像大多数清代女诗人一样,虽非出身官宦之家,但却是书香门第,饱读诗书。田雯《茹荼吟序》亦云:

> 先慈太夫人善读书,年七十余手不释卷,淹贯经史,旁及佛氏、诸子,靡弗探其要旨,晰其疑义,每发一论议,辄于古人多所阐明,非儒生可及。①

"善读"而又"年七十余手不释卷",其学问造诣甚至"非儒生可及",张氏极高的学养往往会自然而然地流露到其诗歌创作之中,用典使事,随处可见,其诗学文化的倾向,是促其诗风雅化的重要原因。

按照俞陛云的说法,张氏诗歌应该有"洋洋数百首",但存世太少,这主要有主客观两方面原因。客观上讲,明清时期女性诗文创作、传播的环境条件尚不十分有利,骆绮兰《听秋馆闺中同人集》序云:

> 女子之诗,其工也,难于男子;闺秀之名,其传也,亦难于才士,何也?身在深闺,见闻绝少,既无朋友讲习,以沦其性灵,又无山川登览,以发其才藻。非有贤父兄为之溯源流、分正伪,不能卒其业也。迨于归后,操井臼、事舅姑,米盐琐屑,又往往无暇为之。才士取青紫、登科第,角逐词场,交游日广,又有当代名公巨卿,从而揄扬之,其名益赫然照人耳目。至闺秀幸而配风雅之士,相为倡和,自必爱惜而流传之,不至泯灭。或所遇非人,且不解咿唔为何事,将以诗稿覆醢瓮矣。闺秀之传,难乎不难?②

① 田雯、田同之:《安德田氏家谱》卷四《茹荼吟存稿》。
② 转引自胡文楷:《历代妇女著作考》,第939页。

骆氏是从男女诗人创作环境条件的对比角度来谈的,实际上,女性诗人创作还要克服时代观念对自身书写创作的束缚,张氏在此方面所受羁绊尤重。田雯《茹荼吟》序云:

> 工于诗,然不率作,偶一吟咏,甫脱稿即焚弃无存,儿辈丐读亦不与,曰诗云无非无仪唯酒食是议妇道也,诗文小技妇道无庸此为也。吾不愿诸女孙效之,故弗存耳。

张氏在书写观念上存有较大的时代局限,"不率作"即不轻易创作,且"脱稿即焚",儿辈乞读也不给予,严格按照《诗经》所云"无非无仪唯酒食是议"是正经妇道,恪守"女子无才便是德"的陈腐观念,认为诗文是"小技",怕孙女们仿效习诗,所以从不轻易创作,亦不存留。尽管我们可以通过《茹荼吟》三十首绝句来概观张氏的诗歌大貌,但其存量偏少的现实,势必影响其于女性诗史上的地位与影响,诚为憾事。

附:

茹荼吟绝句三十首①

题 湘 竹

肠断湘江烟水昏,乌啼枫落不堪论。
谁云风雨潇潇竹,独然当年泣舜痕。

读 班 昭 传

(一)

大家阿妹擅才名,东观由来续史成。
每向家庭频洒泪,伤心往事孟坚兄_{年兄曾罹甲申之难故及之。}

---

① 据《安德田氏家谱》卷四整理。

（二）

世叔云亡四十年，一生大节正堪传。
何须夸耀文章手，只可长留女诫篇。

夜听儿子读书

迢迢午漏月痕生，寒火虚窗络纬鸣。
默坐秋堂听不厌，虫声和以读书声。

示　儿

一部楞严户昼扃，木鱼竹杖倚园屏。
老人自觉修齐好，不为尔曹讲佛经。

课奴子种菜

除地种疏一二段，浇畦汲水两三丁。
荒园底事成欣赏，小雨初晴菜甲青。

村中晚景

柴村落日锁荒苔，老婢持丝换米回。
续罢晚炊课儿子，黑鸦一陈扑林来。

咏　古

（一）

当垆涤器堪羞死，铜臭钱刀荡子身。
试看赁居舂米者，齐眉举案是何人。

（二）

老头皮在何妨隐，爱酒吟诗兴可兼。
杨朴妻贤留好语，女中亦自有陶潜。

丙 申 除 夕

祭灶神前酒一卮，焚香拜跽亦多仪。

小厨火灭霜闺寂，不卜昏灯镜听词。

戊 戌 元 旦

桃符爆竹满门前，眼底春光意惨然。

愁病交深经五载，难闻笑口贺新年。

庚子喜长儿秋捷

六年辛苦事难陈，拼作支离憔悴人。

今日寒门大侥幸，喜心倒极泪沾巾。

送长儿公车北上

如此春光将欲行，手中针线倍含情。

莺花三月归须早，试罢休停半日程。

丙午喜次儿秋捷

得意秋风八月槎，门多好事仕喧哗。

老人静拥诸孙坐，细看庭前双桂花。

戊申京邸示儿

金马门前玉楼残，经年索米向长安。

悲歌莫逐荆高侣，且耐官同易水寒。

悼女婿许生

少壮随余赋远游，家园万事叹荒丘。

可怜只有中郎女，天上俄成白玉楼。

得次儿馆选消息

蓬岛清衔是翰林,书生叨受主恩深。
父兄仕宦多辛苦,阅历风波霜鬓侵。

句　容　署　中

（一）

一带青山雪径封,白云片片树重重。
葛洪井与鲍姑宅,住在华阳第几峰。

（二）

数株松桂一园花,兀坐高楼晓日遮。
才上佛香煎芥茗,忽闻打鼓正排衙。

自句容归里

流水青山在眼前,归途恰值早春天。
官贫一路无车马,觅得江南鸭嘴船。

送长儿之楚

（一）

黄鹤楼前白浪生,江流滚滚鄂王城。
倘从鹦鹉洲边过,一吊才人祢正平。

（二）

乌鹊无枝月在天,曹瞒横槊大江船。
奸雄几落周郎手,快事长留赤壁边。

三　月　大　雪

滕六飞来花满枝,啼莺无蝶暮春时。
可知柳絮因风起,不是寻常比拟辞。

题　画

三间亭子一迴廊，四壁风棚架木香。

小扇轻罗谁氏女，全无闺训扑螳螂。

受覃恩纪事

两子功名次第逢，六年之内喜重重。

何妨昼锦名堂额，黄帕香盘接诰封。

渡黄河有感

一曲中流瓠子歌，淮南落日渡黄河。

不知底绩司空日，销尽金钱尔许多。

姑苏署中作

春秋吴越吊兴亡，蔓草空台事可伤。

响屧迴廊歌舞夜，那知勾践渡钱塘。

闻长儿调抚黔中

鬼方万里是黔州，儿子卹恩汗漫游。

愁尔音书天末隔，蛮烟瘴雨不须愁。

村中堂成演剧

豆架瓜篱逼两厢，白茅为宇土为墙。

抱孙村妪群相贺，饭罢争看演孟姜。

病

七十余年一病躯，诵经理佛费功夫。

人生泡影真如梦，解得如来半偈无？

示雯辈①

汝昨来言里中先进学校、乡曲诸君子、父老谋欲醵钱置酒宴,合诸名家文词,张屏幛,如前岁寿萧太夫人事将以寿吾者。此亲串盛心、洽比雅事。吾乌能无感?然自度有甚不可者,今得详为汝曹言之。按礼,妇人无夫者称未亡人。凡吉凶交际之事,不与,亦不为主名。……何休云:"妇人无外事,所以远别也。"后世礼意失,始有登堂拜母之事。战国时严仲子自觞聂政母前,且进百金为寿,盖任侠好交之流有所求而然耳,岂礼意当如是耶?吾自汝父之殁于官,携扶小弱,千里归榇,含艰履戚三十年余,阖户辟绩,以礼自守,幸汝曹皆得成立,养我余年。然此中长有隐痛,每岁时腊腊,儿女满前,牵衣嬉笑,辄怦怦心动,念汝父之不及见,故或中坐叹息,或辍箸掩泪。今一旦宾客填门,羊酒塞路,为未亡人称庆,未亡人尚何以庆乎?三十年吉凶交际之事不与知,而今日更强我为主名,其可谓之礼乎?处我以非礼,不足为我庆,而适足增我悲耳。且我何以萧太夫人比也?萧太夫人年跻八十,于古谓之上寿。萧封君即世不过十余年,为白首夫妇。汝父之亡,吾年未四十,今更三十一年,亦仅古之中寿耳,何可以萧太夫人比?且其子侍读君居里已十七年,德望高,善行被于乡党。乡党德其子而庆及其母,宜也。汝曹中外薄宦,偶归里间,无善及人而亦偃然受乡先生、里父老之棒觞拜跽,其又何以为情?顷者,米价翔涌,邑井萧然,亲故素多贫乏,若复合钱市纍,为未亡人进一日之甘,未亡人更罪戾是忧矣。汝曹官于朝,宜晓大体,其详思礼意以安老人之心。为我先事而婉辞之,惟勿忽也。

第二节　山　姜　花　开

在清代德州田氏诗群中,成就最高、影响最大的诗人,毫无疑问当属田山姜(即田雯)。

田雯在诗坛上成名较晚。1677年,田雯四十三岁,主盟诗坛的王士禛

① 成晓军:《慈母家训》,第90页。

选田雯与宋荦、王又旦、颜光敏、叶封、曹贞吉、谢重辉、林尧英、曹禾、汪懋麟诗为《十子诗略》，编定刻之，世称"金台十子"①。康熙十八年（1679年）农历七月，北京发生大地震，破坏严重。田雯时任工部虞衡司郎中，管理节慎库，房屋在地震中倒塌，移居粉房巷，题诗于壁，这就是著名的《移居诗》：

> 东野家具少于车，学打僧包何为家？
> 一捆乱书十瓦钵，奚奴负走如奔麏。
> 小巷逼塞通破寺，邻人指说来官衙。
> 自操箕帚扫土锉，糊窗吹纸西风斜。
> 雨淋屋塌堆瓦砾，墙脚残立山姜花。
> 日暮天寒验霜信，匝飞秃树啼老鸦。
> 短檠无油月相照，二更三更城鼓挝。
> 鱼目鳏鳏瞠不睡，直从万古寻羲娲。

随后赶来的王士禛现场和诗，于是"次日遍传都下，和者百人"②。"和者"有"十子"中的汪懋麟、曹贞吉、曹禾、林尧英，其余如王士禛、施闰章、朱彝尊、陈维崧、汪楫、丁炜等京师诗坛最有影响力的人物皆在其中，从此人们称田雯为"田山姜"，田山姜的诗名从此确立起来。

　　这首诗之所以轰动京城，一方面是由于诗人虽掌管节慎库，但巧妙地引用孟郊移家进行自比，对自己生活的困顿进行了精彩描绘，表现了诗人为官的廉洁，艺术构思巧妙。但最主要的原因却是"墙角残立山姜花"的意境的美。诗人酷爱山姜花，因为山姜花白色而带红色条纹，白色与纶霞相映，田雯一字纶霞，美丽异常，山姜花美化了环境，体现了诗人的品格。"雨淋屋塌"，山姜花受损，甚至出现了断枝，叶子、花朵有的打落在地，这就是所谓的"残"，而花盆未打翻，根基犹在，这就是"立"，经过一场浩劫，山姜花仍然挺立开放，这多么像诗人昂扬向上的情趣，不屈的精神。诗人的情趣、不屈的品格，诗人

---

① 田雯：《蒙斋年谱》，《德州田氏丛书》。另关于"金台十子"成员组成，现存资料相抵牾，学界有争议，详见朱则杰、陈凯玲：《"长安十子"考辨》，《文学遗产》2009年第6期，今取朱文结论。
② 参见田雯：《古欢堂杂著》卷四，郭绍虞：《清诗话续编》，第722页。

的斗志,都通过山姜花鲜明地凸显在人们的眼前。拓展开来。联想当时的时代,长达近八年的"三藩之乱"还未彻底平定,年轻的清王朝正经历着动荡的洗礼,历经艰难世事,人们已经看到了胜利的曙光,这种整个国家和民族不屈的精神,就如同田雯诗中的经历浩劫而依然挺立的山姜花一样,人们从这株昂首屹立的山姜花身上,看到了活力和朝气,看到了未来与希望,故这首诗能引发那么多诗坛巨擘的共鸣,正因为诗歌所创造的意境的美丽。

　　田雯平生勤于著述,今有《古欢堂集》传世,其中,《杂著》前四卷,编入《清诗话续编》。《古欢堂诗集》14 卷(又名《山姜诗选》),共收各体诗768题1 389 首,有清康熙四十二年刻本,后又于康熙五十五年刻《古欢堂全集》。有人认为"渔洋、山姜之门,殆相颉颃焉","坛坫之盛,几与渔洋",评价之高,令人瞠目。田雯诗备受古今学者的高度重视,各家总集、选本多录其佳作,确是事实。王鸣盛的《饴山文集序》、张鹏展的《国朝山左诗续钞序》,皆将田雯列为与宋琬、王士禛、赵执信齐名的清初山左四家之一。现代学者钱锺书在《谈艺录》中指出:"清初诗文好为沈博绝丽者,莫如田山姜。""沈博"是对其思想内容来讲的准确评价,所谓"沈"者,即"沉"也,是指深厚、沉实的文化底蕴。所谓"博"是指广、通、众多、丰富之意,是指田雯诗歌思想内涵的丰富与博大,而以"博"字论山姜诗,也历来是诗评家的定评。《四库全书》:"……雯则天资高迈,记诵亦博",沈德潜《国朝诗别裁集》:"山姜诗才力既高,取材复富,欲兼唐宋而擅之,山左诗家中另开一径。"田雯诗歌的成就,第七章有具体论述,此不赘言。

　　康熙四十一年(1702)十月,康熙帝南巡,初五日驻跸德州,已经卸任在家养病的田雯前往行在恭请圣安,初七日,赐田雯御书《甲子次德州即事》诗绫一幅,并传旨云:"田雯素能诗,著即进览。"命田雯呈上著作,于是田雯将旧刊《山姜诗选》、《长河志籍考》、《黔书》奉上,又云:

　　　　田雯居官无过失,向未曾赐有匾额,着自撰二字,翰林官查升写进。①

---

① 田肇丽:《补年谱》,《德州田氏丛书》。

田雯呈"寒绿堂"三字,帝询其义,田雯奏曰:"寒者如臣年已衰暮,绿者发生之意。臣今年老,蒙皇上天恩御书赐此三字,臣可以多延岁年,歌咏圣世。"后来,这块"寒绿堂"匾额就挂在田雯书屋之上,寒绿堂成为田雯书屋的别称,德州田氏的在诗坛上的荣光达到顶峰。

第三节　鬲　津　菊　淡

在田雯兄弟中,倘若以诗歌成就而论,田雯之下当属田霢。田霢(1653—1730),字子益,号乐园,又号香城居士,田雯幼弟,布衣终生,寂寞自甘,篇咏闲适,性格旷达,七十六岁尝自作墓志铭。田霢晚年好艺菊,又号"菊隐",自称开州城艺菊之风尚,有《鬲津草堂诗集》等遗世。

田霢一生有着孤苦不幸的童年,田霢自撰《香城先生自撰墓志铭》云:"先生为壬辰进士,累赠通奉大夫丽水公第四子,母夫人张氏,十月而孤,四十而哀。……年十七入泮宫。"[1]可见田霢刚出生十个月就失去了父亲。失去支柱的田家内外交困,大约到康熙六年(1667)丁未,田霢十五岁,长兄田雯在中进士三年后出任内阁中书舍人,这种艰难处境方才有所好转。田霢于十七岁时入德州州学,从此进入苦读应试时期。其诗保留下来的最早的大约在其五十三岁左右所写。根据相关资料来看,其青年、中年时期的主要生活内容为应试、游历。其《送人应试自述二首》之二:

> 堂堂日月去难留,老叹浮名未易求。
> 计把佳辰虚断送,棘闱七度过中秋。[2]

乡试按例每三年一科,可见田霢为科举应试至少考了近20年,直到康熙二十五年(1686)丙寅,田霢三十四岁时,按例拔贡生,才有了出任低层官吏的

---

① 田雯、田同之等:《安德田氏家谱》卷三。
② 田霢:《鬲津草堂诗集》,《德州田氏丛书》,以下引田霢诗同。

资格,由此可见他将青春的大好时光基本耗费在了应试求取功名上。

为开阔视野、求职干谒之需,田雯应试之余不得不漫游四方。卢见曾在《书田香城先生自作墓志铭后》说:

> 先生兄山姜而师渔洋,弱冠游京师,与一时名公巨卿,争骚坛,据吟席。其所为诗,甫脱稿,已吟遍长安。①

田雯是卢见曾的蒙师,"争骚坛,据吟席"说有夸饰之嫌,但其青年时期跟随长兄田雯居京城、与诗坛名宿交往,颖悟绝人,曾学诗于王士禛,学文于汪琬,从而使诗名早播、早闻的确是事实。

田雯二十五岁左右曾南下远游,最远到过福建的建宁、福州等地。其诗《南游稿·句容道中二首》之一云:

> 整装又下秣陵关,风景犹然在目间。
> 五十年来寻旧梦,故人惟有大茅山。

写这首诗时,作者七十五岁,可见二十五岁左右到过此地。田雯曾作有《舍弟有江南之游作此寄之》诗,有"丈夫贫贱理应耳,此游无乃非良图。腰下犊鼻可终老,逢人弹铗徒区区"句,如此看来,田雯此期的江南行大概是欲求有人赏识而用,以图改变处境。

设帐授徒是古代文人屡试不第的境遇下,为了生活不得不做的事情。田雯在德州及附近县有大量门生,卢见曾无疑是其生徒中最有成就的一个。卢见曾说:

> 余少受声调之传于同里田香城先生……
> 余年稍稍长,略通文字,而先生许之,乡会两试,先生皆决其售于未揭晓之前。初学为诗,辨声律,先生曰"孺子可教",出其所藏书选本

---

① 卢见曾:《雅雨堂文集》,《续修四库全书》集部,别集部,上海古籍出版社,2002 年。

若干卷,授予抄录……①

田霡对于卢见曾而言既是诗歌创作启蒙的老师,又是慧眼识得俊才的伯
乐。田霡有《人日同颜振玉宋凤栖叶仲一宋曦扶陈雨新过鬲津登老子阁远
眺四首》诗:

> 约期不爽惬幽情,长句分联叉手成。
>
> 除却黄冠无别客,同来大半是门生。

"同来大半是门生",可见门生数量不为少数。田霡弟子里除卢见曾外,名
气较大的还有颜振玉、叶仲一(叶正夏)、宋凤栖、张幼渠等,休宁的朱灏、德
州的陈英选(陈雨新)还为田霡诗集写序、题跋。

田霡57岁时被授予堂邑县教谕,却以腿脚有病为由而辞官,追求了半
生的出仕做官却又随手弃之,这恐怕与田霡此期恬淡的心态有关。

田霡所居地曰"竹竿巷",筑"数帆亭",编篱为垣,榜于门曰"香城"。
田霡居家徜徉在绿柳花丛中,门口、院外植有枸杞、垂柳、枣树等树木,院里
遍栽各种花卉,他还于鬲津河畔辟出田地百亩筑屋自居,构造"鬲海朝烟"
的胜景。长诗《余有田百亩,去城十余里,州乘所载"鬲海朝烟"也。往来于
此,颇足自娱,因成是作》云:

> 新谋二顷田,远在鬲津上。依邻宅西偏,筑屋迤南向。
>
> 矮窗面四开,揩撑时一望。有如钓湖边,秃柳系白舫。
>
> 野花杂阶墀,木榻洁衾幛。种秫更百区,多收尽教酿。
>
> 玄都峙前村,道士亦谑浪。时来佐奇谈,不妨令姑妄。
>
> 既非处孤陋,便已绝波谤。数椽拟复添,卜居协微尚。
>
> 地僻着腐儒,江湖自天放。

---

① 卢见曾:《雅雨堂文集》,《续修四库全书》。

傍水的田地、四开的矮窗、杂阶的野花、木床衾幛等营造了一个温馨宜人的田园环境,种秫酿酒,与高士往来,奇谈阔论,既不孤陋寡闻,又无官场的构陷诽谤,身心畅快,这一切为其诗歌创作提供了不竭的创作源泉,晚年也就成为田霡诗歌创作的丰硕期。

田霡现存《鬲津草堂诗集》六卷,分别是《鬲津草堂五字古体诗》、《鬲津草堂五字今体诗》、《鬲津草堂绝句诗》、《菊隐集》、《南游稿》、《乃了集》。其中《鬲津草堂五字古体诗》、《鬲津草堂五字今体诗》由王士禛点评并作序;《鬲津草堂绝句诗》由同乡孙勷作序;《菊隐集》一卷、《南游稿》一卷,题曰《鬲津草堂七十以后诗》,由黄越作序;《乃了集》由其婿张华年题序。《鬲津草堂诗集》共收诗歌1 006首。

田霡终身未仕,生活阅历相对简单,诗歌内容亦不算丰富。仅涉及写景诗、田园诗、亲友唱和诗、咏史诗、民俗风情诗等内容,其中以艺菊为主要情趣的菊花诗和以运河为主线的纪游写景诗最为突出,表达自己以布衣之身亲近自然、不求功名、与花为伴、与诗为友的生活乐趣。

田霡以咏菊为主要内容的田园诗,在其诗集中占比例最大。据笔者统计,田霡以菊花为题或者写到菊花的诗,共计93首,占近十分之一。田霡晚年栽菊、赏菊,以菊为友,写下了大量的吟咏菊花的诗篇。

种菊很累很苦,还得耐得住寂寞,而诗人却以此为乐,在《乃了集》中有《菊花五首》,其四云:

避喧自到山中住,看我何如宰相尊?
休笑生平无事业,十年菊种数千盆。

十年种得千盆菊,将种菊视为了事业。春天一到,他仔细分苗移栽;夏季到了,他研究菊经菊谱,培灌、勤虫;秋季过了重阳,更是洒扫厅堂卧室,糊窗挂帘,把菊花移栽于盆中,置于室内,设榻花丛中,早晚细细观赏、慢慢吟诵,甚至乘舟顺运河远游,都要将心爱的菊花置于船舱之中。为了看花,他还专门让老伴给他缝制了一领看花衣,他养的菊花也是一年比一年高壮艳丽。他自己总结艺菊的秘诀是顺应菊之本性,在自撰的墓志铭里,他说：

> 先生性恬淡，既无一事以自豪，亦无一事以自下……然则，果无一
> 长可取乎？观其艺菊，察天时、择地利，勤栽培、剿虫蝥，能使菊性与人
> 性相合，人工与化工并运，此非先生之长乎？噫嘻！有此一长，亦云
> 足矣！①

种菊不仅查看天时，还要选择地利，既要勤于栽培，又要学会除虫害，从而
能使菊性与人性相合谐，人力与大自然规律相一致，才能使菊花繁茂茁壮、
健康成长。田霡养菊悟出了人生的道理。

在田霡看来，菊花是好友至亲，在《饯菊二首》中他说：

> 黄花依我若姻亲，我待黄花等上宾。
> 虽是无知闲草木，交情亦自胜于人。

菊花不仅是上宾好友，养菊本身还可以使人延缓衰老、情趣高雅，其《菊花
诗十六首》之五说：

> 非是无因为菊忙，功能却老号奇方。
> 自从师遇康风子，斗觉黄花遍体香。

因为在田霡眼中，菊花是情操高雅的君子，《菊花诗十六首》之十四说：

> 拟美黄花畏不恭，且从人物想芳踪。
> 枝同逸士清操体，色比冰姿静女容。

认为菊花和梅花一样有傲骨奇志：

---

① 田雯、田同之等：《安德田氏家谱》卷三。

隐逸高名物莫攀,谁能窃比肖秋颜。

冷香味与寒香近,品在梅花伯仲间。

所以他做出选择:

黄花与我有奇缘,不惜新诗赠数篇。

仍欲相依成小隐,人如菊淡度残年。

人淡如菊,正是其晚年生活、心态的生动写照,《柬友人为余画菊隐图二首》
其一云:

老爱芳菲菊最宜,一年止有九秋期。

烦君为扫鹅溪绢,准备花残欲看时。

其二云:

磨尽东溪墨一丸,画成霜菊几团团。

倘愁冷艳难能画,须向香城仔细看。

田霡认为,待到百花凋残、无花可赏时,看到自己的画像,就是看到了菊花
的神姿,在其心目中,我即菊花,菊花即我,达到了物我合一的境界。

田霡另一比较突出的诗歌题材是纪游写景诗。夏慎枢序其诗云:

先生每遇名胜必游,每有游必诗。每成诗,必使其地之景如僧繇
道子之画,跃然若在目前;必使其此之人如嗅返魂香、灌上池水,俨然
复生而啼笑宛转于纸上。①

---

① 夏慎枢:《南游稿序》,田霡:《鬲津草堂诗集》,《德州田氏丛书》。

田霡这类题材的诗歌,以运河为线索,主要写自己沿运河南北出游沿途所见景观,可以说是诗满运河,将其连接起来就是清前、中期京杭运河两岸人文景观的一幅幅山水画屏:

田霡晚年曾两次北上京师。一是 1721 年早春、六十九岁时,乘舟北去京师,在《鬲津草堂绝句诗》里记载了此行,有《沧州早泊》、《青县》、《杨柳青》、《渤海》、《途中怀莪山廷尉》、《汤山道中》、《汤泉五首》之作,在《汤泉五首》其五说:

> 携家拟并汤山住,暗引流泉到屋隅。
>
> 滥若佟之何不可? 省将薪桂费东厨。

可见其风趣幽默。《由山中赴昌平花村沽酒》:

> 杏花山接杏花村,万树千株未可论。
>
> 无意寻花花转盛,那能到此不开樽。

语言如珍珠滚盘,婉转流丽,景色大有目不暇接之势。《天寿山》是明代十三帝的安身之地,写到:

> 龙蟠天寿势峻嶒,二百余年见废兴。
>
> 仔细看来真有数,十三山下十三陵。

别有一番感兴。《客都戏作》、《买花自嘲》写他在京月余,颇有感慨。与好友们依依惜别,他写了《出都留别莪山廷尉》、《雨中望西山》、《雾中早发》等,《雾中早发》:

> 迷天冷雾早腾腾,十里荒途日未升。
>
> 近水遥山浑不见,一声清磬路旁僧。

漫天大雾,近水远山不见,大雾掩行不掩声,路边行脚僧清脆的敲打木鱼之声声声入耳,足见其幽远清淡之趣。进入河北界,有《过河间吊刘文房先生》、《关张铺》、《雾行花林中》等诗,在《献县》中说:

> 高渡中分二水斜,兴怀往事正堪嗟。
> 日华宫下人经过,止有寻常卖酒家。

自注:"日华宫,汉河间王所筑,置客馆二十余区,以延文学之士。"对比河间王筑馆延文士,自己身老而不见用,他还是感叹不已的。

田霡另一次北上京师是在雍正二年(1724)甲辰农历四月,他应静海县令佟希白之约,买舟北上,沿途写下《次日行三百五十里至海津》等诗作。至静海,有《至静海与佟希白话旧》、《津门去京师仅二百余里拟觅小车往看莪山少参》诗,过天津,游香林苑访道士镜心不遇,见廊壁题诗千余首,皆一时名士与之赠答者,归来,赋一律四绝。田霡在天津冒险吃河豚,并留有诗作,长诗达32句,224字,从河豚上市的季节写起,一直写到切鱼去毒、烹煮、食后的暗自担忧,平安无事后的庆幸,准备再买两大串去大快朵颐。还想着回家后向亲邻炫耀一番。一位乐天豁达,风趣幽默的智者达者形象活脱脱站在我们面前:

> 异味入肠虽快意,轻生未惯眉私颦。
> 自朝至暮幸无恙,复置两缚充常珍。
> 初食怀疑兴莫畅,大啖还欲师先民。
> 曾梅苏范各有句,文潜杂志非无因。
> 敢食此鱼皆名士,间有殒者定俗人。
> 我既饱噉竟不死,亟归拟傲亲与邻。

由天津到京师见孙勷,有《余与莪山少参别将二载甲辰初夏北上相访留三日而别三首》:

遥望燕台欲倒鞭，黄昏方至故人前。

挑灯互把颓颜看，那得今年似去年？

老友久别重逢，挑灯仔细端详对方，发现相互都不再年轻，都不是前次相见时的容貌，真是"岁岁年年人不同"，朋友相惜相爱之情、人生的苍凉之感顿现。

田霡早年曾南游，可惜无诗作留存。今天所能见到的是雍正四年（1726）丙午田霡七十四岁时的南游之行。是年秋九月十九日，田霡附女婿张华年的船沿运河南行，一路过故城、临清、张秋镇、聊城、济宁，沿途凭吊古迹、书写怀抱，有《过故城吊马东田先生》《临清吊四溟山人二首》《无为观远眺》《挂剑台》《剑草》《戊己山》《射书台》《重游任尚书南花园》《过分水戏占》《南池》《谒先贤仲子祠》，盘桓月余方至彭城，自彭城进入江苏地界。《彭城驿》诗云：

经月犹然在鲁疆，满河秋色挂帆樯。

从今打点方为客，已过彭城入异乡。

出山东境始觉自己是客身。在淮安的清江浦，写下《清江浦有感》一诗：

停舟袁浦夜霜明，忽忆当年百感生。

欲诵湖堤三十首，空弹老泪不成声。

自注"庚辰先司农兄督河工作湖堤绝句三十首"，睹物思人，想起了已故的长兄田雯，悲咽不已。《钓台二首》回忆韩信在此垂钓、漂母给食之事。舟至高邮，吟《高邮吊秦淮海二首》，他看到的是"芦荻萧萧飞暮雨"，慨叹秦观：

迹绝人间五百年，尚存佳句世争传。

欲消长夜从头读，老蚌飞光照客船。

比喻秦观的诗是黑夜里老蚌飞光,合景合情。过露筋祠,凭传说写下《露筋祠》,有句"欲荐渚蘋才舣楫,纷纷白鸟向人飞。"因为故事主人传说是被蚊子叮咬露筋而亡,所以作者恰当好处写到纷飞的蚊子。

　　到达名城扬州,写下《夜泊广陵二首》,描述了惊喜的仆人把他从梦中摇醒的情景。在扬州逗留期间,写了《维扬出游》、《僧院试茶》,在《平山堂二首》里说:

　　　　古迹陈陈耳未穷,扶筇欲到竹西东。

　　　　齐梁事与吾何涉?独向平山吊醉翁。

原来田翁之意不在景,在乎凭吊欧阳翁。他还特地去仪征县的柳屯田墓地去凭吊,写下《过柳屯田墓》:

　　　　生有才名死亦香,偶然跌宕又何妨?

　　　　晓风残月真州路,仙掌犹埋柳七郎。

二十八字就把柳永一生的风流倜傥和自己对他的仰慕写尽。

　　船到达六朝古都秦淮繁华胜地——金陵后,他访燕子矶、弘济寺,登雨花台,拜谒方正学祠(案:纪念明代方孝孺的祠堂),《方正学祠》写道:

　　　　遗像犹存日月光,孤魂切莫薄三杨。

　　　　当时若草黄麻诏,十族安能骨尽香。

褒扬忠直志士之情流于笔端。登木末亭、上梅冈,再登东山,遥想谢公当年风神。寻孙楚酒楼、访凤凰台,目的都在寻觅李白遗迹,表达自己的私淑之情。游杏花村,至乌衣巷,写下《乌衣巷》:

　　　　王谢南来住一区,斜阳高挂路盘纡。

人犹不识乌衣巷,莫怪飞飞燕子愚。

诗能反古意而出,意味深长。到冶城、幕府山等地,六朝遗迹满目在,他痛恨淫乐误国的陈后主,写下《燕支井》、《芳乐苑》、《临春阁》、《景阳楼》、《百尺楼》等诗,满纸谴责遗憾之情;看到金陵虎踞龙盘的地势,写下《石头城》、《朱雀航》、《摄山》、《钟山》、《天阙》、《金城》、《虎踞关》等,感叹地势之险峻,而庸君佞臣之误国,这时的诗人分明是一位正直儒士。他也不会放弃任何去古刹名观的机会,写下《瓦官寺》、《鸡鸣寺》、《灵谷寺》、《栖霞寺》等诗,羡慕幽静之地被方外之人尽享。他与人过江去安徽芜湖,写下《过采石登太白楼三首》、《太白墓》、《青山》,在《太白墓》里说:"为深私淑拜荒坟,间有疑情欲问君。"田霡把自己当作太白弟子,凡有李白经过的古迹,田霡必去凭吊。

后登舟经句容县、历丹阳,到达苏州,他访虎丘,至玄墓山看梅,访友周榕客,泛舟太湖上。经钱塘江,达绍兴,登兰渚,遥思兰亭流觞之胜;探禹穴、雷门,游曹娥江。再经梁湖镇,至台州。在宁波时正逢清明时节,有诗《清明客宁波署中见桃花有感》:

年衰何事远离家?且逐春风玩物华。
犹是常时禁烟日,三千里外看桃花。

至此折回金陵,告别北归,《将还德水留别白门诸同学》云:

欲别金陵去,言行未遂行。山川虽在眼,节序老堪惊。
已见春方尽,还愁暑渐生。迟回不无意,多半为交情。

表明对江南的留恋盘桓,意在友情。

王士禛在《鬲津草堂诗序》云:

昔司空表圣作《诗品》凡二十四,有谓冲澹者,曰:遇之匪深,即之愈稀。有谓自然者,曰:俯拾即是,不取诸邻。有谓清奇者,曰:神出古异,澹不可收。是三者,品之最上,而子益之诗有之。①

王士禛认为田霡诗歌具备冲淡、自然、清奇的艺术风貌,是诗之最上品。田霡《春日杂诗八首》之三写家乡鬲津河两岸的春景,诗云:

> 花事才经眼,闲游到鬲津。拖蓝浮野岸,淡墨上春鳞。

被王士禛评曰"'淡墨上春鳞'五字,似不自人间来",兴象、意趣颇具自然、冲淡、清奇之美。

田霡有的诗歌具备浑融淡远的艺术境界。田霡写诗,几乎从来不作工笔描绘,写景物为主观抒情服务,这正体现了神韵派诗歌的特点,正如《四库全书总目提要》所云:"密咏恬吟,成一丘一壑之趣。"②如《雾中早发》:

> 迷天冷雾早腾腾,十里荒途日未升。
> 近水遥山浑不见,一声清磬路旁僧。

漫天大雾,近水远山不见,大雾掩行不掩声,路边行脚僧清脆的敲打木鱼之声声声入耳,足见其幽远清淡之趣。《菊花诗》:

> 黄花与我有奇缘,不惜新诗赠数篇。
> 仍欲相依成小隐,人如菊淡度残年。

人淡如菊,正是其晚年生活、心态的生动写照。

田霡诗歌的语言自然、雅洁,明白如话,但极富韵致。如前文所提到得

---

① 王士禛:《鬲津草堂诗序》,田霡:《鬲津草堂诗集》,《德州田氏丛书》。
② 纪昀:《四库全书总目提要》,中华书局,1965年。

《余与莪山少参别将二载,甲辰初夏北上相访留三日而别三首》,用近乎白描的语言,将老友久别重逢时的心态刻画得惟妙惟肖。再如《竹枝词四首》之一:

> 陵州风景亦堪论,河上帆樯路上村。
> 春水三湾迎两寺,大西门北小西门。

语言虽平淡但极工整而又富有表现力,寥寥数语,就将小城德州的景致呈现在人们面前。

　　田霡擅长近体诗,尤其是七言绝句,《四库全书总目提要》称“生平为诗以七言绝句自负。自少至老亦惟是体特多云。”①从田霡的诗歌留存来看,这是中肯的评价。

　　田霡与王士禛交密,一生服膺神韵之说,是清初诗坛神韵诗派的重要成员,其诗歌深得王氏赞誉,王士禛亲自为田霡的两卷诗题写序言并点评。《鬲津草堂诗集》四库全书存目,卢见曾编纂《国朝山左诗钞》收录田霡诗107首,徐世昌的《晚晴簃诗汇》收入田霡诗8首。田霡为布衣诗人,交游圈子根本无法与众多出仕甚至身居要津的诗人相比,但据《国朝山左诗钞》所载,与田霡唱和的诗人仍多达十几人,可见田霡诗歌在清初诗坛的重要地位。

　　总之,受人生阅历的影响,田霡诗歌题材不够丰富,其诗风格冲澹、自然、清奇,诗体中尤擅绝句,就像古老的鬲津河畔的一朵菊花,在风中摇曳着身姿,淡淡地散发着幽香。

第四节　西　圃　晚　香

　　田同之(1677—1756),字彦威,一字砚思,晚号西圃。田同之一生仕途并不顺利,康熙五十九年中举时已经44岁,一生也仅官居国子监学正三载,但

---

① 纪昀:《四库全书总目提要》。

晚年归隐田园后,闭门著书,笔耕不辍,著述丰厚,诗词文书成就斐然。

在词学领域,其取得的成就与影响最高,他在《晚香词自序》中称,早年沉溺科举,遵祖教、承家学、学声诗,虽好长短句,却苦于无法习练,晚年致仕归乡后,则转而致力于词学,既有理论建树,又有创作实绩。

田同之《西圃词说》的词论内容,虽大多采择广陵词人群、浙西六家的前贤理论,以广陵词人的词论为主,但也彰显出了他自己的词学观。他推崇"惟能去花庵、草堂之陈言,不为所役"的词学正轨,主张词要别有寄托,填词见性情。艺术上讲究自然为工,为词之本色,推崇神韵天然,在承袭广陵词人的理论时,又摒弃了他们推崇《花间》、《草堂》词风的偏颇,纠正了他们只重婉约、尚艳丽的偏见,于后世影响很大。

田同之的《晚香词》结撰成书的时间应在七十三岁之后,包括小令 28 词牌 33 首、中调 22 词牌 27 首、长调 29 词牌 43 首,共 103 首作品。通读《晚香词》的全部作品,由于受仕途生活较短、晚年"优游林壑,觞叙兴情"生活方式的影响,其词作的题材,大多是草木虫鱼、风花雪月、登临怀古、感怀伤逝、日常琐事,反映现实重大社会生活的内容虽少,但有着作者为实现自己的晚达之梦,而持有的矢志进取、勤奋努力、执著不移、孜孜以求的精神和心态。艺术方面,属于退守林下、躬耕西圃后,有较为充裕的时间,能够认真研究先哲词论,细心体味,以寄情兴的苦心孤诣之作,故作品大都清新别致,艺术造诣很高。其令词,历来认为艺术性最高,叶恭绰编纂的《全清词钞》中,选了田同之的三首小令,一首《碧窗梦·本意》和两首《捣练子·春思》。其令词能摒弃男女欢爱、缠绵悱恻的恋情细节描摹,改造了轻浮低俗的描写和靡艳柔媚的情调,提高了词的审美层次和趣味,承继了以姜夔为代表的南宋清雅词派的宗旨。

现存田同之的诗歌作品全部收录在他的诗集《砚思集》中。该诗集共分六卷,其中五言古诗一卷,49 题,119 首;七言古诗一卷,65 题,68 首;五言律诗一卷,132 首(含五言排律 4 首);七言律诗一卷,127 题,139 首;五言绝句,29 题,32 首;七言绝句,111 题,209 首,全集合计 492 题,698 首。其诗内容比较丰富,抒发了世家子弟落寞无助的情怀,描写了漫游南北的山川风物之美,表达对逝去的亲朋故旧凄婉欲绝的追悼之情,还写有敬宗收族的家训组诗。作为文艺通才,其七绝组诗《论书》十二首、《题法帖原印谱》四首论书、题印等谈艺题材的诗歌值得关注。田同之诗歌崇尚神韵的"清远"一格,但诗中情感深挚浓郁,自可见出家学影响。

本书第八章专章论述田同之的成就,此不赘言。

第五节　德州田氏的诗文化特征

清初诗坛,山左为盛。顺康两朝和乾隆朝前期,山左诗歌居于"甲于天下"的地位。学者认为,这个时期的山左诗坛,始终存在着"沉实"与"清远"两种诗学旨趣。[①] 虽然以王士禛神韵派为代表的"清远"诗歌长期占据主导地位,涌现了王士禛、田霢、田同之等一大批诗人,但随着王渔洋的逝去,以卢世㴭、田雯、赵执信等为代表的"沉实"的诗风越发变得强劲。而作为此期山左诗坛重要格局之一的德州诗界,与新城王氏和德州卢氏呈现出的相对单一的诗学风貌不同,德州田氏家族文学竟表现出两种诗学旨趣的兼容性特征,体现了田氏子孙包容、海纳的文化性格。

清代顺康时期,山左诗坛上与德州田氏诗群交往密切的族群诗人主要是新城王氏、德州卢氏。

新城王氏在前代家族文学的基础上,孕育诞生了以王士禛为代表的新的文学族群。此期从事创作活动的王氏第七、八、九三代作家有十多人,以第八代王士禄、王士禧、王士祜、王士禛兄弟成就最高,影响最大,其中,王士禄与宋琬、施闰章等合称"海内八家",与王士禛并称"二王"。王士禛被海内推为诗坛盟主,其所倡导的"神韵诗"被康熙帝誉为"盛世元音"。

新城王氏,经历了明清鼎革中的数次劫难,以王氏四兄弟为代表的新一代诗人,在清初普遍选择的是一条以描绘山水田园表达内心感受的方式。王士禄的诗歌有"劲健雄放"之风,但其主调属于古澹一路;王士禧更多乡村田园之作,诗风朴素淡泊;王士祜笔力雄逸,长于情韵,他们都扬弃

---

① 参见石玲:《清初中期山左诗坛诗学的嬗变》,《文学遗产》2007年第2期。

了叔祖王象春的"蹈险经奇"的路径,改造了叔祖王象艮、王象明萧散秀绝的诗风,形成了"澹而多风"的特点。在此基础上,王士禛总结、提炼中国古代诗歌艺术论,提出了神韵说,倡导形成了神韵诗派,崇尚清远诗风,契合时代要求,成为诗坛的一代正宗。①

德州卢氏世家与新城王氏一样,是一个横跨明清两代的科举世家。由明入清的德州卢氏第九世的卢世㴶,在清初山左诗坛辈分最高,于明清鼎革的风云激荡之中,面对颓废的国运,日抱沉愁而又无可奈何,精神上与杜甫产生共鸣,遂终生服膺杜甫,于其尊水园中建杜亭,自封杜亭亭长,一生于杜诗四十余读,著选《读杜私言》、《杜诗胥钞》,其研读杜诗学成就与钱谦益比肩,有"南钱北卢"之称,其众多乡梓弟子如程先贞等都受其影响,而成一地气象。其《尊水园集略》存诗三百首,诗情悲怆沉郁似老杜,多书写内心"悲感凄怆"的意气。第十一世的卢道悦,字喜臣,号梦山,康熙九年进士,官河南偃师县知县,多善政。有《公余漫草》诗集,《国朝山左诗钞》录其五十八首诗,《清诗别裁集》录其诗五首,其诗继承家学传统,汲取杜甫诗歌的现实主义传统,沈德潜说其所作"皆从忧勤廉惠中出",有新乐府风味。其子卢见曾,是德州卢氏的第十二世子孙,字抱孙,号雅雨山人,康熙六十年(1721)进士,官至两淮盐运使,主盟东南文坛多年。卢见曾自幼受家学熏陶,尊崇杜诗,论诗以诗道性情为中心,是明清以来主张诗歌缘情一派的重要代表。自幼习诗,七十不辍,今存《雅雨堂诗集》,近二百首,多写官宦生涯的平凡生活,情感真挚。虽尊重王士禛的诗坛盟主地位,但在王士禛与赵执信的论诗之争中,支持赵执信,鲜明地提出"诗以道性情"的诗学观点,是清初山左诗学中"沉实"一派的后学。②

新城王氏与德州卢氏的诗学,代表了清初山左诗坛清远与沉实两种不同的诗学旨趣。不同于新城王氏诗风的清远与德州卢氏诗风的沉实,清初德州田氏诗歌,作为其家学的重要组成部分,具有鲜明的兼容性特征。

田雯是德州田氏诗歌的代表人物,其诗论主要见于《古欢堂集·杂

① 参见王小舒:《王氏四兄弟与清初神韵诗潮》,《文学评论》2012 年第 6 期。
② 参见黄金元:《明清之际济南府望族与诗歌研究》,人民出版社,2011 年,第 208—243 页。

著》。传统上,学界往往以"尚宋诗"、"好新异"评价其诗歌,但只看到其诗歌"尚宋诗"、"好新奇"的一面是比较肤浅的。田雯本人亦反对简单地将诗歌强分唐、宋的做法:

> 今之谈风雅者,率分唐、宋而二之。不知唐之杜、韩,海内俎豆之矣。宋梅、欧、王、苏、黄、陆诸家,亦无不登少陵之堂,入昌黎之室。①

他有意淡化时代而强调精神的传承。但综观《古欢堂集·杂著》,田雯的推崇宋诗,是与推崇杜甫、韩愈联系在一起的。他认为宋诗皆从杜韩诗歌而来,宋代诗人中最具创新精神的是黄庭坚:

> (七言古诗)少陵、昌黎,空前绝后。宋则欧、王、苏、黄、陆诸君子,根柢于杜、韩,而变化出之。

> 山谷诗从杜、韩脱化而出,创新辟奇。②

黄庭坚外圆内方的"兀傲",其诗不经意间表现出的冷峻和尖锐,深受田雯追捧,田雯诗歌也颇得山谷老人此种精神的精髓。

事实上,田雯取法甚广,除了打破唐宋藩篱,我们从《古欢堂集·杂著》中可以看出,田雯既推崇杜甫也尊重李白:

> 少陵《秋兴八首》,青莲《清平调》三章,脍炙千古矣。余三十年来读之,愈知其未易到。③

> 读郊、岛、皮、陆诗,如逢幽花异酒,别有赏心。④

---

① 田雯:《古欢堂集·杂著》卷一,郭绍虞:《清诗话续编》,第 695 页。
② 田雯:《古欢堂集·杂著》卷二,郭绍虞:《清诗话续编》,第 701 页。
③ 田雯:《古欢堂集·杂著》卷一,郭绍虞:《清诗话续编》,第 694 页。
④ 田雯:《古欢堂集·杂著》卷一,郭绍虞:《清诗话续编》,第 694 页。

田雯不像有些诗人将李杜对立割裂开来,或崇杜贬李,或崇李贬杜,而除李杜之外,田雯也欣赏唐宋时期的孟郊、贾岛、皮日休、陆游等诗人。田雯的孙子田同之《西圃诗话》也提到:

> 今之皮相者,强分唐、宋,如观渔洋司寇诗则曰唐,且指王、孟以实之;观先司农诗则曰宋,且指苏、陆以实之。殊不知山姜一集,原本少陵,以才雄笔大,自三唐以及两宋,无所不包,千变万化,终自成一家言,亦所谓集大成者。①

田同之认为,将王士禛诗歌认定为唐诗,田雯诗歌指实为宋诗,是不足为据的皮相之论。田雯诗歌是以杜甫为本,终成一家之言、无所不包的集大成者。这段论说虽难避亲情之嫌,但田雯诗歌所带有的宋诗的理性与冷峻是有目共睹的。

田雯论诗主张与诗风冷峻、理性的特征,源于以下三个方面的原因:

一、地域诗文化的熏染。卢世㴶在明末清初的山左诗坛影响很大,其尊水园是明清之际德州的著名园亭,诸多风雅故实都发生在尊水园中。田雯对乡贤卢德水非常尊重,晚年购得卢氏的尊水园,曾自豪地赋诗:“亭是卢公吟杜地,家邻董子读书台。”迁居时曾赋七绝《移居尊水园祭卢南村先生并序》诗四首,其四有句云:“南村若有先生在,小子当为洒扫人。”自称甘为卢氏的仆役,可见对卢世㴶的崇敬。其《古欢堂集·杂著》亦云:

> 卢德水《尊水园诗集》,余初不甚好之,及看之久,始知人不能及,虞山推重非谬……至绝句尤为奇观,《清夜读韩子志感》云:“生来孤冷世情稀,曾向阴府问杀机。自怪此心终不歇,白头灯下读韩非。”《兰答问》:“静坐微闻兰太息,肃然起立密询渠。答云薄命偏当户,敛气收香一任锄。”《与毛经夫闲谈》云:“九州之外又名州,万里风生十二楼。索隐探奇须到此,黄河一线贴天流。”……此等诗入之香山、东坡、放翁集

---

① 田同之:《西圃诗话》,《德州田氏丛书》。

中,不可复辨。①

认为卢诗内在的精神非凡品可比,其诗尤其是绝句体直可与前代的白居
易、苏轼、陆游比肩,评价之高,令人瞠目。

二、河朔派诗歌的影响。田雯最早于康熙八年拜申涵光为师学习写
诗,《古欢堂集》卷十九《诗话》记载有田雯问诗于申涵光的对话。在明末清
初的大背景下,河朔派诗人很自然地选择了杜甫作为推崇的对象,王士禛
曾云申涵光标榜杜诗,申涵光还有《说杜》一卷遗世,这一切均对田雯的诗
学趋向产生了重要影响。

三、早年仕宦经历留下的心理阴影。田雯虽然身为台阁大臣,但由于
时代历史原因与个人成长体验,他并没有一份雍容的心态,他对官场的感
受非常特别。田雯本人曾在《蒙斋生志》中道出其中的缘由:"自官舍人以
至忧归,凡二十五年,历景似适,而其中遭际坎壈,侘僚抑塞之状,又足以悲
也。"②宦海沉浮二十五年,官职逐步升迁,正所谓"历景似适",但其中各种
遭遇,又难以言说,难免心境悲凉,而这种人生的感受与杜甫、黄庭坚更为
相像,诗风也更容易契合,这成为其诗风冷峭的内在心理机制。

有清一朝,德州田氏诗书继世,是地域望族和文学世家,田雯季弟田霡
和长孙田同之,终生服膺王渔洋,是王士禛神韵派诗论的实践者和坚定支
持者。田霡《鬲津草堂诗序》是王士禛为田霡诗集所作的序言,田霡诗歌冲
淡、自然、清奇的艺术风貌,深得王士禛推重。田同之,号小山姜,田雯去世
时田同之时年27岁,爷孙感情甚笃,一生受祖父影响巨大。也许是由于田
雯长期宦游在外的缘故,田同之诗歌的追求受叔祖田霡影响更大,在诗学
思想方面,也是王士禛神韵诗学的鼓扬者。论者皆言其家学而外,独心折
于新城王渔洋先生,他的论诗观点主要集中在《声诗微旨》中。据学者考
证,《声诗微旨》又名《西圃诗说》,《声诗微旨》和《西圃诗说》虽名字不同,
但他们其实是一种诗话的两个不同本子,《声诗微旨》现有山东省博物馆藏

① 田雯:《古欢堂集·杂著》卷四,郭绍虞:《清诗话续编》,第721页。
② 田雯:《蒙斋生志》,《蒙斋年谱》,《德州田氏丛书》。

清钞本,为田同之手自抄写的家藏稿,是"秘以示子弟"、"世无传本"的稿本。① 田同之认为:

> 前人论诗所主不一,有主格者,主气者,主声调者,唯王阮亭独主神韵。神韵二字可谓放出三昧、直辟千古。②

从这段文字中可以看出,田同之对康熙诗坛盟主王士禛的神韵说推崇备至,评价甚高。甚至很多主张与王士禛如出一辙,如强调诗歌的冲和淡远、含蓄蕴藉,重视诗人的妙悟等等。最为著名的事例是沈德潜《国朝诗别裁集·小传》所载:

> 彦威为山姜之孙,而笃信谨守乃在新城王公,有攻新城学术者,几欲拼命与争。③

需要注意的是,田同之极力鼓吹神韵诗学,"几欲拼命"地极力维护王士禛的尊崇地位,是在康乾之交神韵诗歌风流云散、备受指摘的转折时期。如果说田同之诗论与王士禛的不同之处,则在于对待杜甫的态度,田同之受家学影响,也尊崇杜甫。其文集亦名曰《二学亭文涘》,"二学"可以见出其自评。

在明清之际诗学门派意识强烈的背景下,德州田氏这种家族诗学的不同崇尚倾向,正体现出田氏诗学的兼容性特征。

---

① 参见石玲:《田同之诗论与康乾之际山左诗学思想的嬗变》,《山东师范大学学报》2006 年第5 期。
② 转引自石玲:《田同之诗论与康乾之际山左诗学思想的嬗变》,《山东师范大学学报》2006 年第5 期。
③ 沈德潜:《国朝诗别裁集·小传》,中华书局,1975 年。

第七章　德州田氏杰出人物田雯（上）

像宇内众多的文化世家一样,德州田氏培育了多位在区域范围乃至中国文化史上,产生巨大影响、作出突出贡献的杰出人才。田雯,生长在明末清初的乱世中,长大后科举入仕,经历"十年为郎"的坎坷磨砺,锤炼吏才,"遇事多创为",提学江南,督粮湖北,巡抚江宁、贵州,位居封疆,官至侍郎,名列十子,蜚声诗坛,曾被当地百姓誉为"田圣人"、"德州先生"。他的仕宦生涯与文化贡献,为田氏、为德州博得盛名,无疑是德州田氏最为杰出的代表。

第一节　风云初霁的时代

田雯一生历明清两代,(明)崇祯、(清)顺治、康熙三朝,其最主要的政治活动和文学创作集中在清康熙一朝,前后近七十年。

明崇祯八年乙亥(1635),田雯出生时,正是明末社会最黑暗、最动荡的时期,农民起义于河南荥阳,李自成转战入陕,张献忠南下。明崇祯十一年戊寅(1638)冬,田雯四岁,清兵入关,犯京畿及山东、河南等地,清兵的铁骑就践踏到了素有"神京门户"之称的诗人家乡——德州,易代之变的社会动荡,开始充斥着诗人的整个童年生活;田雯八岁时,清兵攻陷松山(今锦州西南),明守将洪承畴降。冬十二月,清兵至济南;清顺治元年甲申(1644),田雯十岁时,三月二十九日,李自成攻占北京,崇祯帝吊死煤山,社会陷入无政府状态的极度混乱之中,田雯的家乡德州发生了明末历史上著名的所谓"诛伪"、"献城"事件：

> (崇祯)十七年春疫。三月十八日,李自成陷京师,遣贼将郭陞狗山东。四月初八日,陞陷德州,设伪武德道,门杰伪知州吴征文。州人御史卢世㴶、赵继鼎、主事程先贞、推官李讚明、生员谢陞等合谋诛之,为怀宗发丧,起义兵讨贼并诛景州、故城、武邑、东光等处伪官。秋七月,大清遣官奉诏抚定德州,卢世㴶等全城归附,士民安堵。①

德州春天发生了大的瘟疫,李自成占领北京后,开始接管地方政权,也向德州派出大顺政权的知州吴征文,但大顺政权派来的官吏,收罗"土贼豪恶"为胥役,以"割富济贫"的名义,将京城"考掠"之法带到德州,对德州士绅、世家望族进行迫害,世家望族深受其害、陷于噩梦之中,为保护自身家族利益,德州世家望族的代表人物卢世㴶、赵继鼎、程先贞、谢陞等主动组织起来,拥戴明朝宁王后裔朱师钦为济王,发动暴动,诛杀了德州、景州(今河北省景县)、故城、武邑、东光等地大顺政权派来的官吏,以德州为中心的鲁西北、冀东南地域处于明朝遗老、世家望族掌控的自治状态。五月初二,吴三桂引清兵进入北京,随即清兵南下,七月,德州归附清廷,整个山东、河北、山西陆续投靠清朝,第二年清兵攻入陕西,清廷下剃发令,强迫汉族人民剃发蓄辫。德州"设满洲驻防兵……定文武乡会试"②。至此,北方的大局已定。

从顺治四年丁亥(1647)至康熙元年(1662),在田雯整个少年、青年时代,国内的统一战争仍在南方激烈进行,清初社会复杂的民族矛盾和阶级矛盾交织在一起,斗争异常激烈。在长达十几年的战争中,一方面清军所向披靡,先后克长沙、衡州、兴化、韶州、广州,陷舟山,取闽安,入贵州、云南,清朝统一之势势不可挡;同时,广大汉族人民纷纷组织义军,奋起反抗,

---

① 《(乾隆)德州志》卷二,《纪事》二十四。"谢陞"应为"谢陛",谢陛于明万历三十五年(1607)丁未科考中进士。
② 民国二十四年(1935)修《德县志》。

涌现出许多可歌可泣的英雄人物,作出了许多"江阴守城"那样的历史壮举。清朝统治者极力进行镇压,大肆杀戮不肯屈服的汉族人民,制造了"扬州十日"、"嘉定三屠"等惨绝人寰的大屠杀事件,到顺治十八年(1661),南明弘光、隆武、永历等几个小朝廷先后都为清兵所消灭,郑成功退守台湾,轰轰烈烈的抗清复明运动终于被镇压下去了。这年正月,清世祖顺治帝福临卒,子玄烨嗣位。

康熙帝即位之际,南明的残余政权桂王、鲁王和前明反清的主力军郑成功、李定国等相继覆灭,反清复明的浪潮基本结束,国内大规模的内战已经接近尾声,但清政权远未达到非常稳固的地步,在同农民军和南明政权的军事斗争中迅速发展起来的吴三桂、尚可喜、耿精忠等三藩势力,占据云贵、两广、福建等省,已构成威胁中央集权的隐患。此外,李自成、张献忠余部仍然活动于川、鄂地区,并没有停止对清朝政府的武装反抗。以郑成功为首的原明朝将吏还掌管着一支强大的军队,占据东南沿海,后退入台湾,继续抗清。因此,大规模的战争虽然已经基本结束,但人心并不安定,康熙十二年(1673)以后,又经过长期的努力,清廷相继削平耿精忠、尚之信、吴三桂的"三藩之乱",并派兵攻下郑成功之孙郑克塽占领的台湾,接下去平定西北准格尔部的噶尔丹叛乱,统一了全中国。

浮华之下,清初社会仍面临着种种困难。清政权在建立的同时,社会经济状况极为动荡、萧条。经过明末农民战争和清入关后的统一战争,大江南北、黄河流域,农业生产都遭到严重的破坏,瘟疫、水旱、蝗害、地震等自然灾害时有发生。从清顺治元年甲申年(1644)至顺治十八年(1661),德州及其他山东地区有文献记载的大的自然灾害发生了7次之多。德州在明末清初经历"诛伪"献城的平稳过渡,社会经济避免了战火的摧残,但乱世荒年,强盗当道,恶人横行,人祸不断。据《蒙斋年谱》记载,田雯早年多次受到强人恶徒侵害、数次遇盗,为避盗曾有移家省府济南之想,可以想见清初社会秩序的混乱。社会动荡,天灾不断,土地荒芜,人口锐减,生产下降,国家征税,各省无不拖欠,连繁华的江南也是"所在萧条",人少而"地亦荒"。康熙二十三年(1684)初巡江南,在观光了苏州市容后说:"向闻吴阎繁盛,今观其风土,大略尚虚华、安佚乐,逐末者众,力田者寡,遂致家鲜盖藏,人情浇薄。"①亲见了百姓困苦状况后又说:"朕向闻江南财赋之地,今观市镇通衢,似觉充盈,其乡村之饶,人情之朴,不及北方。"②三年后,田雯任江苏巡抚,康熙对即将赴任的田雯说:"向闻江苏富饶,朕亲历其地,见百姓颇多贫困。尔至彼处,当以爱养民生为要务。"③历经丧乱的清初社会,经过长达几十年的不断努力,渐渐地得到休养生息,生产恢复,经济快速发展,才出现了所谓的"盛世"的局面。④

经济社会的盛世呈现,很快表现为文化上繁荣。康熙文坛上,各种体裁的文学均取得长足发展,小说戏剧表现突出,蒲松龄的《聊斋志异》、孔尚任的《桃花扇》、洪昇的《长生殿》皆成为清代乃至整个中国文学史的标志性巨著。而田雯终生辛勤耕耘的诗坛,求本溯源,融旧铸新,奏响了盛世元音,为清诗鼎盛开拓了先路。

田雯主要生活在清代顺康两朝,诗坛上一般归为清初时期。

这一时期社会的浮沉、激荡,在文坛尤其是诗坛上也同样留下了调整与再生的轨迹。易代之悲、民族对立、社会动荡,大变革时代的清初诗坛,究竟谁能顺应时事潮流一主沉浮? 由明入清的大批诗人,虽政治态度不尽相同,但都直面现实,在江山易代的历史洪流中,发出属于自己的高唱与低鸣。成名于明末的才子陈子龙,仍然继承明代前后七子的遗绪,"诗必盛唐"的陈调注定难成大器;以顾炎武、黄宗羲、王夫之、傅山、吴嘉纪、申涵光、屈大均等人为代表的遗民诗群,艺术上师承不一,或尊陶渊明、杜甫,崇尚现实主义;或者崇尚屈原、李白,倾向浪漫主义,都用饱蘸情感的诗笔,悲天悯人,咏怀抒愤,哀告苍生,但其主要影响不在诗坛;以"江左三大家"钱谦益、吴伟业、龚鼎孳为代表的"贰臣"诗人,虽然在艺术上不断探索,如文坛领袖钱谦益,跳出以前、后七子为代表的复古派圈子,反戈相向,反对模拟古人,主张自写性情;吴伟业在七言歌行的创作方面,摆脱盛唐束缚,取法"四杰"和"元白",参合变化,自成"梅村体"。"贰臣"本为明臣,再仕新

---

① 《清圣祖实录》卷一百一十七,康熙二十三年(1684)十月己未。
② 《清圣祖实录》卷一百一十七,康熙二十三年(1684)十一月乙丑。
③ 《清圣祖实录》卷一百三十,康熙二十三年(1684)六月丁未。
④ 参见范金民主编:《江南社会经济研究(明清卷)》,中国农业出版社,2006年,第888页。

朝,各人臣服情况虽不尽相同,但羞惭负疚的复杂心境,决定了他们也难以自信地擎起时代的大旗。

清诗熔铸创新的责任历史地落在康熙朝诗人身上,他们或出生在清朝,或主要活动与影响在清朝,易代之悲在他们心灵上的影响较小,他们主要面对的是如何用如花妙笔书写这个生机勃勃的时代。"国朝六家"和围绕在"六家"周围的诗人是这个群体的优秀代表,"六家"诗人分别是指施闰章、宋琬、朱彝尊、王士禛、查慎行、赵执信;六家恰巧是三代且南北对举:第一代的"南施北宋",第二代的"南朱北王",第三代的"南查北赵"。其中以王士禛影响最大,成就最高。

王士禛(1634—1711),字贻上,号阮亭,又号渔洋山人,山东新城人。他是继钱谦益之后的诗坛领袖,被称为"一代正宗",其适应时代发展所倡导的"神韵诗",形成了有清一代第一个诗派——神韵派,被誉为"盛世元音",显示了清诗超出前代的独有特色,其本人也接过钱谦益衣钵,成为诗坛盟主,主盟诗坛五十年。其诗名早著,官位尊显,又喜欢结纳后学,故康熙一朝文人,包括田雯在内,很多人或出其门下、或受其提携。

由此可见,田雯生活所历的顺康社会是一个新、旧王朝更迭,由乱到治、风云初霁的时代,这样一个特殊的历史时期,使田雯从人生道路的开始,就能够以积极入世的态度,设计人生之路,科举入仕,为官清廉,所到皆有治绩,符合时代的潮流。而其自底层走向高位的人生轨迹,也造就了其关注社会民生的基本文学观念,对其创作来讲,能够使其诗歌具有强烈的现实主义色彩,内容充实而丰富,比较广泛地反映那个特殊的时代,那个时代封建士子典型的心灵世界。

第二节　田雯的生平

出生于明末、活动于清初顺康两朝的田雯,一生可以分为从家道中落到苦学入仕,从初授不遇到"十年为郎",从提督学粮到位列封疆,从刑户侍郎到退居故里四个阶段。

一、从家道中落到苦学入仕(1635—1664)

明崇祯八年乙亥(1635)农历五月二十三日丑时,田雯生于山东省济南府德州的桑园镇(今河北省吴桥县桑园镇)。当时,父亲田绪宗设帐桑园镇,举家居此。作为书香门第,德州田氏自田雯高祖田三戒举明嘉靖癸丑进士后,科举成绩不佳,至田雯出生时,再没有人取得像样的功名,故家族对田雯寄予极高的期望。田雯六岁,父亲田绪宗亲传《孝经》,母亲张氏,文化修养亦极高,对田雯进行了良好的启蒙教育。尤其是祖父田实栗,在德州教书,将七岁的田雯带在身边,同吃同住,口授《毛诗》。田雯九岁时,一日田实栗携弟田实宙拄杖立于檐下,抚摸着田雯的后背叹息说:

> 自户部公后垂八十年,吾以先人诗书之泽教尔诸父及汝曹久矣,家声尚堕,奚为修善立名乎? 此径廷之词也。惜哉! 吾老不及睹矣。[1]

祖父对重振家声的殷切希望,成为幼年田雯难以忘怀的记忆。少年时代的田雯学习非常努力、刻苦,十二岁时学习写文章,发奋读书,近乎痴狂:

> 日惟守书如痴,蹙眉疾首。[2]

> 性嗜书,坐守如痴,塾归即索饭,迟辄意怼,得饭或立啖莱,或坐户槛,盂竭为率,不问盐齑,焚膏继晷以为常,需时与公共被,率先寝,每于夜半睡醒,闻先君止呵声,公障户篝灯,伊吾达旦弗辍也。年十六,学通经史,属文日数千言,遂试第一,补州诸生。[3]

田雯爱好读书,对饮食无所顾忌。半夜听到父亲的喝止声仍关闭门窗,罩住灯光,通宵达旦地苦学不止。田雯对待学习达到了夜以继日、废寝忘食

---

[1] 田雯、田同之等:《安德田氏家谱》卷二《家传》。
[2] 田雯:《蒙斋年谱》,刘聿鑫:《冯惟敏冯溥李之芳田雯张笃庆郝懿行王懿荣年谱》,第87页。
[3] 田需:《田雯行状》,刘聿鑫:《冯惟敏冯溥李之芳田雯张笃庆郝懿行王懿荣年谱》,第119页。

的境界,十六岁即通晓经史,每日能写下数千言的文章。

顺治七年庚寅(1650)八月,田雯在平原参加岁试,主持考试的是山东学政钟性朴,田雯以第一名入泮,开始崭露才华。顺治八年,父亲田绪宗考中举人,田雯也在这一年娶妻马氏,德州田氏可谓喜事不断。顺治九年,田绪宗又高中进士,顺治十年八月,田绪宗授浙江处州府丽水县知县。

顺治十一年甲午(1654),田雯二十岁,家中发生了重大变故。父亲田绪宗正月离德去浙江丽水赴任,七月卒于任,母亲张氏千里迢迢至丽水处理后事,扶柩返乡。在随后的数年中,家道中落,外患频至,田雯倍感人情之冷漠:

> 某威逼凤道,某以恶奴辱于市,某以病媪詈于堂,仆辈三五,投一新贵,某倾侮尤力,宵小伺衅,起难蒲伏,讼庭监司。某持之少伸,里党分左右袒,狺(yín)狺之喙莫息。①

为了参加科举考试,田绪宗生前借贷了不少银钱,从前那些想通过借钱给田家以牟利的人,见田绪宗已死,顿时揭开伪善面目:有的对孤儿寡母"威逼"索债,有的指使凶恶的家奴在大街上对田家公开进行侮辱,有的雇佣病老妇人登门入室进行责骂;几个田家的家仆,在危难之时,也转而投靠新贵,最严重的甚至趁机找茬儿闹到了官府,连邻居族人也纷纷偏袒、谣诼不休。二十二岁时,田家坐落在城北的六百亩祖田,被平原的奸人勾结河间府三十名旗兵掠去,还绑去不少佃户,势不可挡,田雯连夜跑到平原县衙击鼓鸣冤,多亏县令崔抢奇相助,将奸人绳之以法,把直隶河间旗兵驱散。田雯二十五岁时,田家遭到名叫丁化凤的人强行索债,每天指使老盲乞丐在门前咆哮催逼。其实田家曾有恩于丁,丁化凤当年做监仓差役时犯了死罪,辗转找到田绪宗把他救了下来,丁以三百金致谢,绪宗没有接受。第二年绪宗进京参加谒选,缺少盘费,向丁借贷一百金,并写了借据,以致后辱。没有办法,田雯母子只好将河西朱家庄的一处宅院和田地卖掉抵债,田家

---

① 田雯:《蒙斋年谱》,《德州田氏丛书》。

更加贫困。二十六岁时,田雯因为佃丁的一点小事儿触怒了某位劣绅,"罗织不已",不依不饶,田雯只好跑到乡下躲避风头。从顺治十一年到顺治十七年的六年间,田雯饱尝了人世间的风雨,在母亲张氏的支撑下,与兄弟们相依为命,苦苦挣扎,田雯在为母亲所写的传记中云:

> 抵里后,课雯兄弟日严,一室之内,午夜篝灯,纺绩声、读书声、哭声三者而已,豪戚强族,横逆频加,不以介意,如是六年。[①]

在这六年间,田雯兄弟在母亲指导下,面对"横逆频加"的处境,不加理会,刻苦攻读,田氏终于迎来了转机。

顺治十七年庚子(1660),二十六岁的田雯到济南参加乡试,中举第八名,第二年,田雯进京参加会试,中式第二百四十八名,考中贡士。但因家庭贫困,没有参加当年的殿试。直到康熙三年甲辰(1664),田雯三十岁,殿试中二甲第四名,名列二甲前茅,成为进士。

在读书求仕期间,田雯结识了大批名人,得到他们的汲引。1657年,田雯在济南科试中第一次受知于时任山东学政的施闰章,两年后,岁试再受知于施闰章。在诗人长期的求学、漫游、应举生活中,得识施闰章,多次受到施闰章的汲引是件大事。施闰章是当时名满天下的大诗人,受到他的赏识,对田雯来说,是莫大的鼓舞和鞭策。此间田雯先后游历了青州、夏津、天津、博平、章丘、真定、临清、恩县、曲阜、兖州、武林、姑苏等地,并两下济南,三进北京,先后受学拜谒陆朝瑛、魏镕中、袁国柄、张吾瑾、赵联元等诸位先生,与同年王与裔、陈机、孔贞瑄、严我斯、袁瑾舟等交游。

二、从初授不遇到"十年为郎"(1664—1680)

田雯以二甲第四名的成绩高中进士,按照成例,田雯可以备选庶吉士,进入翰林院,从而前途一片光明。但需逐级推选才能入官。想改推官,但正赶上刑部裁减员额,不得。于是改考知县,却名列第五,又难入选,田雯

---

① 田雯:《先太恭人行略》,《安德田氏家谱》卷三《行述》。

的初授十分不顺。如此被搁置了三年,田雯只好漫游杭州、苏州,求作幕僚。直到康熙六年(1667)六月,才被补授内秘书院办事中书舍人,从此才正式走上仕途。

中书官卑职小(从七品),以进士入职又是新例。过去负责撰文抄写的内阁办事中书一职,由监生生员授职,从没有由进士身份入职的。田雯等新授职的十二名进士感到非常屈辱,尤其是入职后,因中书官职微小,经常遭到翰林院一些自视甚高的翰林的嘲讽与欺辱,于是自认入身异途,心情十分压抑。直到康熙十二年(1673),苦熬了六年之后,才擢升为户部福建司主事(正六品)。期间,曾扈从南苑,充文武殿试收卷官,参与主持顺天乡试,正负榜得士十四人,康熙曾降旨曰田雯"秉质纯良,持心端谨"①,多有奖励,逐渐引起康熙帝的关注,从此官运好转,开始升迁。

康熙十三年(1674)十月,升户部云南司员外郎(从五品)。是年,清廷遭逢"三藩之乱",朝廷为平叛需要筹集军饷、开辟财源。康熙帝命大学士直接到户部调研管理财赋的统计与支调,让户部司员各抒己见,户部云南司执掌漕运事务,田雯上疏认为可以洒运漕米的同时,带运白粮,节省运费三十余万金,康熙帝非常认同,没有拿到九卿会议再讨论,就直接下旨允行。田雯又上疏减征白粮,为百姓减负,也被批准,并成为清廷几十年的成例。田雯渐渐取得康熙帝的信任。

康熙十四年(1675)署户部江南司郎中(正四品),同年又受到皇帝的嘉奖,认为其"持躬克谨,莅事惟虔",授奉政大夫,赐之诰命。

康熙十五年,奉旨监督大通桥漕运事务。九月事毕,作五古诗一首,刻石立于衙署,召集王曰高、王士禛等前辈、同仁泛舟通济河,请郁生绘图,自己题七言歌行一篇,众文人纷纷和作,从此,秋末雅士集会、泛舟通济河,成为京城盛事。

康熙十六年(1677),八月升工部营缮司郎中。十月回籍省亲,怀想仕途艰辛,又身体生病,竟生归田之意。康熙十七年,朝廷下诏举博学鸿词科。兵部侍郎孙光祀荐举,田雯在籍百般陈情未果,盛情难却,再加当地官

---

① 田雯:《蒙斋年谱》,《德州田氏丛书》。

员不停催促,田雯只好再次入京,暂住西山胜水庵候补。

康熙十八年(1679),正月补工部虞衡司郎中,管理节慎库。节慎库即工部制造局,负责内务府、劳军、宴飨等所需的一切器用的制造,一向弊政滋生,匠人陷法多多。田雯到任后,制定约法,上下整肃,登记详备,宽严相济,于是库丁各安其业。一年后田雯离任,官吏、匠人计数百人蒸羊、备酒阻路送行,并请田雯写题名碑记,自此节慎库有题名碑记。

自康熙六年至康熙十九年,十余年间,田雯官职一直在"郎"官的官阶徘徊,难见升迁,即作者自云的"十年为郎"时期。虽仕途不顺,但"忧郁出诗人",田雯的诗名却是在此时树立起来的。郎官官职清闲,有大量的时间可以参与文学活动,京师诗才云集,诗人自云三十五岁才师从河朔派首领申涵光学诗,期间并与施闰章、宋琬、王士禛、曹贞吉、谢重辉、陈维崧、王又旦、颜光敏、叶封、张衡、丁炜、曹禾、汪懋麟、梁联馨、钱芳标、束绅、沈毅、谢橿龄、李霦、多诺等众多师长、诗友交游,诗艺精进。

康熙十六年(1677),田雯四十三岁,主盟诗坛的王士禛选田雯与宋荦、王又旦、颜光敏、叶封、曹贞吉、谢重辉、林尧英、曹禾、汪懋麟诗为《十子诗略》,编定刻之,世称"金台十子"[1]。康熙十八年(1679),田雯补工部虞衡司郎中,管理节慎库,移居粉房巷,七月,京师地震,田雯写下著名的《移居诗》,其中有"墙角残立山姜花"等句子,随后赶来的王士禛现场和诗,于是"遍传都下,和者百人"[2],"和者"有"十子"中的汪懋麟、曹贞吉、曹禾、林尧英,其余如王士禛、施闰章、朱彝尊、陈维崧、汪楫、丁炜等京师诗坛最有影响力的人物皆在其中,从此人们称田雯为"田山姜"。

三、从提督学粮到位列封疆(1680—1691)

康熙十九年(1680)六月,由工部尚书朱之弼荐举,田雯升提督江南学政按察使司佥事,开始步入官场上层。江南为人才渊薮,督学江南,意味着康熙帝对田雯非常赏识,这应该与多年来田雯表现出的杰出吏才、日渐声隆的诗

---

① 另见邓之诚:《清诗纪事初编》卷六,中华书局,1965年。
② 田雯:《古欢堂杂著》,郭绍虞:《清诗话续编》,第722页。

名有关。临行前,按例被康熙帝召见瀛台,面命田雯提督江南各府州县学政,主考试、赏励、降黜等事,督抚不得干预,革除积弊,务选真才。田雯到任后,恪尽职守,宵衣旰食,一年之内奔走大江南北,回复往来水陆行程一万余里,阅卷九万五千余份,竟至彻夜不眠,饮食失节。田雯每次出行巡视,往往都是轻车简从,只带着两个仆人、两头骡马和自己购买的菜蔬、粮食,坚决杜绝当地官员的宴请招待。田雯在江南酌古准今,提倡古学,江南文风为之一变,奖掖提携了大批贤德孤寒之士。淮安、扬州一带称田雯为"田圣人"。

田雯尽管政绩突出,但由于任职期间铁面无私,严绝请托,康熙二十一年(1682)四月届满离任时,交接公务,辞别衙署,属吏散去后,却不能顺利"取结"——拿不到两江大小衙署的鉴定评语,陷入尴尬境地而难以离任。最后受到新任两江总督于成龙、江宁巡抚余国柱的庇护,才顺利离开南京归里,田雯于是有"宦局难工"之叹。

康熙二十二年(1683),田雯在济南养病。康熙二十三年七月入都候补。十一月授湖广湖北督粮道布政使司参议。康熙二十四年正月,拜谒了途径德州的新任漕运总督徐旭龄,向其提出革除漕运弊政的数条建议,都被纳入徐旭龄到任后提出的立三法、厘三害、筹三便等上疏中。

湖北地域为南北水陆交通枢纽,三藩叛乱,攻守数年,民生凋敝,十室九空。粮储所在,百弊丛生,征收时有加派、有私折、有包揽,而其开兑时,又有勒索、有掺和、有资卖,等等。田雯五月到任后,认为立法必自上而始,自己率先垂范,粮储贪贿,绝无染指。痛抉漕政十六弊,凡校量、样米、截贴、通关等费用,全部根除。将汉阳仓储的不法粮官绳之以法,巨贪剪除,胥吏皆再不敢作奸犯科。荆州驻防大军月耗米一万一千四百余石,每月定供不得推延,而过去各关节侵吞剥蚀,往往纳新补旧,难以为继。田雯莅任十日,军中即告缺粮,于是田雯按册核实,请示上官,将稽查之责落实于监司,收放之责赋予郡守,颗粒必清,办荆州兵粮六万斛。郧阳居长江上游,非产粮区,兵多米少;而黄州居下江数百里,兵少粮多,溯江而上,倍受牵挽之苦。田雯据其地之远近,重新调整供输,移缓就急,黄州米就近调拨省仓,武德米就近输荆州、郧阳,劳逸均衡,兵民两便。九月奉旨内升。

康熙二十五年(1686)四月,补授光禄寺少卿,十七天后升大理寺寺丞,又十五日后升鸿胪寺卿。连升三级,竟只有月余时间。

康熙二十六年(1687)四月,廷臣会推,田雯补授江宁巡抚(从二品),总理粮储,提督军政,驻苏州府,成为总理一方的封疆大吏。六月出都赴任,行前,康熙帝御赐鞍马,赐宴瀛台,特赐金盘果品,召见田雯,告诉田雯江南乃繁难之地,只宜安静,文武相和,兵民相安,勿政令过于严苛而伤残人命。

田雯七月莅任,江苏是清廷的财赋重地,田雯发现许多成规对百姓造成巨大负担。在短短一年的时间内,连续向朝廷上书漕白米色、采买颜料、疏浚京口河道、酌减练湖田价、停止芦课办铜等事宜,都是因事制宜的良政,得到清廷采纳。

例如漕白米色一事,江浙作为鱼米之乡,历来是京师粮储的重要征集之地,漕粮米色要求干圆纯洁,才能收购起运。而当年江苏霪雨绵绵,湖水泛滥,稻米悉受水淹,滨海高地之田,又遭飓风之灾,浸没水中,禾穗发芽,稻米斑点不纯,田雯一面令将干洁之米以期缴纳,余者不必另行籴入,以免加重粮户负担,同时会同漕运总督上疏实奏,米色不纯实限天时,非人力不为。

田雯对治河也有自己独立的见解。黄河、淮河、运河在康熙前期数十次泛滥决口,治河、治漕历来是康熙皇帝关注的大事,而江苏清口是三河交会之地,治理问题更为突出。清廷内部,在治河的问题上,多年来也因治河权带来的利益形成了不同朋党;康熙帝一方面希望根治河患,同时又对朝臣形成的朋党十分忌惮,寻机解决朋党问题。这年八月,田雯在扬州,与总督董讷、总漕慕天颜、总河靳辅、工部侍郎孙在丰,沿泰州盐城、十场盐口、庙湾、云梯关、安东县、清河县、天妃闸、清口、高堰、翟家坝一路会勘河道。会勘结束,长期担任河道总督的靳辅认为,黄、淮、运三河应综合治理,首尾兼治,坚持筑堤束水,借水攻沙,提出要修筑重堤,董讷、慕天颜、孙在丰等却熟谙康熙帝的方案,坚持开浚下河,两派意见纷争不一,只好合疏上奏。实际上,在两派背后分别由大学士明珠和直隶总督于成龙[①]支持。田雯作为参与会勘的、新上任的地方大员,在此问题上也必须明确表态,田雯认为

---

① 于成龙(1638—1700),字振甲,号如山,汉军镶黄旗人,以荫生入仕,历官直隶乐亭知县、滦州知州、通州知州、江宁巡抚、安徽按察使、直隶巡抚加太子少保、河道总督,清代靳辅之后的治河名臣,史称"小于成龙",以别于号称"清代第一廉吏"的山西于成龙。

靳辅的治河胸有全河,方案可行,站在靳辅一边。奏疏到京,朝堂争议不清,十二月,康熙再次下旨命户部尚书佛伦、吏部侍郎熊一潇、给事中达奇纳、赵吉士会同两江总督董讷、漕运总督慕天颜重勘议奏,佛伦等回京后向康熙面奏,还是认为靳辅的方案可行,这让支持疏浚下河的康熙十分不满。这次重勘,康熙帝没有让田雯参与。一开始田雯被同辈讥笑,心中难免对皇帝的安排不甚理解,但很快就明白了康熙帝的深意。

康熙二十七年(1688)正月,江南道御史郭琇弹劾河道总督靳辅治河无功,大学士明珠、余国柱等内阁成员交相固结,"票拟皆出明珠指麾",背公营私,卖官鬻爵等罪状,康熙帝借此革明珠大学士,将余国柱革职,科尔坤以原品解任,佛伦、熊一潇等解任,大学士李之芳致仕回籍,至此,以明珠为首的内阁全部解散,明珠一党由此覆灭。四月,康熙帝又削于成龙太子少保降两级调用,董讷降五级调任,将慕天颜、孙在丰革职,打击了于成龙一派。这就是著名的康熙"河案"。

在这场举朝震惊的"河案"中,田雯虽像走钢丝一样,侥幸脱离,但在朝廷重臣重新洗牌的大背景下,田雯不可能不受影响。二月,田雯代理两江总督,但四月十九日却接到圣旨:田雯以都察院右佥都御史巡抚贵州,兼理湖北川东等处地方提督军务。虽侥脱"河案"牵连,但自江南繁华之乡远迁贵州夜郎之地,田雯心情是复杂的。正如自己所说:"以是知塞翁之得失,真不可以豫窥,而天心之倚伏,亦正难于臆揣也。"①田雯四月二十四日交接公务,二十八日离苏,沿滁州、归德、开封、襄阳、荆州、常德一线入黔。一行仆从数人,行至开封时即闻武昌夏包子作乱,行至常德,又闻云南曲靖兵变,考虑到贵州孤悬天末,草木震惊,百姓逃亡,城市空虚,到常德即向贵州飞传安民檄文,八月一日入黔地镇远即接办公务,十二日抵达贵阳,开始了他三年的治黔生涯。

田雯治黔,讲究刚柔并济,注重教化。康熙二十八年(1689),受《易》中蒙卦爻辞启发,取开蒙、包容、教化之意,自号蒙斋,代表了其治黔思想。在黔三年,连续实施了缓和民族矛盾、整顿吏治、发展教育、赈恤水灾、保护商

① 田雯:《蒙斋年谱》,《德州田氏丛书》。

旅、招集流亡、清查难民、培训少数民族官吏、严拿汉奸、劝垦荒田、整顿军纪等一系列措施。

田雯初到贵州时,当地的苗族和布依族人不驯服,经常造反起事。贵州提军提出进行会剿,田雯在给云贵总督和贵州提军的复函中说:

> 会剿之议,虽为地方起见,而有所不必者。苗狆之性,无异禽兽,犯则治之,否则防之而已。其部落种类岂能尽剿无余乎? 率尔兴师动众,翻生惊疑,非生三窟之计,莫可追寻,即为走险之谋,因而拒捕。况官兵深入,势必玉石难分,诛害无辜。似不若严禁巡防,殷勤化诲之为得也。侧闻地方之所以不靖者,亦非尽苗蛮之过也。有司不肖者,私征科敛,民不聊生,而顽苗之重财,甚于身命,遂相率为劫掠之盗,以应有司之诛求。及其犯而被获也,有司又受其贿而纵之。法度既驰,侵寻难制,此剿之一说所由起焉。而究之亦未能剿也。损威而已。万一事须必行而不可已,临时自当斟酌尽善,亦不敢以或疏也。①

正是由于田雯以防代剿的主张,阻止了一场血腥的屠杀;整顿吏治,力戒属吏不得虐苗生事;在苗盗经常出没的地方,驻兵把守,立连坐之法,擒一、二匪首施与重典,自此地方安静无事;有愚顽的苗族、布依族人在广顺,番蛮王世爵在泗城造反,田雯派手下军官拿着一纸檄文即将其招安,从而使以前嚣张跋扈的当地总兵庞天佑听从了调遣。

贵州山多田少,交通不便,一遇水旱之灾,往往陷于困境。田雯刚到贵州,正值丰年,粮食丰收,谷价"一金六斛"非常低廉,于是倡导官吏捐俸"积谷"以备荒年,在黔三年,官仓充盈。他曾上疏立改折兵米制度,贵州清军大多驻扎在威宁、大定、黎平、思南、铜仁等地,距离省府贵阳太远,军粮供应从贵阳周边拨支,运费高且路途遥远、崎岖、险峻,劳民伤财。为此,田雯疏请清廷,改给米为给银,兵民两便。他还根据贵州实际情况,疏请不禁鸟枪,也得到批准。

---

① 田需:《田雯行状》,刘聿鑫:《冯惟敏冯溥李之芳田雯张笃庆郝懿行王懿荣年谱》,第124页。

在田雯的治黔方略中,最注重教化,在发展贵州当地教育方面,做了诸多实事。康熙二十八年(1689)二月,他修葺阳明书院、武乡侯祠。平日集中孝廉诸生读书阳明书院,公务之余自己亲自授课,后来离任时,他又将平生所藏图书赠与书院。甲秀楼是黔中名胜,年久失修,已经朽坏,为激励诸生后学,他重修了甲秀楼。平溪卫(治今贵州玉屏县城)、清浪卫(治今贵州镇远县清溪镇)在明代及清初隶属湖广,朝廷为了方便两卫生童,允许"寄试"贵州,乡试赴武昌。两卫距武昌遥远,而且两卫能文之士水平不及湖广,很少有考中的,于是田雯奏报朝廷,请允许两卫秀才在黔参加乡试。针对贵州不少地方缺少学校的情况,田雯还向朝廷上《请建学疏》,为贵筑、普定、平越、都匀、镇远、安化、龙泉、铜仁、永从、永宁、独山、麻哈、新添、镇西、兴隆、乌撒和赤水诸州县增设了儒学,定出学额,设立了兴隆卫学与瓮安县学。

康熙二十九年(1690),田雯完成《黔书》的写作。《黔书》共两卷,举凡贵州的地理、历史、疆域、沿革、民族、风俗、方言、古迹、名胜、文教、人物、财赋等等,无不涉及。

田雯在黔三年,政绩卓著,一改贵州的荒陋之气,受到当地人民的热爱,民颂其德曰"夜郎复旦、罗甸回春",被称为"德州先生",其治黔之绩可以想见。康熙二十九年(1690),五十六岁的田雯喜添一子,因为生于贵州,故取名"夜郎",孩子出生时,贵阳竟有百姓、弟子万人奔走相告道贺;康熙三十年(1691)闰七月,田雯因丁母忧而离任,当地百姓不惧路途险远,相送百里,洒泪而别。他离任后,百姓捐资为其建生祠并于阳明书院。

四、从刑户侍郎到退居故里(1691—1704)

康熙三十年九月二十七日,田雯回到阔别数年的故乡德州,为母守制。每每想到父母临终时自己都未能在身边尽孝,想到母亲一生之艰辛,"人子之不幸,莫余若矣!"①田雯感到自己是天底下最不幸之人。守制期间,写了大量祭祀母亲张氏的诗文。多年宦游黔地,长途奔丧,再加上长期处于失去慈母的悲痛之中,此间田雯患泻泄之疾,身体急剧衰弱。康熙三十二年

---

① 田雯:《蒙斋年谱》,《德州田氏丛书》。

(1693),田雯五十九岁,作《蒙斋生志》。十一月一日守丧期满,山东巡抚桑格上报吏部,值刑部右侍郎缺员,十二月,田雯升补刑部右侍郎(正二品),田雯再次入都作京官。康熙三十三年(1694)十一月转刑部左侍郎。此期的田雯身体状况欠佳,所患腹泻之病,已迁延近五年之久,自觉将"委形于土木",不再"征逐于冠裳"。是年,自著《蒙斋年谱》一卷,以"综其大略,聊识生平"。康熙三十四年,田雯六十一岁,有《厌次草堂诗》一卷。康熙三十五年(1696)正月,六十二岁的田雯奉命祭告嵩山、淮渎、济渎,一路写有诸多考证、游记诗文。康熙三十六年(1697)二月,奉命任副主考,主持会试,取汪士铉等满汉贡士一百五十九人。康熙三十七年(1698),著《长河志籍考》十卷。康熙三十八年(1699)六月,重订《田氏家谱》十卷,六月调户部侍郎,以左侍郎统右侍郎事,管宝泉局,督京省钱法。上《请停收买废钱以节财用事》疏,允行。十月,转户部左侍郎,奉旨磨勘顺天乡试。著名戏剧家孔尚任时任宝泉局监铸,田雯是孔的顶头上司,关系密切,因而常索阅《桃花扇》手稿。"少司农田纶霞先生来京,每见必握手索览"[1],促使孔尚任加快了《桃花扇》的创作进度。是年,《桃花扇》完稿。

康熙三十九年(1700)正月,六十六岁的田雯与范承勋、王鸿绪、王掞、布雅努、喻成龙、顾藻、寿鼐、王绅等奉旨抵清江浦,督催高堰工程。

康熙四十年(1701)十一月,妻马氏卒,十二月,田雯以病上疏辞官,请求解任回籍调理。

康熙四十一年(1702)正月,田雯因病乞假回原籍德州。二月抵阳谷村,三月一日抵里舍,自春至冬,创作大量诗文。十月,康熙南巡途经德州,驻跸田雯山姜书屋,赐田雯《甲子次德州即事五言诗》绫一幅,诗人献旧刊《山姜诗选》、《长河志籍考》、《黔书》,秉承圣意自选三字,并奉旨释义,得御书"寒绿堂"匾额。

康熙四十二年(1703)正月,康熙巡视河工至德,田雯恭迎三十里外。三月,御舟北归,田雯跪迎运河岸边,康熙帝倚蓬窗询问家宅远近。夏秋之际,山东水灾,田雯捐谷麦六百石赈灾。

---

[1] 孔尚任:《桃花扇本末》,楼含松等校注:《桃花扇》,浙江古籍出版社,1998年,第236页。

康熙四十三年(1704)二月二十三日辰时,田雯卒于德州故里。卒后第二年,赐葬于阳胡店村南原(今德州市德州经济开发区抬头寺乡),康熙帝亲自派山东承宣布政使司济东道道台宋广业祭葬,宣读祭文。

第三节 田雯的思想与性格

田雯生长在一个有着奉儒传统的家庭,德州田氏世治《毛诗》,以一经而求仕进,高祖田三戒进士出身,奉儒守官,以身殉职;祖父田实粟、父亲田绪宗皆是习儒应举的士子。父亲田绪宗清顺治九年进士,任浙江丽水的县令,著有施政备览的书《筮仕记》,卒于任。所以儒家积极入世的思想,是根植于田雯血脉之中的。正如田同之《诗传备义后识》云:

> 自余六世祖承德公,以毛诗中明嘉靖丁酉乡试、癸丑会试,吾田氏遂以毛诗传矣。历曾祖丽水公、祖司农公、叔祖太史公,皆以治此取科第,予小子亦得以此登庚子科。①

田雯的人生理想就是走"学而优则仕"、实现自身价值的道路。这是典型的儒家济世思想的表现,田雯任江南学政、湖北督粮、江宁巡抚、贵州巡抚、刑部、户部侍郎时期自不必说,即使"十年为郎"、仕途坎坷时期的蹉跎寂寞之叹,也是源于儒家思想的伤逝之悲。田雯曾有《丁巳八月同张晴峰移工部郎中戏成四绝即柬晴峰》七绝诗云:

> 迟暮名场岁月虚,新官例掌考工书。
> 相看老友悲华发,潦倒同君十载余。

潦倒十载,岁月虚度,名场迟暮,抒写的是无所作为的悲叹。值得注意的

---

① 田同之:《二学亭文涘·诗传备义后识》,《德州田氏丛书》。

是，在诗人的潜意识中，一直把自己定位为一个书生、文人，在其诗歌中常以"书生"、"儒"、"腐儒"、"老秀才"自称。而且，田雯继承了唐宋以后儒家的内省精神，在仕途不顺的时候，经常反省自己，调整自我，由于儒家思想固有的缺憾，这时候佛老思想就会成为诗人自我解脱的一种途径。

田雯的佛老思想应该是受到德州地域文化和母亲的影响。佛教自梁天监年间前传入德州地区后，历经隋唐的鼎盛，至宋元已至衰微。明朝廷对佛教实施扶持政策，使德州的佛教再度兴旺起来：

> 在明廷的扶持政策下，佛教又复兴起来，特别是地处政治、经济、文化中心的德州运河区域，寺院林立，牒僧大增，佛教更呈兴盛之象。据乾隆《德州志》载，明成化以前的州城内外，官立寺院已多至10余所，以后续建不绝。①

据成书于康熙三十七年（1698）的《长河志籍考》记载，当时德州城内外规模较大、香火空前的佛教寺院主要有永庆寺、铁佛寺、台头寺、慈氏寺、龙泉寺等，田雯多次游这些寺院，并赋诗纪游。田雯的母亲张氏信奉佛教，经史之外，旁及佛氏，晚年以《病》为题作诗云：

> 七十余年一病躯，诵经理佛费工夫。
> 人生泡影真如梦，解得如来半偈无？

张氏艰辛一生，田雯曾迎养在京城、苏州官邸，但张氏晚年好静，无论生活在繁华的京都，还是风花雪月的江南，惟喜闭门诵经而已。田雯自己也写有"绣佛长斋经半载，风尘一事不相关"②的诗句，说明他对佛教的信仰。

除佛教外，田雯对道教也颇尊崇，特别是晚年，由于身体多病，难免为道教所宣扬的长生不老、养生说所引。《蒙斋年谱》编著于康熙三十三年，

---

① 田贵宝、田丰：《德州运河文化》，第230页。
② 田雯：《夏日》十首其一，《古欢堂诗集》，《德州田氏丛书》。

是年田雯六十岁。他两次描写年轻时参加科举考试时的情景,颇具道教的神秘气氛,一次是顺治十一年(1654):

> 正月,父蓼莪公之丽水,未从行。七月九日,蓼莪公卒,讣未至,犹与试事。中副榜诗,一房青州推官魏公镕中荐主考林云京,注卷面"不祥"二字,摈落之。故事:分校房评用骈丽语"忧喜相参,炼成之福,福必久;浅深相攻,炼成之文,文乃坚。此卷苦心屏息,深入浅出。二三场采庶子之春华,摘家丞之秋实。内外敦茂,尔雅不群"云云。忧不祥谶也。自是家难作矣。……棘闱校艺,先期而觇闵凶;座主评文,援毫而成谶纬。

兴起于汉代的谶纬之学,唐代去儒后,或入道入佛,或在民间信仰中继续传播和扩散①,其神秘色彩事实上更接近于道教的神仙信仰。绪宗当年卒于任上,讣训未至,田雯仍在济参加乡试,房师魏镕中用骈文评文,主考林云京在其卷面上注有"不祥"字样,恰恰此时绪宗卒,后田氏陷入低谷,灾难不断。田雯认为座主一语成谶。

田雯在《蒙斋年谱》中,回忆自己顺治十七年(1660)乡试中举时云:

> 先是,赴试时逆旅主人得异梦,及首场,三鼓卷完,有红云覆于号房,人惊异之。

无论事实是否如此,作者在年谱中如此记载,是作为事实对待的。在《长河志籍考》中,田雯撰有一篇传记《何媪传》,并于《古欢堂集》收有《何媪杂诗十首》,记述了作者向家乡一位何姓老妪学习神仙养生之术的事情,另外,其《古欢堂集》诗歌中的神仙信仰也引起了研究者的注意。②

虽然田雯深受佛道思想影响,但归根结底,田雯骨子里难以忘怀和消解的还是儒家的入世的思想,正所谓"寒烟枯柳斜阳下,坐为村童讲《孝

---

① 参见刘凤霞:《谶纬之学与唐代社会》,山东大学硕士学位论文,2010 年。
② 参见李颖鑫:《浅析古欢堂诗歌中的神仙信仰》,《厦门教育学院学报》2008 年第 11 期。

经》"。正是因为这种儒家积极入世的思想,才有进亦忧、退亦忧的对社会、人生和自身生命价值的广泛而又深切的关注,才可能作为台阁重臣的"佚乐之日少,忧瘁之日多"①。

这种以儒道释杂糅以儒为主的思想构成,对田雯的诗文创作的影响,主要表现为田雯能够一生保持基本的人文情怀,关注社稷民生,从而使他的诗歌题材深广,诗歌有很强的现实性,提升了其诗歌的思想价值;而佛道思想又在一定意义上促成了田雯诗歌追求"博丽"之美的审美理想的形成,从而使其诗歌具有五彩斑斓的浪漫色彩。

总之,随着佛道文化在宋元明清时期的逐步世俗化,中国文人的思想必定深受影响,正如鲁迅先生所言,魏晋以后的文人是以无特操为特色的。田雯思想具有传统的中国文人的思想特点,即儒、佛、道三家思想杂糅,但无疑以儒家思想为主。

田雯出生生长在鲁冀交界的德州,厚重、朴正的齐鲁文化和慷慨悲歌的燕赵文化给田雯的思想性格也打上了深深的烙印,造成了其性格特征中诸多的特点。

田雯为官为人谦虚、内敛、不张扬。康熙帝曾先后在诏书中称赞田雯"持躬克谨,莅事惟虔"、"秉质纯良,持心端谨"、"慎以持躬,敏以莅事",康熙帝多以"谨"、"慎"评价田雯,这是田雯为官处世的突出特点。田雯在京时,曾从王士禛、施闰章论诗,言行非常谦恭,"每从末座,时接微言,苟有会心,强名悬解"②,"末座"、"微言"、"苟"、"强"、"悬",这是田雯晚年在写《蒙斋年谱》时,回忆当时情景时用语,在《自赞》中也称自己"幼不读书,老未闻道,庸人也",很能见出诗人的做派和个性特征。

在田雯《自赞》中,诗人还自我评价:"用世太拙",我们在其诗歌中经常看到诗人经常用"拙"字形容自己,用"腐儒"来称呼自己:

　　　拙守不须嗟命薄,俗情何用说官贫? (《春日》十首其七)

① 田雯:《自赞》,《蒙斋年谱》,《德州田氏丛书》。
② 田雯:《蒙斋年谱》,《德州田氏丛书》。

拙不合时休自悔,老犹多痒倩谁爬。(《冬日》十首其二)

老来懒慢诗篇少,病后心情酒量差。
一事腐儒真得意,垂帘煮茗听琵琶。
　　　　　　(《听郓城樊生花坡弹琵琶,时秋八月四首》其四)

古语人生行乐耳,腐儒胶柱少真诠。(《村居杂诗》二十首其十七)

腐儒痴想赤松子,村媪黠同春梦婆。(《何媪杂诗》十首其二)

腐儒粗粝叨非分,天意优容养不才。(《秋日》十首其四)

心能学禅定,老不带儒酸。(《春日历下杂诗》十首其七)

腐儒迂拙不解事,杞忧兀坐鲜好怀。(《正月》)

腐儒粗粝无不可,杯中之物偏精祥。(《在都十年,未尝酿酒顷老
仆自乡送曲饼至,遂成两罂,既熟颇美,歌以纪文》)

如何为"拙"? 何者为"腐"? 就是正直、执著,是非分明,守正不顾身害,不
肯模棱做人。

田雯做事守正、不顾身害。他两次出仕江南,但结局都很尴尬。第一
次任江南学政时,田雯四十六岁,因不俯仰上下届满而难以卸任,是新任总
督于成龙和江宁巡抚余国柱主持公道,才使他摆脱了尴尬的局面,但他在
拜谢余国柱时,方识余国柱乃昔日同官户曹时的同事,双方曾为筹饷事各
执一词而相抵牾,谈及当年之争,田雯仍坚持曲不在己,余公曰"狂奴故
态",并执手相劝:"此后前途远大,勿恃才使气,勿太憨直。"[1]反省过去,诗

---

① 田雯:《蒙斋年谱》,刘聿鑫:《冯惟敏冯溥李之芳田雯张笃庆郝懿行王懿荣年谱》,第98页。

人也意识到自己的个性难与官场流俗适应：

> 无力那思扛斠鼎,从前悔不摸床棱。(《秋日》十首其十)

> 模棱便是安心法,绕指谁为强项翁？(《甲戌除夕杂诗》五首其三)

"模棱"的典故出自唐代诗人苏味道,苏味道为人圆滑,为相时遇事手摸椅棱,沉吟不肯表态,"模棱两可"的成语便由此而来。而"雯之平生,遇事无两可,见义必为无观望,扬历中外,建树勋名"①。的确如此,时隔七年之后,田雯已经五十三岁,补授江宁巡抚,仍不见有所改变。奉旨与总督等上官、同僚会勘河道时,仍力持公议,难免遭人嫉恨,故草草数月即远迁贵州。为此,江南复杂的官场、浇薄的人情让田雯发出"宦局难工"之叹。由此可见诗人个性的执拗,即所谓"拙"和"腐"了。

田雯为政有见识、善谋断、多创为,是杰出的吏才。田雯曾对仲弟田需言：

> 吾生平事多创为,不惟于人无所摹拟,即于己亦无所循守,为得为失,恒两任之。世有达人,其知我矣。②

不因循别人,也不重复自己：

> 故每当集议,发言盈庭,纷纠参错,公间出一语,足排众说。用此数忤于人,然终不以为意。③

"足排众说"的前提是有见识,田雯谋略超人,在很多危急时刻往往能做出常人所想不到、做不到的传奇之举：康熙二十七年,田雯在赴黔途中,适逢湖北武昌夏逢龙作乱,云南曲靖也发生兵变,贵州处于两省其间,一线孤

① 钱仲联：《清诗纪事》第五册,第2486页。
② 田需：《田雯行状》,刘聿鑫《冯惟敏冯溥李之芳田雯张笃庆郝懿行王懿荣年谱》,第129页。
③ 田需：《田雯行状》,刘聿鑫：《冯惟敏冯溥之芳男雯张笃庆郝懿行王懿荣年谱》,第129页。

悬,兵力虚空,所以昼夜兼程:

> 道经五溪,有土司某,与夏逆声势相倚,阴部署其党,将为变,仓卒出见,辞气骄蹇。公命从者手批其颊,某县令惊顾失色,请屏人,语具白所以。公笑曰:"若无恐,当以计定之。"即诡为捷书,遍张溪谷间,言夏逆授首,状甚悉,百姓逃窜,徒自苦,檄令复业。土司某,因气慑不敢动,黔境获安。①

面对与夏逢龙勾结、蠢蠢欲动的土司,田雯敢于命手下人掌掴其面,连随行的县令都吓得大惊失色。田雯之所以敢于这样做,是因为他抓住了土司不知虚实这个关键,随后又使用疑兵之计,广泛张贴伪造的捷报,佯称夏逢龙已经就戮,而且细节写得很详细、很生动,使土司信以为真,不敢继续轻举妄动,从而化危为安,面对危局,田雯表现出过人的胆识。

田雯的执拗与见识,还于文学方面表现为特立独行的诗歌风格的追求。《四库全书总目提要》:

> 王士禛负海内重名,文士无不依附门墙,求假借其余论。惟雯与任邱庞垲不相辨难,亦不相结纳。垲《丛碧山房集》格律谨严,而才地稍弱;雯则天资高迈,记诵亦博,负其纵横排奡之气,欲以奇丽驾士禛上。故诗文皆组织繁富,锻炼刻苦,不肯规规作常语。

诗人的个性执拗表现为超常的艺术自信,诗人并不因为王士禛诗坛地位、同乡情分、相携之谊而盲目影从,在神韵诗一统天下的时代,还能坚持这种"博丽"的艺术追求,也正是这种执拗的"不同",才能彰显出其诗歌艺术的个性,其诗歌才能获得永恒的魅力和价值。

---

① 周彝:《神道碑铭》,刘聿鑫:《冯惟敏冯溥李之芳田雯张笃庆郝懿行王懿荣年谱》,第135—136页。

第四节 盛世隆遇下的"疏离"心迹

自康熙二十年(1681)平定"三藩之乱"始,清王朝逐步迈入所谓的"康乾盛世"时期。也是自这一年起,田雯越过仕途的低谷期,进入上升期,随后的十多年时间,到达由提督学粮到位列封疆的人生至高点。康熙三十三年(1694),田雯六十岁,在人生这个重要的节点上,他回顾自己的一生,自撰年谱,并在谱前写下《自赞》文一篇云:

> 幼不读书,老未闻道,庸人也。见事太迟,用世太拙,愚人也。佚乐之日少,忧瘁之日多,恨人也。命在斗注磨蝎宫,山泽癯无食肉相,病人也。官为侍郎,年逾六旬,嗜三升寻落酒,排数卷山姜诗,纵死也胜千百辈,曾孙已有二三丁。岂非天地间之乙倪幸人也欤?

在这篇题为《自赞》的98言文字中,田雯将自己定义为一个"庸人"、"愚人"、"恨人"、"病人",似乎与盛世重臣的身份不太相符,但里面的确包含着作者一生的生命体验,自嘲、自怜、自叹、自足,情感复杂。

马大勇先生将田雯这种创作倾向的内在心理机制,概括为"疏离",十分有见地。认为田雯难能可贵之处也在于他不是一个装点盛世的御用文人,身为高官,却能与盛世保持着"疏离"的心迹,在仕履一帆风顺的"福泽人"中间,尤其难得一见。① 田雯的《古欢堂集》是经过作者自己多次删汰整理的诗文本子,在其诗文中,实际上仍有大量诗歌围绕着厌弃官场生活的主题或隐或显地展开抒写,从而使其成为值得关注的一个主题。

早在康熙十二年(1673),田雯写与曹禾的《柬曹颂嘉舍人》诗云:

---

① 参见马大勇:《世情已烂熟 吾辈总艰难——论田雯的疏离心迹》,《徐州师范大学学报》2004年第5期;马大勇:《清初庙堂诗歌集群研究》,吉林人民出版社,2007年。

卖文为活畏人怜,贫鬼生涯缚草船。

贺监萧条泛湖去,少陵老困拨书眠。

春光欲暮当三月,宦况堪悲已六年。

只合与君拼共醉,桃花似火柳飞绵。①

诗中"卖文"、"畏"、"贫鬼"、"萧条"、"老困"、"宦况堪悲"等一系列语汇,从多个侧面将六年来的"不得志于时"尽行勾画出来。此期田雯与梁联馨联诗亦云:"休言京兆除书近,摇落于今已六年。"

康熙二十一年壬戌(1682),田雯从江南学政任上未及一载而士风丕变、颇有作为,却以"细故"罢归,再一次令他对自己的仕宦生涯乃至生命意义进行了深入的反思。退职归乡之际作《述怀留别西河、西塞两先生》诗,其四云:

误持手板亦匆匆,甘涸牛溲马渤中。

小草多年怀北梦,瓣香此日拜南丰。

自经雷焕无尘剑,独有中郎识爨桐。

岭树江云秋色早,冥冥千里送飞鸿。

全诗表达了思乡怀亲之情,而"误持手板亦匆匆,甘涸牛溲马渤中"愤懑之语的直率,更是令人惊愕。《夏日十首》其一、其四:

罢官博得一身闲,结屋藏书有数间。

键户高眠容啸傲,逢人作意学疏顽。

桑枝麦穗天将热,渭北江东客乍还。

绣佛长斋经半载,风尘一事不相关。

屯氏河渠小巷隈,衡门反锁遍荒苔。

---

① 田雯:《古欢堂诗集》,《德州田氏丛书》。

种瓜课仆浇畦去，打麦登场拄杖来。

未解终南寻捷径，敢云季女少良媒。

殷勤天语询名姓，圣主何尝弃不才。

这组诗作于退职后的第二年，"罢官博得一身闲"，"键户高眠容啸傲"，"风尘一事不相关"，是直接的宣泄。而在屯氏河边一隅"种瓜课仆浇畦"、"打麦登场拄杖"的鲁北农家生活，似乎是一幅自得其乐的理想图景，结合前文提到的《康熙起居注》记载康熙欲钦点田雯内升补缺，而内阁竟无人为其说话的事实，则知颈联、尾联四句是写实，但"未解""寻捷径"、"敢云""少良媒"又流露出自己与封建官场生活的不适与隔膜。

致仕后的田雯在德州曾迎接南巡的康熙皇帝，事后写有组诗《壬午纪恩》，其四云：

三叉路口烘村火，八里庄西送驾还。

野鸟数鸣如恋主，蹇驴一跨好归山。

冯唐年纪垂垂老，袁豹才名渐渐删。

桑落满壶书满榻，菌巢从此户常关。

壬午是康熙四十一年（1702），十月，康熙南巡途经德州，召田雯觐见，并赐御书"寒绿堂"匾额。然而从诗作本身来看，田雯好似并未感激涕零，首联"三叉路口烘村火"，是说在寒冷中等待"圣驾"到来，粗硬的字面中即包蕴着苦涩与无奈；"八里庄里送驾还"，遣词粗硬依旧；颔联"野鸟数鸣如恋主，蹇驴一跨好归山"，紧扣诗题"纪恩"，但却并未纪"天语温存"一类"皇恩"，第三句一转，"野鸟数鸣如恋主"，似有"怀恋"情思，可"野鸟"二字看起来实在刺眼，第四句的"一跨"、"好归山"则又隐含着轻快的心绪："圣上"终于走了，我可以回家饮酒读书，自得其乐，将"菌巢"门关好，不必再为此类事烦心了！其意味很像一位不情愿接待客人的主人，终于将不受欢迎的宾客送走般轻松。

晚年的田雯仕途颇顺畅，自述晚年趋于白、陆之平易，于二人中，又独取白。《自题乙亥诗卷后》其二亦云:"俳体百篇教婢读,老来合学白香山,"但"合学"未必能学,七律《老来》也道出了晚年的复杂心境:

> 老来万事没心情,一二仍然意不平。
> 逢酒豪如逢烈士,爱花痴比爱倾城。
> 从今习气消除尽,向后浮云自在行。
> 只可困眠饥啖饭,闲听儿子读书声。

诗似乎在标榜"万事没心情",但"仍然意不平"、"豪"、"痴"等内心的"习气"并未全除,可见其"闲"、"自在行"并非是真超脱了世事的快意选择。这样的颓唐愤懑情怀,已非白、陆气味。

综上所见,田雯的这种与现实的"疏离"几乎贯穿整个仕途。究其原因,与入仕前家道中落所体验到的世态炎凉、早期宦途的苦闷压抑以及对于民生疾苦的关注、同情有着密切的关系。

在德州田氏的发展史上,绪宗的突然离世是一件影响深远的大事,它使田氏家族就像大厦一下子失去了顶梁柱。当时田雯仅仅是二十岁没有经历风雨的文弱书生,母寡弟幼,家道中落,强族、豪戚之欺,各种外患接踵而至,田雯深切体会到了人情的冷暖。晚年他在回忆这段经历时云:

> 是时也,患至剥肤,势无完卵。羊肠径险,不啻身寄虎牙;熊耳峰危,亦觉力穷螳臂。阿奴下策,固出火攻;同室操戈,实繁丑类。若乃彭宠之仆,反噬其主;逢吉之党,利行其私。嗟哉!门楣板荡,风树哀缠;九品班资,业无亲故;千金然诺,谁拔涂泥。追数往遇,辄尔涕洟。久悟观空,奚分恩怨哉![1]

败家之痛,痛彻肌肤,倾巢之难,必无完卵。田雯觉得仿佛行走于羊肠一样的险境,寄身于虎牙之间一样凶险。"同室操戈,实繁丑类",他对家族内

---

① 田雯:《蒙斋年谱》,《德州田氏丛书》。

部、兄弟之间的倾轧、家奴害主,痛恨至极;"门楣板荡,风树哀缠;九品班资,业无亲故。"对自己没能尽到孝道而感到难过;"追数往遇,辄尔涕洟。久悟观空,奚分恩怨哉!"追忆往事虽然痛苦,但时间使人变得通达,也泯灭了早年的恩怨,但人情的浇薄何尝不是黑暗世情的反映。

在艰难困苦中,田雯相继考中举人、进士,但入仕之初的坎坷不遇,使田雯再次受到打击。康熙三年(1664)甲辰,田雯三十岁,取得殿试二甲第四名的好成绩,按惯例应作庶常,入翰林院的"华选",尽管刑部侍郎王清竭力推荐,最终也未取得官职,只好向南作漫游之行:

> 偶藉汗漫之行,聊作弹铗之计。星周半纪,道历千岐,世少临邛,莫问长卿之客;友无仁祖,谁知修龄之饥。庄舄乡心,坐销烛泪;钟仪楚调,冠敝缁尘。

家庭贫寒,田雯只好求作幕僚,聊作"弹铗之计",长期的漫游,难免有"钟仪楚调、冠敝缁尘"之怅茫。康熙六年(1667)五月,中书员缺,朝廷命以进士考授。往年此职由监生生员担任,未有以进士入职者。前科进士秦敬传年老无以委任,始入此职,为进士入职的发端,李棠又以秘书院为"密勿禁地",疏请进士应选,康熙允行。本来田雯以为不能如翰林院"华选",可以外任推官,但又值推官裁员,再考知县,又落选。六月十六日,三十三岁的田雯以进士补内秘书院办事中书舍人。但入职后,才发现此为"异途":

> 是职也,初茫然莫辨。及入署,遭同年词林某侮辱,辄自悔,然已无及矣。夫词林果清华之官,登第后一与是选,辄诩诩俯视一切,谓皋、夔、稷、契不足道,严徐东马居之不疑。余先鞭既谢,后龃滋惭。簪笔西清,乃类司徒之掾;依栖近禁,仅随从事之班。无阶自拔,光逸门寒。有意解嘲,扬雄口吃。嗟乎! 既不馆选,又裁推官,即需次一县令未为不可,何寅行罔顾,入身异途至是邪? 忆昔在署时,与张公鹏、申公穆闲坐叹息。鹏云:"吾辈何日可成正果?"穆吟云:"书生薄命还同妾,丞相怜才不论官。"余吟云:"失路嗟何益,痴怀老渐平。"相对泣

下。……

　　一日集一友寓，一客后至上座，大声曰："非不揖让也，我词林，尔中书，贵贱别也。"又壬子科，词林山右某、中书张公鹏同典山东，试事既竣，杨语人曰："此行是吾辈分内事，乃竟与中书下贱为伍，耻孰甚焉！"其轻侮如此。夫狗监马曹，衔亦不恶；柳筋颜骨，役只奴隶，敬传真作俑矣。同年谢檀龄诗云："短气平生惟写字，伤心此日是求官。"二语尤真。

田雯在《蒙斋年谱》中，用大段文字记载了康熙六年自己入职中书舍人的经过以及屈辱。词林，翰林院别称。田雯刚入署办事，进入"华选"的"同年词林某"，即当众羞辱了身入"异途"的田雯。甚至在朋友集会的场合，后至但仍上座的某翰林竟公然大声说翰林与中书有贵贱之别。康熙十一年（1672）壬子科，康熙六年进士、检讨杨仙枝①与中书张鹏同典山东乡试，杨仙芝认为与中书同行感到耻辱。同僚的欺辱、官小居京的困顿，使田雯感到十分郁闷，母亲张氏曾写诗劝慰：

戊申京邸示儿

金马门前玉楼残，经年索米向长安。

悲歌莫逐荆高侣，且耐官同易水寒。

戊申年为康熙七年，张氏希望田雯不要学荆轲、高渐离悲歌任侠，要耐得住官门的清寒。田雯也慢慢认识到牢骚满腹毫无益处，正所谓"失路嗟何益，痴怀老渐平"。

　　对田雯来说，仕途中的不快远不止这些，江南学政届满考核时的尴尬，江宁巡抚任上因持公而陷"河案"的无奈，前文已有详说，此不赘言。

　　除了官场黑暗给自己仕途、心灵带来的影响外，田雯对于民生疾苦也难以做到视而不见。田雯《历代诗选序》曾讲到自己的诗学渊源，云："愚初

---

① 参见钱实甫编：《清代职官年表》，第2891页。

学诗于聪山,得少陵大概,后从宣城、渔洋游,探明唐人体格。"申涵光、施闰章虽朝野有别,其心系民瘼则略同,田雯受其影响颇深,并能领会其诗中三昧。如此类诗作的代表之一《送马吟咏古》即逼似愚山,田雯诗集中类似之作虽不能称多,深广度也远不及其师事的名诗人、"国朝六家"之一的施闰章,然愚山更多是取立身立心之"正",求有补于世道人心;田雯则透过这些对污浊的官场乃至整个现实产生了厌弃、绝望情绪。①

　　这些经历深刻影响着田雯对宦途以及人生的体验。使得田雯对人生的体验是欢愉少于幽怨,《安德田氏家谱》中载有田雯的人生感悟:

　　　　人生有天幸焉,衣食靡阙,父兄足依,读书明志,以礼自守,此天幸也。不幸而幼遭多故,壮历风尘,涉世日深,机智日启,恩怨是非岂能尽泯于此。而欲学冬不炉,夏不扇,树上生姜,乌可得乎? 试以诘其本怀,决不如是。余所以回首伤心老而遗憾也。②

仕途经历给田雯更多的是伤心与遗憾,而且毫不避讳地写入家谱中,这种长期的人生体验势必影响田雯对现实的态度,进而影响其诗歌的风格追求。

---

① 参见马大勇:《世情已烂熟 吾辈总艰难——论田雯的疏离心迹》,《徐州师范大学学报》2004 年第 5 期。
② 田雯:《田氏家训》,《安德田氏家谱》卷四。

第八章　德州田氏杰出人物田雯（下）

田雯既是清代康熙朝重臣,同时也是文坛上的著名诗人。早年位列"金台十子",其倡导的奇丽不俗的诗风,新人耳目,其诗内容宏博,风格冷峭、奇丽,晚年坛坫之盛,几与渔洋比肩,其诗歌创作实绩,在神韵诗歌一统天下的大背景下,为清初诗坛的一朵奇葩。其文讲究致用,号称"山左三大家"之一。田雯是清初一流诗人、清代文坛的名家。

第一节　追求新奇的诗学观

在王士禛的"神韵说"风靡整个清初诗坛之际,田雯追求新奇,诗歌以其"奇丽"的艺术个性赢得了极高的声誉。在其《古欢堂集》三十六卷中,《杂著》四卷专门论诗,另外还有不少精到的观点,散见于其诗文和为别人诗集所撰的序跋中。具体说来,分以下几个方面:

一、田雯的"唐"、"宋"观

中国古典诗歌经历唐、宋两大高峰后,形成唐、宋两大诗学传统,元明作者步趋其后,诗歌"宗唐""宗宋"的复古形态以及唐宋之争,一直持续到清初诗坛,成为清初诗人要面临的首要问题,"纵观有清一代诗歌发展全程,'宗唐'、'宗宋'常常是诗坛论争的焦点","对该问题作出的不同解答毫无例外都可视为其总体诗学认识的基石"①。传统上,学界一直认为田雯是清初诗坛"宗宋"派的一员。事实上,田雯诗歌冲破了"宗唐"或"宗宋"的门派樊篱,力主融合唐宋,田雯在《鹿沙诗集序》中说:

> 宋人之诗与夫唐人之诗渠有异道乎? 惟其生于宋也……学诗者何分唐、宋? 总之,以匠心求工为风雅之归而已。

他认为宋诗与唐诗一样精彩,不可盲目贬低,有的亦取得了相当高的成绩,如梅尧臣、欧阳修、苏轼、黄庭坚、陆游等人皆为大家,学诗者不应该强分唐宋。田雯的孙子田同之《西圃诗话》也提到:

> 今之皮相者,强分唐、宋,如观渔洋司寇诗则曰唐,且指王、孟以实之;观先司农诗则曰宋,且指苏、陆以实之。殊不知山姜一集,原本少陵,以才雄笔大,自三唐以及两宋,无所不包,千变万化,终自成一家言,亦所谓集大成者。②

田同之认为田雯诗歌是融合唐宋,"自三唐以及两宋,无所不包"。在因师承不同而门派林立的清初诗坛上,田雯之所以具有这种较为开放的心态,宽阔的视野,究其原因,一是明清时期的德州,素有"九达天衢"之称,水陆畅达,商贸繁荣,是各种文化的交汇地,田雯生长于斯,多元文化的熏陶和足迹遍及大半个中国的仕宦经历,造就了其一种较为开放的心理结构,易于接受不同事物。二是受到申涵光的影响。清康熙八年己酉(1669),田雯三十五岁,仍师从河朔派首领申涵光先生学诗,而申涵光在清初唐宋诗之争消长起伏的大背景中,是坚定的宗唐派,主张"诗分唐宋",宗唐诗,学杜甫,重理学,关注现实,诗歌雄深悲壮。但他在推崇唐诗的同时,并不过分贬抑宋诗,他认为宋代除眉山、放翁而外,如永叔、山谷、圣俞、子美诸人,均

---

① 束忱:《朱彝尊"扬唐抑宋"说》,《文学遗产》1995 年第 2 期。
② 田同之:《西圃诗话》,郭绍虞:《清代诗话续编》,第 766 页。

为"峥嵘一代"的诗坛大家。申涵光这种带有思辨的观点,对田雯的诗学视野产生了深远影响,田雯继承了申涵光诗学观的辩证性,其学诗视野范围"自三唐以及两宋"。就诗歌艺术本身而言,作为一种文化,其本身承继性的特点,决定了后世文学会自觉不自觉地对前世文学进行传承和创新,王士禛在《鬲津草堂集序》也说:

> 唐有诗,不必建安、黄初也;元和以后有诗,不必神龙、开元也;北宋有诗,不必李杜、高岑也。①

从这个意义上讲,宋代诗歌的繁荣首先是对唐诗艺术的全面继承,在此基础上进行创新,生成特色,故广义上,宋诗的艺术成就应是宋代以前包括宋代本身的中华古典诗歌全部艺术的总和,宋代诗坛的大家无一不是学习继承而又创新的大家,这也应是文学发展的一条规律,被誉为中国古典诗歌最后一位大家的陆游,其诗歌就显示出集大成的特点,渊源各家,集众美于一体是其诗歌的显著特色,其诗中,有屈原之浪漫,陶渊明之淳朴,王维之静穆,岑参之恣肆,李白之壮浪,杜甫之沉郁,梅尧臣之古淡,苏轼之飘逸。从田雯的具体主张和创作来看,他无疑是清初诗坛上坚持这一艺术发展规律的代表。

二、提倡"分体取法",讲究"源流正变"

打破唐宋藩篱,在操作层面,田雯主张学习诗歌应分体进行,《鹿沙诗集序》:

> 学诗者宜分体取法乎前人,五言古体必根柢于汉、魏,下及鲍、谢、韦、柳也;五七言近体则王、孟、钱、刘,晚唐温、李诸人也;截句则王、李、白、苏、黄、陆也;至于歌行,惟唐之杜、韩,宋之欧、王、苏、陆,其鼓骇骇,其风瑟瑟,旌旗壁垒,极辟阖雄荡之奇,非如是不足以称神明变

---

① 王士禛:《鬲津草堂诗序》,田霡:《鬲津草堂诗集》,《德州田氏丛书》。

化也。

在其看来，五言古诗应向汉魏汲取营养，向下至鲍照、谢朓、韦应物、柳宗元；近体诗应向王维、孟浩然、钱起、刘禹锡、温庭筠、李商隐学习；绝句值得称道的是王昌龄、李白、白居易、苏轼、黄庭坚、陆游等人；至于歌行，田雯则认为只有唐代的杜甫、韩愈，宋代的欧阳修、王安石、苏轼、陆游值得效法。应该说，诗自三百篇以来，每个体式的发展成熟都是一个相当长的过程，它的优秀代表不一定局限于某个具体朝代、某个具体的个人，田雯的具体论断虽带有主观色彩，但基本上符合古典诗歌体裁发展成熟的实际。应该说，田雯学习诗歌讲究分体取法，是诗人深谙诗歌内在艺术规律要求的表现，也是清初诗人面对前人成就而跳出"宗唐"、"宗宋"之争的一种宽视野、深层次的创举。

　　同时，田雯认为要做好"分体学习"，则必须对整个诗歌的发展演变"条分缕析"，精研"源流正变"，《兼隐堂诗序》：

　　　　诗有源流正变。学者于古人一家之诗，含英咀华，辄诩负其才伎以成篇章，非不自号作者，而为之沿波讨澜、寻端竟委，则实难言之。盖诗之为道，上下数千百年，作者林立，必按其人代，考其源流根柢，而诗始出。①

若不知诗之"源流正变"，则只可与之作诗，不可与之论诗，就如同考察黄河要经过积石、流沙、昆仑之脉，而后四折九曲，最后注入大海一样，否则，"风云月露，脱手满纸，去古人实远"，就像观黄河之一曲，"罕有津逮者"，"非好学深思，诚未易心知其故也"。以求诗人通过研究诗歌发展演变的来龙去脉，掌握诗歌创作的精要，直取高标，免走歧路。这既是作为诗人的创作经验之谈，也是一个诗论家的理性思考。

---

① 田雯：《兼隐堂诗序》，吴宏一等：《清代文学批评资料汇编》，"国立编译馆"，1979 年，第 309 页。

三、注重诗家才力

清初诗风受清初学风的影响十分明显,为矫正明代学风的"空疏",清初学风是尚学的。田雯在推崇学的同时,更看中诗人的才力,认为学问如同大海,而诗歌则是海市,认为只有具备特殊才能,方可写出好诗。

田雯对才力与学问的关系的认识,沿袭了严羽《沧浪诗话·诗辨》的观点:"夫诗有别材,非关书也,诗有别趣,非关理也。然非多读书,多穷理,则不能极其至","诗道亦在妙悟"。他在《丙臣诗序》中认为初唐卢骆王杨,"盖以学胜矣",王孟之诗则是"天姿之高,领悟之奇之谓也"。他所说的"天姿之高,领悟之奇"就是指诗人的这种特殊才能。才虽不直接出于学习,但深博的学问与奇特的顿悟结合起来,便会构成诗人神妙莫测,无隐不达的表现能力。

四、崇尚"奇丽"的审美风格

清初诗坛的审美旨趣,经历了一个由"唐"入"宋",再到"唐"、"宋"并举的过程。一时诗坛混乱,在混乱之中,产生了一种希望发挥各自个性的自成一家之思想。王士禛的"神韵"主张,打破了唐界宋户相争的恶习,倡导一种回归纯真大自然的风气,开创了一条适应历史潮流又富于时代新意的诗歌创作途径,但一味讲究妙悟,必然导致诗歌流于空疏,回避社会现实。

《清史稿·田雯传》称:"康熙中,士禛负海内重名,其论诗主风调。雯负其纵横排奡之气,欲以奇丽抗之。"《四库全书总目提要》说:"雯则天资高迈,记诵亦博,负其纵横排奡之气,欲以奇丽驾士禛上","雯才调纵横,沿几社之余风,以奇伟钜丽自喜"。同为"金台十子"的同乡好友谢重辉也称"我友田生称好奇",可见,"奇丽"是对田雯诗歌审美风格的总体评价。

"奇"即"不俗",即"厌俗",不苟同于常人所作所为,田雯尽管"行迹"上未能免俗,但"心迹"方面力求超脱。在王渔洋于诗坛"负海内重名"、他人风行影从之时,田雯的"奇丽"诗美追求,可谓"另开一径"、"偏师驰突",是对"神韵"诗风的反拨,起到了一定的救弊补偏的作用,给康熙朝以"神韵"为主流的诗坛带来新人耳目的美感,是对康熙诗坛美学风格的进一步丰富。

田雯强调欲达到诗歌之奇,作家本人要奇,重视诗人性情的修养。《稼雨轩诗序》:"今夫人不奇则诗必不工,诗不工则可以弗作。"①田雯认为,诗人要有独特的创作个性,世之能诗者谷量石计,不可胜数,但基本上是模拟剽盗,补缀篇章,徒有诗的外表,而无诗的生命,"余尝取而喻之,如世巧女,文绣动人,设欲作锦,究非异锦;又如偃师之戏,舞中节拍,舞罢则索然无生气。世之能诗者如是也。"田雯所说的诗人之奇,是指诗人要有奇异特出的个性和与众不同的审美追求。田雯本人就是有独特个性的诗人,追求新奇,才思超绝。他说:"我生嗜好与俗殊酸咸"②,王士禛《香祖笔记》卷九载有田雯著名的改药名服药的故事,并注明信息出自田雯之弟田需,可见确有其事。

就诗歌本身而言,要达到"奇丽"的诗美风格,首先要讲求诗歌艺术的独创性。在诸种体裁中,最能体现其创作个性的是古体诗。田雯在《挽石楼二首序》中说:"诗要作出是我向来所未见者,才是好诗。"③其古诗《白水岩放歌》就是一首古今罕见的九言体,全诗22句凡198字,从形、声、色各个角度,运用对比、夸张、比喻、神话乃至议论等多种艺术手段,写尽了庐山瀑布"何如"、"云垂烟接"的黄果树大瀑布之奇美。《箓罗山五百字》全诗共用了18个"者"字、28个"如"字,组成排比句式,铺张扬厉,联想丰富,即使"博喻之王"苏轼也望尘莫及。

其次,对诗歌的立意与词语也要讲究新奇,《枫香集序》云:

> 诗变而日新,则造语命意必奇,皆诗人之才与学为之也。夫新非矫也,天下事无一不处日新之势,况诗乎!④

在这里,田雯认为诗歌应是"日新"的,因为社会生活"处日新之势",诗歌

---

① 田雯:《稼雨轩诗序》,《古欢堂集》,文渊阁《四库全书》本。
② 田雯:《白水岩放歌》,《古欢堂集》,文渊阁《四库全书》本。
③ 田雯:《挽石楼二首序》,《古欢堂集》,文渊阁《四库全书》本。
④ 田雯:《枫香集序》,《古欢堂集》,文渊阁《四库全书》本。

作为情动于内而发乎外的艺术,其命意也应是"日新"的,但"新"不是矫情做作,而是指要有新鲜活泼的生气;讲究"奇",也不是追求怪诞,而是指要有巧妙神异的构思和不落俗滑的表现方式,这些主张是非常有道理的;但为了增强新奇之效,田雯大量使用奇字、生僻字,甚至专门收集、运用,虽时有"饾饤"之讥,但仍认为这是"雅怀复古"之体现,可见田雯争奇好胜之追求。这样做在一定程度上不可避免地损害了其诗歌的魅力和传播。

综上所述,田雯的诗学观,在众多方面体现出一种理性与创新色彩。主张博采众长,反对宗唐、宗宋的门户之见,认为学诗应分体学习,精研诗歌发展的源流正变,于清初诗坛是一种难得的开放心态和理性之举,追求新变,崇尚奇丽之美,并力求出新,自成一家,较早地体现了清代诗歌的个性觉醒,为清代诗歌理论的发展作出了自己的贡献,并以其坚实的创作实际,促进了清初诗坛美学风格多样化的形成。

第二节　"沈博"、"取材复富"的诗歌内涵

钱锺书在《谈艺录》中指出:"清初诗文好为沈博绝丽者,莫如田山姜"。"沈博"是对其思想内容的准确评价,所谓"沈"者,是指沉郁、浓重的情感和深厚的文化底蕴。所谓"博"是指广、通、众多、丰富之意,是指田雯诗歌思想内涵的丰富与博大,而以"博"字论山姜诗,也历来是诗评家的定评。《四库全书》"……雯则天资高迈,记诵亦博",沈得潜《国朝诗别裁集》也认为田雯诗歌"取材复富",下面将田雯诗歌的题材内容细述如下:

一、"大东之思"①
——民生疾苦诗

田雯出身于清寒的儒生之家,仁政爱民应是其思想的核心,身为康熙

---

① 王士禛评田雯五古《大通桥行》云:"有大东之思焉",《大东》是《诗经》中反映周代东方诸侯小国怨刺西周王室诛求无已、劳役不息的诗。

朝的诗人,既无遗民诗中的愤慨,又无"贰臣"诗里的愧疚。再者,顺康时期
已见愈密的文网,使身为朝廷命官的诗人对时事多采取回避的态度,这也
几乎是康熙朝诗人普遍的一种对待现实的态度。既使是当时发生的震惊
朝野的与文人关系密切的一些大事,如明史案等,也讳莫如深,难以在田雯
诗歌中见到踪迹,正如田雯所说"语关时事略模糊"①,如此文学观念势必影
响其作品反映现实的深度、力度,但诗人能奉行儒家传统诗歌的美刺功能,
对封建社会所见到的种种不平等的现象,特别是民生疾苦,在诗歌中却给
予了足够的反映,代表作如五古《杂诗》其四、《官船行》,七古《九月十日同
北山阮亭两先生实莳蛟门方山修来子昭良哉诸子介眉家兄泛通惠河属郁
生作图歌以纪之》、《苦雨叹》,古杂体《呼天行》、《采砂谣》、《淘金谣》等,这
些诗始终闪烁着现实主义的光辉,创作年限跨越几十年,诗人身份从布衣、
郎官到封疆大吏,环境自京城到边荒,不论世事如何变迁,但诗人始终跳动
着一颗火热的爱民之心,这是非常难能可贵的。

　　田雯反映民生疾苦的诗,涉及面广,诗中出现了众多的劳动人民的形
象：这里有负薪者、船卒、灾民、采砂者……

杂诗（其四）

出郭十余里,荒荒原与隰。

清波漾远陂,野花夹岸侧。

忽遇纨绔儿,骑马好颜色。

管弦醉芳草,鹰鹞弄轻翼。

道傍负薪者,见之生叹息。

原野景色之美,纨绔儿狩猎享乐生活的舒适闲逸所构成的一幅富贵享乐
图,与道旁为生活奔波的负薪者的辛苦劳作形成了鲜明的对比,作者对不
劳而获的厌恶之情,对普通劳动者的同情之心,借负薪者的一声"叹息",婉
转地表现出来了。

---

① 田雯：《春日》十首其五,《古欢堂诗集》,《德州田氏丛书》。

不仅仅是同情,田雯有的诗歌还表现出了"为民请命"的勇气,如五古《大通桥行》:

> ……
> 忽念东南民,何以劝输将?
> 追呼在有司,鞭扑泣路旁。
> 嘉禾生陇亩,稂秕连界疆。
> 田妇无完裙,农夫余鹑裳。
> 辛苦乌敢辞,耕饁习为常。
> 前年遭水旱,井里多流亡。
> 但免官府怒,那复思盖藏。
> 兑粮上舳舻,风雨欺驲樯。
> 舶赶有健卒,供给杂筐筐。
> 黄河水崩奔,千里接混茫。
> 一船溺汹涛,如马脱辔缰。
> 一船雀鼠窃,剜肉谁医疮!
> ……

康熙十五年(1676 年),田雯在户部任职时,受命监督大通桥漕运事务,并按时顺利完成任务,刻石树碑时,田雯请了京中著名诗人王士禛等人前来助兴,自作长达 52 句的五古《大通桥行》,在踌躇满志之余,联想到了东南人民在运河漕粮运输中,艰辛备尝,险象环生,再者"上官传急符,稽逋干王章。有吏苛如虎,怒臂抵螳螂"和"丰年米价贱,入市如粃糠,卖牛还鬻女,颣首叹牂羊"。诗人在庆功宴上,如此为民请命,为民陈情,希望采风者闻以上达,其不合时宜,同唐代元和年间白居易的《新乐府》,如出一辙。难怪在场的大诗人王士禛"读之悱恻深至,有《大东》之思焉",并以为此诗在"元(结)杜(甫)伯仲之间,视白太傅《秦中吟》不翅过之"①。

---

① 田雯:《古欢堂诗集》,《德州田氏丛书》。

田雯晚年巡抚贵州,所写的《采砂谣》、《淘金谣》历来是备受清诗选家
瞩目的反映民生疾苦的压卷之作:

采砂谣

大如斗,赤如日,官府学神仙,取砂何太急。

囊有砂,釜无粟,奈何地不爱宝,产此荼毒!

砂尽山空,而今乌有,皂衣夜捉人,如牵鸡狗。

匍匐讼堂,堂上大呼弗已:

"误我学仙不长生,尔当鞭笞至死!"①

此诗写的是今湘西和黔东一带的少数民族奉命采砂(汞)的悲惨遭遇。官
府达官贵人,出于学仙长寿的需要,逼迫百姓入山采砂,被抓被打,而无饭
吃。为己长生,逼人至死。诗情诗境,酷似汉代乐府诗。

淘金谣

淘金户,户户无宁居。背上都卢,西走巴渝。巴渝田可耕,依山盖
屋。孖琏两儿女,秃速一黄犊。苛政十倍,横索官钱。先卖黄犊,后鬻
儿女。不如巫州,归去。涕泪涟涟。跟跄入籍,淘金犹故。楚山高兮
沅江深,猺村无路。②

诗写从事淘金的瑶族的一户人家,因为淘金之苦而"西走巴渝",原以为"巴
渝田可耕",但是"苛政十倍",不得不卖牛鬻女,最后又只好哭泣着加入户
籍,继续从事着本不愿从事的淘金生活,山高水深,归乡之路遥遥无期,他
的人生走到了尽头,已经没有退路。

---

① 田雯:《古欢堂诗集》,《德州田氏丛书》。
② 田雯:《古欢堂诗集》,《德州田氏丛书》。

二、"如此奇山谁领略"①
　　——黔地山水诗

　　在田雯的《古欢堂诗集》中,描写山水田园的诗歌占了很大分量。其创作主要集中在诗人巡抚贵州、游历济南和晚年退官回乡期间。这些诗歌展示了祖国西南山水的壮丽,表现了泉城济南和鲁北地区的风光以及诗人晚年田园生活的恬静,或隐或显地反映了诗人这几个人生阶段的心路历程,在表现领域的宽度和艺术追求方面也有比较突出的特点。

　　康熙二十七年(1688)四月,田雯由江宁巡抚迁贵州巡抚。在不到一年的江宁巡抚任上,诗人做了许多有利于地方百姓的实事,同时也得罪了不少权要,特别是在与总督、总河、总漕等官员一同奉旨会勘河道时,因力持公议,而遭到嫉恨、中伤。早在康熙十九年(1680),田雯曾经来江南任江南学政,为官两载,最后也是因公而遭下石,期满难以离任。故江南虽为风物繁华之地,但浇薄的人情、多变的官场、盘根错节的各类关系,使为人憨直、守拙不顾身害的田雯极不适应,屡陷泥淖,诗人曾经发出"宦局难工"的感慨,可以说,两次的江南宦游留给诗人的记忆是痛苦的。尽管贵州远悬天末,为"夜郎"之国,环境艰苦,田雯的心情却是轻松的,有"久在樊笼里,复得返自然"的愉悦。"遭谤中伤而去繁就简,避嚣趋静,适与素性相宜,于意甚惬"②,云贵高原崇山峻岭的壮丽、雄伟,使诗人眼界大开,心胸顿阔,激情难抑,他在七律《飞云岩》云:"如此奇山谁领略?"③他赞瀑布、写山岩、夸古道、叹深涧,表现在山水诗中的是一种对黔地山水的发自内心的热爱和赞叹。可以说,黔地山水给诗人的是一种赏心悦目的感官激动和精神的解放。

　　山水诗中有的写云贵高原的瀑布,最著名的当数描写位于贵州西南我国第一大瀑布——黄果树大瀑布的《白水岩放歌》:

----

① 田雯:《飞云岩》,《古欢堂诗集》,《德州田氏丛书》。
② 田雯:《蒙斋年谱》,《德州田氏丛书》。
③ 田雯:《古欢堂诗集》,《德州田氏丛书》。

我生嗜好与俗殊酸咸,独于高山流水心馋贪。

匡庐瀑布天下称奇绝,何如白水河灌犀牛潭。

白水岩,是指白水河畔的山岩。诗歌开篇即直抒胸臆,表明自己独好山水的态度,同时为下文蓄势,三、四句用庐山瀑布反衬黄果树瀑布之奇,并点出瀑布水源——白水河,以及瀑布下最大的峡谷——犀牛潭,黄果树大瀑布的成因是白水河从山峦重叠的东北山脉泻崖直落,流经黄果树地段,因河床突然断落而成,水从60多米高的层崖之巅跌落,落差高达57米,用一"灌"字,写出了瀑布水势之急。诗人认为黄果树大瀑布远胜于盛名卓著的庐山瀑布,原因何在? 自第五句开始,从行、声、色各个角度对瀑布进行具体的描绘:

银汉倒倾三叠而后下,玉虹饮涧万丈那可探。

声如丰隆奋地风破碎,涛如天孙织锦花氍毹。

溅珠跳沫行人衣裾湿,云垂烟接山寺峰峦尖。

小犊出游太真所不照,乖龙结队古冶岂能歼!

半红半黑飞斗大蝴蝶,千章万株森十围松杉。

玃猱熊狸须鬐爪牙古,鼋鼍蛟螭昼夜风雨酣。

"银汉倒倾"是写水势汹汹,波浪滔滔;黄果树瀑布为九级瀑布,用"三叠而后下",来形容瀑布的多级性,写出了黄果树大瀑布的独特之处;白水河水量充足,瀑布宽时达40余米,平时也在30米左右,加上巨大的水势落差,数十里外即可闻其排山倒海之轰隆巨响,水瀑跌落处掀起轩然大波,浪花四溅,水珠轻扬如蒙蒙细雨,满潭水雾,长年不散,水气腾腾,经阳光折射,常化作彩虹一道,直入潭中,五彩缤纷美不胜收,这就是"玉虹饮涧万丈那可探。声如丰隆奋地风破碎,涛如天孙织锦花氍毹。""玉虹":彩虹。"丰隆":雷神,这里是指雷、雷声。"奋地":震地。《易·豫》:"雷出地奋"[1]。

---

[1]《周易正义》,北京大学出版社,1999年,第85页。

"天孙"：星名,织女星。"鬒鬖"：下垂貌,这里是指花散落的样子。大瀑布组成的特大水帘的气势,令人惊心动魄而萌生一种崇高壮丽之美感。人站在潭边,跳动翻腾的浪花不时打湿衣衫,抬眼望,蒸腾的水汽和缭绕的云雾相接笼罩了整个山峦,深山古庙若隐若现,莫名的小兽、乖龙恣意出没,红黑色斗大的蝴蝶翩翩起舞于一望无际的松林之间,玃猱熊狸牙须苍老古旧,鼋鼍蛟螭呼风唤雨,一切都显得那么神秘原始而又贴近自然。

> 安得十日五日坐潭上,二三酒侣看月凌朝暹。
> 头脑冬烘郦道元未注,龈齿逼塞谢客儿多惭。
> 解衣槃薄箕踞于其侧,青天骚首我歌白水岩。①

诗人在诗的结尾直接赞美黄果树大瀑布,说这么美好壮丽之景,学识广博的郦道元由于头脑糊涂而竟未加注释,好游的谢灵运若知道白水河畔的美景一定会倍感羞惭,我多想与几个知心侣朋十日五日坐在潭边,宽衣伸足而坐,看月落日升,听我于白水岩畔放歌。诗人把黄果树大瀑布的美描写到了极致。

　　这首《白水岩放歌》是否是最早的歌唱黄果树大瀑布的诗歌? 不得而知,或许为了表达惊奇欣喜,诗人使用了罕见的九言诗格,字里行间表达的是对瀑布的赞美,透露出的是发自心灵深处的欢畅,是精神的完全解放,"放歌"之"放"字,也许是此时最能表现诗人心境的最为传神的字眼。

三、"曲终酒散悲何已"②
——咏剧诗

　　清代继元明之后,戏剧艺术空前发展,已经渗透到上层社会生活中,具有普遍性与广泛性。田雯一生酷爱戏剧,留下许多咏剧诗,如《题桃花扇传奇绝句》、《浣纱行观剧》、《百丈旗观剧》、《鬲津草堂观剧放歌》、《题四梦传

---

① 以上引自田雯:《古欢堂诗集》,《德州田氏丛书》。
② 田雯:《浣纱行观剧》,《古欢堂诗集》,《德州田氏丛书》。

奇后》等等,这些诗对戏剧的剧情、表演、作品本身等各个方面进行评论,诸
多观点源于诗人的切身感受与艺术眼光。特别值得一提的是,田雯与清代
著名戏剧家孔尚任交往密切,这一特殊的关系对《桃花扇》的创作与传播都
起到重要推动作用[1],特别是六首题咏《桃花扇》的绝句,是《桃花扇传奇》
早期题咏的核心之作,影响很大[2]:

题桃花扇传奇绝句

一例降旗出石头,乌啼枫落秣陵秋。
南朝剩有伤心泪,更向胭脂井畔流。

白马青丝动地哀,教坊初赐柳圈回。
春灯燕子桃花笑,笺奏新词狎客来。

江潮无赖弄潺湲,一载春风化杜鹃。
却怪齐梁痴帝子,莫愁湖上住年年。

商丘公子多情甚,水调词头吊六朝。
眼底忽成千古恨,酒钩歌扇总无聊。

零落桃花咽水流,垂杨憔悴暮蝉愁。
香娥不比圆圆妓,门闭秦淮古渡头。

锦瑟销沉怨夕阳,低回旧院断人肠。
寇家姊妹知何处,更惜风流郑妥娘。

这六首诗写作者观剧的整体感受,抒发自己的兴亡之感,以情灌之,顺势而

---

① 参见蒋星煜:《田雯与〈桃花扇〉及其它》,《上海师范大学学报》1990年第4期。
② 参见张莉:《〈桃花扇〉题辞的文本生成与诗学特质》,《文学遗产》(网络版)2012年第6期。

下,意蕴悠远。第一首、第二首都是对《桃花扇》"余韵"一出(秣陵秋)曲的感慨,此曲主要是感叹陈、隋两代皇帝的贪恋色声而导致国破身亡的悲剧。首句"一例降旗出石头",这是多少以南京为都的亡国结局的经典镜头,"胭脂井"是陈后主爱妃张丽华于金陵城破时的藏身处,剧中南明福王的不图中兴,唯重选妃,则与国破身亡的陈后主、隋炀帝无异。第二首,首句"白马青丝动地哀"用典,典出《梁书·侯景传》,南朝侯景作乱,乘白马以青丝为缰,兵皆青衣,从寿春进军建康,后以"白马青丝"代指兴兵作乱的人。"春灯"、"燕子"均指阮大铖的两部传奇剧《春灯谜》和《燕子笺》,"桃花"是指《桃花扇》抑或《玉树后庭花》,虽不明确,但整首诗的讽刺意味是明确的:南明小朝廷不顾大局,福王在听罢一出《燕子笺》之后,把清兵兵临城下的危情抛之脑后,从一个日理万机的皇帝,变成只图享乐一时的普通狎客。第三首是书写《桃花扇》故事发生的大背景——南京,古往今来上演了多少杜鹃啼血的齐梁旧事,"江潮"、"杜鹃"、"莫愁湖"成为千古兴亡的见证。第四首,首句"商丘公子"指侯方域,"多情"写词咏六朝兴废,在朝廷大事一团糟、百无聊赖的心情驱使下,去媚香楼解闷有情可原,诗表面替侯李两人的情事开托,重心还在"六朝"、"千古恨"上。第五首前两句"零落桃花咽水流,垂杨憔悴暮蝉愁",描绘南京秦淮河畔、桃叶渡口的萧条气氛,三、四两句点出李香君以气节自守,远远超过情不专一的陈圆圆。第六首,第一、二句写旧院、青溪的冷落,由景及人,"寇家姊妹"、"郑妥娘"皆为《桃花扇》中与李香君过从甚密的手帕姐妹,郑妥娘才貌风度本都是上等,故田雯用"更惜"一词。《桃花扇》剧"选优"一出,郑妥娘以丑角登场,自念"让我风流郑妥娘","风流郑妥娘"由戏文化出,诗写出了大悲剧下的美的毁灭。

　　田雯对明末那些人物事件自有他的评价,从田、孔交游多年来看,这种评价不能不影响孔尚任的创作。① 杨际昌《国朝诗话》:"孔东塘尚任用侯方域、李香君事作《桃花扇传奇》,诗人题咏甚多。德州田司农雯云:'一例降旗出石头,乌啼枫落秣陵秋,南朝剩有伤心泪,更向胭脂井畔流。'为得作

---

① 参见蒋星煜:《田雯与〈桃花扇〉及其它》,《上海师范大学学报》1990 年第 4 期。

者本意"①,意即六首《题桃花扇传奇绝句》的意蕴是被孔尚任认可的。田雯以当时名家的身份以诗评剧,而且在《桃花扇》一剧尚未成名之前,对该剧大加认同,对《桃花扇》起了重要的推介作用。②

浣纱行观剧

柳花羃羃春风柔,法曲妙舞扬清讴。

梨园小部锦缠头,红牙按板弹箜篌。

浣纱女儿年十六,君王之侧颜如玉。

朝随锦帆泾上行,暮入馆娃宫里宿。

铁甲水犀徒纷纷,夫椒臣妾属何人!

会稽遗币有太宰,东门抉眼无将军。

鞭楚伐齐不归老,鞅鞅少主江干道。

空嗟伯嚭是佞臣,浪托鲍君盟旧好。

倒行逆施多欹戏,白首英雄悲远途。

西施亦悔倾城色,不隐萝村嫁入吴。

吴越春秋事如此,曲终酒散悲何已!

秦庭痛哭申包胥,五湖高蹈鸱夷子。③

明代梁辰鱼著有传奇《浣纱记》,作者途径江浙时所观或为此剧。诗歌重点记述的是所观剧情,描写吴越争霸之事实经过,抒发自己的怀古之幽情,所谓"吴越春秋事如此,曲终酒散悲何已",而"秦庭痛哭申包胥,五湖高蹈鸱夷子"或许隐含着诗人的人生理想,即做一个拯救国家、创建奇功而又远避江湖的隐士。

相对于《浣纱记》的有感于剧情,借他人故事、浇心中块垒不同,《百丈旗观剧》重点描写的是作者在江西一个叫百丈旗的地方,看到民间地方戏剧演出,诗人由衷地赞叹艺人高超的舞蹈技艺:

---

① 郭绍虞:《清诗话续编》,第 1660 页。

② 参见张莉:《〈桃花扇〉题辞的文本生成与诗学特质》,《文学遗产》(网络版)2012 年第 6 期。

③ 田雯:《古欢堂诗集》,《德州田氏丛书》。

宜春小部教坊儿，搊筝挝鼓双髻垂。

白氎裲裆花覆眉，登场撇捩蹲且驰。

尻顶撑地足则踦，背如塗篑腰如箕。

青荧椎几烧琉璃，伛偻扑朔舞傲傲。

累黍妙契争毫厘，身轻一鸟何浏漓。

手摇花罕口吹篞，游龙蜿蜒绰板随。

灵妃笑电群相追，红练杂沓连冯夷。

弄珠神女来游嬉，云旂下驾斑文狸。

举座色动喜复疑，有客感激叹神奇：

此非人巧天授之！公孙大娘乃若兹。

西河剑气光离离，我观此舞生嗟咨，

一技成名徒尔为！削镂承蜩世莫窥。

檐花乱落酒百鸥，空阶雨过飘凉飔。

黑甜软饱夜何其！张灯高歌百丈旗。①

这首诗对舞蹈史研究有极高的史料价值。据舞蹈史家研究，封建社会后期，古典舞蹈从独立的表演艺术衰落下来，随着戏曲对社会娱乐的全面占领，舞蹈发展，一方面走入民间，另一方面被戏曲吸收消化，融合在戏曲框架及表现之中，在戏曲艺术发展完善的过程中，对舞蹈有不同方式的吸收融合。这首《百丈旗观剧》从一个侧面佐证了这一事实。

《鬲津草堂观剧放歌》则对所有演员的演艺进行了全面的描写：

七十老翁何所求，日拚枕麹眠糟丘。

不则玉貌绣衣儿，氍毹铺地舞且讴。

两旁丝竹聒两耳，琵琶箫管筝塗篑。

鬲津草堂夏五月，苅甋豨首草树幽。

忽尔袒衣泻杯罕，忍冬花酿如黛鬃。

---

① 田雯：《古欢堂诗集》，《德州田氏丛书》。

姑射仙人自何处？惊鸿回雪驾赤虬。

双凤口衔红绶带，蛾眉长袖天风游。

叚师之弦花奴鼓，真珠一串歌不休。

小秦王曲翻水调，黑鸦三五斜阳收。

昔人作俑旗亭夜，汗颓画壁心尼犹。

是时小鬟不更唱，诗名甲乙良堪羞。

我但饮酒驱百忧，吁嗟白到十分头。

今日之乐有如此，世间万事风马牛。

七十老翁何所求！①

从"玉貌绣衣儿""舞且讴"的舞姿，"两旁丝竹聒两耳，琵琶箫管筝箜篌"的伴奏，"真珠一串歌不休"的伴歌，"惊鸿回雪"、"姑射仙人"的美丽扮相，到"双凤口衔红绶带，蛾眉长袖天风游"的长袖舞蹈，诗人得到了极高的艺术享受，最后感叹："今日之乐有如此，世间万事风马牛。"

题四梦传奇后

天风绮藻散余霞，前辈临川著作家。

自是词人风味别，堂前一树白茶花。②

诗人赞扬"玉茗堂四梦"文采富丽而又天然清新，充分体现了剧作家卓越的才情，特别是以白茶花(即玉茗花)比喻"玉茗堂四梦"的独特风味，十分形象生动，简洁传神，给人留下了深刻隽永的印象。

四、"谁重济南生"③

——咏怀抒情诗

　　田雯历经求学、入仕作京官，督学、督粮、巡抚外道，宦海浮沉几十年，

---

① 田雯：《古欢堂诗集》，《德州田氏丛书》。
② 田雯：《古欢堂诗集》，《德州田氏丛书》。
③ 田雯：《拜李于鳞墓》，《古欢堂诗集》，《德州田氏丛书》。

阅历丰富,他又是一位感情丰富的诗人,自然会用诗歌来表现自我情怀,来书写自己心灵的律动。

田雯有的诗表面看是叙事的,但在叙事的同时,亦能像杜甫一样,做到叙事与抒情的统一,是完全可以作为抒情诗来读的。如七古《移居诗》、五古《食鲈鱼偶作鱼出吾乡马颊河中土人呼之为鲈非张季鹰所思者》、五律《拜李于鳞墓》等。

食鲈鱼偶作鱼出吾乡马颊河中土人

呼之为鲈非张季鹰所思者

小巷闻卖鱼,馋涎流未已。

尺长鳞鬐红,百钱得一尾。

俄顷匕筋香,煮来信肥美。

名鲈少两腮,非产松江水。

火铛煨淡粥,老屋夕阳里。

不醉不成眠,下酒正需此。

窗前柿叶黄,飒飒秋风起。①

诗歌从买鱼落笔,详细记述了买鱼的经过、心理,煨制下酒的过程,但诗歌显然不是向读者交代一个买鱼、吃鱼、饮酒的过程,题云:"鱼出吾乡马颊河中,土人呼之为鲈,非张季鹰所思者。"晋人张翰,字季鹰,吴人,洛阳为官,秋风起,因思念家乡的鲈鱼脍而弃官归吴。这个欲盖弥彰的"鲈鱼"之典故,诗中一醉方休的饮酒,以及诗歌最后两句"窗前柿叶黄,飒飒秋风起"悲秋意境氛围的创造,怎一个"食鲈鱼"了得?五律《拜李于鳞墓》云:

下马拜沧溟,荒山乱石横。

炎天无白雪,远树有泉声。

边许才相映,崂华峰正晴。

---

① 田雯:《古欢堂诗集》,《德州田氏丛书》。

弇州今已矣,谁重济南生?①

李攀龙,字于鳞,号沧溟,是明代后七子首领之一。首句"下马拜沧溟",第一句交代了行踪。一代文宗李攀龙的墓在荒山乱石之间,读来使人顿生凄恻、愤懑之感。颔联"炎天无白雪,远树有泉声","炎天无白雪",为双关语,既是写实,炎热的夏天没有白雪,也指李攀龙不被后人重视。李攀龙生前于家中建有白雪楼,有《白雪楼诗集》传世。"远树有泉声"泉水的叮咚声从远处穿过树林传来,像是为沧溟哀歌低吟。"边许才相映,峨华峰正晴。"边,是指明代诗人边贡,有《华泉集》传世。许,是指许邦才,与李攀龙相善,有《海右倡和集》传世。边贡、许邦才、李攀龙都是济南府历城人。"峨华峰正晴",是说李攀龙和许邦才他们的文学成就,好比是历城的两座并立的山峰。"弇州今已矣,谁重济南生?"弇州,指王世贞,王世贞别号弇州山人。济南生指李攀龙,因历城县属济南府,故称李攀龙为济南生。"济南生"也有双关意义,田雯是德州人,德州于明清时期属济南府,田雯热爱济南,曾想移家济南,常以"济南田雯"自称,故"济南生"又是田雯自指。田雯借"谁重济南生"抒发了怀才不遇的感慨。

　　田雯有的诗是直接以"抒怀"、"咏怀"或"感"等诗名命名的,如七律《老秀才抒怀》、五古《雨过闲坐咏怀》、《除夕杂感》等。

老秀才抒怀

屯氏河涯老秀才,纸窗泥壁草堂开。
两池满贮芙蕖种,十瓮新收鞠蘖材。
亭是卢公吟杜地,家邻董子读书台。
明年六十村中住,好与牧童吹笛来。②

这是田雯五十九岁任户部左侍郎时,表达归隐心情的一首诗。诗歌一开篇

---

① 田雯:《古欢堂诗集》,《德州田氏丛书》。
② 田雯:《古欢堂诗集》,《德州田氏丛书》。

即展开想象的翅膀,设想憧憬引退后的生活情景。诗人说,引退后,不要豪华的住宅,只要"纸窗泥壁"的一间"草堂",生活所需是两池荷花、十瓮新酿之酒,能在杜亭和董子读书台读书吟诗,与村里的牧童一起吹着柳笛放牧就足矣,可见诗人是何等俭朴!

田雯历任户工两部司员和三任卿寺,如他正《冬日十首》中说到,在天子脚下,"官爵太卑",心情总不能平静,尤其是在十几年不得升迁的窘境下:

拨闷

京雒门常闭,田园兴已违。

欲眠闻雁过,独坐见花飞。

却病闲丸药,谋炊自典衣。

官贫人事减,僮仆亦应稀。[1]

日子拮据而至于典当,其尴尬处境可知。

乞归不得

十载为郎老且癃,官囊剩有俸钱无?

自担书卷归田去,不是知章乞镜湖。[2]

表明他的归田和唐人贺知章归乡时帝赐官湖数顷不一样,他已经是久仕不显且老病不堪了。田雯多年担任郎中、员外郎一类官员,对官场积习了如指掌,但他平生谨慎,"语关时事略模糊",很少流露笔端,间或流露些愤懑之情,甚于讽刺之语,是极其罕见的。如《题画虎图》:

冯妇其如技痒何,皮毛牙爪势嵯峨。

看来争似狸奴种,只是人间鼠辈多。[3]

---

① 田雯:《古欢堂诗集》,《德州田氏丛书》。

② 田雯:《古欢堂诗集》,《德州田氏丛书》。

③ 田雯:《古欢堂诗集》,《德州田氏丛书》。

鼠辈泛指人间多种人。而《蛙》只讽刺官僚的养尊处优:

> 袍绿睛红侧注冠,大声阁阁貌团团。
> 如何假馆邮亭夜,汝辈原来尽是官。①

田雯的愤懑与牢骚到此为止,进一步愤世嫉俗的作品则没有了。

五、"踏歌角抵蛮村戏"②
——民俗风情诗

作为一位学者型的官吏,田雯对仕途中山川草木、人情物理,事事留心。居黔三年著有《黔书》二卷,详叙贵州的风土人情,是今天考察西南人文地理的重要文献。与此同时,诗里也对少数民族习俗悉心摹绘。

《春灯词》八首都是写少数民族地区的一些奇异景观的:

> 城北城南接老鸦,细腰社鼓不停挝。
> 踏歌角抵蛮村戏,椎髻花铃唱采茶。
>
> 火树星桥取次看,朱书银榜太平欢。
> 小鬟鹦鹉调香粒,一老猕猴挂钓竿。③

都是民间村镇的娱乐活动。《相见坡蛮谣》四首其四,值得注意:

> 唇下芦鸣月下跳,摇铃一队女妖娆。
> 阿蒙阿宇门前立,果瓮人来路不遥。④

---

① 田雯:《古欢堂诗集》,《德州田氏丛书》。
② 田雯:《春灯词八首》,《古欢堂诗集》,《德州田氏丛书》。
③ 田雯:《古欢堂诗集》,《德州田氏丛书》。
④ 田雯:《古欢堂诗集》,《德州田氏丛书》。

阿蒙,作者自注,父;阿孛,作者自注,母;果瓮,作者自注,行役。这里是备受家长和路上行人欣赏的苗家"跳月"游戏,诗人在《黔书》"芦笙"条云:"每岁孟春,苗之男女相率跳月,男吹笙于前以为导,女振铃以应之。连袂把臂,宛转盘旋,各有行列。"①这种青年男女培养爱情的联欢活动,一直久盛不衰。

《赛神辞》写的是巫风盛行的南方的群众活动,宗教色彩更为浓郁,无疑是屈原《九歌》的遗响:

> 凤尾槽,细腰鼓。大巫歌,小巫舞。
> 妇子跹致祝釐词,丰稔胜似上年时。
> 一生龛肩酒百壶,汙邪瓯窭连篝车。
> 吁嗟! 郑侠忽上流民图,十家九家泽中鱼。②

全诗写出老百姓为庆祝丰收而迎神的热闹场面,带有浓烈的地方色彩和泥土气息。不过诗人感到百姓"持者侠而所欲者奢",因此,根本无法避免像宋人郑侠《流民图》中所描绘的水灾。有时巫风盛行竟然闹得日夜不休,"江西桥上市烟稠,吹笛迎神夜未休"③,功利目的似乎没有了,变为一种节日习俗。南土人民,中原礼教的束缚较少,生活中原始盲目的东西较多,好像社会气氛也比北方和乐融洽一些。

六、"作息田舍倾醍醐"④
——生活诗

田雯热爱生活,在其诗集里,除传统的题材外,值得注意的还有一些生活诗,表达他在仕途的各个阶段的归隐思想与本真追求,或许他写给三弟田霡的诗句"作息田舍倾醍醐",可以代表他官身以外生活中的

---

① 田雯:《黔书》,《德州田氏丛书》。
② 田雯:《古欢堂诗集》,《德州田氏丛书》。
③ 田雯:《沅州》,《古欢堂诗集》,《德州田氏丛书》。
④ 田雯:《舍弟有江南之游,作此寄之》,《古欢堂诗集》,《德州田氏丛书》。

角色。

　　诗人以学入仕,读书终老,时刻以书生自居,诗集中有些诗歌是反映书斋读书生活和书生情趣的,有大量的类似今天读后感文体的绝句,如《读贾谊传》二首、《读张浚传》、《读张良传》三首、《读司马相如传》、《读董仲舒传》、《读东坡集偶题》五首、《读崔浩传》、《读任彦升传》、《题樊川集后》四首、《读卢怀慎传》等,诗歌品评人物、感叹身世际遇,往往包含着诗人自己的身世之悲。

读东坡集偶题

一代文章苏长公,泉源万斛自称雄。

前身直是昌黎子,磨蝎由来守命宫。①

诗歌赞叹苏轼绝世的文才是"一代文章"、"称雄",同时慨叹苏轼亘古未有的遭遇,磨难似在天运,诗人在《自赞》中说自己命在磨蝎,由此看来,诗人是把苏轼引为同调的。

读贾谊传

累牍连篇上策难,长沙一去泪空弹。

书生可怪真多事,已治安云未治安。②

诗的前两句对贾谊的悲剧人生深表同情,后两句"书生可怪真多事,已治安云未治安"艺术手法新颖,表面上责怪贾谊"多事",赞颂统治者的"治安",实际上是赞扬书生的以天下为己任的济世情怀,讽刺统治者的不思进取、粉饰太平。

　　因为科试之需,古代学子一般对书法都情有独钟,有的还很有造诣,如唐代的李白、王维,宋代的苏轼、黄庭坚等,田雯也不例外,他的《学书》诗道

---

① 田雯:《古欢堂诗集》,《德州田氏丛书》。
② 田雯:《古欢堂诗集》,《德州田氏丛书》。

出了练习书法的甘苦：

> 我生学书腕有鬼，摇笔苦摹王会稽。
> 青李来禽少藏本，纷纷野鹜同家鸡。
> 官奴真迹偶一见，老妪衣缝窥端倪。
> 涿鹿篋底贮神妙，珊瑚百尺青玻璃。
> 始悔从前扫屏幛，捧心矉里劳嚬啼。
> 泼墨临池辄羞叹，元和新样何人题？
> 给札批勒在黄阁，庾公六纸谁为携？
> 攫取虚名等箕斗，退笔如山茅屋低。
> 瓦池灶煤绝可厌，例作书佣心惨悽。
> 四十筋疲年将老，秋蛇春蚓难整齐。
> 铁门立限吾岂敢，自不善书非人挤。
> 懒惰何当尽屏去，茫茫天地无町畦。
> 竹瓦三尺官舍浅，打窗雪叶风凄凄。
> 十指瑟缩自呵冻，愁铺玉版磨端溪。
> 折脚之铛煨淡粥，但思袖手投禅棲。
> 从此什袭数九墨，誓不涂抹忘东西。①

这是诗人四十岁时所写的一首诗。全诗慨叹学习书法的艰辛，生动揭示了学书者练字过程中的酸甜苦辣，特别是刻画渴望成功的急切、追求过程中的焦灼等心绪的波动，惟妙惟肖：诗中说自己心仪书圣王羲之的书法，"苦学"但难见真迹，所见都是如同"野鹜"、"家鸡"的赝品。涿鹿偶见真迹，诗人用"神妙"、"珊瑚百尺青玻璃"来赞叹它的珍贵，对照珍品，始觉从前的题字如东施效颦，顿生悔意。想来练字笔秃"如山"，成功却如同"箕斗"星可望而不可即，诗人甚至认为自己也许根本"不善书"，回想四十年来的书生卖文、授徒的清苦生活，"十指瑟缩自呵冻，愁铺玉版磨端溪"苦练书法情

---

① 田雯：《古欢堂诗集》，《德州田氏丛书》。

景,心境凄然。诗人最后竟然赌气说:"从此什袭数丸墨,誓不涂抹忘东西。"

　　田雯热爱自己的家庭,写有部分反映家庭生活的诗歌,或表现夫妻情,或展示手足情、儿女情,让我们看到了家庭中的田雯,看到了其为人夫、为人兄、为人父的真切的一面。

　　诗人十七岁时娶马氏为妻,不论是京都、江南,还是荆楚、黔州,马氏随诗人官任从游了大半个中国,共同生活了整整五十年,迎来了欧洲所谓的金婚,风雨同舟,相濡以沫。诗人四十九岁在济南养病,《冬日》十首其六写马氏对病中自己无微不至的照顾:

> 连展黎祁种种精,山妻为我费经营。
> 朝投暖胃门冬饮,暮饷翻匙芋糁羹。
> ……①

马氏不幸早于诗人三年病故,诗人极其悲痛,写有《悼亡》四首,悼念发妻马氏:

> 竹树萧萧络纬鸣,秋声总是断肠声。
> 叮怜泪似黔州雨,一月眼无三日晴。
>
> 枥响鸦啼梦不成,小楼风雨夜纵横。
> 山姜寂寞挑灯坐,不向樽前听艳筝。②

前首言思念亡妻,老泪纵横如贵州的阴雨,月无三日晴。后首说诗人因丧妻而夜不能寐,并发誓不再听哀艳之曲。田雯还有两篇记述马氏贤惠为人的文章,可见夫妻感情之诚笃。

---

① 田雯:《古欢堂诗集》,《德州田氏丛书》。
② 田雯:《古欢堂诗集》,《德州田氏丛书》。

田雯弟兄三人,父亲早亡,兄弟三人相依为命,手足情深,可以想见。田雯作为兄长,更是与两位弟弟同忧共喜,七古《舍弟有江南之游,作此寄之》:

> 丽河之水流清渠,数间茅屋城西隅,
> 桃花李花二月发,落英满地如氍毹。
> 亭前老树缠风雨,上覆檐溜枝扶疏。
> 故园景物颇清美,行歌被酒真吾庐。
> 芋魁饭豆苦不足,箕踞睰发狂且迁。
> 忽尔蹒跚趣装出,大江南北长驰驱。
> 鸡鸣咿喔晨星烂,谁为脂辖催登途?
> 江上未闻销兵甲,路旁村落成榛芜。
> 刍车轧轧击鼓过,邮亭小吏鞭笞呼。
> 寒食萧萧酒旗少,行人空忆黄公垆。
> 况闻久客亲童仆,二三赤脚蛮獠奴。
> 小者身手太猾黠,大者麋糟无完襦。
> 野店板桥歇行李,疲驴破帽随猿狙。
> 丈夫贫贱理应耳,此游无乃非良图。
> 腰下犊鼻可终老,逢人弹铗徒区区。
> 昨岁冲雪来燕邸,挑灯兀坐相歇歔。
> 见我形容日枯槁,展转怀抱如茹荼。
> 我未辞官子作客,北堂白发长倚闾。
> 安得耦耕隐南亩,作息田舍倾醍醐。
> 春草池塘啼鸟急,垂杨细雨归来乎。[1]

这是田雯在京得知三弟田霡要作江南之游的消息后,规劝弟弟不要出行的书信式的诗歌。全诗分为三个部分,第一部分用故园之美,打动弟弟,使之

---

[1] 田雯:《古欢堂诗集》,《德州田氏丛书》。

产生对家乡的依恋：鬲津河水潺潺,春来桃李花发,落英铺地,几间茅舍掩
映在绿荫繁茂的城西,生活其中,饮酒、咏诗多么逍遥自在,"真吾庐",也是
诗人内心的真实感受。第二部分,诗人用行路难来说服弟弟：这里有食宿
的艰苦、兵甲之祸、旅途的寂寞、小吏的欺辱、童仆的狡猾、干谒的白眼……
"丈夫贫贱理应耳",道理虽然迂腐,却情真意切。第三部分,以亲情的召唤
感动田霖：长兄、老母的挂牵、守望,与弟弟一起隐居田园的畅想,骨肉相聚
的天伦……

　　可见,"此游无乃非良图"是全诗的主题,要让弟弟接受自己的意见,诗
人没有用长兄的威严来训斥三弟,而是动之以情、晓之以理地耐心规劝,情
贯始终,令人动容。

　　田雯爱自己的儿女,对他们寄予了很高的希望：

生儿

半百年又六,龙钟不自量。

婴疾非一种,况复久瘴乡。

老矣玉川子,添丁讵所当。

陶然万里外,汤饼罗酒浆。

……

生于夜郎地,名汝以夜郎。

……

计年十四五,是翁七十时。

那见成名日,绕膝聊娱嬉。

……①

诗人五十六岁老来得子,本应欢喜,但久居黔地,自己年事已高,心情是复
杂的。正如诗人所担心的,幼子"夜郎"在诗人丁忧返乡的第二年,不幸夭

──────────

① 田雯：《古欢堂诗集》,《德州田氏丛书》。

折于家中。诗人的这首诗竟成了诗谶。再看《示女》:

> 挽须索饼常怜尔,叹息随翁万里游。
> 莫道从军非汝事,木兰曾战黑山头。①

友人曾经笑田雯有"爱女癖",前两句约略可见其爱女之情。后两句竟以古代女英雄花木兰期许爱女,不仅诗笔突兀,望女成才而欲置之征战之地,也的确不同凡响。

另外,田雯还写有大量的题画诗和怀古咏史诗,代表作有《登采石矶太白楼观萧尺木画壁歌》、《题恽香山辋川图卷子》、《咏史》、《景陵》等。

第三节 "才雄笔大"的艺术成就

作为清代的优秀诗人,田雯的诗歌创作是站在前人肩上的,特别是经历唐宋两大诗歌艺术成就的高峰后,清代诗人面临的首先是要继承唐诗风韵华美的意蕴、比兴艺术和宋诗的理趣、朴素以及艺术上的生新,这一切都给田雯诗歌以有益的营养,转益多师的胸怀、力求出新的追求,使田雯既具有集大成的成就,又有自己的特点。田同之《西圃诗说》云:"……山姜一集,原本少陵,以才雄笔大,自三唐以及两宋,无所不包,千变万化,终自成一家言,亦所谓集大成者。"②若以"集大成者"论田雯诗歌有为亲者尊之嫌的话,"才雄笔大"则形象地概括了田雯诗歌艺术上所取得的成就。具体说来,田雯诗歌艺术成就表现在以下几个方面:

一、具有浓厚的文化意蕴

纵观田雯的山水田园诗的创作,艺术上与前人相比较,最突出的特点

---

① 田雯:《古欢堂诗集》,《德州田氏丛书》。
② 田同之:《西圃诗说》,《德州田氏丛书》。

就是浓厚的文化意蕴,书卷气与生活气息并存。一是诗歌中具有丰富的人文意象,出现了像伯夷、叔齐、范蠡、荆轲、董仲舒、东方朔、班固、扬雄、周瑜、关索、郦道元、谢灵运、阮籍、嵇康、陶渊明、顾恺之、颜延之、吴道子、王羲之、苏轼、陆游、汤显祖、徐渭、王世贞、阮大铖、蓝瑛、卢世淮、萧惟豫等等人物,有佛阁、墓、祠、遗迹、旧居、故居、宴集题诗处等人文景观,有"壁中书"、昭王台、跬步、寒蛙、五岳、钱塘射潮、离骚、秋水、东陵野老、寒食、齐民要术、"旗亭画壁"、"土木之变"、"夺门之役"、"屠门"、"姜桂之性"、沧浪等典故;出自《诗》、《论语》、《左传》、《国语》、《庄子》、《孟子》、《楚辞》、《史记》、《汉书》、《三国志》、《晋书》、《南齐书》、《宋史》、《太平广记》、《说苑》等:

　　　　我事诚难子事易,公孙杵臼更何人。(《赭克儿歌》)

　　　　太仓饱鼠无一存,一旦图绘安上门。(《太仓行》)

　　　　昭王不可见,黄金安在哉?(《杂诗》其六)

　　　　射石没深羽,封侯乃无闻。(《杂诗》其十)

　　　　舒啸学古狂,吾徒似嵇阮。(《村西看杏花晚至广恩寺》)

　　　　玉茗负逸才,笔健比黄犊。天池四声猿,藻采过潘陆。(《度曲》)

　　　　今观此卷叹奇绝,张吴顾陆直并肩。(《题李龙眠画卷》)①

这些丰富的人文意象,时间自先秦至明清,范畴涉及政治、经济、文化等多种领域,意象出自经、史、子、集等,范围非常广泛。田雯还喜欢吟咏有文化

---

① 以上引自田雯:《古欢堂诗集》,《德州田氏丛书》。

色彩的物象,记录一个封建文人的心路历程,他赏画、怀古、学书、品茗、咏花、咏剧、伤逝……表现了一个封建文人的生存状态和心灵律动,体现出强烈的文人意识。究其原因,一是受清初学风的影响,清初学风力避明代"空疏"的弊端,重视学问,田雯作为饱学之士,其诗歌必然是文人诗歌,文化意蕴应是自身知识的自然流露和理性追求;二是随着社会的发展和人类对自然的改造,人类文明的不断积累,封建文化得到极大繁荣;三是田雯诗歌受到宋诗讲究才学的影响。

二、形成了以奇丽为主的诗歌风格

田雯自幼饱受儒家思想的熏陶,攻读经史,学识渊博,足迹遍及大半个中国,有着丰富的阅历。他学诗博采众长,反对只学一代或一家。他能继承中国古典诗歌的现实主义、浪漫主义传统,继承并发展各种表现手法,从而形成了他奇丽多彩的艺术风格。大体来说,七言古诗气势雄伟,古杂体朴实无华,近体诗绮丽典雅。风格的多样化说明了诗人艺术上已趋于成熟。

田雯的一些七言歌行,想落天外、气象雄伟、狂放不羁、汪洋恣肆,最能体现"奇丽"的风格特点:

中秋对月放歌

完完白盘升天东,旁罗参斗垂当空。

照彻四海复四海,清虚一道泠天风。

……①

古月当空,月光笼盖天宇,皎洁、清冷如海外天风。

登采石矶太白楼观萧尺木画壁歌

太白楼上江风寒,采石矶下波连山。

---

① 田雯:《古欢堂诗集》,《德州田氏丛书》。

　　长康不作僧繇死，何人攫弄秋毫端。
　　力挽万牛啸两虎，袒衣跋扈青冥间。
　　四壁四山拔地起，直从十指生烟峦。
　　峨眉匡庐两对峙，西华东岱同跻攀。
　　巨灵夸娥日月走，坤位乾窦神鬼盘。
　　屋角雷雨势飞动，墙根洞壑声潺湲。
　　牛渚白纻如蚁蛭，天光破碎沧溟宽。
　　……①

诗用夸张、反衬及神话等手法，体现出一种浪漫主义的风格。萧云从，清初画家，字尺木，曾在采石矶太白楼的墙壁上画峨眉、庐山、华山、泰山四座大山。诗中"力挽万牛啸两虎，袒衣跋扈青冥间。四壁四山拔地起，直从十指生烟峦"，把画家写成了巨人，说山从十指间生出，反衬出画面上山的高大。"巨灵夸娥日月走，坤位乾窦神鬼盘"，这是用神话反衬山的高大。"顾盼无人相娱赏，高呼波底青莲还"，李白爱游名山，呼太白游，反衬出画面上山的逼真，赞扬了画家萧云从高超的技艺。虽是题画诗，实际上是以诗人登采石矶时的观感为基础而创作的。诗里把采石矶下的长江山水，写得惊心动魄，气象万千，和李白的《梦游天姥吟留别》、《庐山谣》为同一机杼。再如《云梯关观黄河注海歌》，同样气势磅礴，奔放豪迈：

　　章亥不到天墟遥，昆仑一窦通重霄。
　　汉津初奔坤轴坼，冯夷沃焦纷来朝。
　　雍州积石河之首，龙门下泻随神飙。
　　底柱孟津绕大伾，中华沙漠连元枵。
　　浑水迤东大陆北，地平土疏山不摇。
　　一出一伏千万里，大曲小曲风雨飘。
　　浊黄一斗沙居六，风轮阵马无停镳。

---

① 田雯：《古欢堂诗集》，《德州田氏丛书》。

颍亳徐宿在唇齿,曹濮单郓排脊腰。
云梯古关尾闾地,榑桑沧溟谁相招。
来自天上归地底,不知此水从何消?
三门四折又九派,锡圭之祖乌能祧?
碣石既没苦泛滥,故道不复悍且骄。
……①

诗歌写黄河全局落笔,"一出一伏千万里",从上游发源、到中游的千折百回、再到下游的入海,刻画了黄河每一部分的特点,气魄宏大,前无古人。类似李白、苏轼风格的还有一首《黄鹤楼放歌》"云梦可吞供稻粮,大别当前送风雨。汉川甑川两岸摇,沔口沘口万峰舞",这些气魄宏伟、遐想天外的豪放之作,无疑和王士禛寻求的静谧恬适情趣的神韵派诗大相径庭。但田雯诗集中,也不乏神韵之作,特别是在七言绝句中:

赠别
酒钩歌扇总关情,不用何戡唱渭城。
数朵黄花留客醉,一林红叶送人行。

仪真县
松牌丝网架江头,丛绿新篁傍水楼。
一片风帆三十里,买鱼煮笋到真州。②

这些诗浅近平易,不是很有"冲淡、自然、新奇"的韵味吗?

三、体裁完备

田雯诗体多样,有五古七古,五律七律,五绝七绝,还有排律、古杂体及

---

① 田雯:《古欢堂诗集》,《德州田氏丛书》。
② 以上引自田雯:《古欢堂诗集》,《德州田氏丛书》。

九言古诗,像这样诗体齐备而且成就斐然的诗人在当时还是为数不多的。特别值得一提的是,田雯继承了王昌龄、杜甫、刘禹锡、李商隐、苏轼等古代天才诗人的优秀传统,能够用近体写组诗,显示了诗人过人的艺术功力,而且各体皆备,尤其难得,既有五律组诗,如《方氏园林》四首、《春日历下杂诗》十首、《祖家园看芍药分体》六首等,又有七律组诗,如写于济南养病时期的春、夏、秋、冬日各十首,《村居杂诗》二十首、《甲戌除夕杂诗》五首等;既有五绝组诗,如《舟中作》四首等,又有七绝组诗,如《茅山绝句》九首、《海棠八绝句》、《送马乾庵将军移镇四明》八首、《湖堤后十绝句》等。

四、注重词语的锤炼

田雯继承了杜甫、韩孟诗派、陆游等古代苦吟诗人的创作精神,写诗非常认真,讲究锤炼。他晚年曾经写诗《村居杂诗》:"村行一路弄新烟,觅句耸成山字肩。"山字肩,语出陆游诗句,意为耸肩成山字型,形容人瘦消,其写诗的态度可以想见。具体表现为:

一,重视运用色彩词。田雯的诗,有不少篇目借助强烈的色彩再现客观景物,令人印象深刻。如七绝《赠别》:"数朵黄花留客醉,一林红叶送人行。"《送李逊五同年》有句云:"青山遮马首,红叶压行装。"皆取色艳丽,季节感鲜明。[1]

二,注意炼字,有些字词极富表现力,如写波涛汹涌,《题李龙眠画卷》是"万顷波涛沸欲动",一个"沸"字,写出了波涛的动感,表现了画家超凡的技艺;《咏史》其二"秋风吹送浪花肥",秋风猎猎、波浪之大如在目前。《村居杂诗20》其四:"脉脉春风如泼乳,戎戎细雨似淋灰","脉脉"、"泼乳"写鲁北平原上,严寒已过,春风拂面时的轻柔与温暖,"戎戎"写春雨的细腻,"淋灰"状润物的春雨洒在干燥浮尘的地面上时的情景,感同身受,如在目前。

三,善于化用前人诗词中的语句,显示了其诗雅致的一面。田雯毕生尊黄山谷,诗有江西诗派之风,不拒绝"夺胎换骨"、"点铁成金"的作诗方

---

[1] 参见刘保今:《田雯诗简论》,《德州学院学报》2002年第1期。

法。如《官船行》有句云："扬子江南北,春水天上坐。"后一句用杜甫诗;《雪中赴济南将行韩坡送酒以一瓶置后车诗以谢之》有"君酒何殊东野炭,暖得曲身成直身"句,后句不但用孟郊诗原句,而且前句直接引出孟郊的典故。著名的《移居诗》,从立意到题名再到首句"东野家具少于车",直接以孟郊诗与事浇自我胸中之块垒了。

第四节　田雯的散文创作

田雯的散文集中收录在《古欢堂集》中。其中包括杂著八卷,序四卷,题辞一卷,记二卷,铭表二卷,传一卷,跋一卷,杂文三卷,撰有《蒙斋年谱》一卷《续年谱》一卷《蒙斋生志》一卷,另有《黔书》二卷、《长河志籍考》十卷等方志著述,总计近 30 万言。这些散文著述纪实、考据、评论、抒情、应制,与诗歌一起真实反映了田雯一生的行略、思想与交游状况,也间接绘就一幅幅具体、生动的清初社会风情画卷。

众所周知,以唐宋散文为代表的中国优秀的散文传统,在明代受到了复古派学秦汉文和公安、竟陵派抒写性灵文风的极大冲击。明清易代,天崩地裂。国破家亡的现实令清初学者们不得不面对惨烈的社会现实,在痛定反思中,明末复古泥古、性灵任情的空疏学风受到了较为彻底的批判。以钱谦益、黄宗羲、顾炎武为代表的明末清初学者们倡导经世致用,以振兴民族。受这种学术风气的影响,散文在清初出现了向讲究"载道"的唐宋散文传统的回归,并具有鲜明的经世致用的特点。

清初散文大致以论说散文、文学散文为主,兼具应用性的特点。论说散文多为学者们所为,他们留心事务,研经治史,发表意见,思想性、学术性与文学性并重。如黄宗羲的《明夷待访录》、顾炎武的《形势论》等作品。

文学散文创作方面,侯方域、魏禧和汪琬合称"清初三大家"。其中以侯方域(1618—1654)成就最高。

侯方域早年为文耽于华藻,流于肤浅,后转学唐宋八大家文,臻于成熟。其文敢于指斥权贵,评说功过,义正词严,或酣畅,或缠绵,或奔放,颇具八大家遗风;写人状事,以小说为文,敢于打破文体壁垒,有《壮悔堂文集》十卷遗世。

魏禧(1624—1680)身际易代,关心天下,文章则以有用于世为追求,往往识见超人,行文凌厉酣畅,善于议论,明理致用,《蔡京论》《续朋党论》等为其散文名篇。

汪琬(1624—1690)散文力追纯正,叙事有法,尤擅碑版文字,清晰简要,自然流畅,《陈处士墓表》《陶渊明像赞并序》可为代表。

稍晚于"三大家"之后成长起来的田雯,生活于清初顺康两朝,在田雯心里虽没有父辈们易代之变带来的内心创痛,但却切身感受到清廷日渐收紧的文网束缚。"语关时事略模糊"的创作禁忌,使其散文在承载纪实、考据、评论、抒情、应制功能的同时,远离现实政治,强调日常应用、学问化的倾向十分鲜明。

按照文体,田雯将自己的散文分为序、题辞、记、铭表、传、跋、杂著、杂文等八类。田雯的序文共有四卷,两卷诗序,两卷文序,共64篇,这些序文与其杂著的前四卷诗论一起,构成了其文学主张的主要内容。题辞一卷,收长短各类题辞10篇。《柳州题辞》《昌黎题辞》《庐陵题辞》《东坡题辞》《老泉题辞》等皆属借题发挥、有感而发。如《柳州题辞》开篇即言"韩柳并称,韩不逮柳",阐发自己对韩柳古文的看法,指出玉成柳文的,正是"蹇崛多故,窜逐蛮荒,行吟山泽"的人生命运。

田雯散义中的"记"文,共有两卷,17篇。如《游少林寺记》《游桐柏山记》《节慎库题名记》《宝泉局记》《贵阳府学藏书碑记》《观水杂记》等篇,记游能抓住所有胜景的主要特征,用简洁准确的语言对景物进行描摹,并运用作者深厚的史地知识,对相关知识进行考证,生动性、学术性兼备。在《游少林寺记》中,除惯常的交代作者行踪的来龙去脉外,主要围绕少林寺内部陈设、寺外景观,移步换形,刻画描摹,有的写得栩栩如生:

> 寺门南向面山,为少室之背。层崖刺天,横若列屏。崖下林茂泉清,风烟披薄,取畅山情,依回忘返。……又十里,崿溜相承,泉响不断。白云流于邃谷之下,红霞冒于丛柯之上。

少林寺南门外群山拱卫,仰望是"层崖刺天,横若列屏",状少室山之雄,俯瞰则"崖下林茂泉清,风烟披薄",写少室山之秀。在写少林寺石碑时引入"十三棍僧救唐王"的故事:

> 一碑刊唐太宗为秦王时讨王世充赐寺僧御札。盖当时僧之立武功者十三人,惟昙宗授大将军,其余不欲官,赐紫罗袈裟各一袭。此可补《唐书》之阙矣。①

全文将少林寺壮美之景与文化历史渊源的深厚描画出来。

《古欢堂集》铭表部分共有两卷,收录了田雯撰写的 23 篇有关同僚、旧属、友人、亲朋的碑铭文字。碑传文体的关键在于虚实有度,过虚则谀墓,过实则无文。田雯所撰写的碑铭文字,很好地掌握了虚实相宜的原则。《李文襄公墓碑》是为康熙朝兵部尚书李之芳撰写的墓志铭,康熙十二年(1673)六月,李之芳以兵部侍郎身份离京去杭州"总督浙江军务",参与平定了三藩之乱中的耿精忠之乱。康熙二十一年(1682)八月回京,出师时年逾五十,转战十年,还朝须发皆白,君臣皆为之动容,晋升为兵部尚书,康熙二十二年又官拜文华殿大学士兼吏部尚书,曾是汉族官员中职衔最高的大臣。雍正朝有"德若汤斌、功若之芳"之说。李之芳年长于田雯,两人又有乡谊、亲家之情,田雯对李之芳是满怀敬重之情的。《李文襄公墓碑》开篇云:

> 凡忠臣之道有二端焉。为其易者,裂胆隳肝,有死无二。为其难者,开疆复土,为国建功。……若夫泽被生灵,勋盖天下,树铜表迹,刻石纪功,我朝以来,惟文襄公斯为烈矣。

田雯认为作为忠臣,舍生忘死、为国捐躯易,开疆复土、建功立业难。但无论难易,李之芳都做到了,如此所有的赞美就如黄河之水天上来,一发而不

---

① 以下引自田雯:《古欢堂集》,《德州田氏丛书》。

可收：

> 三方遘乱，滇为祸始。闽造衅端，非关家令……朝廷蕃屏是寄，匪
> 贤勿居，范沈阳公总制八闽，李武定公总制三浙。东南委任，金日得
> 人。逆贼耿氏，反易天纲，断兹地轴，星精乱动，海水群飞。唇齿之间，
> 志歼于越。锋镝之下，气夺句吴。沈阳公饵雪餐苦，节旄尽落。关河
> 严隔，首尾十载。头会箕敛，家家自谓供军，握玺探符，人人志轻当璧。
> 公命世应期，匡时作宰，高崖千丈，澄波万顷，运山海于襟期，擎吴越于
> 怀抱。身先则阖境胥安，交绥则万人待命。慷慨歔辞，丹诚贯日，意气
> 吐而风云升，啸叱生而江河止。……①

"命世应期，匡时作宰，高崖千丈，澄波万顷，运山海于襟期，擎吴越于怀抱。身先则阖境胥安，交绥则万人待命。慷慨歔辞，丹诚贯日，意气吐而风云升，啸叱生而江河止。"在墓主德业至高点下，如此用词也就没有了谀墓的嫌疑。

田雯有的墓铭则以情驭文，行于当行，止于不可不止，读来十分感人。《梦对墓铭》是作者饱蘸着满腔的悲恸写成。田梦对是田雯最小的儿子，出生于田雯抚黔期间，乳名夜郎，老来添子，田雯对其宠爱非常。但田梦对在随父回乡奔丧到家后不久，不幸因病夭折。田雯怀着沉痛的心情，写下了《梦对墓铭》：

> 夫蒙斋之恸，以其生于黔也。蒙斋在黔，逾二年而儿始生，前此之
> 子处天末也。去国怀乡，忧谗畏讥，既衰且病，其不死于瘴疠几希矣。
> 儿生而忧以释，病以得瘳。蒙斋爱之，未尝一日离于怀也。

田雯已将幼子夜郎作为远抚贵州自己生命的一部分，是自己人生落寞时的寄托与慰藉，将夜郎视为当年陪伴苏轼远贬海南的幼子苏过。田雯还在铭

---

① 田雯：《古欢堂集》，《德州田氏丛书》。

文中回忆了幼子出生时的情景：贵阳父老子弟近万人奔走相告、祝贺，自己也赋诗二首，远在云南的朋友也寄来书信和贺诗。写与夜郎跋山涉水返乡途中夜渡鸡鸣关，重重险途，在清凉驿等待后到的幼子的情景，如在目前：

> 蒙斋前抵清凉驿，烘衣盼儿，移晷才至。抱儿坐膝上，翁泣儿亦泣，似有知欲诉者。是时虽历险途，儿固无恙也。

"抱儿坐膝上，翁泣儿亦泣"，多么凄凉的景象。田雯认为是自己沉浸在母丧的悲恸中，没有照顾好年幼的儿子，才导致夜郎的夭折：

> 蒙斋只自恨失为父之道，疏缪以至于此，而他不论也。延陵三号，西河丧明，蒙斋何居焉，恸哉！①

田雯悔恨自己居丧期间疏忽了对幼子的照顾，没有尽到做父亲的责任。全文字里行间充满了一名普通父亲深深的痛苦与自责，令人不忍卒读。

"传"这种文体历史悠久，是一种以史实为依据，记载人物事迹、不排除虚构的文学性文体。作为文学家的田雯，在散文诸多体式中，其文学才能在传中体现的较为充分。田雯所撰的传文，其最突出的特点是人物刻画生动传神。《卢南村公传》是为明末清初德州的风流人物卢世㴋所作的传记。卢世㴋，字德水，一字紫房，晚称南村病叟。明监察御史，甲申之变中，曾率众"诛伪"，入清后拒不入仕。一生酷爱杜诗，号称读杜诗四十余遍，宅中建杜亭，自称杜亭亭长，有《尊水园集》等传世。王士禛称其研杜水准可与钱谦益比肩，一生嗜酒好饮，为人豪爽偶傥，与钱谦益等名流交游密切。宋弼《州乘余闻》载，卢世㴋豪饮无对手，听闻某衙署一小吏好酒量，于是不计身份经常请来对饮，比赛酒量。田雯与卢世㴋虽无直接的师承之谊，但田雯曾购得卢世㴋的尊水园宅邸，非常敬重这位前辈，写有长诗记载这件事情。在传记中，田雯这样描画卢世㴋：

---

① 以上引自田雯：《古欢堂集》，《德州田氏丛书》。

> 公貌奇古，身长七尺，须数茎、长尺余，土木形骸，掀髯雄辨，舌本风生，如枚生七发，间出雅谐语。人一与公涉，鼻间栩栩，皆以为卢公爱己，愿为之死。屏居尊水园中，杜亭、画扇斋、匿峰庵、涪轩，十余间茅屋耳。堆书数千卷，塞破户外，几案排连，笔研置数处，蜡泪纵横。公脱帽帣韝，立而读之，读竟，转立它处，再读它书。雒诵长吟，戊夜不休，亟呼酒，二奴子取瘿瓢贮酘酒，大容十升，舁以进之，公乂手鱷饮，微醉则假寐，鼻息雷鸣。少顷輙醒，醒复读书如故。奴子垂头而睡，弗问也。

这段文字，从外貌、环境、动作诸方面对主人公的形象加以刻画，风神自现，栩栩如生。在传记的最后，田雯评价卢世淮：

> 论曰：明二百七十余年，乡之前民声施当代者，指数偻矣。洎明之末，盖有卢南村云。其人学本董仲舒，才似颜清臣，而开济明豁、包含弘大，则东方曼倩滑稽之雄也；然此皆余乡之前民也。若夫以诗酒自污而全其晚节，又当与晋阮籍、陶潜齐名于千载之后。①

将卢世淮与众多先贤董仲舒、颜真卿、东方朔、阮籍、陶潜等相并提，足见其评价之高。

在田雯的散文体著述中，有两部历史地理著作《黔书》二卷与《长河志籍考》十卷遗世，作为地方文化的重要典籍，历来评价很高。康熙四十一年(1702)十月，康熙帝南巡驻跸德州，这两本书被进呈御览后，直发南书房收藏。前章已有专述，此不赘言。

第五节　田雯的文学史地位

田雯早年有“十年为郎”的经历，官闲署冷的处境使田雯有更多精力从

---

① 以上引自田雯：《古欢堂集》，《德州田氏丛书》。

事诗文创作,诗人三十五岁师从申涵光学诗,期间与施闰章、宋琬、王士禛、陈维崧等众多师长、诗友交游,诗艺精进,田雯的诗名就是在此时树立起来的。

康熙十六年(1677),田雯四十三岁,主盟诗坛的王士禛选田雯与宋荦、王又旦、颜光敏、叶封、曹贞吉、谢重辉、林尧英、曹禾、汪懋麟诗为《十子诗略》,编定刻之,世称"金台十子"。康熙十八年(1679),田雯补工部虞衡司郎中,管理节慎库,移居粉房巷,七月,京师地震,田雯写下著名的《移居诗》,其中有"墙角残立山姜花"的句子,随后赶来的王士禛现场和诗,于是"遍传都下,和者百人","和者"有"十子"中的汪懋麟、曹贞吉、曹禾、林尧英,其余如王士禛、施闰章、朱彝尊、陈维崧、汪辑、丁炜等京师诗坛最有影响力的人物皆在其中,从此人们称田雯为"田山姜",这首诗遍传海内,田雯在诗坛的影响力大增。据田需所撰《田雯行状》记载:

> 公后抚黔,见一孝廉诗集内亦和一首,诘所从来,云自江左传诵者,不知原唱谁也。为语其故,共叹赏久之。①

十余年后,田雯在远离京城数千里之遥的贵州一当地孝廉的诗集中见到和诗,得知这首诗从江左传来,可见此诗传播之广,影响之大。

从现有资料、诗歌数量与创作实绩来看,田雯在康熙诗坛声誉显赫,名声很大。《清史稿》卷四百八十四《文苑传》一云:

> 当是时,山左诗人王氏兄弟外,有田雯、颜光敏、曹贞吉、王苹、张笃庆、徐夜皆知名。②

田同之在《西圃诗说》里说田雯诗:"无所不包,千变万化,终自成一家言,亦所谓集大成者。"如果说田同之的评价要避亲情之嫌的话,而邓汉仪在《诗

---

① 田雯:《蒙斋年谱》,《德州田氏丛书》。
② 赵尔巽等编:《清史稿》卷四百八十四,第 13330 页。

观二集》中说:

> 纶霞诗精伟警卓,气象雄伟,却中有精义,不轻下一笔,故能俯视
> 群流。仆深爱其诗,为屈第一指。

郑方坤在《国朝名家诗抄》云:

> 先生主文苑骚坛者数十载,诗名并驾于阮亭,海内望之如泰山
> 北斗。

由此可见,田雯诗歌在当时评价甚高,说是有与诗坛盟主王渔洋相抗衡的
地位,时称"齐鲁二贤",有"文峰两地峥嵘甚,试看嵩山与华山"①(康熙三
十五年,田雯奉命祀嵩山,王士禛祀华山,故言)的说法。

事实上,田雯是大器晚成的作家,据《蒙斋年谱》,田雯三十五岁才到申
涵光门下精研诗艺,但进步很快,四十三岁时,其诗被王士禛选入《十子诗
略》刊行,但田雯取得与王渔洋并肩的荣誉,是在其晚年,卢见曾《国朝山左
诗钞》云:

> 先生学博才赡,所为诗如万斛之泉随地涌出,不择细流。早与十
> 子并驱,晚年诸子凋零,独为海内所宗。王钝翁先生序其诗,谓与渔洋
> 相颉颃。

卢雅雨作为田雯的同乡,距其生活年代不是很远,所言应为中允,是田雯晚
年在"诸子凋零"的情况下,"独为海内所宗"的,汪琬认为田雯能够达到与
渔洋"颉颃"的境界,成为愈"蓝"之"青"。《四库全书总目提要》亦云"其名
虽不及士禛,然偏师驰突,亦王士禛之劲敌也"。

田雯与渔洋的关系特殊,田雯对渔洋的感情比较复杂。两人同乡,在

---

① 田雯:《药圃诗序》,《古欢堂集》,《德州田氏丛书》。

京为官,交往甚密,渔洋成名较早,对田雯有提携之义,田雯在情感上对渔洋始终是崇敬的,"渔洋山人雅嗜古,群贤北面称吾师","渔洋夫子爱奇士,见此大叫喜欲狂",未见半点失敬之处。但渔洋只长田雯一岁,随着两人在诗学思想上的分歧出现,渔洋对田雯颇有微词,而且不只一次,田雯没有像赵秋谷一样,异议相驳,他能够做的惟有"不相辩难,亦不相结纳",以示尊敬。

而田雯《盆梅》其四云:

> 一日一花诗一首,休言杨后与卢前。
> 千须万瓣吟花尽,小驻人间五百年。

"杨后卢前"的典故出自《旧唐书·杨炯传》:

> 炯与王勃、卢照邻、骆宾王以文词齐名,海内称为王、杨、卢、骆,亦号为"四杰"。炯闻之,谓人曰:"吾愧在卢前,耻居王后。"①

田雯写成"杨后",是记忆有误,但用这样一个有关文人排序的典故,或许说明当时文坛上确有"王田"之争,但这种"争斗",并不一定出于当事者本人,王渔洋的人格是宽厚的,这已无须证明,田雯是"休言",态度亦非常明确,两人皆好奖掖后进,各有众多追随者,造势者更多可能是好立门户的心胸狭窄之人。至于田雯对艺术风格的坚守,正如前文所言,与其守拙、不盲从的个性有关,徐世昌在《晚晴簃诗汇》的"诗话"中的评价应该是恰当的:

> 与渔洋并时同乡里,而诗派特异,论者遂谓欲以奇丽驾渔洋上。昔人本学问为文辞,各极其所诣。于同时名宿,不相附丽,不相訾謷,盖自信皆足以传,初无取于相竞,持此论者未为知言也。②

---

① 《旧唐书》卷一百九十,中华书局,1975年,第5003页。
② 徐世昌:《晚晴簃诗汇》卷三十五,中华书局,1990年,第1252页。

自信可以流传,这是根本原因。

田雯的诗名,为何没有得到广泛流传,这又是一个需要思考的问题。

在康熙诗坛上,渔洋之位无人可敌。与田雯相比,渔洋成名早,二十四岁写《秋柳》诗,声震大江南北,又有诗坛盟主钱谦益的推介,官居一品,后主盟诗坛数十载,自是后学追随的对象。田雯三十五岁始学诗,又久历边地,其影响自难比渔洋。

提起康熙朝的著名诗人,人们首先想到"国朝六家",即早期的"南施(闰章)北宋(琬)",中期的"南朱(彝尊)北王(士禛)",后期的"南查(慎行)北赵(执信)",六家之说源于刘执玉(1709—1776),他于乾隆三十二年(1767)刻成《国朝六家诗钞》,时距田雯之卒仅六十三年,据《梁溪文钞》卷三十四载述,知此书始纂于其父刘瞻荣,初名《六大家诗钞》,足证"六大家"之称殆甚早。目前,仍不知刘氏父子编纂此书的诗学倾向性,但如此近"距离"审视,很难保证这是一种审美的评价。有一个不争的事实就是,在这个影响深远的三代三对的"代表"中,田雯被排斥在外了。

在绵延数百年的清诗发展长河中,应该说始终涌动着宋诗的精神。清诗占主导地位的艺术特征,都得力于宋诗的滋养,而田雯转益多师,其诗歌的"纵横排奡"、"奇丽"张扬的诗歌格调似乎更近唐风。特别是其诗无意于装点盛世或讨好少男少女的愤疾磊落的风格形象,自然难为时俗所接受,诗名逐渐隐没。而受传统文学史观的影响,在后世文学史的编写中,田雯也就成了"无名英雄",这是田雯诗歌的悲剧,也是清诗史学的遗憾。

总而观之,田雯应该是清初一流的诗人、清代文坛的名家,这一点是无可辩驳的。

第九章 德州田氏杰出人物田同之

田同之是德州田氏世家中,继田雯之后最为杰出的代表。其一生虽仕途不够显达,但文化成就颇高,是诗词文书的文艺全才,他与沈德潜等文化大家交游,一生著述等身,影响巨大,是清中期山东文坛上的重要作家,在全国范围内也有一定的影响。

第一节　生　平

田同之(1677—1756),字彦威、在田,号小山姜、砚思,晚号西圃老人,是德州田氏第九世传人,祖雯,父田肇丽。康熙十六年(1677)四月初二出生,自幼生长在科举书香世家,父亲田肇丽以荫出仕,官至刑部主事,母亲苏氏出身地域望族的武城苏氏,同之从小即受到良好的教育。其一生可以分为以下几个时期:

一、读书应试时期(1677—1727)

田同之受祖父田雯影响巨大。他自幼与父母跟随祖父田雯任官宦游,童年曾在南京生活,其《重来白下有感》诗云:

江左风华六代传,青山流水尚依然。

　　　　儿童竹马经行地,今日重来四十年。①

　　白下,即金陵,今南京,田同之"儿童竹马"时期,应是康熙二十年(1681)左右,时田雯驻南京官江南学政。同之天赋过人,六岁时即嗜书如命,日诵千言,被认为有祖父之风,跟随祖父左右读书,田雯令其诵读唐诗,很得田雯钟爱,田雯诗云"客来须倩小山姜,扶我抠迎似杖长",赐号"小山姜"。稍长,每天教以诗学,命题测试,同之所作诗歌得到祖父田雯的认可,所作文章更彰显其过人禀赋,出语直逼名师宿儒,见者都认为日后必成大器。田雯以自己所用砚台赐给同之,故同之晚年以"砚思"为号,并命名自己的诗集为《砚思集》,以示对祖父的追念。②

　　田同之十六岁补诸生,十七岁食饩,康熙三十六年(1697)丁丑,二十一岁的同之因成绩优异取得科举生员资质,当时田雯、田肇丽为官京师,田同之遵守家训,胸怀远志,为科举仕进刻苦攻读,举业之余兼攻诗赋,不仅仅拘于一第。但文高数奇,屡试不第,康熙五十六年(1717)丁酉,参加山东乡试,已经拟定为第一,却最终置于副榜。四十四岁时始举康熙五十九年(1720)庚子乡试,此时,祖父田雯和叔祖田需已经去世16年之久。

　　出于重振家声的需要,此后田同之四次进京参加会试,连续参加了康熙六十年(1721)辛丑科、雍正元年(1723)恩科、二年(1724)甲辰科,雍正五年(1727)丁未科四次会试,仅在最后一次的丁未科中"明通"副榜。自此,五十一岁的田同之彻底放弃进士考试。

二、出仕为官时期(1727—1735)

　　按照清廷科举制度,"明通"副榜是抚慰、安置会试落榜举子的一种制度,中得"明通"副榜也可以做官。雍正七年(1729)己酉,田同之作为乡试

---

① 田同之:《砚思集》,《德州田氏丛书》。
② 田同之自号"砚思",既是纪事,也有出典。惠栋的《九曜斋笔记》卷二"楷书棭砚"条:"《陈留志》曰:'范乔,字伯孙。年二岁,祖父馨临终执其手曰:"恨不见汝成人。"因以所用砚留与之。后家人告乔,乔执其砚涕泣。'(《御览》卷五百十九)罗泌《路史》曰:'楷书待子,棭砚贻孙。'楷书,晏子事。棭砚,即范馨也。"《九曜斋笔记》卷二,《丛书集成续编》,(台湾)新文丰出版公司,1989年。

考官,再次来到南京,分教江南乡试,得浦起龙、罗克昌、叶沃若等正副榜九人。雍正九年(1731)辛亥按例应谒选县令,田同之坚志不就,乡人以陶渊明视之。时田肇丽养病乡里,朝廷多次下文督促同之应选,同之不忍违背田肇丽严命,只得赴京,隶工部学习,时值果亲王辅政统理工部,同之不以身无专职而松懈,两年后,差满补国子监学正,任上秉公训士,痛绝陋规,每逢堂试,虽雨雪阻途,绝无旷课与迟至,莅任三载,株守砥节,塞捷径,绝攀援,上答国恩,中光祖德。果亲王于工部久闻同之贤名,当时冬官员缺,果亲王以往日勤劳许以都水司主事之职,但同之以亲老家贫不能久任为由辞谢,果亲王更加赞佩,亲书《天马赋》一缣、泥金扇面一把奖与同之。

田同之"性恬淡,少宦情,官京师三载,孤洁株守,于富贵利达泊如也"①。公务之余,田同之在京与众多文人交游,研习诗文。与长洲沈确士、云间张少仪、桐乡朱霞山诸名公沿波讨源,为群雅堂之交,被认为是"仁庙十子"②并驱中原的后继者。同之考虑到清中期诗坛自渔洋、山姜之后,骚坛无主,雅郑并陈,故每为诗必力追唐音,尽洗宋元之陋习。雍正十三年(1735)乙卯,八月,加一级,题署监水承事,岁暮父亲田肇丽卒,田同之急请归乡奔丧,回到德州。

三、退居林下时期(1735—1756)

雍正十三年(1735)至乾隆二年(1737),田同之在家丁忧。三年守制期满,田同之已经六十一岁,儿辈们劝其再次出仕,作七律《儿辈劝予服阕再出作此示之》诗明志:

> 棘人三载鬓毛星,春露秋霜总泪零。
> 傀儡自宜盘野市,梦魂岂复忆金庭。
> 传家旧学名难副,入世新机我未惺。

---

① 李世垣:《西圃丛辨序》,《西圃丛辨》,山东大学藏乾隆十九年(1754)刻本。
② "仁庙十子":即康熙十子、金台十子。有清一代,往往用庙号的名称来代替清代君王,如康熙庙号为"仁",臣子在提及时尊称为"仁庙"。

一盏一炉规白传,老来合礼佛名经。①

棘人,田同之自称,典出《诗·桧风·素冠》:"庶见素冠兮,棘人栾栾兮,劳心怦怦兮!"郑玄笺:"急于哀戚之人。"②后人居父母丧时,自称"棘人"。从这首诗来看,田同之此时已经不愿意再做听人遣使的"傀儡"之官,家学不播,机心"未惺",年岁已高,更愿像白居易那样参禅打坐,与佛为伴。田同之遂忘情轩冕,绝意仕途。

在随后的近二十年的乡居生活中,南北漫游,结交群雅,栖迟西圃,专承家学,奖引后辈,过着闭门著书的生活。退居后,田同之最初凭祖产经济上能解决温饱,所谓"幸有薄田园,岁岁获粗足",但随着本身不善治生,坐吃山空,晚年竟陷入"横催租,不奈石壕吏"的窘迫之中;再加上晚年连遭丧偶、丧子、丧女的人生打击,老病交加,穷迫孤苦。以"无用亦自不求用"的平和心态,过着"古欢聊自分鱼鲁"、"黄叶半床诗一卷"的书斋生活,集中精力进行学术研究、文艺创作,年逾古稀仍勤奋不辍。同之论诗严正,大江南北非真能治诗之人不敢轻易造访,年届八十,犹命儿子田徵舆赴省城改刻各种著作,凡语涉激昂,皆更正之。

田同之才雄学富,诗词文书皆工,是一位文艺全才。其诗歌总体上追慕王孟,文法欧曾,词宗姜史,书踵襄阳,"工于书法,得香泉(陈奕禧)笔法,而能自成一家,尤为海内书家所推重"③。当时很多权贵者见到同之书法无不重金购之。

乾隆二十一年(1756)丙子十二月十七日,田同之卒于故里家中。乾隆二十九年(1964)甲申三月二十五日,葬于阳谷店老茔。遵肇丽家规遗命,不丐墓铭,仅记官爵、生卒葬日及著述名目。

田同之一生著述丰富,有《诗竹堂汇稿》。其中《砚思集》六卷,《二学亭文涐》四卷,《晚香词》三卷,《西圃诗说》、《西圃词说》、《西圃文说》八卷,《西圃丛辨》三十二卷,《安德明诗选遗》一卷,《幼学续编》八卷,为后世留

---

① 田同之:《砚思集》,《德州田氏丛书》。
② 参见《毛诗正义》,北京大学出版社,1999年,第462页。
③ 谢兆有:《山东书画家汇传》(清·民国·当代部分),中国文联出版社,2003年,第53页。

下了丰富的文化遗产。

第二节　田同之的文学观

田同之一生在诗、词、文等领域皆有成就,其存有《西圃诗说》、《西圃词说》、《西圃文说》,另外还存有大量序跋、诗歌、尺牍,可以见出其文学思想的总体风貌,其追步神韵、融合清空与沉实的诗学理想,推尊词体、讲究寄托的词学观念和崇尚古文的论文主张,都能代表清代前中期山左文坛的继承与变革倾向。

一、"门风宗法 两有所得"①的诗学传承。

田同之在诗文化浓郁的家庭氛围中长大,祖父田雯是康熙朝诗坛名家,曾祖母张氏、叔祖田需、田霢皆能诗,以诗歌为代表的家学传统深厚。田同之自幼习诗,深得祖父田雯宠爱,童年即得号"小山姜",但田同之的诗学主张却轶出门庭,他并没有完全承继乃祖田雯的崇宋倾向,更多的表现为对王士禛神韵诗学的接受。正如张元所云:"小山姜于诗无所不窥,自家学而外,独心折于新城王渔洋先生。"②沈德潜也说:"门风宗法,两有所得矣。"

田同之有论诗专著《西圃诗说》,其诗学主要观点集中在这部论诗专著和零星的序跋、诗歌中。《西圃诗说》又作《声诗微旨》,虽名称不同,但却是一种诗话两个本子的不同称谓,《声诗微旨》一卷,现有山东省博物馆藏清钞本,为田同之手抄家藏稿,虽文字略有出入,但基本内容相同。③

纵观田同之的诗论,可以看出,他主张自然为宗的诗歌境界,反对设置唐宋诗歌的门户藩篱,追求清空的艺术境界,倡导温厚和平的情感寄托、含

---

① 沈德潜:《砚思集序》,田同之:《砚思集》,《德州田氏丛书》。
② 张元:《砚思集序》,田同之:《砚思集》,《德州田氏丛书》。
③ 参见石玲:《田同之诗论与康乾之际山左诗学思想的嬗变》,《山东师范大学学报》2006 年第5 期。

蓄蕴藉的表达方式,主张诗人才与学不可偏废,讲兴会才情,也重学问根柢。他在《西圃诗说》中谈到诗歌的理想境界时云:

> 诗以自然为至,以远造为功。才智之士,镂心刿目,钻奇凿诡,矜诩高远,铲削元气,其病在艰涩。若藉口浑沦,脱手成篇,因陈袭故,如官庖市贩,咄嗟辐辏,而不能惊魂骇目,深入人肺肠,寝就浅陋,其病反在艰涩下。

诗歌创作强调自然,反对艰涩、反对因袭。对于明清诗人都必须面对的分唐别宋问题,田同之反对强分唐宋:

> 今之皮相者,强分唐、宋,如观渔洋司寇诗则曰唐,且指王、孟以实之;观先司农诗则曰宋,且指苏、陆以实之。殊不知《山姜》一集,原本少陵,以才雄笔大,自三唐以及两宋,无所不包,千变万化,终自成一家言,亦所谓集大成者。①

明确反对把王渔洋划归唐朝,归为王维、孟浩然一派,把田雯划归两宋,归为苏轼、陆游一路的做法,认为分唐界宋不过是肤浅的"皮相"之见、肤浅之论,指出祖父田雯"才雄笔大",其诗"原本少陵",自唐及宋"无所不包",是"成一家言"的"集人成者"。这个评价即使有谀祖嫌疑,但其反对强分唐宋、讲究源流正变的持论,在与沈德潜的论诗名作七古《与沈归愚庶常论诗因属其选裁本朝风雅以挽颓波》中直接阐发,诗有云:

> 风雅颂骚历今古,英灵秀气各含吐。
> 八代三唐两宋间,但有正变无门户。
> 底事有明三百年,分疆别界如秦楚。②

---

① 以上引自田同之:《西圃诗说》,郭绍虞:《清诗话续编》,第754、766页。
② 田同之:《砚思集》,《德州田氏丛书》。

在其看来,整个诗史强调的应是正与变,而不应"分疆别界"地强立"门户",对明人的这种强分畛域的做派十分反感。当然,在田同之的骨子里,"正变"也是有朝代特征的,其《沈楼诗草序》云:

> 学诗者,以唐人为宗,此遵道而得周行者也。顾今之学者舍唐人而称宋,又专取其不善变者,效之鄙里以为文,靡嫚嬉衮以为尚,且翩翩自得,并当世之典型而诋毁焉,是非倒置,黑白茫然,不啻饮狂泉而病唫呓焉,亦何怪乎诗人益多而诗益亡耶?[①]

认定"唐人为宗",批判清初诗坛的崇宋倾向,很显然与其"神韵"诗学的崇尚有关。

田同之诗论的突出特征,就是强调诗歌的温厚和平、含蓄蕴藉。很显然,其诗学主张明显受到王渔洋神韵诗学的影响。他终生服膺王渔洋的神韵诗学,故在《西圃诗说》中,田同之鼎力回护王士禛神韵诗学的"正宗"地位:

> 前人论诗主格者,主气者,主声调者,而渔洋先生独主"神韵"。"神韵"二字,可谓放出三昧,直足千古。[②]

"放出三昧"、"直足千古"高度评价了王渔洋诗歌的诀要,田同之将"神韵"诗学抬高到无以复加的历史地位。

《西圃诗说》开篇即引用王渔洋论点,阐述关于诗人才与学的问题:

> 诗之道,有根柢焉,有兴会焉。镜中之花,水中之月,羚羊挂角,无迹可寻,此兴会也。本之风雅,以导其源,溯之楚《骚》、汉魏乐府,以达其流,博之九经、三史、诸子,以穷其变,此根柢也。根柢原于学问,兴会发于性情。[③]

---

① 田同之:《二学亭文涘》卷一,《德州田氏丛书》。
② 田同之:《西圃诗说》,《德州田氏丛书》。
③ 田同之:《西圃诗说》,《德州田氏丛书》。

这是一段似曾相识的文字,它源出于王士禛《突星阁诗序》,原文如下:

> 夫诗之道,有根柢焉,有兴会焉,二者率不可得兼。镜中之象,水中之月,相中之色,羚羊挂角,无迹可求,此兴会也。本之风雅,以导其源,溯之楚《骚》、汉魏乐府诗,以达其流,博之九经、三史、诸子,以穷其变,此根柢也。根柢原于学问,兴会发于性情。戛于斯二者兼之,又斡以风骨,润以丹青,谐以金石,故能衔华佩实,大放厥词,自名一家。①

通过这两则资料的对比,不难看出,论述诗人之才学,田同之与王士禛如出一辙。我们知道,王士禛的神韵说的核心主张就是要求诗歌具有含蓄蕴藉、言尽意不尽的特点,田同之十分赞同渔洋的这一主张,其诗学主张明显受到王渔洋神韵说的影响,在《西圃诗说》中许多地方反复强调这个观点,"效古人诗要须神韵相通,不必于声句格套中求似",要求追求浑然天成的风格:"浑然不露者元气也,有句可摘则元气渐泄矣。诗运之升降正在于此。"至于其诗话中的"越女与勾践论剑"、"诗家化境"、"舍筏登岸"等,则更是直接从渔洋那里搬运过来的。② 他说:

> 不微不婉,径情直发,不可为诗;一览而尽,言外无余,不可为诗;美谓之美,刺谓之刺,拘执绳墨,不可为诗;意尽于此,不通于彼,胶柱则合,触类则滞,不可为诗。知此四者,始可与言诗矣。③

强调微婉,反对"直发"、"一览而尽",反对"拘执绳墨"、"意尽",提倡诗歌的冲和淡远、含蓄蕴藉。在《西圃诗说》中,甚至觉得李白的《子夜吴歌》不够含蓄:

---

① 王士禛:《突星阁诗序》,《王士禛全集》第三册,齐鲁书社,2007 年,第 1560 页。
② 参见石玲:《田同之诗论与康乾之际山左诗学思想的嬗变》,《山东师范大学学报》2006 年第 5 期。
③ 田同之:《西圃诗说》,《德州田氏丛书》。

> 李太白《子夜吴歌》：长安一片月，万户捣衣声。秋风吹不尽，总是玉关情。何日平胡虏，良人罢远征。余窃谓删去末二句作绝句，更觉浑含无尽。

若从含蓄蕴藉的角度，田同之的观点不是没有道理，"玉关情"即思念良人，渴望良人平定胡虏早日回家团聚，已涵括后两句的诗意，去掉后整首诗更加精炼含蓄。他还以杜甫的《春望》为例，作更进一步说明：

> 古人为诗，意在言外，使人思而得之。唐代诗人，唯子美最得诗人之体。如"国破山河在"，明无余物矣；"城春草木深"，明无人矣；花鸟平时可娱之物，见之而泣，闻之而恐，则时可知矣！

田同之对《春望》的解读，深得诗歌要旨。田同之对这种含蓄做了深入的解析，把含蓄具体分为三种类型：一、句含蓄，以杜甫"勋业频看镜，行藏独倚楼"为例；二、意含蓄，以杜牧之"银烛秋光冷画屏，轻罗小扇扑流萤。天阶夜色凉如水，坐看牵牛织女星"为例；三、句意俱含蓄，以杜甫"明年此会知谁健，醉把茱萸仔细看"和王昌龄《宫怨诗》"玉颜不及寒鸦色，犹带昭阳日影来"为例来加以说明，可见其探究之深。

　　但其论诗与王士禛也有不同之处，这种不同主要体现在对待杜甫的态度上。王渔洋不喜杜甫，这是公认的事实，田同之对杜甫却充满尊敬，这种态度应该源于对祖父田雯诗学的接纳与尊重：

> 然以今日论之，足继杜、苏二公者，唯我司农先王父；足继王、孟诸公者，唯阮亭司寇公而已。当代称诗者，亦尝云新城、德州，有名家、大家之分。①

将祖父田雯认定为当代杜甫、苏轼的继承者，将王渔洋划为王孟一派。他

---

① 田同之：《西圃诗说》，郭绍虞：《清诗话续编》，第764页。

在称赞李白诗歌自然、俊逸、高畅的同时,同样标举杜甫诗歌"子美诗以意为主,以独造为宗,以奇拔沉雄为贵",咏之使人"慷慨激烈、歔欷欲绝"。

在田同之"门风宗法,两有所得"的诗学传承里,他很想将两种不同的诗学传统融合在一起:

> 诗之妙处,无他,清空而已。然不读万卷岂易言清? 不读破万卷又岂易言空哉? 杜诗云:"读书破万卷,下笔如有神。"神者,清空之谓也。而清空二字正难理会。①

清,是创作主体的超脱凡俗;空,是空灵冲淡,不著色相之意。将"下笔如有神"之"神"界定为"清空","正难理会"是真实感受。怎样才能将这两种诗学旨趣统一起来呢? 石玲教授认为,王士禛在《池北偶谈》卷十八中借用孔文谷的话来表达自己的诗歌主张:"诗以达性,然须清远为尚。"而对于王士禛诗学,学界更多注意了其中的"清远"二字,相对忽略了其主张的"诗以达性"。"诗以达性"是从表现内容来说的,"清远为尚"则是从艺术表现或者审美情趣而言的。"达性"的内容自然离不开对现实生活的表现,王士禛不过是选择了清远这种表达方式,或者说采取了这种体察现实的态度,与现实生活保持审美距离,但有距离并不等于完全脱离现实。如此说来,渔洋诗说中本来就存有潜沉的一面,他的"清远"本身就有着与沉实相通的些许成分。而田同之显然看到了这一点,以自己的理解诠释了杜甫的诗句,使其与清空具有了某种联系。②

在诗学崇尚与血脉亲情的博弈中,王士禛与祖父田雯在田同之心中虽难以取舍,但在其存世的诗文资料中,还是能够体味出其倾向性:

> 《许彦周诗话》:长江大河,飘沙卷沫,枯槎束薪,兰舟绣鹢,皆随流矣。珍泉幽涧,澄泽灵沼,无一点尘滓,只是体不似江河耳。渔洋

---

① 田同之:《西圃诗说》,《德州田氏丛书》。
② 参见石玲:《田同之诗论与康乾之际山左诗学思想的嬗变》,《山东师范大学学报》2006 年第 5 期。

曰："由前所云,唯杜子美、苏子瞻足以当之;由后所云,则宣城、水部、右丞、襄阳、苏州诸公皆是。"其言韪矣。然以今日论之,足继杜、苏二公者,唯我司农先王父;足继王、孟诸公者,唯阮亭司寇公而已。当代称诗者,亦尝云新城、德州,有名家、大家之分。①

长江大河之与珍泉幽涧、澄泽灵沼相较,后者长在"无一点尘滓",短在"体"小,美在神韵。前者"飘沙卷沫、枯槎束薪",却良莠互见,赢在气势。正所谓"神韵超妙者绝,气力雄浑者胜"。其实,田同之虽以王士禛为"名家",以田雯为"大家","只是体不似江河耳"一句,心折王公、以王氏为诗坛宗师的意向是十分明确的。②

田同之还记录了王士禛见田雯的两首"绝唱"而"不复作"的故事:

　　李太白过武昌,见崔司勋黄鹤楼诗,叹服之,遂不复作。王渔洋见先王父历下亭古诗与桃花扇绝句,亦不复作。盖绝唱难继,宁搁笔不落人后也,大诗人往往如此。③

将故事置于李白见《黄鹤楼》诗的背景之下,李白与崔颢,王士禛与田雯,于夸赞田雯"绝唱"的同时,将王士禛与李白对举,足见田同之对王渔洋的褒扬。

二、"词非小道"的尊体主张

田同之于诗歌之外,于填词也造诣颇深,并有阐述自己词学思想的论词专著《西圃词说》。《西圃词说》共九十三条,洋洋洒洒近八万言。田同之在《西圃词说自序》中谈到了此书的编纂过程,云:

　　故不自揣,于源流正变、是非离合之间,追述所闻,证诸所见,而诸

---

① 田同之:《西圃诗说》,《德州田氏丛书》。
② 祁见春:《王士禛神韵说的鼓扬者——田同之诗学观简析》,《德州学院学报》2001年第1期。
③ 田同之:《西圃诗说》,《德州田氏丛书》。

家词话之切要微妙者，又复采择之，参酌之，务求除魔外而准正轨，以成此填词之说。①

田同之在晚年填词寄兴的同时，又虑及倚声之道伪谬相沿的现实状况，渐紊渐熄的衰颓趋势，又辨源流、分正变、判是非、断离合、述所闻、证所见，参考选择一些词论家切要而又微妙的论述，编纂而成《西圃词说》，即《西圃词说》内容并非全部是田同之本人的词学创见，现据李康化教授考证②，九十三条词论中，至少七十七条直接或间接引自别人，具体引录情况如下：

徐喈凤《词证》11 条，徐士俊《荫绿轩词序》1 条，徐釚《词苑丛谈》卷一26 条、卷四 2 条，王士禛《渔洋文集》卷三 1 条，曹禾《坷雪词话》4 条，朱彝尊《词综·发凡》5 条，邹祗谟《远志斋词衷》5 条，《坷雪词·咏物词评》引宋荦语 1 条，汪森《词综序》1 条，田肇丽《有怀堂文集·题都梁词》1 条，《坷雪词·怀古词评》引王士禛语 1 条，高珩《坷雪词序》1 条，朱彝尊《孟彦林词序》1 条，王士禛《花草蒙拾》2 条，彭孙遹《金粟词话》6 条，沈谦《填词杂说》1 条，贺裳《皱水轩词筌》2 条，《兰皋明词汇选》卷一 1 条，朱彝尊《水村琴趣序》半条、《群雅集序》1.5 条，仇远《玉田词题辞》1 条，陆文奎《玉田词题辞》1 条。（以上为直引出处）

需要注意的是，不少词条也并非以上学者的原创，例如徐釚《词苑丛谈》卷一里的不少内容也是摘录，此类情况涉及刘体仁《七颂堂词绎》、俞彦《爰园词话》、张炎《词源》、毛先舒《诗辨纸》、董以宁《蓉渡词话》、沈际飞《草堂诗余四集发凡》、张蜓《诗余图谱》等著述。

虽然《西圃词说》的内容大多并非田同之原创，但经过对"切要微妙者"的"采择"、"参酌"，可以将其视为田同之的词论思想。

众所周知，词本是娱宾之作，故多写艳情，历来为正统文人所不屑，视之为小道、末技，名之为诗余。但随着词与音乐脱离成为一种独立的文学形式，一种具有代表性的时代文学时，提高词这种文学体式的价值与地位

① 田同之：《西圃词说》，《德州田氏丛书》。
② 参见李康化：《田同之〈西圃词说〉考信》，《文献》2002 年第 2 期。

的尊体呼声日高。时至清代,不论是阳羡派,还是浙西派,人们普遍性地自觉运用破体或辨体的方式来推尊词体。"所谓破体,主要指打破诗词间的界限,使词向诗靠拢,从而提升词体地位。"最早的破体主张可以上溯到北宋苏轼提倡的"以诗为词"的理论,破体论试图通过让词向诗教回归的方式来提升其地位。而辨体论则是"明辨诗词之界,保持词体独立的文体特征和审美品格,以此来抬高词体地位。"明辨诗词之别的辨体理论,由北宋陈师道的"本色当行"论和李清照的"别是一家"说开其首端。辨体论想通过对词这种音乐文艺样式自身特质的强调来推尊词体,却得不到主流社会的认可。虽然"一破一辨,构成了清初尊体的两个基本维度",①但由于两种理论各有局限,故无法真正实现尊体目的。直至嘉道以后,词体娱乐功能褪失,常州词派在使词体诗化的同时,保留词体特有的形式特质,并使其为儒家诗教所用,从而使破体论和辨体论实现理想的结合。

通观《西圃词说》内容,田同之以词人的视角,围绕着词的地位和词的创作技巧两方面内容展开论说,其核心内容是"词非小道",为词尊体。田同之《西圃词说》第20条"填词非小道"云:

> 昔人云:填词小道。然鲁直谓晏叔原《乐府》为《高唐》、《洛神》之流,张文潜谓贺方回"幽洁如屈、宋,悲壮如苏、李"。夫屈、宋三百之苗裔,苏、李五言之鼻祖,而谓晏贺之词似之,世亦无疑二公之言为过情者,然则填词非小道可知也。②

田同之借用王士禛《珂雪词·怀古词评》中的这段话,将晏几道、贺铸词的渊源上溯至屈宋、苏李乃至《诗经》、汉五言诗,"晏贺之词似之",阐发诗词同源的观点,从而得出"词非小道"的结论。他在短短四百余字的《西圃词说·自序》中,连发两次感慨:"咄咄填词,岂小技哉!""咄咄填词,又岂小技哉!"可以见出田同之对词这种文学形式的钟爱。

---

① 以上引自曹明升:《清代词学中的破体、辨体与推尊词体》,《中国文学研究》2005 年第 3 期。
② 田同之:《西圃词说》,《德州田氏丛书》。

田同之认为"词非小道"、"末技"、"小技"的理论根据有二,一是认为词律与诗律相比,词律规范和要求多,故填词要比作诗难。《西圃词说·自序》云:

> 呰呰填词,岂小技哉。况词有四声、五音、清浊、重轻之别,较诗律倍难,且有诗所难言者,委曲倚之于声,其旨愈远。

词论第一则《宫调失传》开头又再强调:

> 倚声之道,抑扬抗坠,促节繁音,较之诗篇,协律有倍难者。

第六则"李清照论词"云:

> 盖诗文分平仄,而歌词分五音,又分五声,又分音律,又分清浊轻重。

以李清照批评晏殊、欧阳修、苏轼词不协音律的实例进行论证。田同之从词律与诗律比较切入,着眼于填词与作诗的难易,来为词尊体张本,这是他尊体之论的独到之处。[①]　二是认为词与诗相比,言志抒情的功能更强。其《西圃词说·自序》云:

> 且有诗所难言者,委曲倚之于声,其旨愈远。所谓假闺房之语,通风骚之义。匪惟不得志于时者之所宜为,而通儒钜公,亦往往为之。

诗所难言者,可以以词的形式委婉表达,以儿女之情喻君臣家国之事,历来是中国古代文人的传统表达方式,而且也不一定只有仕途失意者适用之,"通儒钜公,亦往往为之",那些显宦鸿儒亦往往进行词的创作。

---

① 参见孙彦杰:《论田同之的词学思想》,《德州学院学报》2009 年第 5 期。

田同之的为词尊体路径也是从辨体切入的。其《词说自序》云：

> 余自少日即嗜长短句,每遇乐府专家,则磬折请益。忽忽数十年,沉困于制举艺,不暇兼及,兼及者惟承学声诗,以遵吾家事耳。词则偶一染指,不多为。今老矣,卧病岩间,无所事事,复流连于宋之六十家中,勉强效颦,以寄情兴。①

田同之虽自幼酷爱词的写作,但长期致力于八股应试,无暇兼及。能够兼及的即是遵祖父田雯"吾家事"之嘱,秉承家学,于诗学一道,可谓习染日深,驾轻就熟。田同之晚年乡居,"卧病岩间,无所事事",才转而向词。对其而言,首先要区分词的异质,才不至于以诗为词、以曲为词,诗词、曲词混同。因此诗词之辨,曲词之辨,就成为《西圃词说》中论述的重点之一,在《西圃词说》的九十三条词论中,有十三条专论涉及词与诗、曲分别的问题。

田同之主要从抒情主体的错位和风格差异两个方面辨析诗词之不同,维护词体的独立性。第三条"诗词之辨"云：

> 从来诗词并称,余谓诗人之词,真多而假少;词人之词,假多而真少。如邶风《燕燕》、《日月》、《终风》等篇,实有其别离,实有其摈弃,所谓文生于情也。若词则男子而作闺音,其写景也,忽发离别之悲;咏物也,全寓弃捐之恨,无其事,有其情,令读者魂绝色飞,所谓情生于文也。此诗词之辨也。②

田同之从创作主体与抒情主体的离合角度,来断说诗、词之别。其所谓"真",是指生活中确实发生的、确实存在的。诗人写诗,是"实有其别离,实有其摈弃",现实遭际,心有郁结,势不可遏,发而为诗。因此,诗的写作,创作主体与诗中的抒情主体合二为一,是"文生于情";在传统的花间词抒情

---

① 田同之：《二学亭文涘》,《德州田氏丛书》。
② 田同之：《西圃词说》,《德州田氏丛书》。

范式中,创作主体与词中的抒情主体分离,"男子而作闺音",(男性)词人代闺中女子来写相思之苦、离别之恨,对创作主体词人自身而言,非实有其事,未真遭摈弃和别离,但词人必须进入闺中的思妇、怨女的角色,感同身受地写出她们的"离别之悲"、"弃捐之恨",虽"无其事",但要"有其情",这样作品才能令读者"魂绝色飞",产生艺术的感染力。因此,词的写作,是"情生于文"。这段论说源自徐喈凤《词证》,正是田同之的采录传播,"男子而作闺音"遂成为传统情词抒情范式的定称。

关于诗、词的风格差异,田同之认为词的风格更多样,更具兼容性。第四条"曹学士论词"云:

> 魏塘曹学士云:"词之为体如美人,而诗则壮士也;如春华,而诗则秋实也;如夭桃繁杏,而诗则劲松贞柏也。"罕譬最为明快。然词中亦有壮士,苏、辛也;亦有秋实,黄、陆也;亦有劲松贞柏,岳鹏举、文文山也。选词者兼收并采,斯为大观。若专尚柔媚,岂劲松贞柏,反不如夭桃繁杏乎!

先引出曹学士曹尔堪关于诗、词不同风格的比喻,田同之肯定了曹氏的比喻新颖、新鲜,为"罕譬",但对其观点却不认同,认为词与诗相比,"词中亦有壮士","亦有秋实","亦有劲松贞柏",只有"兼收并采",才会有词坛上的丰富多彩、蔚为大观。在第九条"诗词风格不同",田同之进而阐述了诗体与词体风格上的不同:

> 诗贵庄而词不嫌佻;诗贵厚而词不嫌薄;诗贵含蓄而词不嫌流露。之三者,不可不知。

与诗的"庄"、"厚"、"含蓄"比较,词"不嫌佻"、"不嫌薄"、"不嫌流露";此处非言词的风格特点在于"佻"、"薄"、"流露",而是说诗所贵者,词亦所贵,而词所"不嫌"者,却是诗不具有的。在诗的"三贵"之后,又补充"三不嫌",这就更有利于词境的开拓,更有利于词的创作,是对"诗庄词媚"等贬词之论的批判。①

除了倡导词风的多样性,田同之还注意到了创作主体的性情与词体风格的关系。《西圃词说》第二十一条"填词见性情"云:

> 填词亦各见其性情。性情豪放者,强作婉约语,毕竟豪气未除;性情婉约者,强作豪放语,不觉婉态自露。故婉约固是本色,豪放亦未尝非本色也。

这涉及"风格即人"的论题。田同之认为,词体风格的不同,说到底是词人性情的不同。词人应准确、真实地抒写自己的性情,只要是真实、准确地达情,婉约是本色,豪放也未尝不是本色。

田同之虽强调词的风格的多样性,但由于受王士禛神韵诗学的影响,在诸多风格中,他对词的清空境界表达出偏爱。在第二十五条"沈伯时论词要清空"中,引述宋沈义父《乐府指迷》的论述:

> 《乐府指迷》云:"词要清空,不要质实。"此八字是填词家金科玉律。清空则灵,质实则滞,玉田所以扬白石而抑梦窗也。

如前所述,清,是创作主体的超脱凡俗;空,是空灵冲淡,不著色相之意。田同之认为,清空的境界是填词的"金科玉律",如此看来,其心目中的"清空",不仅仅是词的一种风格,而且是词人超凡脱俗的精神修养境界。田同之论述词体的风格,在主张风格多样、多体并存的前提下,更多崇尚"清空"一格。

在强调辨体、突出词体的独立性的同时,田同之强调,词要通过"抒写性情"、"别有寄托"来提升词的境界。至此,他已经找到了推尊词体的根本路径,田同之认为诗、词这两种不同的文学形式之间有共通的方面。《西圃词说》第五条"诗词体格不同"云:

---

① 参见孙彦杰:《论田同之的词学思想》,《德州学院学报》2009 年第 5 期。

　　　词与诗体格不同，其为摅写性情、标举景物，一也。

强调的仅是"诗词体格不同"，但诗词就"摅写性情、标举景物"的文学功能方面来说又是一样的。所以在第二十三条"词须有寄托"中，田同之明确地指出：以写闺词见长的词人、词作不计其数，且不乏名家，此类题材已摹写殆尽，毫无拓展空间，故此，填词必须"别有寄托，另具性情"。即能根据自己所处的时代、当下的人事，有自己独特的观察、体验、思考和概括，有与前人不同的新的认知和感受，如此写出的词才有存在的价值和社会意义。他的这种理念，在第十九"南北宋词可论正变"、第二十八"填词要诀"诸条中，均有体现。

　　除词学理论的论述外，田同之以一个词人的身份，在《西圃词说》中还谈到了具体的填词方法。比如，情景不可太分，强调要情景融合；神韵天然，强调作词近自然本色方佳；还有论转换，论衬字、虚字，论对句、结句，论偷声变律，论拗句顺句，论咏物写景，论作词选料，词的四声平仄问题等。

　　总之，田同之认为"词非小道"，在辨体基础上，主张"词须有寄托"，为推尊词体作出了贡献，他的词论理念已经成为嘉道后崛起的常州词派的先声。常州词派张惠言、周济，将比兴寄托作为词的创作原则，提出"词亦有史"的词史观，主张以词反映世事沧桑与时代盛衰，常州词派成为清代影响最大的创作群体，代表了清代词学的成熟。而生于康熙年间、活动于雍正和乾隆前期的田同之，早于常州词派半个多世纪，就能够有如此意识，令人敬佩。

　　综上所论，《西圃词说》九十三则词论，是田同之在丰富、浩繁的词论资料中，采录了其中自己认同的、体会领悟最深的理论而结集成书，故能代表作者的词学思想。但由于作者独创理论较少，更多的是"采择"别人的论述，这极大地影响了田同之在词学史上的地位。

三、"闳肆精深"①的古文理论

　　田同之以诗词名家，不以文擅名，但其对文章尤其是古文有着全面、独

---

① 此说法出自魏丕承《西圃文说序》所云："其说之闳以肆、精以深也。"田同之：《西圃文说》，《德州田氏丛书》。

到的见解,其《西圃文说》三卷集中了其论文、为文的主要观点。

田同之论文之说,正如魏丕承《西圃文说序》所云"其说之闳以肆、精以深也。"纵观三卷论说,内容广博,涉及学习文章的方方面面,且往往见解深刻,能于纷纭众说中自出机杼,"闳肆精深"四字正可概括其特点。

田同之推重古文。首先,他追本溯源,阐述了六经为古今文章之源头的观点。《西圃文说》卷三云:

> 秦汉唐宋,虽代有升降,要文之流委而非其源也。颜之推曰:"文章者,原出五经。"王禹偁亦曰:"为文而舍六经,又何法焉?"李涂曰:"经虽非为作文设,而千万代文章从此出。"是则六经者,文之源也。①

"六经者,文之源也。"田同之认为六经之文是后世文章之源,足以涵盖天下文章之情、辞、政、心。并进而认为:

> 论、说、辞、序原于《易》,诏、策、章、奏原于《书》,赋、颂、歌、赞原于《诗》,铭、诔、箴、祝原于《礼》,纪、传、铭、檄原于《春秋》。②

将后世文章体制之精神与六经一一相对应,有一定的道理。

其次,按照演进历程,梳理文章的发展脉络,标举战国、汉、唐、宋之文,概括其文章风尚,并历数大家作手,《西圃文说》卷一云:

> 古今文章大家,数正不多见。战国之文,反覆善辩,孟子、庄周、屈原为大家;西汉之文,浑厚典雅,贾谊、司马为大家;三国之文,孔明之二表、建安诸子之数书而已;西晋之文,渊明之《归去来词》、李令伯之《陈情表》、王逸少之《兰亭序》而已。③

---

① 田同之:《西圃文说》卷三,《德州田氏丛书》。
② 田同之:《西圃文说》卷二,《德州田氏丛书》。
③ 田同之:《西圃文说》卷一,《德州田氏丛书》。

认为孟子、庄子、屈原、贾谊、司马迁等为大家,孔明、建安七子、陶潜、李密、王羲之等皆有佳作。在屈宋之后,田同之提出了"七君子"之说,盛赞司马迁、刘向、韩愈、柳宗元、欧阳修、苏轼"圣于文",认为司马迁之文"蕴藉百家,包括万代",刘向之文"闳深典雅",班固之文"成一家之言",韩愈之文"吞吐骈顿"、"赤电""霆击",柳宗元之文"峻壑削壁"、"谷风凄雨",欧阳修之文"遒丽逸宕",苏轼之文"行乎其所当行,止乎其所不得不止"、"浩浩洋洋"。其余"贾、董、相如、扬雄"之文"非其至者",而"曾巩、王安石、苏洵、苏辙至矣",很明显,田同之将屈宋之后、明代之前的文章分为三等。有明一代,推举王守仁、归有光、侯方域等,① 足可见出田同之的品鉴能力。

第三,从便于仿效习得之角度,田同之主张近法唐宋八家。他对八家之文逐一进行了评点,如认为韩碑"多奇崛险诡",欧阳修尽得"史迁之髓",序记文字韩愈"崛起门户",论策当属苏氏父子。② 认为古人为文皆有来历,反对"师心以自用"③,田同之在品评明代古文大家时云:

> 前明二百七十余年,其文尝屡变矣,而中间最卓卓知名者,亦无不学于古人而得之。罗圭峰学退之者也,归震川学永叔者也,王遵岩学子固者也,方正学唐荆川、学二苏者也。
>
> 古人为文必有来历,非徒师心以自用者。如欧公《祭吴长文》,文似韩《祭薛中丞文》;《书梅圣俞诗稿》似韩《送孟东野序》;《吊石曼卿文》似韩《祭田横墓文》。④

田同之不但在明人身上找到了根据,即使是对于唐宋大家的文章,他也能体味出模仿路径。

第四,除仿效、模仿之外,田同之从操作角度,对如何写好文章也给出了门径,倡导多写多练:

---

① 参见田同之:《西圃文说》卷一,《德州田氏丛书》。
② 田同之:《西圃文说》卷一,《德州田氏丛书》。
③ 参见田同之:《西圃文说》卷三,《德州田氏丛书》。
④ 田同之:《西圃文说》卷三,《德州田氏丛书》。

欧阳公云:"文章疵病不必待人指摘,多作自能见之。"余谓不多作者,固不能自见,即有旁人指摘,恐亦未必为然。盖为之不多,知亦不至也。①

如此看来,多写、多实践是古今文章写作的不二法门。在文章立意、谋篇、词采等诸多要素中,田同之认为文章应以立意为主,强调文章之精神命脉,贵在独立物表,自出机杼:

　　文以意为主,主立则气胜,气胜则锵洋精采从之而生。②

但田同之在文风方面,与其诗词主张一样尚"蕴藉":

　　古文之奥,不说尽而文益蕴藉者,如庄子《九渊》而止说其三。又"夔怜蚿,蚿怜风,风怜目,目怜心。"止解夔蚿风三句,而怜目、怜心之意缺焉。盖悟者自能知之,若说尽则无味。知此者,得古文之奥矣。③

认为文贵蕴藉,"说尽则无味"。在谋篇中,贵回复婉转:

　　作文要婉转回复,首尾相映,乃为尽善。山谷论诗文亦云:"每作一篇,先立大意,长篇须曲折三致意乃成章耳。"此常山蛇势也。④

认为布局谋篇之回复照应为"尽善",并以黄庭坚"曲折三致意"文论相佐证。关于文章技巧,田同之强调"辨体",在此前提下,求精工,讲气韵,尚才思格调之美。

　　综而观之,田同之用大量篇幅强调文章向古文学习,重回复蕴藉、辨体与

① 田同之:《西圃文说》卷三,《德州田氏丛书》。
② 田同之:《西圃文说》卷三,《德州田氏丛书》。
③ 田同之:《西圃文说》卷二,《德州田氏丛书》。
④ 田同之:《西圃文说》卷三,《德州田氏丛书》。

精工,在义理、考据、辞章三者关系方面,明显偏重于辞章,田同之对如何做到
"文以意为主","自出机杼方能成一家言"①没有进一步的主张,可以见出雍、
乾两朝前期山左文风的趋向,在这一点上,田同之《西圃文说》具有时代的标
本意义。

如《西圃词说》一样,田同之《西圃文说》观点多引前人的心得及评论,
并加以评骘,阐发自己的观点。不少文字,承自明代侯方域的《与任王谷论
文书》和王世贞的《艺苑卮言》。

第三节　《砚思集》

田同之的诗集《砚思集》共分六卷,其中五言古诗一卷,49 题,119 首;
七言古诗一卷,65 题,68 首;五言律诗一卷,132 首(含五言排律 4 首);七言
律诗一卷,127 题,139 首;五言绝句,29 题,32 首;七言绝句,111 题,209 首,
全集合计 492 题,698 首。今存乾隆七年(1742)刻本。徐世昌《晚晴簃诗
汇》收录其诗 7 首,卢见曾《国朝山左诗钞》收其诗 66 首。

《砚思集》乾隆七年(1742)刻本前分别有张元序、浦起龙序。张序说
《砚思集》诗作"格高而调雅,神清而骨秀,刊落嚣俗,独标蕴藉"②,意指田
同之诗与王士禛神韵诗风的一脉相承。而浦序则云:

> 砚思者,吾师之祖司农公授师古砚以勖家学。师取以名集,寄其
> 先祖之思者也。然则凭高、吊古、赠处、留题,皆其孝敬之思继绳之、思
> 之所溢而出也。……吾师诗翛然尘壒之表在右丞、襄阳间,貌不少陵
> 也,然性情少陵也。③

综观《砚思集》,正如浦起龙所云,田同之诗作,在王孟诗风的外表下,实则

---

① 田同之:《西圃文说》卷三,《德州田氏丛书》。
② 张元:《砚思集序》,《砚思集》,乾隆七年(1742)刻本。
③ 浦起龙:《砚思集序》,《砚思集》,乾隆七年(1742)刻本。

出自少陵,其类少陵处,即在性情。田同之诗作绝非"诗中无人"的空泛之作,而是深笃于情,"济水流风,古欢旧雨","凭高、吊古、赠处、留题"之作①,无不挚情含蕴,感人至深。而张序所言的"假与日俱新,波澜益以阔,蕴酿益以深且厚……信可以当小山姜之名而不愧矣。"②则指出了《砚思集》诗歌题材不够广阔、深厚。

一、"方山卫水叹沧桑"③
——抒发世家子弟落寞无助的咏怀诗

在《砚思集》中,咏怀诗的分量很重,抒发世家子弟落寞无助的情怀,是田同之咏怀诗的主调。田同之是德州田氏田绪宗—田雯一支的长房长孙,从青少年时期的科举应试,到入仕后的宦海沉浮,世家子弟提振家声的使命既是其发奋进取的动力,也是其长期难以排解的压力。尤其是德州田氏在经历了第六世、第七世的鼎盛之后,子孙科举成绩不佳,第八世的田肇丽辈竟无一人中举。作为自幼被祖父寄予厚望的田同之,科举仕途坎坷不遇,44岁才乡试中举,四次进京参加会试,仅于雍正五年(1727)丁未科中"明通"副榜,此时,田同之已经51岁,《砚思集》所收入的作品大多是其中、晚年所作,看不到反映其早年应试科考、久困场屋的作品,但其大半生所承受的科举压力可想而知。田同之以微官进入仕途后,官小位卑,年事已高,前途渺茫,《砚思集》中大量诗作都抒写了这份情绪。如七言古诗《感遇》:

> 冠裳济济长安道,逢人竞说官场好。
> 我亦备员两载余,惟向蠹鱼乞残饱。
> 堂前藜藋济饔飧,摘尽雨草复旱草。
> 土木形骸几不识,去年憔悴今枯槁。
> 幸赖东柯栖一枝,破窗风雨凭昏晓。
> 归去来兮未得归,太息家贫亲亦老。

---

① 浦起龙:《砚思集序》,《砚思集》,乾隆七年(1742)刻本。
② 张元:《砚思集序》,《砚思集》,乾隆七年(1742)刻本。
③ 田同之:《醉后放歌》,《砚思集》卷二,《德州田氏丛书》。

白发微禄岂相宜,一编聊借开怀抱。

吁嗟乎,前尘何飞扬,今雨何潦倒。

自守清白传,愿期无负同丁卯。①

这首诗田同之写于工部见习结束后,回顾自己两年多的生活,诗中大量使用了"残饱"、"藜藿"、"草"、"土木形骸"、"憔悴"、"枯槁"、"破窗风雨"、"家贫"、"白发微禄"、"潦倒"等词语意象,将困守京城的一老年小吏形象,刻画得栩栩如生,艰辛生活,如在目前。五言古诗《杂感》其一写文名与地位的关系,揭示了自古以来文坛上的虚夸现象,诗云:

燕许大手笔,声闻若洪钟。

欧王振平熙,名誉何隆隆。

乃知文雅才,亦须爵位崇。

登高省疾呼,一呼振聩聋。

堪怜卑微士,如玉处璞中。

欲附无青云,琴碎感遇穷。

时势有难易,物理别塞通。

幸与不幸间,谁复辨雌雄?

是非况倒置,伐异而党同。

所赖异代贤,品骘有至公。

"乃知文雅才,亦须爵位崇"是其在考察古今文坛的史实后得出的结论,可谓深刻。"欲附无青云,琴碎感遇穷"是写自身处境的艰难,无人汲引与欣赏,年过半百的田同之对前途几近绝望。面对祖上的荣光和现实的尴尬,田同之多次试图说服自己,《杂感》其八云:

王谢旧家儿,宁必皆青紫。

---

① 田同之:《砚思集》,《德州田氏丛书》。

> 门风正自佳，流俗安可拟。
> 出入雅不群，诗书端履视。

以旧时王谢子孙的没落，为自己开脱；以保持门风清雅、诗书继世来自傲。田同之绝意仕途、退居林下后，咏怀诗大多描写晚年生活的不幸，表现面对家事衰败而无作为的痛苦心声。田同之最初由繁华的京都回到故乡德州，对隐居生活有诸多的不适应："闭门理幽独，卷帙拥几席"，"所遇仍故物，所见无故人"，"六载依田园，俨如侨寓客。出亦无所往，入亦不堪息"，家园物是人非，六年中如同作客，出无所往，入不得适，只能闭门读书，"中怀积愤哀，一昏复一晨"，心理上的疏离、隔膜很容易演变为情绪上的愤激。"惟余双眼白，独昵一天青"，"岁月堂堂去，蹉跎事已违"，这种愤激情绪经不住时间的冲刷，五古《西圃四时咏》其四则展现了田同之暮年心志的消沉：

> 岁晚北风号，寒圃无静木。
> 百卉感凋零，一室嗟瑟缩。
> 幸余床头酒，不乏囷中粟。
> 仰赖我先畴，坐而收其福。
> 纳稼虽云薄，且喜官税足。
> 优游冰雪中，诗书媚幽独。
> 机忘意自适，心冷热不触。
> 举世慕雄飞，我独甘雌伏。
> 雌伏岂我甘，思之已烂熟。
> 冥坐抚素弦，翛然达衷曲。

"幸余"、"不乏"、"优游"、"自适"、"心冷"，应是无奈中的自慰。"举世慕雄飞，我独甘雌伏。雌伏岂我甘，思之已烂熟"数句诗，似乎是说自己已经想明白了世事穷通之理，所以能够"甘雌伏"，正所谓"才与不才间，一身难中寄"，羞愧之情，溢于言表，七律《先祖山姜诗集有句云客来须倩小山姜扶我抠迎似杖长自注云呼长孙为小山姜时同方六龄也今老矣百不如人每一展读不胜惭痛因敬追原韵一首》云：

> 佳名锡得小山姜，七尺曾无一寸长。
> 惭愧古欢承砚雨，凄凉寒绿袭书香。
> 人穷未是缘诗致，才薄难言与命妨。
> 屈指垂髫今白发，不禁回首泪沾裳。

田同之面对古砚，想到祖父的期望，"小山姜"的期许，惭愧之至，"不禁回首泪沾裳"，回想往事，只有以泪洗面。七律《春暮》和五律《杂兴》其一则是田同之滴血的吟唱，是一曲世家的挽歌：

春暮

> 眼底莺花节序迁，闭门聊自耸吟肩。
> 草深三径绿无赖，屋老一灯青可怜。
> 心事消磨尘砚冷，泪痕料理敝衣穿。
> 年来踪迹浑如此，睥睨东风益惘然。

杂兴

> 接武谈何易，门风莫谩夸。
> 空余一砚泪，冷滴山姜花。
> 寒绿守三径，遗编凭五车。
> 低回愧呆昧，扬搉愿徒賒。

"三径"，指归隐者的家园，典出东汉蒋诩。王莽专权时，兖州刺史蒋诩辞官回乡，于院中辟三径，唯与求仲、羊仲来往；晋陶潜《归去来辞》："三径就荒，松竹犹存。"此指田同之所居住的寒绿堂祖屋。接武祖上荣光、重振门楣不容易，此时此刻，连作者早先自豪的清雅门风也要"莫谩夸"，在"心事消磨"、"泪眼料理"中，如何面对家族的希望？"空余一砚泪，冷滴山姜花"是滴血的啜泣，是绝望的叹息。

田同之的咏怀诗,真实记录了退居田园后近三十年的心路历程,包含着一生坎坷不遇和力挽家世颓败而不能的无奈,在方山卫水间抒写了自己内心的落寞无助与沧桑之叹。

二、"一线长河连胜地"①
——遍历山川的写景诗

诗人曾旅居京师、宦游金陵,足迹踏遍济南府属各地,得江山之助,诗兴萦怀、歌咏不辍。一生诗作中,描写自然风光及人文景观的游历写景之作约150首,占到全部诗歌作品的五分之一以上。这部分诗作既有对华北平原上运河两岸朴素清新的自然风光的生动描摹,又有对江淮大地秀美山川的诗意刻画;既有对以济南为中心的山东奇丽风光的热情讴歌,也有对德州地方文化景观的深情抒写,优美与壮美,清新与厚重,交相辉映。②

田同之在自家乡至京师的水、陆往返中,饱览了水、陆两线六、七百里的优美风光及人文景观,不少诗句极具华北平原、运河两岸风光的独特韵致:

> 白风吹雁影,黄叶抱蝉声。(《阜城道中》)

> 两寨明秋水,孤帆落碧埏。(《独流镇》)

> 桑干月冷笳声碎,碣石云高雁影迟。(《过易水》)

> 断岸烟光含宿雨,漫天曙色下晴空。(《东光县晓发》)

> 杨柳桃花接甸甿,津门遥峙海涛飞。(《天津书所见》)

---

① 田同之:《景州道中》,《砚思集》卷六,《德州田氏丛书》。
② 参见贺同赏:《田同之游历写景诗探讨》,《德州学院学报》2009 年第 3 期。

远岫来青迷雁浦,暮云飞碧冷河桥。(《雨中泊沧州》)

秋老浑河雁阵骄,漫空黄叶下萧萧。(《卢沟桥》)

这些诗句共同呈现出寥廓青苍的北方平原和运河两岸的风光,也包含着日渐逝去的历史印记,如七绝《白沟河》:

斜阳衰柳障寒云,往事燕南不可闻。
河水滔滔遗镞冷,至今犹恨李将军。

这是一首写景与咏史相结合的诗歌。"斜阳"、"衰柳"、"寒云","河水滔滔",这些看似平常的意象,但与"遗镞"结合在一起,显示出"白沟河"这个"燕南"之地的不寻常:在靖难之役中,白沟河是著名的战场。明建文二年(1400)四月,建文帝军大将军李景隆率军60万人,号称百万人,进抵白沟河(今河北雄县、容城、定兴一带),谋攻燕王朱棣官邸所在地北平(今北京)。燕王率马步军10余万人迎战。最终建文帝军队溃散,死伤10余万人,李景隆率余众逃往济南。白沟河之战成为靖难之役的转折,此后,建文帝再也组织不起来大规模的军事征讨。朱棣由此转守为攻,取得战事上的主动。田同之在一个寒云满天、秋意萧瑟的傍晚时分经过白沟河,呜咽的河水似乎在向诗人诉说着发生在三百多年前的这场足以令历史转向的"往事"。七绝《景州道中》:

弓高烟树接重丘,帆影垂垂塔影浮。
一线长河连胜地,不知何处广川楼。

"景州",地名,今河北景县;"弓高",古地名,在今景县东北40里;"重丘",古地名,一说在德州境内,此处代指德州。诗为田同之自京沿运河乘船回乡途经河北景县时所作。"弓高烟树接重丘,帆影垂垂塔影浮。"开篇两句写自景州至德州运河两岸的旖旎风光:春日迟迟,河岸两侧烟树迷蒙,仿佛将景县与德州连接起来,运河船只上的白帆与岸上高耸的佛塔倒映在河水之中,帆影点点,塔影摇波。"一线长河连胜地,不知何处广川楼。"自京至德,运河两岸尽管胜景相连,但近乡望乡,诗人急切想看到的是故乡广川楼的影子,表达了对家乡、对亲人的思念之情。

田同之一生至少有两次游历江淮地区,七绝《重来白下有感》一诗可为明证:

> 江左风华六代传,青山流水尚依然。
> 儿童竹马经行地,今日重来四十年。

重来,即再次来到;白下,即金陵,六朝古都,今南京城;"儿童竹马"是孩提时期,典出李白的《长干行》诗,时空相附,尤为恰切。诗人在《砚思集》中留存下来的描写江淮自然风光与人文景观的诗作有 30 首左右,许多诗篇都有写景状物的经典句子,如:

> 鸥泛荻烟青,峰抱罗浮黛。(《射陂》)

> 清余酿泉水,名盛醉翁亭。(《滁州》)

> 天上精星远,人间慧业留。(《文选楼》)

> 荆口余风悲战垒,彭城落日渡黄河。(《徐州道中》)

> 浦溆林峦一望遥,风帆片片雨潇潇。(《雨中江上》)

> 亭外绿杨酣旧雨,桥边红叶泥秋痕。(《扬州方氏园亭》)

> 临淮城郭大河湾,百尺长虹万柳间。(《临淮》)

布帆无恙大江流，两岸萧萧芦荻秋。(《过仪征县》)

月冷烟寒蔓草悲，竹西歌吹尚参差。(《竹西亭》)

田同之南游江淮，是以南京为中心的。祖父田雯曾开府于此，自己的童年时光也曾在此度过，"旧泽应余隔世情"，旧地重游，感慨良多，他于南京逗留时间最长，留诗也最多，写南京风物的诗章主要有七古《劳劳亭行》、《登燕子矶》，五律《乌衣巷》、《幕府山》、《雨花台》，七律《七里洲》、《长干寺》，七绝《金陵杂咏》十二首等，而其中以七古《登燕子矶》成就最高。燕子矶，南京三大名矶之一，雄踞于南京郊外的直渎山上，因石峰突兀江上，南连江岸，三面临空，远望若燕子展翅欲飞而得名。登临矶头，诗人说自己"终年坐困类醯鸡，对此方令双目醒"：

金碧四面簇峰峦，破碎江光来舴艋。
吴楚青苍指顾间，纷纷洲屿余沉溟。
……
江南江北一望收，濛濛云树江岚稠。
翘首青冥羡鸿翼，俯临澎湃窥龙湫。
一派支分二水碧，六朝影落三山愁。
浴凫飞鹭雨细细，芦汀沙渚风飔飔。
夕照忽开虹霓断，遥望澄江净如练。

醯鸡，小虫名，即蠛蠓，古人以为是酒醋上的白霉变成，后世常用以比喻见识狭小之人。《庄子·外篇·田子方》："孔子出，以告颜回曰：'丘之于道也，其犹醯鸡与！微夫子之发吾覆也，吾不知天地之大全也。'"[1]登上燕子矶，举目四望，诗人觉得自己终于走出了像"醯鸡"一样狭小的天地，"燕矶夕照"的美景呈现目前：夕阳的余晖将燕子矶四周连绵的峰峦涂抹得金碧

---

[1] 郭庆藩：《庄子集释》，中华书局，1961年，第716—717页。

辉煌,船儿在散金碎玉般的江面上徜徉,远处的吴楚山水就在自己的指顾之间,自己也仿佛化入这大大小小的岛屿一般。江南江北美景尽收眼底,眺望天水之际,云气、水气、雾气蒸腾化为云树、江岚,迷蒙间令人生愁,天空中的鸿雁、水底的蛟龙是那样的自由自在,引人仰视俯瞰。矶石将江水一分为二,碧水滔滔东流,见证了这六朝古都的盛衰轮回,人事盛衰令山水也包含了愁情。凫鹭水鸟雨中嬉戏,沙渚芦苇风中摇曳,直射的夕阳将天空中的虹霓逼退,暮霭中长江碧波如练……诗人以跌宕开合的笔墨,借助七言古诗的体式,为读者描绘出一幅登临燕子矶头俯仰天地的壮美图画。

　　田同之有关本省的写景诗,主要是济南、章丘、泰山、德州四地,集中在济南附属的州县之内,以济南、德州两地为主。济南是明清时期的北方名城,湖光山色怡人,人文历史积淀深厚,为山东首善之府。从祖辈起,田同之就与济南结下难解之缘,是其"低回廿载销魂地"。田同之写济南的诗歌诗句如:

　　　　蒹葭露冷人千里,菡萏秋空月一池。(《湖上有怀》)

　　　　牵情柳色还旖旎,过眼山光尚翠微。(《甲辰春暮重来济上有感》)

　　　　水光半篙绿,山色一船青。(《访北渚亭故址》)

　　　　今朝烟雨真堪画,恰在华山与峨山。(《雨中望峨、华两山》)

诗人写大明湖、北渚亭故址、峨华二山……明湖秋夜之湖水,泉城如烟之柳色,山色之青岚,峨华之秀丽,尽收笔底。七律《观澜亭》写趵突泉:

　　　　　　济上名泉七十二,其中趵突首清泠。
　　　　　　脉寻王屋潜无迹,波涣文章纬复经。
　　　　　　来鹤临漪回倒影,遥峰排槛印空青。
　　　　　　眼明胜地情何极,海右风流又此亭。

观澜亭,在趵突泉西侧,初建于宋代,明朝复建。"观澜"取《孟子·尽心上》"观水有术,必观其澜"之意,是游客观赏趵突泉水的最好立足点。全诗明写自观澜亭上所看到的趵突泉泉水清泠、青山倒映的美景,暗寓对济南文化灿烂、名士辈出的颂赞之情。首联即指出济南72名泉中,趵突泉名列第一,颔联中的"王屋",即河南王屋山,相传趵突泉是由泺水伏地而出所形成,而泺水则发源于千里之外的王屋山,故有"脉寻王屋潜无迹"之句;"文章",色彩斑斓之意,此指泉水的视觉美感。颔联中的"来鹤",指趵突泉附近的来鹤桥;"遥峰",指趵突泉南的千佛山脉,"遥峰排槛印空青",是说身处趵突泉观澜亭,举目向南,千佛山脉在晴空下将美丽的身影送入亭中,映入眼帘。尾联"海右风流又此亭"一句,是相对于大明湖中历下亭而发,意指观澜亭可与历下亭媲美,济南历代名士如林,希望风流不坠,繁华永驻。

　　田同之另有《历下杂诗》十首,这组诗是诗人借咏叹历下秋景,感叹明清时期济南地域文化的盛衰,明显带有自我落寞情怀的印记:

其二

一峰孤立华不注,三窦分流趵突泉。

水剩山残秋事冷,雁声空下碧云天。

其七

云散华泉不可招,楼空白雪草萧萧。

堪怜一派淫蛙响,秋雨秋风黯七桥。

其九

凉露池塘淡碧姿,依依唱咏忆当时。

渔洋老去声华寂,蕉萃明湖旧柳枝。

在西风萧瑟、"水明木瑟"、秋光摇荡的季节,诗人来到济南,诗人笔下的历下秋景里面包含有盛事难再、家世衰败的失落与凄凉。济南的山水在诗人眼中是"水剩山残"(《其二》);落日荒烟笼罩着历下古亭,唐天宝四年(745),历下亭中杜甫、李邕等名士云集,而今"北海风流"已难再现(《其四》);明代诗坛"弘正四杰"之一的边贡和"后七子"领袖李攀龙创造了"济南诗派"的荣耀,而今"云散华泉"、"楼空白雪",当年的历下风流亦不可招(《其七》);王渔洋先生尝于明湖赋秋柳四首,名士相和,遍传天下,但眼前的明湖柳枝,枝黄叶落,憔悴不堪,似乎在诉说着"渔洋老去",当年大明湖畔"秋柳诗社"的咏唱已成记忆;面对这一切,诗人所能体味的,只有"湖山冷落"、乱云浮动,七十二泉笼罩在深秋的寒意之中……(《其十》)

德州是田同之的乡梓故土,尽管他曾认为"吾乡山水苦不足"(《题张陶山小照》),但在数十年的乡居生活中,他还是满怀深情地描写德州的自然风景与人文古迹,"方山卫水溯风流",留下了大量诗篇。七律《黄河厓即目》诗,寥廓冷寂中不乏刚健之气,"烟冷荻芦秋漠漠,厓浮沙砾路漫漫"两句展现了德州城南黄河故道一带的秋日景象。七绝《城北河上》是一首描写运河风光的小诗:

> 出郊骑马意迟迟,十二城边夕照时。
> 极目长河帆影外,寒烟一抹柳千枝。

古城夕照、长河帆影、秋柳寒烟,将运河秋景展现在读者眼前。

《砚思集》中单纯描写家乡自然风景的诗作相对较少,诗人把更多的热情和笔墨放在了德州人文景观方面。如《德州竹枝词》四首,诗人自注云"州有东西南北四冥海之名,又有三土山之说;十二城,明李景隆所筑也,在城北"。这四首诗歌所刻画的,就是清代德州老城区拥有的东、西、南、北四个较大的湖泽,三个可以供人登临的土山和一片明代遗留下来的兼有储粮与防御功能的堡垒遗迹。五律《慈氏寺》和《颜鲁公祠》分别描写的是现今已埋没无存的德州名刹慈氏寺和颜真卿祠堂:

慈氏寺

一带长河水,湾环古佛踪。

声声浮远岸,帆影上孤松。

落叶残僧迹,西风下院钟。

前尘无复挽,空忆妙高峰。

明清时期,德州的慈氏寺"复殿重房,交疏对霤。香烟似雾,旛幢若林。名僧德聚,负锡为群。信徒法侣,持花成薮。伽蓝之胜,最得称首。佛阁去地百仞,面临长河,帆樯舳舻,经过其下"①。是一座远近闻名、香火旺盛的寺庙。小诗写出其傍水而立,历史悠久,帆影点点,钟声悠扬的特点。妙高峰,指佛教中明心见性的觉悟境界,语出《华严经》,"前尘"、"空忆"将读者带入佛家境界。

《颜鲁公祠》云:

巍巍瞻北郭,云是鲁公祠。

一代平原绩,千秋卫水涯。

孤忠标日月,芳迹占棂楣。

快煞司空老,能刊正气碑。

颜鲁公祠是纪念唐代曾在德州地域任平原郡太守的颜真卿的祠堂。颜真卿(709—785),字清臣,生于京兆(今西安)。"安史之乱"中,因在平原郡守任上,独守孤城抗击安禄山叛乱,战后受到朝廷重用,历任吏部尚书、刑部尚书等要职,封鲁郡开国公,世称"颜鲁公"。诗人自注曰:"在城北长河西岸,旧为逆党魏忠贤生祠,前司空程肖㦤先生改建于此。"德州颜鲁公祠原为魏忠贤生祠,崇祯初年,由程绍改建为颜鲁公祠。诗歌称颂颜真卿功标千秋,其功绩与日月同光;对程绍匡扶正义的做法深表赞佩。

综而观之,田同之的游历诗,记载了其沿运河北上京师、南下南京和游历山东的风光景致,其中对人文历史景观有着独特的偏好,且景物描写中承载着深深的身世之慨。

---

① 田雯:《长河志籍考》卷八,《德州田氏丛书》。

三、"空梁落燕人何处"①
　　——凄婉欲绝的哀伤、悼亡诗作

　　田同之寿至八旬,一生深于情,笃于情,是性情中人。在八十年的岁月中,他目睹众多的亲友、至亲、学生离世,经历了无数的生离死别,将这份人间最为凄恻的情感诉诸笔端,写下许多凄婉欲绝的哀伤、悼亡之作。据笔者统计,《砚思集》中哀伤、悼亡之作多达17题25首。

　　田同之哀伤诗的悼念对象众多,有朋友、有长辈、有学生、有女儿,甚至有歌者。挽悼友人的诗作主要有五古《为寿莘谷悼亡》、《挽登守陈簣山故友》,七律《挽储屺云》、《挽亡友王司马寄堂》二首和《哭亡友朱霞山二首》等。王寄堂,侨寓济南十年,诗学杜甫,书法衡山(文徵明),才华横溢,曾任职莱州,做过司马之职,后客死浔阳,生平详情待考。田同之与其一生过往甚密,相得甚欢,是生死不渝的诗友、挚友。王寄堂去世后,田同之写了数首哀伤诗歌怀念他。如七律《挽亡友王司马寄堂》二首其一云:

> 青年已现宰官身,赤绂风流轶等伦。
> 维水不留司马迹,江州偏有玉楼因。
> 少陵诗格先春梦,待诏书名隔世尘。
> 太息龙标今已矣,词场无复忆湖滨。

　　第一首诗盛赞王寄堂的才情人品,同情其一生的坎坷不遇。首联回忆王寄堂青年时期的风采:科第高中,风流倜傥,已现宰辅之才。但颔联"维水不留司马迹,江州偏有玉楼因"却将回忆打回冰冷的现实:莱州罢官,客死浔阳。颈联两句作者自注:"寄堂诗学工部、书法衡山,词场争奖借之。"这两句诗是以杜甫、文徵明喻王寄堂之才。尾联扣题收束全诗,"太息"、"无复"用词沉痛。王寄堂逝后四年的冬季,田同之再次经过济南,作有七律《再过济南即事吊寄堂一首》:

---

① 田同之:《悼亡室吕孺人》其二,《砚思集》卷四,《德州田氏丛书》。

> 剪纸招君君可怜，空遗幽恨峏华边。
> 颓垣破屋连双榇，冷雨凄风已四年。
> 弱弟依人凭白眼，孤儿无地守青毡。
> 惭予潦倒难援手，满目寒云意惘然。

在这首挽诗的颔联后，作者自注："寄堂夫妇并寄榇于观音寺破屋中。"此次作者经过济南，专程到观音寺"剪纸招魂"，吊念亡友。"可怜"乃可叹之意。王寄堂一身才华却至死不遇，身后家世愈加落魄，无力营葬，去世四年后夫妻双双停柩于破庙中，亡友满腔的"幽恨"只能遗留峏华山边。面对亡友亟待扶持的"弱弟"、"孤儿"，"惭予潦倒难援手，满目寒云意惘然"。田同之因自身潦倒无力施以援手而惭愧万分，心中的惆怅就如同眼中满天的寒云，无边无际。全诗同情中含有深深的自责，哀叹亡友的不幸包含着自己的身世之悲。

七律《挽门人叶千里》是挽自己的爱徒门生的哀伤诗作：

> 公车廿载历艰难，今日才逢青眼看。
> 无分胪传闻殿陛，仅留名姓记春官。
> 桃摧李谢东风咽，鸿杳鱼沉易水寒。
> 老泪涔涔肠断处，那堪引领望长安。

诗人悼挽的对象叶千里是自己的学生。诗人题下自注："礼部榜发未十日，而千里亡矣。"叶千里会试高中，却未能参加殿试即身亡。首联"公车廿载历艰难，今日才逢青眼看"，可见叶千里的科考之路非常不顺，他乡试中举后，竟连续二十年会试不第，但他屡败屡战，"历艰难"，个中滋味，四上京师、连续七年应试的田同之最有体会，最后终于考中，从而获得廷试资格。颔联"无分胪传闻殿陛，仅留名姓记春官"，写叶千里"无分"参加廷试，仅仅是在礼部留记贡士姓名而已的人生之憾，暗含着对叶千里才学的赏识。颈联"桃摧李谢东风咽，鸿杳鱼沉易水寒"，是用东风呜咽桃李的凋谢，比喻自己闻听噩耗后的沉痛心情；用鸿雁杳渺、鱼沉水底、易水凄寒悲叹师徒的生死两隔。尾联"老泪涔涔肠断处,那堪引领望长安",是实写自己的痛苦,想到学生从人生的高峰跌至冰冷的谷底,历尽艰辛却功亏一篑,诗人忍不住老泪纵横,将京师看作是最令其伤心的地方。

田同之悼念亲人的诗作主要有五古《哭舅氏苏采臣先生》二首、七律《哭中舍封鸣翁内叔即事感赋二首》和五古《哭第三女》三首等。其中,五古《哭第三女》三首是写白发送黑发之人生大不幸:

> 襁褓婴多疾,弱岁失慈母。
> 赋质良不薄,四德颇可取。
> 长大嫁比邻,佥曰此佳妇。
> 胡为未中道,遽尔抛良偶。
> 伊妇可再得,吾女复何有?
>
> 回忆嫁汝时,宁仅七不堪。
> 牵犬聊尔尔,父女相悲悢。
> 父在女已亡,思之我心伤。
> 心伤不可说,掩泪空旁皇。
>
> 我尝抱危疴,晨昏赖汝亲。
> 我复怀侘傺,慰藉多殷勤。
> 饥寒时相问,归宁不惮烦。
> 非无膝下人,汝性独为真。
> 春椒不复郁,秋菊不再馥。
> 痛哉裂肝肠,哭女还自哭。

田同之一生育有两个女儿,据《安德田氏家谱》记载,长大后分别嫁给了镶黄旗汉军候选知州郎逵、同里贡生李丙贲。此诗悼念的应是李丙贲之妻——兄弟姊妹排行第三的小女儿,原配封氏所生。在这三首诗中,田同之怀着万分痛苦的心情回忆了女儿的成长过程、出嫁时的情景和女儿婚后对自己的孝顺照拂。第一首写女儿幼时多病,童年又不幸失去了母亲,在缺少生母疼爱的环境中成长,而且德、言、容、功皆备,及长出嫁同里,皆夸其为贤德的媳妇。第二首则回想女儿出嫁时的情景,"宁仅七不堪",担心的不仅仅是妇道"七出"的约束,父女俩依依难舍,相对悲叹不已。第三首记述女儿婚后时常回家嘘寒问暖,从不嫌麻烦。有一次自己生了重病,正是小女儿从早到晚寸步不离地服侍,自己才获得康复;每当自己失意不快时,也是小女儿宽慰老父亲的心。"非无膝下人,汝性独为真"两句道出了小女儿美好的德行。田同之在以细腻的笔触描写女儿贤淑孝顺的同时,更以沉痛的笔调抒写自己的痛苦:"胡为未中道,遽尔抛良偶。伊妇可再得,吾女复何有?"这是以埋怨的口吻分别质询女儿、女婿,为什么你竟未及中年,就忽然抛下自己的丈夫而去? 你失去妻子还可以续娶,而我又怎能让女儿再回到身边? 读者仿佛看到了一位饱受丧女之痛的老父亲在顿足捶胸。"父在女已亡,思之我心伤。心伤不可说,掩泪空旁皇。"想到女儿已经不在人世了,自己就伤心不已,最痛苦的是这份伤心无处诉说,只能自己背地里默默流泪。"春椒不复郁,秋菊不再馥。痛哉裂肝肠,哭女还自哭。"女儿的逝去,就像那春花秋菊不再芬芳,每次想到这些,自己就肝肠寸断,痛哭不已,既是哭女儿、也是哭自己。这三首悼念女儿的诗歌,真情出肺腑,令人不忍卒读。

田同之一生有内位妻子,元配封氏出身德州名门,陪伴田同之十四个春秋不幸早亡;继配吕氏,出自景州望族,与其共同生活了二十八年。田同之《奠元配封孺人文》云"忆结褵于幼龄兮,景光匪遥"和《奠继配吕孺人文》云:"当封孺人之亡也,我年方壮,怙恃两全……今吕孺人之亡也,萱草早背,椿庭已冷。虽子舍完成而白发孤踪,形影相吊,茕茕老病,伤如之何? ……襄事甫终,痼疾复剧……竟一去而不返耶?"[1]据此估算,封孺人去世时,田同之应不到三十岁;吕氏去世时,田同之归田不久,应是六十岁左右。封氏嫁于同之未达时,吕氏则相伴半生,田同之与两位妻子都伉俪情深,故其悼亡诗作写得凄婉欲绝,令人唏嘘不已。七绝《丁酉赴秋闱道经亡

---

① 田同之:《二学亭文涘》卷三,《德州田氏丛书》。

妻封君墓》其二云：

> 膏火相将土铫边，伤心往事一朝捐。
> 兹行纵有泥金信，孤负辛勤十四年。

康熙五十六年（1717）丁酉，已经41岁的田同之赴济南参加乡试，道经封氏坟旁，写下了这两首悼亡诗作。"膏火相将土铫边，伤心往事一朝捐。"诗首先从回忆与妻子生前相伴于夜间读书的灯火下、灶台边的温馨情景写起，但第二句一转，一切美好都变成了因妻子不幸早夭的伤心往事。"兹行纵有泥金信，孤负辛勤十四年。""泥金信"，此指官府报捷的公函。对于元配封氏，田同之最看重的就是"悲我遇而甘贫贱"、"怜我病而慰离骚"①的品德。认为即使此次乡试考中，也对不起妻子十四年的辛勤陪伴、付出，语中隐含着难以言说的愧疚之情。对于在一起生活了近三十年的继配吕氏，田同之更多尊重，"抚前子无轻薄，育己子无姑息"，"操箕帚甘澹泊"、"饥寒愁病，慰藉殷勤，不怨一官之微"②。七律《悼亡室吕孺人》二首其一云：

> 忆昨相从辇路归，归来心与事相违。
> 空梁落燕人何处，尘镜移云梦已非。
> 愁病几经千里外，饥寒不怨一官微。
> 肠回腹痛情难遣，入室徒劳觅桁衣。

诗写夫妻自京归里后的田园生活是"归来心与事相违"，心事相违，多少艰难事，一笔带过。颔联"空梁落燕人何处，尘镜移云梦已非"。昔日同甘共苦的伴侣，而今却是阴阳两隔，"人何处"、"梦已非"，又含有多少沉痛。颈联"愁病几经千里外，饥寒不怨一官微"。是实写吕氏生前的贤德。尾联"肠回腹痛情难遣，入室徒劳觅桁衣"。"情难遣"想"觅桁衣"，但一切又是

---

① 田同之：《奠元配封孺人文》，《二学亭文涘》卷三，《德州田氏丛书》。
② 田同之：《奠继配吕孺人文》，《二学亭文涘》卷三，《德州田氏丛书》。

"徒劳"的。情感千回百转,顿挫沉郁。

田同之的哀伤、悼亡之作,数量多且诗歌真情深潜,沉郁百结,充分体现了其性情之真,今日读来,仍感人至深。

四、"清白传来九世余"①
——敬宗收族的述祖德诗

田同之有组诗《述旧德并诫儿孙二十七首》,这组由二十七首五古诗组成的长诗,作于田同之归田后第七年的乾隆七年(1742),历叙家族发展的荣耀、诫勉后世子孙,有敬宗收族之意,是德州田氏家族发展的史诗。

这组诗分为三部分。一至十首为第一部分,从德州田氏的第一世写到第八世,自第一世植德公田畹到第八世田肇丽,历数德州田氏的发展轨迹和先祖的事迹。在谈到德州田氏的起源时,云:"我氏著雁门,世远纷无考。一自上党分,占魏晋燕赵。"②田同之认为德州田氏的郡望为雁门田氏,时代久远,谱系难以考证。是雁门田氏的一支,自山西上党发散繁衍,遍布魏晋燕赵大地。植德公田畹与弟弟迁来德州后,"旧德倡诗书,兄弟读且耕"。诗书继世,耕读传家。第二首诗记述了中泉公田三戒荣登科榜,"砥操志节"的事迹,云:"时值分宜党,委蛇殊不屑。漕运督三吴,风清弊以绝。却金箕斛中,归来抱冰雪。赈恤于役劳,遂尔殁王事。"田三戒不屑于依附权贵,督漕江浙,革除弊政,拒绝贿赂,清白为官,为赈灾,以身殉职。第三首记文学公田高,闭门长吟,"读书疏家计"。第四首讲述明末的田实栗,"遭时艰且危",广收门徒,"及门多腾达",却高文不售;修身齐家,"遗风流广川"。第五首是写曾王父田绪宗"为文不谐俗"的操守和"迄今有余馨"的丽水治绩。第六首写曾王母张氏,"气节独峥嵘。九熊兼画荻",终于将田氏带出困境的事迹。第七、八、九首专纪祖父田雯。写他历官"中外四十载"政坛成就和致仕后"怜才忘旧恶,爱士如所亲"、以诗礼治家的古道热肠,也记载了他"草堂标寒绿,宸翰沐荣光"的荣耀和"坛坫标田王"的诗坛

———————————

① 田同之:《诗竹堂题壁一首》,《砚思集》卷六,《德州田氏丛书》。
② 田同之:《砚思集》,《德州田氏丛书》。

地位。第十首写父亲田肇丽,虽官至户刑郎官,但"长才矢冰操,公相方推毂",才能、清操为时人推重,因病不能起复,连雍正帝亦曰此人可惜。"一语天上来,逾于华衮锡。吁嗟我后人,何以踵前迹。"表达了为父亲的清名自豪和家世盛名难以为继的惆怅。

第十一至十四首为第二部分,写自身的遭遇与处境的艰难。其中第十四首对世家子弟接踵荣华有着深刻的、理性的思考:

> 赫赫为世卿,不必不辱先。
> 落落无世卿,不必不象贤。
> 弓冶各分名,箕裘亦其类。
> 肖与不肖间,安在富与贵。
> 流俗无异识,达人有定评。
> 免使达人嗤,何妨流俗轻。

作为世家子弟,究竟怎样做才能真正接武祖先的荣光? 对于这个问题,田同之认为"赫赫为世卿,不必不辱先。落落无世卿,不必不象贤。"子孙的肖与不肖,不能以家族中是否有人做高官世卿、是否富贵为标准,不要惧怕"流俗"的轻慢,更要以受"达人"推重为准。"达人"的"定评",田同之在第三部分中进行了具体阐述。

第十五首至二十七首为第三部分。田同之用了十三首诗近一半的篇幅,来论证、阐述田氏子弟应该遵守的家规,这十三首诗实际上是用诗歌写成的家训,是对《田氏家训》的完善补充,在不能保持家族富贵的情况下,就如何保持家族清白雅正的门风作了进一步阐发。

第十五首首先谈读书问题。云:

> 人生何所急,惟此读书事。
> 非徒章句学,宁仅制举艺。
> 勤劬不及时,老大空遗悔。
> 我今悔较迟,朝夕尚不废。

> 所幸生我家,趋此路犹易。
> 不幸生我家,舍此即匪类。
> 金银贻口实,伏猎招讥议。
> 何惜数年学,而负一生愧。
> 汝辈警吾言,莫等过耳蚋。

田同之认为读书是人生最不能耽误的事,"人生何所急,惟此读书事。"并以自身的悔恨和当下的勤勉对子孙提出诫勉。与早期田雯制定的家训相比,这首诗是从自身的感悟出发,谈世家子弟的读书学习,"所幸生我家,趋此路犹易。不幸生我家,舍此即匪类。"浓郁的学习氛围、便利的师资条件和丰富的藏书,是世家子弟之"幸",走读书之路明显比普通人要容易得多;而不学习则会成为"匪类",又是其"不幸",世家子弟似乎没有选择其他道路的权利。

第十六首论说手足兄弟之情:

> 父母遗我体,连枝为兄弟。
> 兄弟本相关,诗人歌棠棣。
> 胡为同根生,俨若秦与楚。
> 秦楚不相能,分疆别门户。
> 仰溯我高曾,敬爱传里闾。
> 及我祖与考,怡怡复友于。
> 仪型在家门,汝曹宜上效。
> 缓急且莫论,风雨亦堪乐。
> 嗟嗟我一身,形影独相吊。

田同之悲叹自己形影相吊,没有兄弟可以依托。他认为兄弟的相处之道是"相能",即相互友爱,平等相处,不应像历史上的秦、楚两国一样,不能和睦共处。并举出田雯、田肇丽与兄弟相处的例子,"仪型在家门,汝曹宜上效"。希望儿孙们上行下效,以祖辈为榜样,处理好连枝兄弟间的关系,珍惜棠棣之情。

在后面的诗歌中,田同之嘱托子孙待人醇厚,要"宾筵不厌丰,享祀不厌薄"。(其十七)讲究厚宾薄祭;"处世良不易,殷殷为指陈"。交友方面"小人不可交,交亦勿轻绝"。(其十八)要慎交小人。对待家奴要懂得"主恩与家法,相济无容辟"。"长恶有不悛,谴断当在即。慎勿留余威,致有不可测"。(其十九)讲求宽厚对待下人。在仕途宦海中,田同之既不主张子孙"俯仰承颜色,奔走傍门户。"也不希望过分"迂腐","迂腐固不谐,我自守先矩(其二十),最好是中规中矩。在慎行的同时,更要慎言,"品行固有关,言语更甚之"。"况尔广坐间,乌容无忌惮。一语触家国,祸基罪莫逭"。(二十一)大庭广众之下,更容不得信口开河,尤其是语涉国家大事,更会召来不可逃避的灾祸。做人富贵不张扬,贫穷不自卑,"品格"才"得其体",(其二十二)做学问要有"虚怀",做大事要谨慎。(其二十三)第二十四首云:

> 桑梓惟恭敬,裘马安可矜。
> 鲜怒耀通衢,见者疑且惊。
> 本非膏粱俦,假彼纨袴形。
> 果为世家儿,宁免不肖名。
> 嗟哉无字碑,视此为辱荣。
> 我家清白传,轻肥无力营。
> 淡泊承先志,毋触欣羡情。

田同之告诫子孙,"桑梓惟恭敬,裘马安可矜"。对家乡要毕恭毕敬,为人宜谦恭低调,衣饰车马不可奢华,"本非膏粱俦,假彼纨袴形。果为世家儿,宁免不肖名"。意指不是富贵人家的子弟,不要沾染纨绔习气,即使世家子弟,这样的做派也是不肖子孙。死后要不乞碑铭诔墓,不要浪得虚名。应以清白门风传家,像祖先一样淡泊明志,对我们无力经营的肥马轻裘的豪奢生活,不要生羡慕之情。第二十五、二十六、二十七最后三首,田同之告诫子孙毋为"小利"丧志,"人生幻泡影,一切总虚寄。攫之或可来,恐难携之去"。(其二十五)毋陷"博弈"之情,应惜名自爱,因为"人事亦何常,贵贱各有营"。(其二十六),常缅长者之言,明白"物理有盈亏,时势多反复"的道理,"况我士夫家,尤宜垂良模"。(其二十七)读书人清白之家,宜给世人做好的模范。

田同之这组诗歌,就像诗题所言,是以诗歌的方式"述旧德并诫儿孙"。与祖父田雯处于家世鼎盛时期大量摘录家训不同,他融入了自我生活体验,尤其是一个没落世家子弟的人生感受,对没落世家的子弟尤其有指导意义。多年以后,德州田氏虽未能迎来真正意义上的中兴,但清白传家的门风为当地望族竞相模范。田同之这组长诗,的确具有敬宗收族之功。

第四节　《晚香词》

田同之不仅留有《西圃词说》的论词著述,晚年还集有《晚香词》三卷,包括小令28词牌33首,中调22词牌28首,长调29词牌43首,计有79词牌104首词作。《晚香词》结撰成书时间,应在七十三岁后,依据是集中有一篇"七十三岁初度感怀"。

田同之出生于"诗是吾家事"的文化世家,对于自己的学词、治词过程,田同之在他的词论《词说自序》中,有一段详细的记述文字:

> 余自少日即嗜长短句,每遇乐府专家,则磬折请益。忽忽数十年,沉困于制举艺,不暇兼及,兼及者惟承学声诗,以遵吾家事耳。词则偶一染指,不多为。今老矣,卧病岩间,无所事事,复流连于宋之六十家中,勉强效颦,以寄情兴。①

从这则资料可以看出,田同之少年时即爱好填词,且近于痴迷,每次见到词场圣手,都毕恭毕敬,虚心请教。但成年后的数十年间,因长期困于科举、

① 田同之:《二学亭文涘》卷一,《德州田氏丛书》。

追求功名,没有时间研习填词。仅有的一点时间精力,也只能秉承家学,遵奉祖教,写作声诗,于词只是偶尔为之罢了。直到老年放弃科举,退居林下,才重新转向词学,流连于毛晋的《宋六十家词》,悉心研读,依调摹写,寄情写兴,结集《晚香词》。词集以"晚香"命名,寓意暮年伏枥、壮心未已,词学晚达,终有所成,成为夕阳之红那一抹最美,桑榆之花那一缕馨香。①

受人生阅历、文化传统等限制,田同之的词作较少涉及重大社会生活内容,虽题材开拓性不强,但田同之填词讲寄托,在其游历登临、草木虫鱼、风花雪月、家长里短、身边琐事的描写中,往往包含着落寞寂寥、伤时咏怀的无奈情怀。

田同之词思想内涵最为深刻、丰富的,首先应是他的登临怀古。这类词与其说是咏史,不如说是史论。在田同之的登临怀古词作中,联章体组词《满江红·金陵怀古》十章是代表作。金陵怀古,是历代文人墨客吟咏不衰的诗词主题。在田同之之前的文学史上,李白首开金陵怀古的风气,随后"金陵"意象便频繁出现,其他的唐代诗人储光羲、祖咏、吴筠、杜甫、刘禹锡、司空曙、杜牧、李商隐、韩偓、许浑、韦庄等也反复题写,据统计,《全唐诗》中已有关于金陵的怀古诗90余首。唐代之后,金陵怀古题材由诗进一步发展到词、曲、戏剧以及小说中,王安石的《桂枝香·金陵怀古》与周邦彦的《西河·金陵怀古》乃词中的顶级吟咏。南宋的辛弃疾、文天祥,元代的白朴、卢挚、萨都剌,明代的高启,以及明清之际的黄周星、屈大钧、钱谦益,清代的朱彝尊、纳兰性德等,都有著名的金陵怀古之作。② 田同之面对前贤之作,仍然题咏抒怀,需要勇气、新的视角和独特的感受和认识。

田同之《满江红·金陵怀古》十首词章,怀古览胜,很有气势,分别写了历史上在金陵建都的吴、东晋、宋、齐、梁、陈、南唐、南明八个短命王朝,又兼写了燕子矶、秦淮河两处名胜景点。如第七首咏南唐后主李煜:

> 文采风流,又续向金陵缱绻。消受那,清凉台榭,翠微香艳。乐府

---

① 参见孙彦杰:《西圃词苑晚香馨——评田同之的〈晚香词〉》,《德州学院学报》2008 年第 5 期。
② 参见王志清:《李白与"金陵怀古"的集体无意识》,《南京师范大学文学院学报》2011 年第 3 期。

新声凄以切,宫中早把家山念。偶娱情,了不类齐陈,词宗擅。　　瑶
篋里,法书遍;金检内,画图满。美钟山隐士,般般清鉴。卧榻难容人鼾睡,江南故国空回盼。抱离愁,寂寞锁清秋,梧桐院。①

"薄命作君王"的南唐后主李煜,是人们公认的个人悲剧。在这首词中,田同之把李煜视为"文采风流"的词坛宗师,据史实,李煜也并非是陈后主一样纵情声色、享乐淫逸的误国昏君,只不过是"偶娱情"而已。虽为保全金陵百姓免遭兵祸涂炭,主动削国号、肉袒出降,甘受凌辱,但"卧榻难容人鼾睡"的帝王规则,李煜最终还是被杀掉了,其连"钟山隐士"的生活也难以继续。田同之对李煜寄寓了无限的同情和怜惜,下阕中的"羡"字、"空"字,概括了田同之对李煜的基本态度。这首怀古词,的确具有了别样的评论角度和结论,发人深省。

《满江红·题南池杜工部祠》是对诗圣杜甫人生不遇的咏唱,包含着对自身命运的感叹:

秋水南池,曾此是、杜公游处。每想像,吟魂不远,洋洋如遇。稷契心期何所托,流离踪迹宁堪数。美东阳、风雅接文贞,营祠宇。　　谩回首,浣花寓;差可配,任城簿。况楼标、太白依然俦侣。嘒嘒蝉声森木杪,巍巍庙貌清瑶渚。诵其诗、仰止向池边,千秋俎。

古南池为明清时济宁胜景。据《济宁县志》记载,古南池在城南三里许小南门外,小南门即故城。旧有杜公祠,祀李白、杜甫、贺知章三人,后从州人李毓恒议,并祀许主簿。古南池夏天长着满池的莲荷,香远益和、天地清宁。诗人杜甫曾于开元二十五年(737),在任城许主簿的陪同下游览南池,留下著名诗篇《与任城许主簿游南池》,后人多有吟唱题咏,清康熙帝、乾隆帝南巡驻跸济宁,亦曾游览题写,留有墨宝。题下自注"祠为沈侍御椒园创建",是指田同之好友沈廷芳巡视山东漕运时,于乾隆九年(1744),在兖州建杜

---

① 田同之:《晚香词》,《德州田氏丛书》。

工部祠,后田同之南游途经此地,感慨前事,作有此章。词上阕纪游,写自己在夏末秋初时分游览古南池之地,"吟魂不远,洋洋如遇",每每想到此为圣贤杜甫曾经驻足之所,便能思接千古与圣贤神交,感慨杜甫人臣之心,人生漂泊之苦,敬羡老友建祠为文化传承所作的功德之举。下阕借他人遭际浇胸中块垒,杜甫生涯中的漂泊与许主簿、李太白的友情,寄寓自身的身世之慨,"嘒嘒蝉声森木杪"一句融通古今,意境由杜甫原诗句"森木乱鸣蝉"化出,但景是人非,"巍巍庙貌清瑶渚"的实境描写,将作者思绪拉回现实,"诵其诗、仰止向池边,千秋俎"表达的是自己对诗圣杜甫的无限敬仰。

怀古词《念奴娇·董子读书台》咏唱乡贤西汉大儒董仲舒业绩:

> 天人三策,并江河星日流光无息。学不窥园人不见,传得麟经一脉。两相骄王,书疏教令,足证春秋笔。广川人物,问他异代谁匹?
>
> 今日董子书台,寒烟蔓草,极目无陈迹。百二篇章堪指数,总是当时经术。永济渠边,平原岭下,五字遗残石,千秋仰止,硕儒西汉之一。

董仲舒是西汉时期著名的经学大师,广川人,曾任江都王相和胶西王相。其"诸不在六艺之科、孔子之术者,皆绝其道,勿使并进"的主张,被武帝采纳,开此后两千余年封建社会以儒学为正统的先声。广川作为汉景帝时的郡名,德州亦辖其内,明代修建学宫时出土隋代文物"董子读书台"五字残碑,历代相传董仲舒青年时期刻苦攻读的处所就坐落于此,故董仲舒一直为历代德州的士子们奉为乡贤。田同之这首《念奴娇·董子读书台》词,上阕列其"异代谁匹"的历史功勋:"天人三策"与江河共存,与星日同光,"学不窥园"的执着铸成其经学大师的成就,"两相骄王"、执笔"书疏教令"的政治建树,足以留名青史。下阕则拉回现实,写"今日董子书台"的现状:"寒烟蔓草"是那样的凄凉,"百二篇章"已成"当时经术","永济渠边,平原岭下"、"千秋仰止"的硕儒,仅剩五字残石而已。字里行间难掩繁华过后的悲凉,在咏叹古人的同时,也包含有自身人生的体验。

田同之《晚香词》中的咏物词,数量多,质量高。宋代词人中的苏轼、姜夔、吴文英等皆是咏物词大家。田同之继承前辈的艺术成就,其咏物词委婉含蓄,讲求寄托,往往能遗貌取神,别有深意。在这些咏物词中,出现最多的歌咏对象是花、柳、梧桐、燕莺等。咏花的主要有《壶山好·丁香》、《临江仙·薜荔》、《唐多令·紫蝴蝶花》、《行香子·水仙》、《声声令·莺萝》、《一丛花·珍珠梅》、《清商怨·断肠花》;咏柳的如《醉花阴·垂柳》、《金人捧露盘·秋柳》、《一枝春·雨中新柳》,以及和柳有关的《虞美人·杨花》、《减字木兰花·柳絮》;咏燕莺的如《愁倚阑令·春燕》、《踏莎行·归燕》、《临江仙·听莺》、《齐天乐·百花桥听莺》等。

小令《虞美人·杨花》写杨花的轻舞,更赋予其伤情之寄:

> 千丝万缕东风组,又见杨花舞。郎踪妾梦恨绵绵,触忤此情无语倚阑干。 朱楼碧瓦聊相缀,别作翻春计。云屏冷落画帘垂,任逐伯劳东去燕西飞。

在"千丝万缕东风组,又见杨花舞"的春光里,引发词人感触的是"恨绵绵"的心绪和"无语倚阑干"的行为,从"朱楼碧瓦"间到"别作翻春",词人看到了多少人生的悲凉与无奈。张凤孙评曰:"艳思纷萦凄响浏飒,伤情语自别有寄托。"可谓定评。

中调《谢池春》借咏轩前梧桐,抒写自我人生感受:

> 表表亭亭,合傍垂杨修竹。倚朝阳、翛然超俗。琅玕青玉,文章嘉木。溯由来峄山之麓。 阴垂露滴,影散一天晴绿。郗知他、经曾涵渎。凭谁驱逐,为余收录。恐今荣不胜前辱。

词的上片和下片的开端皆写这株梧桐的今日之荣:娉婷摇曳、"合傍垂杨修竹"的风姿,"翛然超俗"的玉质品格,"峄山之麓"的高贵出身,桐阴蔽日,秋露晨滴,散破弄影之妙,而"郗知他、经曾涵渎"一句则千转直下,田同之自注曰:"轩前新植梧桐一株,乃得自人家厕中者。"曾被抛弃在别家厕中的遭遇,是一棵实实在在的"孤桐","凭谁驱逐,为余收录"将这棵孤桐与词人联系起来,结句"恐今荣不胜前辱"是写梧桐,更是写自身的命运遭际。

在词人的笔下,所咏之物,不仅成了可以交流、沟通的对象,成了能理解自己的精神寄托和心灵伴侣,更多有词人的身影。再如《踏莎行·归燕》:

> 梦冷双栖,帘垂一桁,碧云影里添愁状。可堪重忆旧繁华,呢喃声逐西风荡。　　籍占乌衣,巢离故巷,空梁落月频回望。禁当秋社日凄凉,徒劳勾管三春帐。

这首《踏莎行》词,名为咏燕,实是词人暮年表达的孤寂情怀。田同之一生婚姻生活十分不幸,先娶封氏,十四年后封氏亡,继娶吕氏,二十八年后吕氏亦亡。晚年过着"白发孤踪,形影相吊,茕茕老病,伤如之何?……情难回首,事难问天,寒风飐飐,落叶哀蝉"[①]的寂寞独处生活。词写秋凉时分,北燕南飞,燕子在蓝天碧云中飞翔时似乎也平添"愁状",过去繁华怎堪追忆,燕语呢喃、穴巢温馨的生活已远去,虽籍占乌衣,西风中已不得不离别故巷。此情此景,频频回望,难舍难离。全词写燕子,也是写自己。

田同之还有不少直抒胸臆的咏怀词。长调《莺啼序·述旧感怀》是对自己后半生生活感受的抒写:

> 秋心不堪着莫,况年华至此。忆当日、误入鸿都,宛是鲍也空系。数晨夕、随堂粥饭,沾泥弱絮浑难起。更春风颠倒,刘蒉然颓英气。
> 请急归来,盼望弗及,痛椿庭捐弃。孤露惨、复谱孤鸾,皋鱼奉倩差拟。黯魂销、空房冷簟,极望眼、靡瞻靡止。又谁怜,痈疾恹恹,一身狼狈。　　田园株守,木毁金饥,六载乏生计。蛇鬼斗、无端无妄,老矣何堪,怪雨盲风,几番遭际。蜗涎不满,聊资蠹食,一门群从犹相妒,横催租、不奈石壕吏。医创剜肉,终朝咄咄书空,蒿目怵心难避。　　梯荣不美,媒利羞谈,笑腐酸气味。每自叹、膏焚晷继,岁岁年年,钵肾摧肝,古欢淹滞。殷勤欲共,奇文欣赏,词场声应人不得,没商量、惟有门常闭。栖迟诗竹堂中,免听新闻,好凭故纸。

---

① 田同之:《奠继配吕孺人文》,《二学亭文涘》卷三,《德州田氏丛书》。

在词中,田同之将自己后半生的生活,以四叠来呈现:

一叠写当年出仕京城的感受。开篇"秋心不堪着莫,况年华至此"一句,将全词的主调定音,"秋心"乃"愁"的拆字,"着莫"犹"折磨",不堪忍受愁情的折磨,何况人已到暮年。写当年年过半百不得已而出仕,以"误入鸿都"概括,一个"误"字,道出词人回首这段时光的感受。他认为自己出仕是一个错误。官场数年,不论见习工部,还是任职国子监,"宛是匏也空系。数晨夕,随堂粥饭,沾泥弱絮浑难起",《论语·阳货》:"吾岂匏瓜也哉?焉能系而不食。"词人认为自己宛如空系的匏瓜而无用,就如同随众的堂中一个普通食客,又如同柳絮沾泥,一身沉重,不得轻松,失去了自由自在;"更春风颠倒,刘蕡煞颓英气",官场的正邪颠倒、是非淆乱,即使自己像刘蕡一样贤能,也难免耗尽英气。

二叠继写辞官归来之初的遭遇。当因父亲病危急请辞官归来后,还是没能留住父亲,"痛椿庭捐弃","椿庭",代指父亲,哀痛父亲逝去。"孤露惨,复谱孤鸾,皋鱼奉倩差拟。"先是痛失父亲,接着妻子吕氏去世,自己成了"孤鸾",就如同皋鱼和荀粲一样,[①]"黯魂销,空房冷箪,极望眼、靡瞻靡止。"生活陷入"空房冷箪"、痛失父爱失去慰藉的痛苦之中,"又谁怜,痼疾恹恹,一身狼狈"。再加上身体多病,又有谁可怜、体贴狼狈不堪的自己呢?

三叠写"六载乏生计"的贫困生活。"田园株守,木毁金饥,六载乏生计。"致仕之后,优游田园,依靠祖产过着坐吃山空的日子,六年中缺乏治生的本领。田氏内忧外患频现,"蛇鬼斗、无端无妄。老矣何堪,怪雨盲风,几番遭际"。"无妄",无妄卦,卦象中为下下。鬼蛇般的相斗,家族不料想已呈现严重的衰败景象,虽严守正道,但自己已近暮年,已难以忍受几番风雨的摧折。"蜗涎不满,聊资蠹食,一门群从犹相妒,横催租、不奈石壕吏。"祖产丧失殆尽,所余仅仅抵得上内外的侵蚀,堂兄弟及侄子们仍嫉妒相向,无人施以援手,田同之最后竟不能按时完税,经常被官吏上门催逼。"医创剜肉,终朝咄咄书空,蒿目怵心难避",没办法只得东挪西借,左右拆补,每天

① 据《韩诗外传》卷九载,孔子出行见到了在路旁因"子欲孝而亲不待"而痛哭不已的孝子皋鱼,让弟子引以为戒;三国魏荀粲,字奉倩,每不哭而伤神,岁余亦死,年仅二十九岁。后成为悼亡的典实。

叹息、愤慨与惊诧,触目惊心,难以躲避。

四叠记述自己不慕荣禄,栖迟书斋,苦心钻研,一心向学的决心。"梯荣不羡,媒利羞谈,笑腐酸气味。""梯荣",攀援禄位。不羡慕、羞于谈论禄位与金钱,在世人看来有一股可笑的腐酸气。"每自叹、膏焚晷继,岁岁年年,钬肾搊肝,古欢淹滞。""膏焚晷继",即焚膏继晷,点上油灯,接续日光。韩愈《进学解》:"焚膏油以继晷,恒兀兀以穷年。""钬肾搊肝"即镂肝钬肾,比喻苦心钻研。"淹滞",有才德者而久沦下位。每每感叹自身日以继夜、岁岁年年的苦心钻研,在古欢堂中沉沦。"殷勤欲共,奇文欣赏,词场声应人不得,没商量、惟有门常闭。"即使自己想与人共赏奇文,但由于自己株守诗词大雅,终究知音稀少,没办法,只有闭门笃守而已。"栖迟诗竹堂中,免听新闻,好凭故纸。"所能做的,就是淹留诗竹堂(书斋名)中,过着不问世事、面对古书旧籍的书斋生活。在饱含凄楚的自述中,一位历经沧桑、饱尝苦难,却又伏枥怀志、欲有所为的老者形象跃然纸上,令人同情、受人尊敬。

从艺术成就来看,《晚香词》是田同之晚年退守西圃,流连于宋之六十家、精心品读前贤作品,认真研究先哲词论,细心体味,"勉强效颦"以寄情兴的苦心孤诣之作,因而清新别致,艺术造诣很高。

田同之的词作,是其词学思想的直接体现。田同之的词学思想主要有两个理论来源:以王士祯为代表的"广陵词人"和以朱彝尊为代表的"浙西派"。①广陵词人论词以"婉约"为词之正宗,尊"艳丽"为词之本色,既追求一种天然神韵,又强调修饰雕琢之功,并在后来的发展中逐渐倾向雅正。而浙西词派为了廓清词坛流弊,树立创作正则,提出并确立了"醇雅"的论词纲领和核心,既主张作品立意要醇正,又倡导语言要清雅精美,两家词人在词论思想和主张方面有许多相同相合之处。于前代词人,广陵词人尊崇周邦彦、姜夔、吴文英等名家,而浙西词派则奉姜夔、张炎为旗帜,所谓"家白石而户玉田"。而这些词人,走的正是"雅化"一途。田同之的词学理论主要是"采择"、"参酌"了这两家。

---

① 参见孙彦杰:《西圃词苑晚香馨——评田同之的〈晚香词〉》,《德州学院学报》2008 年第 5 期。

田同之的词作追求风格的多样化。正如其《词说》第四条"曹学士论词"所强调的：

> 然词中亦有壮士，苏、辛也；亦有秋实，黄、陆也；亦有劲松贞柏，岳鹏举、文文山也。选词者兼收并采，斯为大观。若专尚柔媚，岂劲松贞柏，反不如夭桃繁杏乎！①

认为词与诗相比，"词中亦有壮士"，"亦有秋实"，"亦有劲松贞柏"，只有"兼收并采"，才会有词坛上的丰富多彩、蔚为大观。在第九条"诗词风格不同"中，田同之坚持诗所贵者，词亦所贵，而词所"不嫌"者，却是诗不具有的，倡导词风的多样性。正如张凤孙评其十首《满江红·金陵怀古》长调组词云：

> 以刘、许怀古之笔，写发皓扬清之致。十阕中慷慨苍凉，亦间作鬟云香雨，非十七、八女郎所按，亦非铜将军铁绰板所谱，秦、周、苏、辛合为一手，蒋、卢、姜、史并作使驱，当与珂雪咏古、迦陵汴京分一赤帜，余子难道也。②

张凤孙认为田同之的"金陵怀古"词，风格多样，既有"慷慨苍凉"之作，也有"鬟云香雨"之章，将秦观、周邦彦、苏轼、辛弃疾诸家词风"合为一手"，其怀古词的水平与曹贞吉、陈维崧不相上下。

但纵观田同之的词作，大多数作品还是遵循"雅化"的要求，体现了一种清新婉丽、含蓄蕴藉、高雅脱俗、精致新颖的风格特色。叶恭绰编纂《全清词钞》，田同之《碧窗梦·本意》和两首《捣练子·春思》三首小令词入选，是有道理的。我们看其小令《忆秦娥》：

---

① 田同之：《西圃词说》，《德州田氏丛书》。
② 田同之：《晚香词》，《德州田氏丛书》。

芳菲节,离人怕见当时月。当时月,香消肠断,桃根桃叶。　　缘悭分浅休伤别,纵然重见难攀折。难攀折,一回回首,一番呜咽。

田同之于词牌后特别注明"本意",《忆秦娥》词牌的本意是纪念过去的情人。田同之的青少年时期正值德州田氏的鼎盛时期,作为贵公子,在实现自由恋爱的道路上,会受到众多羁绊,遇到许多阻力。从词中描写的内容看,这是一段两情相悦但有缘无分的男女恋情,虽然两人十分相爱,但最终没有得成眷属。"桃根桃叶",泛指美女,"缘悭分浅",缺少缘分。词的上片在描写当年的这份美好恋情与美丽的恋人时,词人化实为虚,将其雅化为朦胧美丽的月色与指代性的"桃根桃叶",下片侧重抒情,强调相见不如不见,不见正是因为"难攀折","难攀折"一词从上片"桃根桃叶"生发开来,以"难攀折"表示难续前缘,不见并非意味着无情,"一回回首,一番呜咽"可见内心的创痛有多么深,情感表达层层递进。田同之将这样一种缠绵悱恻的感情,写得真挚、深婉而又高雅脱俗。

在语言上,田同之词炼字琢句,审音守律,精心结撰,追求精致,因而清新雅丽,空灵蕴藉,韵味精美。如作为词牌中第一长调的《莺啼序》,为南宋时的吴文英所创,又名"丰乐楼"。其正体有四阕,240字,最为难填,可以说代表着词家的艺术最高水平,之前佳作甚少。田同之严守词律,一字不苟,精心填作《莺啼序·述旧感怀》,一方面的确能起到清源流、别正变、挽颓风的作用,同时亦是他词学造诣达到相当水平的标志。

第五节　《西圃丛辨》

《西圃丛辨》是田同之晚年一部重要的学术笔记。成书于乾隆七年壬戌(1742)六月,大致自乾隆元年动笔,历时六个春秋而成,此后因家境困难而难以付梓,直到乾隆十九年甲戌(1754),田同之去世前二年,才由姻弟陕西兴安州知事李世垣资助刊行于世。

《西圃丛辨》是一部作者于长期的治学过程中,"集千狐之腋,成一家之言,崇雅黜浮,订讹辨伪"①的考证性学术笔记,共三十二卷。卷一山川,卷二、三、四人物,卷五、六、七、八、九、十、十一、十二、十三、十四涉经史子集、杂著、碑铭、石刻、法书,卷十五、十六诗词字句,卷十七、十八文字音义,卷十九、二十舆地、城阙、宫室、楼亭、堂馆、桥梁、寺院,卷二十一、二十二古迹成语,卷二十三、二十四、二十五正朔、郊禘、鼎玺、钱号、刑名、贞义、臆说、妄论等,卷二十六称谓、名号,卷二十七日月岁序、干支、仙佛、艺术,卷二十八、二十九草木、鸟兽、虫鱼,卷三十姓名,卷三十一文物、器制,卷三十二饮食、冠饰、闲杂、语事。通观全书,内容包括了山川的误指,事迹的讹传,议论的荒唐,著述的假借,时地的乖违,物类的混乱,甚至字音的差缪,注释的牵强,称谓的舛错等等。分摘录和自撰两类,凡属摘录的,皆注明出处,对于存疑而找不到证据的问题,未见有成说又久为人们所信从的,于是自行考订、求证。

作为一部考证性笔记体著作,《西圃丛辨》中不少篇章的观点新人耳目。如卷二《共和辨》条:

共和辨

周厉王无道,流于彘。共和十四年,宣王立,说者曰:"周室无君,周公、召公共和王政,故号之曰共和。"自史迁至温公,均无异议。独罗泌以为不然。谓:"厉王之时,周公、召公非昔日之周召也。"按《寰宇记》云,厉王流彘,诸侯请奉共伯和行天子事。十四年,厉王崩,共伯使诸侯奉王子靖立,为宣王,共伯复归于宗。至《史记》有篡位之说,非若后世之以窃夺为篡也。盖篡立者,继而立也,非若后世之以窃夺为篡也。使其窃篡,则宣王之立可能得老于共首哉?然则所谓共和者,以为政自共伯尔,非周召共和也,明甚。②

---

① 程盛修:《西圃丛辨序》,乾隆十九年(1754)甲戌本。
② 田同之:《西圃丛辨》,乾隆十九年(1754)甲戌本。

这是关于"周召共和"历史的考证。关于这段长达十四年的"共和"执政,历来有两种说法,一是"周公、召公共和王政,故号之曰共和"。二是指"共伯和行天子事",因称"共和"。田同之以深厚的史学和小学知识,指出厉王奔彘后的"共和",乃"共伯和"代君执政,非周初的"周召共和",特别是辨析史记中的"篡立",初意并非后世所指的"窃夺",实指"继而立",否则就没有后来的宣王时代。田同之在此段文字后注曰"同上","同上"是指与上条的出处"《路史》发挥"相同,说明自己的观点是在罗泌《路史》的基础上生发开去,由此可见同之治学之谨严。

而《禹授天下》一则,虽摘自司马光《史剡》,但能引为同调,足见其识见卓异:

> 禹以天下授益,益避启于箕山之阳。禹子启贤,天下皆去益而归启,启遂即天子位。夫尧之授舜,舜之授禹,以朱与均皆不肖也。禹子启,贤足以任天下,而禹故授益,使天下自择启而归焉,是饰伪也。益知启之贤,而受天下于禹,是窃位也。禹既授益,启违父命而为天子,是不孝也。恶有饰伪、窃位、不孝而谓之圣贤哉,此为传者之过,明矣。

在封建时代,能够敏锐地指出君主的"饰伪、窃位、不孝"和"传者"之过,需要见识更需要胆量。卷三十二《可与人言无二三》云:

> 马二师曰:"不如意事常八九,可与人言无二三。"俗传如此,此误也,乃"可与言人无二三",即可与言之人少也。若作"可与人言无二三",则心事亦暧昧甚矣。司马温公之生平,无不可对人言者,又何谓乎?

用心品读诗句,剖析"俗传"之谬,卷二中的其他篇章如《史皇》、《说筑傅岩》也颇有见地。

有的篇章则考核精当,足见作者的学术功力。如卷六的《三传优绌》:

三传所取之经文,既有争异又有增益。遽指以为夫子所修之《春秋》,可乎? 然择其差可信者而言之,则《左氏》为优,何也? 盖《公羊》、《谷梁》直以其所以作传文搀入正经不曾别出,而《左氏》则经自经而传自传。又杜元凯《经传集解序文》以为,分经之年与传之年相附,则是《左氏》作传之时,经文本自为一书,至元凯始以《左氏》传附之经文各年之后,是《左氏》传中之经文可以言古经矣。然获麟而后,引经以至仲尼卒,则分明增入。杜注亦自以为《春秋》本终于获麟。弟子欲记圣师之卒,故采《鲁史》记以续夫子之经而终于此。然则既续之于获麟之后,宁保其不增益之于获麟之前? 如《公》、《谷》所书孔子生之类乎? 是亦未可尽信也。

《春秋》三传中文之优劣,《左传》优于《公》、《谷》几为学界定评。而田同之的观点非常辩证:《左传》中“经文”相对于《公》、《谷》二传更“可信”,因为《左传》与《春秋》成书时间“相附”,能于经外“别出”传文,故《左传》中的经文可以认定为古文经;但从纪年的截止时间来看,《左传》非止于鲁哀公十四年(公元前481年)的“获麟之年”,仍延至孔子之卒年,既能于“获麟”之后增续,如此田同之认为《左传》经文难保于“获麟”之前不增之,故曰《左传》中经文“未可尽信”。

除此条外,卷六中的《古礼释文释误》、《周官辨伪》、《批点孟子》诸条,也都条分缕析,鞭辟入里,考核精当。

《西圃丛辨》中有的内容则广征博引,足资参考,如卷九《二唐书》、《晋书》、《五代史舛误》、《宋史》、《十六国春秋》诸条。

二唐书

五代刘昫所修《唐书》,因宋祁、欧阳修重修《唐书》,遂有新、旧《唐书》之名。《旧唐书》人罕传,不知其优劣。近南园张公漫录中载其数处,以旧书证新书之谬,良快人意。余又观姚崇十事要说,此其大关键。而旧书所传问答具备,首尾照映,千年之下,犹如面语。新书所载则剪截晦涩,事既失实,文又不通,良可慨也。欧为宋一代文人,而刘乃五代不以文名者,其所著顿绝如此。宋人徒欲夸当代、以诬后世过矣。

这条笔记采自杨慎的《升庵集》,关于新、旧《唐书》的优劣,事实上是各有千秋:如《旧唐书》前中期在史料上大体都是直接抄录唐代官修国史、实录的旧文,史料翔实具体,丰富完整,价值较高,但总体编纂尤其是后半部分比较粗糙。而《新唐书》增订补充了不少《旧唐书》所缺略的重要史实,特别是志书部分,系统、丰富、完整地保存了大量社会经济史料,但在纪传方面删削简略太过,《旧唐书》本纪原有 30 万字左右,《新唐书》压缩到不足 10 万字,个别篇竟压缩到原来篇幅的 1/10,未免伤筋动骨,因编纂者欧阳修、宋祁等排斥骈文,而唐代的奏议大多由骈文写成,故使得很有历史影响的诏奏都予以删除,结果丢掉了许多有重要价值的史料。田同之所摘录的这段资料,从一个侧面反映了旧唐书的价值。作为明清时期的学人,无论是杨慎,还是田同之,他们的学术敏锐性是十分可贵的。

卷九记有自叔祖田需《厕垫录》摘抄的一则资料《十六国春秋》云:

> 魏散骑常侍崔鸿撰《十六国春秋》,自南宋后其书已亡。据朱竹垞检讨云,今所行者,乃明嘉禾屠乔孙采诸史伪成者。

《十六国春秋》是一部重要史书。魏收编写《魏书》,唐朝时编修《晋书》,都将《十六国春秋》作为重要参考资料。但北宋时此书已残缺不全,只剩二十多卷,司马光编修《资治通鉴》时曾引用过。明清时期辑录有三个版本:一种是明代屠乔孙、项琳编写的百卷本,托名为崔鸿,是根据《晋书·载记》、《资治通鉴》以及《艺文类聚》、《太平御览》等涉及十六国史实的书籍补充而成。第二种是《汉魏丛书》中保存的十六卷本,十六国各有一录,记各国主五十八人,与《晋书》大同小异,是明人据《晋书·载记》编写而成。第三种为清朝汤球编写的《十六国春秋辑补》一百卷,他以前两种《十六国春秋》为底本,所辑史料力求信而有征,并有考证工作,从而成为现在研究十六国时期历史的重要资料。田同之摘录叔父田需著述中的这则资料说明,清中前期学人对当时流行的《十六国春秋》这部史书的真伪有着清醒的认识。

卷十五《毛序》、《诗三百》、《诗什》、《郑声淫》诸条,虽未能详考,但征引博洽:

诗三百

孔子但正乐,使各得其所,未尝删《诗》。观"自卫反鲁"云云可见。且一则曰诗三百,再则曰诵诗三百,《家语》对哀公问郊,亦曰:"诵诗三百,不可以一献。"知古诗本来有三百,非孔子自删定也。又《左传》列国卿大夫燕飨赋诗,率皆三百篇中之诗,多在孔子之前,其非夫子手删,了然可见。叶水心《习学记言》云:"《史记》言古诗三千,孔安国亦言删诗为三百篇。按诗,周及诸侯用为乐章,今载于左氏者,皆史官先所采定,就有逸诗,殊少矣,不待孔子而后删十取一也。《论语》称诗三百,本谓古人已具之诗,不应指其自删者言之也。辅广亦谓司马迁言古诗三千,传闻之误。"其说与予见略同。

这是古今学界一个争讼的话题——"孔子删诗"。田同之在这里采录王渔洋《池北偶谈》的观点,也认为"诗三百非孔子所删"[①]。而《郑声淫》一则,更是支持杨慎《丹铅录》的观点,具有学术思辨的深度:

郑声淫

淫者,声之过也。水溢于平曰淫水,雨过于节曰淫雨,声溢于乐曰淫声,一也。郑声淫者,郑国作乐之声过于淫,非谓郑诗皆淫也。后世失之解,谓郑皆为淫诗,谬矣。《乐记》曰:流碎散邪、狄成涤滥之音作,而民淫乱,狄与逖同,狄成言乐之一,终甚长淫泆之意也。若古之曼声,后世之花字耳。

郑声非郑诗,郑诗非全"淫",已经得到现代学术界的定评,孔子所谓"郑声

---

① (清)王士禛:《池北偶谈》,《王士禛全集》第四册,齐鲁书社,2007 年,第 3286 页。

淫",不过是说郑国的音乐相对于"正乐"而言,过分奇巧,音乐淫荡,诱惑人心。

卷三十二《饭蔬食》、《屠苏酒》、《索郎》、《寒具》诸条,叙说详细,可备参考。

《西圃丛辨》作为清代的一部学术笔记,也存有局限。一是书中大部分资料为摘录,虽能见作者涉猎广博,但体现自己独特的、振聋发聩的见解偏少。二是有时考证也难免有失误,如卷五《尚书古今文》条,尚未能考知伪《古文尚书》;三是受时代局限,有些认识不具科学性,如卷三十二《地震》,用阴阳八卦解释地震现象,《无鬼论》云人死"顺受其正、坦然而化"则无鬼、"其气郁而不伸,往往能为厉"的唯心观点等等。

结　　语

乾隆二十一年(1756)丙子,十二月。随着田同之逝去,德州田氏——明清时期一个享誉山左、闻名宇内的世家望族,终于彻底地迈入了衰败、飘零的轨道。"登临惟见夕阳红",当年田同之送别王苹进京赶考的诗句,已经预告了人事代谢的不可逆转。此时,由清初山左文人创造的山东学术的辉煌已呈颓势,文化的重心再次回转到草长莺飞的江南。繁华过后,咀嚼反思曾经这过往的一切,无论何时,都应该有着学术与现实的双重意义。

德州田氏,一个起于乡间的文化世家,严谨处事,清白持家,诗书继世,以科举兴,又因科举而衰,这个世家的起伏震荡,具有大多数封建世家望族发展的标本意义。但其家风中崇文尚学的非功利性特点,支撑着德州田氏近百年的清誉;德州地域文化海纳百川的特征所造就的田氏诗文化的兼容性,以及家族了孙文化四方、润泽乡梓的事迹、严谨为官的处事风范,又显示出此家族非彼家族的文化性格。

封建世家的兴盛,固然需要科举隆盛的支撑,但一个家族内部所应具有的内驱力何在? 是否有规可循? 这是一个极具意义的命题。通过德州田氏家族的研究,我们发现,家风与母教是德州田氏走向成功的双翼。德州田氏自第五世田实栗起,就被誉为州城最具家法的家族,对成功的孜孜以求化为子孙的崇文尚学,并进而形成子孙自律的家风,田雯终生难以忘怀童年时的庭训情景,田需事事以兄长为楷模的追随,这对一个家族的发展是多么重要;当面对外来风雨时,一个家族的女性的智慧、决绝与韧性又会爆发出巨大的能量。田绪宗初入仕途即以身殉职,田雯母亲张氏只身拼挡,昼讼夜织,课儿日严,正是张氏巾帼不让须眉的才智品性,才迎来德州田氏的鼎盛。张氏名列《清史稿·列女传》第一人,其典型意义也给当代家庭建设以无尽的启示。关于德州田氏研究,限于文献条件与笔者学养,诸如德州田氏的经学、蒙学贡献等问题没有涉及,还有不少问题有待进一步深入探讨。

德州,一个因水而名的鲁北小城,一个明清时期因运河而兴,因运河而衰的驿路重镇,她有黄河的血脉、五河的情怀、漳卫的余韵、运河的风姿,在齐风鲁韵、燕魂赵魄等多种文化的滋养下,千百年来展露着属于她自己的风采,在沧桑轮回中,承载着太多兴亡盛衰、离合悲欢的故事。以董仲舒、东方朔、颜真卿、田雯、卢见曾等为代表的桑梓先贤,或生长于斯,或驻足于斯,他们所给予德州地域文化的滋养,今天看来,无论怎样评价,都不为过。

"盛事已随流水去",田同之当年小重阳柳湖闲步时的诗句,似乎已预知德州田氏真的要远去了。今天,当笔者为撰写这本小书四处寻找文献、实物,力图更真切地感受乡邦气象,以触摸三百年前德州的那段辉煌时,蓦然发现,一切竟是那样的虚无、苍白——你找不到德州田氏的"寒绿堂"、"瓜隐园"、"数帆亭"、"鹿关精舍"和其他德州世家的"止园"、"朴园"、"濯锦园"、"听雨轩"自不必说,甚至这些美丽优雅的名字,也只存在于已经泛黄的故纸上。仅仅过去了三百年,他们竟消失得这样彻底,无声无息,仿佛他们根本就没有来过。

但他们的确存在过!只不过当经济衰落时,文化被后人连根拔起而已,于是乎愚昧也就肆虐开来,以德州田氏为代表的世家文明也就在劫难逃。那么,当经济高速发展时,我们该做些什么呢?

附　　录

一、德州田氏世系简表(明至清中期)

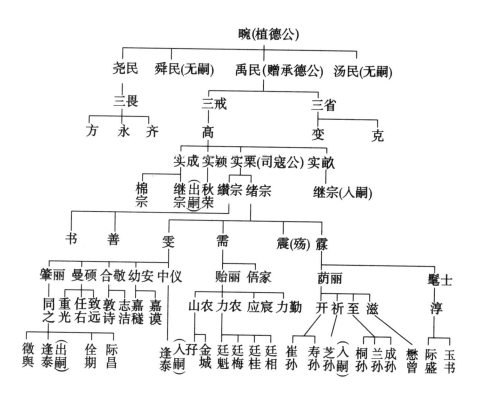

二、德州田氏著述一览表

序号	姓名	著述名称
1	田实栗	《明儒案》四十卷
2	田绪宗	《筮仕记》
3	张氏	《茹荼吟》绝句三十首
4	田雯	《蒙斋年谱》四卷、《古欢堂诗集》十五卷、《古欢堂文集》十二卷、《黔书》二卷、《长河志籍考》十卷、《幼学编》、《诗传全题备义》、《古欢堂各体读诗订本》、《历代古文选本》、《诗经大题》不分卷
5	田需	《水东草堂诗》、《亦政堂诗》、《厕垫录》、《田子箧中稿》
6	田霢	《鬲津草堂诗集》
7	田肇丽	《有怀堂诗集》一卷、《有怀堂文集》一卷、《南北史纂》、《麻衣消寒录》、《砚北犹存录》、《扈从记程》、《拗体诗钞》
8	田幼安	《宁固堂诗》
9	田中仪	《红雨斋诗》、《红雨斋词》
10	田同之	《诗竹堂诗》二卷、《二学亭文涘》四卷、《晚香词》三卷、《西圃诗说》一卷、《西圃词说》一卷、《西圃文说》三卷、《西圃丛辨》三十二卷、《古欢堂笔记》、《西圃近稿》一卷、《西圃诗册》一卷、《砚思集》六卷、《安德明诗选遗》一卷、《幼学续编》八卷、《诗竹堂历代读诗订本》
11	田徵舆	《石南斋诗词存稿》、《磨砻顽钝印谱》
12	田佺期	《松尧公遗诗二章》
13	田际昌	《西园近稿》

注：本表依据《安德田氏家谱》、《德州志艺文志》、《国朝山左诗钞续钞》、《山东文献集成》编纂而成。

三、赐进士出身文林郎浙江处州府丽水县知县累赠奉政大夫蓼莪田公年谱①

公姓田氏,讳绪宗,字仿文,一字文起,号蓼莪,山东济南府德州人。始祖讳畹,高祖讳禹民,赠承德郎、户部云南司主事。曾祖讳三戒,嘉靖癸丑进士,历官户部云南司主事。祖讳高,州学生。父讳实㮚,州学生,母于氏,继母钱氏。

明万历三十七年己酉

正月十一日辰时,公生。

万历三十八年庚戌

万历三十九年辛亥

万历四十年壬子

万历四十一年癸丑

万历四十二年甲寅

万历四十三年乙卯,公年七岁。

始入小学,日记千余言,不事嬉戏。

万历四十四年丙辰

万历四十五年丁巳

万历四十六年戊午

万历四十七年己未

万历四十八年庚申

天启元年辛酉

天启二年壬戌

天启三年癸亥

天启四年甲子

天启五年乙丑,公年十七岁。

读书家塾,倜傥自负,不屑伍里中儿。家贫苦学,冬夜拥薪足下御寒,

---

① 录自田雯、田同之等:《安德田氏家谱》卷四。

咿唔达旦,厌时文觚骰之习,覃思古学,为举子业,务成一家言。性嗜酒,戒不复饮。

天启六年丙寅

天启七年丁卯

崇祯元年戊辰

崇祯二年己巳

崇祯三年庚午,公年二十二岁。

　　三月应试,学使句容季公(乔)拔识之,补州学生。同里张公(祯)器公,许以女妻公,四月纳聘。

崇祯四年辛未,公年二十三岁。

　　闰十一月,娶今诰封太宜人张氏。

崇祯五年壬申,公年二十四岁。

　　九月,长女生。

崇祯六年癸酉,公年二十五岁。

　　设教于桑园镇。秋,乡试,文为主司所赏,诡得而失。

崇祯七年甲戌,公年二十六岁。

　　十月十六日,丁母于太夫人忧。

崇祯八年乙亥,公年二十七岁。

　　五月,长男雯生于桑园镇。十二月二十八日,葬母于太夫人于城南先垅。

崇祯九年丙子,公年二十八岁。

　　秋,乡试。公服未阕。

崇祯十年丁丑

崇祯十一年戊寅

崇祯十二年己卯,公年三十一岁。

　　秋,乡试不中。

崇祯十三年庚辰,公年三十二岁。

　　九月,次男需生于桑园镇。

崇祯十四年辛巳,公年三十三岁。

　　设教乡塾,曩在桑园十年始返故居。

崇祯十五年壬午,公年三十四岁。

秋,乡试不中。十月闻警,州城戒严,移居城内。

崇祯十六年癸未

皇清顺治元年甲申,公年三十六岁,即崇祯十七年。

三月,流贼陷京师,东方大乱。州人拥明宁藩裔朱师钦为济王,徵公授以官,公卮然弗屑,避迹禹津之西村。

顺治二年乙酉,公年三十七岁。

济南诸州邑乱定,公出就有司试,学使大兴房公澹菴(之骐)奇之,谓文有归震川风味,拔第一,食气。五月二十二日,丁父忧。十二月二十六日葬。

顺治三年丙戌

八月再行乡试,公服未阕。

顺治四年丁亥

顺治五年戊子,公年四十岁。

秋,乡试,病未赴。冬值寇变。是岁以长女嫁许裕。

顺治六年己丑,公年四十一岁。

十月,叔满所公卒。

顺治七年庚寅,公年四十二岁。

八月,长男雯入泮。时从游日众,公教之有绳尺,同里萧侍读(惟豫)自童子受业,辄以翰苑期之。

顺治八年辛卯,公年四十三岁。

二月,二男震生。公屡试僿屋,以文奇见斥,人或规以谐时,叹曰:"虎豹之斑,凤凰翡翠之羽,贵其文异也。使吾文而犹夫人也,乌用吾文为卒。"持之不变。秋举于乡,中式第十二名,受知户科给事蒲州杜公振门(笃祜)抠部钜鹿杨公贤甫(时荐)莘令洪洞刘公泽泗(早誉),同门六人,公为冠。

顺治九年壬辰,公年四十四岁。

举礼部,中式一百名。是科磨勘会试,革黜会元程可则等,改为九十四名。受知学士武陵胡公此庵绕虞,大名成公青坛(克巩),检讨宛平章公紫仪(云鹭)。同门二十三人。殿试邹忠倚榜第三甲第二百三十四名,观户部政。五月回籍。九月檄选馆职,同年白乃贞约入京与试,公以继母钱太夫人病,未果行甫登一第。家居食贫,追丧乱之多,抱罔极之深悲,往往读蓼莪之诗而流涕欲废也,因号蓼菴云。

顺治十年癸巳,公年四十五岁。

九月,四男霖生。州故广川郡,旧有汉董子祠、读书台遗址,荒圮不治久矣。公新之,立仲舒像于右,以唐平原守颜真卿配焉。集士之能文者,讲学其中。八月谒选,授浙江处州府丽水县知县。

顺治十一年甲午,公年四十六岁。

二月,赴丽水任。邑荒残凋敝,催科紊乱,民苦之。公内外各置一簿,核计盈欠,吏不得上下手为奸。其力役则造烟居册,按籍均徭,罔困贫寡。丽水学校,峃然择山之阳昉自李邺侯,而韩退之为石记,兵燹倾废。公至则新之,会诸生讲业课艺,名曰丽泽大社。邑有通济堰,萧梁时所筑,障松遂两溪水为四十八派,灌田万余亩。后大水决堰,泉散土窜。公单骑往视之,曰:"创于昔而堕于今,如吾民何躬庵?"重复堰,民用利赖初。公将之官,作《筮仕记》一编,援古循吏以自励,曰:"使吾行有弗协于是,弗敢为也。"至是出为政,无一不如其言。丽民歌曰:"邑侯清,鸡太宁。邑侯廉,妇子安。"丽俗午日龙舟水嬉,公与温处道传梦籁、知府王崇铭、推官赵霖吉饮河上,暑热啜寒泉疾作。七月九日戌时卒。邑人哭,罢市云。旅榇间关归于里,厝于室。

康熙五年丙午十一月二十日,葬于城南祖茔之北阡,酉山卯向。

四、田雯行年简谱①

明崇祯八年乙亥(1635),一岁。

五月二十三日,丑时,出生于桑园镇,父绪宗,母张氏。"至我父丽水令蓼菴公……乃以前崇祯乙亥五月二十三日丑时生余于桑园镇。"(《蒙斋年谱》)

---

① 本文曾发表于《德州学院学报》2003 年第 3 期。有改动。

明崇祯十三年庚辰(1640)，六岁。

父绪宗口授《孝经》。"父蓼菴公口授孝经。"(《蒙斋年谱》)

明崇祯十四年辛巳(1641)，七岁。

得祖父实栗疼爱，一同起居饮食，并口授《毛诗》。"祖裕所公命同眠食，口授毛诗。"(《蒙斋年谱》)

清顺治二年乙酉(1645)，十一岁。

四月，清兵陷扬州，南明福王政权倾覆。德州"设满洲驻防兵，定文武乡会试。"(《德县志》，民国二十四年修，下同)

祖父实栗卒。"祖裕所公卒。"(《蒙斋年谱》)

清顺治三年丙戌(1646)，十二岁。

是年，清廷开科取士。

始学作文。"丙戌十二岁始学为文。"(《蒙斋年谱》)

清顺治六年己丑(1649)，十五岁。

发奋读书，近乎痴狂。"性嗜书，坐守如痴，塾归即索饭，迟辄意怼，得饭或立檐荣，或坐户槛，盂竭为率，不问盐虀，焚膏继晷以为常。"(田需《田雯行状》)

清顺治七年庚寅(1650)，十六岁。

八月，中童子试第一。"年十六，学通经史，属文日数千言，遂试第一。"(田需《田雯行状》)

清顺治八年辛卯(1651)，十七岁。

十月，娶马氏为妻。"十月娶妻马氏。"(《蒙斋年谱》)

清顺治九年壬辰(1652)，十八岁。

父绪宗进士及第。

清顺治十年癸巳(1653)，十九岁。

八月，父绪宗授丽水县知县。

清顺治十一年甲午(1654)，二十岁。

正月，父绪宗赴任丽水，与父别于德州城南黄河厓旅舍。绪宗到任三月，七月九日卒于任。"正月，父蓼菴公之丽水，未从行，七月九日，蓼菴公卒"。(《蒙斋年谱》)

清顺治十二年乙未（1655），二十一岁。

是岁，遭强族豪戚恶奴之欺，有"患至剥肤"，"势无完卵"，"身寄虎牙熊耳"之感。

清顺治十三年丙申（1656），二十二岁。

城北六屯祖遗田六百亩突遭掠夺，河间三十旗卒突至，练夺佃丁。

十月，施闰章出任山东学政。"顺治十三年秋，奉使督学山东。"（《施上白年谱》）

清顺治十四年丁酉（1657），二十三岁。

科试知遇施闰章。"应科试，学使施公闰章首拔之。"（《蒙斋年谱》）

清顺治十五年戊戌（1658），二十四岁。

于济南攻读，青州谒友。

清顺治十六年己亥（1659），二十五岁。

岁试再受知于施闰章，受学于父友袁国柄。遇奸人逼偿父债被讹诈，卖河西朱家庄田若干亩，宅院一处，家道更加中落。

清顺治十七年庚子（1660），二十六岁。

六月应试，秋试后归里，中举第八名。

清顺治十八年辛丑（1661），二十七岁。

正月，顺治帝卒，子玄烨嗣位。十月，郑成功收复台湾，驱逐荷兰人。

正月八日，长子肇丽生。当日北上参加会试。试毕，中式第二百四十八名。

清康熙元年壬寅（1662），二十八岁。

四月，吴三桂弑永历帝，明永历王朝告终。五月，郑成功卒，子郑经嗣主台湾。

春游章丘，夏游济南，冬季入京，并西游真定。

清康熙二年癸卯（1663），二十九岁。

五月，《明史》狱兴。八月，礼部遵旨议复乡会试停八股文，以次年甲辰科为始。

春游临清，秋游恩县，冬至曲阜拜见同年孔贞瑄，并至兖州。

清康熙三年甲辰（1664），三十岁。

殿试中二甲第四名。九月，南游武林，冬返姑苏。

清康熙四年乙巳(1665),三十一岁。

四月,由姑苏归里。

清康熙五年丙午(1666),三十二岁。

十一月二十一日,葬父蓼菴公绪宗于先茔之北新阡。

清康熙六年丁未(1667),三十三岁。

七月,玄烨亲政。

五月,任内阁中书舍人。冬迎养母亲张氏于京邸。

清康熙八年己酉(1669),三十五岁。

四月,玄烨幸国子监,加恩孔、孟、颜、曾四氏子孙之仕于朝者,以示尊孔崇儒。

师从河朔学派首领申涵光先生学诗。

清康熙九年庚戌(1670),三十六岁。

署秘书院典籍事,充文武殿试收卷官。

清康熙十年辛亥(1671),三十七岁。

迎养母亲张氏于京邸。十月,因缮写玉牒而见帝于御书房,得赐白金二十两。

清康熙十一年壬子(1672),三十八岁。

与曹贞吉唱和。三月,偕友谢重辉、张衡游西山。六月,诗酬赠宋琬之蜀。

清康熙十二年癸丑(1673),三十九岁。

十一月,吴三桂首先于云南举兵反清,三潘之乱始。

七月,与友梁联馨唱和。八月,升户部福建司主事。

清康熙十三年甲寅(1674),四十岁。

十月,升户部云南司员外郎。力持洒运漕米带运白粮,省费三十余万金。又议折征白粮,力持减额,以宽民力,已成成例,几十年未改。

清康熙十四年乙卯(1675),四十一岁。

从王士祯、施闰章论诗,言行谦恭。"每从末座,时接微言,苟有会心,强名悬解。"(《蒙斋年谱》)未几,迁户部江南司郎中。

清康熙十五年丙辰(1676),四十二岁。

奉旨监督大通桥漕运,作五言古诗一篇。勒石官廨,召集同人,泛舟通济河,绘图题七言歌行一篇,和者众多。

清康熙十六年丁巳(1677),四十三岁。

三月三十日,次子曼硕生。四月初二日孙同之生。八月升工部营缮司郎中。十月,因病归里。

是年,王士禛选宋荦、王又旦、颜光敏、叶封、曹贞吉、谢重辉、丁炜、曹禾、汪懋麟、田雯之诗为《十子诗略》,编定刻之。世称"金台十子"。(另见邓之诚《清诗纪事初编》卷六)

清康熙十七年戊午(1678),四十四岁。

归田未久,兵部侍郎孙光祀力荐,陈情未果。

清康熙十八年己未(1679),四十五岁。

七月,北京发生大地震。

正月,补工部虞衡司郎中,管理节慎库。入署,约束不苛不纵,上下肃清,库丁各得其业,后为其勒石题名。节慎库题名,自此始。"七月地震,作山姜移居诗一篇,和者百余首。"(《蒙斋年谱》)

清康熙十九年庚申(1680),四十六岁。

是年,三藩之乱基本平定。

六月,升提督江南通省学政按察使司佥事。立教条十五则,酌古准今,尊昌黎、临川等四家为正宗,论文词尚清新,理取纯正。

清康熙二十年辛酉(1681),四十七岁。

"奔走于大江南北间……阅卷九万五千有奇,夜分烧烛,申旦不寐……饮食失节,寝兴异宜,不能自惜其劳也。"(田需《田雯行状》)届期考核,取两江大小衙门印结,于是,给人"下石之机"。

清康熙二十一年壬戌(1682),四十八岁。

四月卸任,胥吏解去,于是流言"铄金"。是月,新任制府于成龙与江宁巡抚余国柱合奏考语"公明尤著"而得归。

清康熙二十二年癸亥(1683),四十九岁。

春,于济南趵突泉养病。是年,欲移家历下未果。

清康熙二十三年甲子(1684),五十岁。

十一月十七日康熙至曲阜,亲书"万世师表"四大字。

十一月,授湖广湖北督粮道布政使司参议。

清康熙二十四年乙丑(1685),五十一岁。

是年,康熙命将所书"万世师表"四字刻石,颁至全国府州县学立置。

五月初七日莅任,痛抉漕政十六弊,捕汉阳南粮大蠹。十日内办荆州兵粮六万斛。调剂郧阳、黄州米供。九月奉旨"内升"。

清康熙二十五年丙寅(1686),五十二岁。

四月,奉旨补授光禄寺少卿,旋升大理寺寺丞,历俸鸿胪寺卿。

清康熙二十六岁丁卯(1687),五十三岁。

四月二十日,补授江宁巡抚。七月莅苏受事,据实条陈漕白米色;疏请因事制宜,采买颜料;请用库银,彻底疏竣京口河道;酌减丹阳练湖田价;停止芦课办铜;八月,奉旨会勘河道,因力持公议,遭权柄者嫉恨。

清康熙二十七岁戊辰(1688),五十四岁。

四月十三日,巡抚贵州。虽迁边地,但并无失意之叹,"遭谤中伤而去繁就简,避嚣趋静,适与素性相宜,于意甚惬。"(《蒙斋年谱》)八月抵贵阳,其治黔,对苗以防代剿;整顿吏治,"痛戒有司勿虐苗生事"(田雯《黔书》);改折兵米,兵民两便;设五开县隶黔;疏请平溪、清浪二卫科举改就黔试。

清康熙二十八岁己巳(1689),五十五岁。

重视文化的教化作用。"以为穷荒困陋,必崇文治,而后可以正人心,变风俗。"(《蒙斋续年谱》),请建各地学宫,兴复学校。重修阳明书院、武乡侯祠、甲秀楼,自是黔列翰苑者有人;收土总兵龙大祐;协兵部缉拿弑主川蛮阿所;是年自号蒙斋。

清康熙二十九年庚午(1690),五十六岁。

著《黔书》一卷,《历代诗选》十二卷,《历代文选》二十卷。

清康熙三十年辛未(1691),五十七岁。

闰七月初六日,闻母丧,仓皇东归。

清康熙三十一年壬申(1692),五十八岁。

二月十日葬母于先垄。

清康熙三十二年癸酉(1693),五十九岁。

八月,重病几危,作《蒙斋生志》一篇。十二月十九日,特旨升补刑部右侍郎。

清康熙三十三年甲戌（1694），六十岁。

正月十二日，北上入署办事。冬十一月转刑部左侍郎。除夕完成《蒙斋年谱》一卷。

清康熙三十四年乙亥（1695），六十一岁。

有《厌次草堂诗》一卷。

清康熙三十五年丙子（1696），六十二岁。

奉命祭告嵩山、淮渎、济渎。

清康熙三十六年丁丑（1697），六十三岁。

二月，奉命主礼闱试事，得士汪士鋐等一百五十九人。七月，奉命充殿试读卷官。

清康熙三十七年戊寅（1698），六十四岁。

著《长河志籍考》十卷。

清康熙三十八年己卯（1699），六十五岁。

六月，调户部，以左侍郎管右侍郎事，管宝泉局，督京省钱法。疏请停用库银收买废钱以节财用。与孔尚任关系密切，因而常索阅《桃花扇》手稿。"少司农田纶霞先生来京，每见必握手索览。"（《桃花扇本末》）是年，《桃花扇》完稿。

清康熙三十九年庚辰（1700），六十六岁。

正月六日，与于成龙督催高堰工程。

清康熙四十年辛巳（1701），六十七岁。

是年染脾胃之症，神智昏殆，又腿疾步履难前。十一月五日，妻马氏卒。十二月，奏请回籍延医调理。

清康熙四十一年壬午（1702），六十八岁。

因病乞假回原籍德州。"田纶霞（雯）少司徒为诗文好新异，康熙壬午谢病归，浃岁卧病。"（王士禛《香祖笔记》卷九）十月初五日，康熙南巡驻跸德州山姜书屋，初九日，奉圣意自选三字，并奉旨释义，得御书"寒绿堂"匾额。

清康熙四十二年癸未（1703），六十九岁。

是年，山东水灾，"夏秋苦霪，山东被灾。"（《蒙斋补年谱》）

帝巡视河工至德,恭迎三十里外。捐谷六百石具呈山东巡抚济灾。

清康熙四十三年甲申(1704),七十岁。

正月二日夜,病发。病危,嘱子为官勿贪,口授遗疏,谕以丧礼从俭,毋讣告,无一言及家事。二十三日辰时卒。"卒之又明年二月十九日大葬于州城东南阳谷店南原。"(周彝《神道碑铭》)

五、德州田氏诗群生卒年证补①

(一)张氏

张氏作为清代女诗人,目前最为著名的几部女性文学史和工具书,如《清代妇女文学史》、《清代闺阁诗人征略》皆不见记载,生卒年更是无从查考。

根据德州田氏后裔田志恕先生提供宗祠版民国续修《安德田氏家谱》,卷二内传有田雯为母亲所作传记,云张氏"生于明万历四十三年乙卯三月初九日丑时,卒于康熙三十年辛未六月十六日酉时……寿七十有七"。②

据此,张氏生于明万历四十三年乙卯(1615)农历三月初九,卒于清康熙三十年辛未(1691)农历六月十六日。

(二)田霖

关于田霖生卒年,目前能见到的说法有三:

一是不确定。钱仲联编《中国文学家大辞典·清代卷》,直接注为"生卒年不详"③;袁行云《清人诗集叙录》"鬲津草堂诗五卷"条有:

> 卷五曰《乃了集》,记七十八岁南游,时子婿张华年为金陵守。又有《绝笔诗》五首,作于雍正七年(按:1729 年),时年七十有八。④

可见袁行云先生对田霖生卒年亦不甚确详。

---

① 本文曾发表于《古籍整理研究学刊》2010 年第 1 期,有删节。
② 田雯、田同之等:《安德田氏家谱》卷二。
③ 钱仲联:《中国文学家大辞典·清代卷》,中华书局,1996 年,第 118 页。
④ 袁行云:《清人诗集叙录》,文化艺术出版社,1994 年,第 521 页。

二是生于 1652 年,卒于 1729 年。柯愈春《清人诗文集总目提要》云:
"霖生于顺治九年(1652),卒于雍正七年(1729)。……雍正七年作《绝笔》
诗,有'七十八年为寄客'、'七十八年余数月'句,知卒年七十八岁"①;江庆
柏《清代人物生卒年表》注为"(1652—1729)"②,其依据是田霖《鬲津草堂
诗集·绝笔》。需要说明的是,江先生对田霖生卒年是持疑问的,页下
注云:

> 田霖生卒年,此据其《绝笔》所记。雍正四年(1726)田霖作傅仲辰
> 《心孺诗选》序,自署"七十四岁",依次推算,则其生年为顺治十年
> (1653)。

看来江先生对田霖生年、卒年也都不十分确定。

三是生于 1652 年,卒年 1729 以后。李灵年等编《清人别集总目》即注
为"(1652—1729 以后)"。③

关于田霖生卒年,概括以上三家观点,一说田霖生卒年不确定,一说田
霖生于 1652 年,卒于 1729 年或 1729 年以后,实际上,都是缺误模糊的。今
观《安德田氏家谱》,卷三收有其《香城先生自作墓志铭》,墓志铭后有田霖
儿子荫丽、髦士所撰附注,附注全文如下:

> 志系戊申年先君子自作,岁庚戌先君子卒。今卜葬有日将勒诸穴墓
> 之石,谨将生卒年月并子女名数附列于后。先君子生于顺治十年九月二
> 十四日寅时,卒于雍正八年十一月二十日亥时,得年七十有八,门人谥号
> 靖节先生。配郑氏,子二人荫丽、髦士,女二人;孙五人开、祈、至、淳、滋,
> 孙女一人;曾孙四人鹤孙、桐孙、寿孙、得孙,曾孙女三人;今以雍正九年
> 二月二十七日葬于城北第六屯之北原。男荫丽、髦士谨识。④

---

① 柯愈春:《清人诗文集总目提要》,北京古籍出版社,2001 年,第 347 页。
② 江庆柏:《清代人物生卒年表》,人民文学出版社,2005 年,第 113 页。
③ 李灵年等:《清人别集总目》,安徽教育出版社,2000 年,第 322 页。
④ 田雯、田同之等:《安德田氏家谱》卷三。

从这则资料中可知:《香城先生自作墓志铭》作于田霖逝前二年,即雍正六年戊申(1728),而文中有"雍正戊申先生年七十有六岁,既老且病"之句,证明田霖时年76岁,这就与雍正4年田霖序傅仲辰《心儒诗选》时,自属"七十四岁"时间吻合起来。附注中直接表明田霖生年为清顺治十年癸巳(1653),卒年为清雍正八年庚戌(1730)。田霖《绝笔诗》有句云"七十八年为寄客,黄花开后是归期"①,诗应是写于雍正八年离世前不久,而非袁行云先生所说的雍正七年。《安德田氏家谱》卷四则收有田雯作《赐进士出身文林郎浙江处州府丽水县知县累赠奉赠大夫蓼菴田公年谱》,即田雯父亲绪宗年谱,绪宗为官丽水知县,号蓼菴先生,其中有"顺治十年癸巳,公年四十五岁,九月四男霖生"②之句,"四男霖"即指田霖,查《安德田氏家谱》卷一世表可知田绪宗有子4人,长子田雯,次子田需,三子田震,四子田霖,只不过三子田震早夭。绪宗年谱记载田霖生于清顺治十年九月,这也与田霖自作《墓志铭》后的附注相互印证、统一起来。

据此,田霖的生卒年准确时间是:生于清顺治十年癸巳(1653)农历九月二十四日寅时,卒于清雍正八年庚戌(1730)农历十一月二十日亥时,寿七十八。

(三)田肇丽

关于田肇丽生卒年,《中国文学家大辞典·清代卷》注为"生卒年不详"③,《清人别集总目》注为"?—1735"④,《清代诗文集总目提要》、《清代人物生卒年表》尢载。田雯自撰《蒙斋年谱》云:"辛丑(1661)二十七岁,正月八日,男肇丽生。"⑤查《安德田氏家谱》卷二家传,有田同之所撰传记云:

(按:田肇丽)顺治十八年正月初八日辰时生,雍正十三年十二月

① 田霖:《禹津草堂乃了集》,《四库全书存目丛书》,齐鲁书社,1997年,第254册,第845页。
② 田雯、田同之等:《安德田氏家谱》卷四。
③ 钱仲联:《中国文学家大辞典·清代卷》,第118页。
④ 李灵年等:《清人别集总目》,第325页。
⑤ 田雯:《蒙斋年谱》,《德州田氏丛书》。

初七日未时卒,以乾隆元年十一月初六日酉时葬于杨谷村祖茔。①

所以,田肇丽生卒年的准确日期为:顺治十八年辛丑(1661)正月初八生,雍正十三年乙卯(1735)十二月初七日卒,寿七十五。

(四)田同之

关于田同之生卒年,《中国文学家大辞典·清代卷》记为"生卒年不详"②,《清人诗集叙录》有"砚思集六卷"条,于生年无记,有"卒于乾隆十四年,年七十三"③句,没有注明依据。《清人别集总目》注为"1667—?"④,《清代诗文集总目提要》注为:"同之生于康熙十六年(1677),卒于乾隆十四年(1749)。"⑤《清代人物生卒年表》注为"1677—?",其依据是田同之《砚思集》六《丙寅除夕》,江先生在页下注中说:

> 田同之卒年不详,或作乾隆十四年(1749),误。据田同之《二学亭文涘》乾隆十六年(1751)成城序,此年夏尝至德州,"登古欢之堂,获见西圃先生,年七十余,须糜皓然,而著书不辍"。⑥

由此看来,学界对田同之生年多倾向于1677年,但卒年仍不确定,《清代诗文集总目提要》说卒年为1749年,不知所依。

今从田氏著作来看,学界认为田同之生于1677年是正确的。田雯自撰《蒙斋年谱》记有"丁巳(1677)四十三岁,三月三十日,男曼硕生,四月初二日,孙同之生"⑦,说田同之生于1677年四月初二;关于其卒年具体时间,官绅校订本《德州乡土志·耆旧录》四十五云:

---

① 田雯、田同之等:《安德田氏家谱》卷二。
② 钱仲联:《中国文学家大辞典·清代卷》,第116页。
③ 袁行云:《清人诗集叙录》,第701页。
④ 李灵年等:《清人别集总目》,第323页。
⑤ 柯愈春:《清人诗文集总目提要》,第465页。
⑥ 江庆柏:《清代人物生卒年表》,第113页。
⑦ 田雯:《蒙斋年谱》,《德州田氏丛书》。

田砚思同之……,年八十卒。卢澹园致友人书云,闻小山姜先生与魏宪老同日撤琴瑟白玉堂中,得文人作伴成九原一快,但老成凋丧,后死者悲不自胜耳。①

从这则资料可知其享寿八十,据此推算,应是乾隆二十一年丙子(1756)卒。《安德田氏家谱》卷二家传记为:

公生于康熙十六年丁巳四月初二日辰时,卒于乾隆二十一年丙子十二月十七日未时,寿八十岁,以乾隆二十九年甲申三月二十五日申时合葬于杨谷店老茔。②

如此证明《德州乡土志》提供的信息是准确的,认为田同之卒于乾隆十四年(1749)是错误的。

至此,田同之生卒年的准确日期应为: 生于康熙十六年丁巳(1677)四月初二,卒于乾隆二十一年丙子(1756)十二月十七。

---

① 《德州乡土志·耆旧录》,官绅校订本。
② 田雯、田同之等:《安德田氏家谱》卷二。

参 考 文 献

一、著作

（清）田雯：《古欢堂集》，康熙刊本。

（清）田雯等：《德州田氏丛书》，清康熙乾隆间刻本。

（清）田霡：《鬲津草堂诗》，乾隆三年刻本。

（清）曹禾：《午亭集》，康熙四十二年刊本。

（清）孔尚任著，徐振贵编：《孔尚任全集》，齐鲁书社，2004 年。

（清）王士禛：《居易录》，文渊阁《四库全书》本。

（清）田同之：《砚思集》，乾隆七年刻本。

（清）卢见曾：《雅雨堂文集》，《续修四库全书》本。

（清）王苹：《二十四泉草堂集》，康熙五十六年刊本。

（清）田雯、田同之：《田氏家谱》，国家图书馆藏影印天津图书馆藏本。

（清）田雯、田同之等：《安德田氏家谱》，田志恕藏宗祠版。

（清）田同之：《西圃丛辨》，山东大学藏乾隆十九年刻本。

（清）沈德潜：《清诗别裁集》，上海古籍出版社，1984 年。

（清）纪昀：《四库全书总目提要》，中华书局，1965 年。

（清）王士禛著，袁世硕编：《王士禛全集》，齐鲁书社，2007 年。

（清）沈德潜著，潘务正点校：《沈德潜诗文集》，人民文学出版社，2011 年。

（清）王培荀著，蒲泽点校：《乡园忆旧录》，齐鲁书社，1993 年。

（清）张维屏：《国朝诗人征略》，中山大学出版社，2004 年。

袁行云：《清人诗集叙录》,文化艺术出版社,1994 年。

柯愈春：《清人诗文集总目提要》,北京古籍出版社,2001 年。

江庆柏：《清代人物生卒年表》,人民文学出版社,2005 年。

［美］A・W・恒慕义：《清代名人传略》,青海人民出版社,1990 年。

王钟翰点校：《清史列传》,中华书局,1987 年。

（清）李桓辑：《国朝耆献类征》,广陵书社,2007 年。

（清）赵尔巽：《清史稿》,中华书局,1977 年。

（清）俞陛云：《清代闺秀诗话》,江苏古籍出版社,1989 年。

《康熙起居注》第一册,中华书局,1984 年。

《清实录》,中华书局,2008 年。

《中国地方志集成（山东府县辑）》,凤凰出版社,2004 年。

（五代）刘昫：《后唐书》,中华书局,1975 年。

徐世昌：《晚晴簃诗汇》卷三十五,中国书店出版社,1988 年。

《山东通志》,上海古籍出版社,1991 年。

钱仪吉：《碑传集》,中华书局,1993 年。

（清）宋弼：《州乘余闻》,光绪戊子（1888）,养知堂刻本。

《德州乡土志》,官绅校订本。

韩寓群等：《山东文献集成》第一辑、第二辑、第三辑,山东大学出版社2006
　　年、2007 年、2008 年。

丁福保：《清诗话》,北图出版社,2003 年。

郭绍虞：《清诗话续编》,上海古籍出版社,1983 年。

邓之诚：《清诗纪事初编》,中华书局,1965 年。

钱仲联：《历代别集序跋综录》,江苏教育出版社,2002 年。

钱仲联：《清诗纪事》,江苏古籍出版社,1987 年。

钱仲联：《中国文学家大辞典・清代卷》,中华书局,1996 年。

陈寅恪：《金明馆丛稿初编》,上海古籍出版社,1980 年。

钱穆：《中国文化史导论》,商务印书馆,1994 年。

钱穆：《国史大纲（修订稿）》,商务印书馆,1996 年。

钱实甫：《清代职官年表》,中华书局,1980 年。

胡文楷:《历代妇女著作考》,商务印书馆,1985 年。

王绍曾:《山东文献书目》,齐鲁书社,1993 年。

万国鼎:《中国历史纪年表》,中华书局,1978 年。

《四库全书》,文渊阁影印《四库全书》本。

《四库全书存目丛书》,齐鲁书社,1997 年。

徐德明:《清人学术笔记提要》,学苑出版社,2004 年。

刘津鑫:《冯惟敏冯溥李之芳田雯张笃庆郝懿行王懿荣年谱》,山东大学出版社,2002 年。

吴仁安:《明清上海地区的著姓望族》,上海人民出版社,1997 年。

李灵年等:《清人别集总目》,安徽教育出版社,2000 年。

徐雁平编著:《清代文学世家姻亲谱系》,凤凰出版社,2010 年。

徐世昌:《晚晴簃诗汇》,北京出版社,1996 年。

李永祥:《王苹诗文选》,济南出版社,1998 年 4 月版。

张璋:《历代词话》,大象出版社,2002 年。

孟森:《明史讲义》,中华书局,2006 年。

孟森:《清史讲义》,中华书局,2006 年。

冯尔康:《清代人物传记史料研究》,商务印书馆,2006 年。

魏斐德:《洪业——清朝开国史》,江苏人民出版社,2005 年。

萧一山:《清代通史》,华东师范大学出版社,2005 年。

谢兆友:《山东书画家汇传》(清·民国·当代部分),中国文联出版社,2003 年。

安作璋:《齐鲁文化通史》,中华书局,2004 年。

严迪昌:《清诗史》,浙江古籍出版社,2002 年。

朱则杰:《清诗史》,江苏古籍出版社,2000 年。

李伯齐:《山东文学史论》,齐鲁书社,2003 年。

乔力等:《山东文学通史》,山东教育出版社,2003 年。

李伯齐:《山东分体文学史·诗歌卷》,齐鲁书社,2005 年。

李世英:《清初诗学思想研究》,敦煌文艺出版社,2000 年。

张健:《清代诗学研究》,北京大学出版社,1999 年。

江庆柏:《明清苏南望族文化研究》,南京师范大学出版社,1999 年。

赵园:《明清之际士大夫研究》,北京大学出版社,1999 年。

赵园:《制度·言论·心态——明清之际士大夫研究续编》,北京大学出版
　　社,2006 年。

岳金西、岳天雷:《高拱全集》,中州古籍出版社,2006 年。

马大勇:《清初庙堂诗歌集群研究》,吉林人民出版社,2007 年。

《马克思恩格斯全集》,人民出版社,2008 年。

成晓军:《慈母家训》,重庆出版社,2008 年。

凌郁之:《苏州文化世家与清代文学》,齐鲁书社,2008 年。

罗时进:《地域·家族·文学》,上海古籍出版社,2011 年。

王云:《明清山东运河区域社会变迁》,人民出版社,2006 年。

田贵宝、田丰:《德州运河文化》,线装书局,2010 年。

黄金元:《明清之际济南府望族与诗歌研究》,人民出版社,2011 年。

二、论文

马大勇:《世情已烂熟,吾辈总艰难——论田雯的"疏离"心迹》,《徐州师
　　范大学学报》2004 年第 5 期。

刘保今:《田雯诗简论》,《德州学院学报》2002 年第 1 期。

何成:《新城王氏:对明清时期山东科举望族的个案研究》,山东大学博士
　　学位论文,2002 年。

朱兴泉:《清代著名政治家文学家田雯》,《山东档案》1994 年第 4 期。

李景华:《清初诗坛和诗人田雯》,《首都师范大学学报》1994 年第 2 期。

张兴幡:《才雄笔大　兼擅唐宋——试论田雯的诗歌理论及创作》,《苏州科
　　技学院学报》1991 年第 1 期。

李世英:《论田雯崇尚奇丽的诗学主张和创作风格》,《天津商学院学报》
　　1994 年第 2 期。

蒋星煜:《田雯与〈桃花扇〉及其它》,《上海师范大学学报》1990 年第
　　4 期。

束忱:《朱彝尊"扬唐抑宋"说》,《文学遗产》1995 年第 2 期。

祁建春:《王渔洋神韵诗的鼓扬者——田同之诗学观简析》,《德州学院学报》2001 年第 1 期。

李康化:《田同之〈西圃词话〉考信》,《文献》2002 年第 2 期。

徐雁平:《家世性情与学问》,《苏州杂志》2003 年第 4 期。

段继红:《清代女诗人研究》,苏州大学博士学位论文,2005 年。

曹明升:《清代词学中的破体、辨体与推尊词体》,《中国文学研究》2005 年第 3 期。

石玲:《田同之诗论与康乾之际山左诗学思想的嬗变》,《山东师范大学学报》2006 年第 5 期。

石玲:《清代初前期山左诗学思想概略》,《文学遗产》2007 年第 2 期。

孙彦杰:《西圃词苑晚香馨——评田同之的〈晚香词〉》,《德州学院学报》2008 年第 5 期。

孙彦杰:《论田同之的词学思想》,《德州学院学报》2009 年第 5 期。

贺同赏:《田同之游历写景诗探讨》,《德州学院学报》2009 年第 3 期。

刘凤霞:《谶纬之学与唐代社会》,山东大学硕士学位论文,2010 年。

蒋寅:《田雯诗论札记》,《南阳师范学院学报(社科版)》2011 年第 7 期。

王尧礼:《田雯抚黔》,《当代贵州》2012 年第 7 期。

韦廉舟、朱崇演:《田雯与〈黔书〉》,《贵阳文史》2000 年第 4 期。

孙德全:《康熙时期"治河案"述论》,《牡丹江师范学院学报》2009 年第 1 期。

和卫国:《康熙前期靳辅治河争议的政治史分析》,《石家庄学院学报》2008 年第 5 期。

罗时进:《关于文学家族学建构的思考》,《江淮论坛》2009 年第 3 期。

唐桂艳:《清代山东刻书史》,山东大学博士学位论文,2011 年。

李颖鑫:《浅析古欢堂诗歌中的神仙信仰》,《厦门教育学院学报》2008 年第 11 期。

王志清:《李白与"金陵怀古"的集体无意识》,《南京师范大学文学院学报》2011 年第 3 期。

王小舒:《王氏四兄弟与清初神韵诗潮》,《文学评论》2012 年第 6 期。

刘经富:《陈宝箴家族分家文书解析》,《中国社会经济史研究》2012 年第
　1 期。
张莉:《〈桃花扇〉题辞的文本生成与诗学特质》,《文学遗产》(网络版)
　2013 年第 1 期。